FRANCOPHONIES
D'AMÉRIQUE

1997   Numéro 7

D1380637

Les Presses de l'Université d'Ottawa

FRANCOPHONIES
D'AMÉRIQUE

1997   Numéro 7

Directeur :
JULES TESSIER
Université d'Ottawa

Conseil d'administration :
GRATIEN ALLAIRE
Université Laurentienne, Sudbury

PAUL DUBÉ
Université de l'Alberta, Edmonton

JAMES DE FINNEY
Université de Moncton

YOLANDE GRISÉ
Université d'Ottawa

PIERRE-YVES MOCQUAIS
Université de Regina

Comité de lecture :
GEORGES BÉLANGER
Université Laurentienne, Sudbury

RAOUL BOUDREAU
Université de Moncton

ÉLOÏSE BRIÈRE
Université de l'État de New York à Albany

GILLES CADRIN
Faculté Saint-Jean, Université de l'Alberta

PIERRE PAUL KARCH
Collège universitaire Glendon, Université York

PIERRE-YVES MOCQUAIS
Université de Regina

Secrétaire de rédaction :
France Beauregard

Publications récentes et thèses soutenues :
Lorraine Albert

Francophonies d'Amérique est indexée dans :

Klapp, *Bibliographie d'histoire littéraire française* (Stuttgart, Allemagne)

International Bibliography of Periodical Literature (IBZ) et *International Bibliography of Book Reviews (IBR)* (Osnabrück, Allemagne)

MLA International Bibliography (New York, États-Unis)

Cette revue est publiée grâce à la contribution financière des universités suivantes :
UNIVERSITÉ D'OTTAWA
UNIVERSITÉ LAURENTIENNE DE SUDBURY
UNIVERSITÉ DE MONCTON
UNIVERSITÉ DE L'ALBERTA — FACULTÉ SAINT-JEAN
UNIVERSITÉ DE REGINA

Pour tout renseignement concernant l'abonnement, veuillez consulter la page 277 en fin d'ouvrage.

ISBN 2-7603-0445-0

TABLE DES MATIÈRES

L'ACADIE

LES ÉTATS-UNIS

GÉNÉRAL

CHRONIQUE DES CENTRES DE RECHERCHE

PUBLICATIONS RÉCENTES ET THÈSES SOUTENUES

FRANCOPHONIES
D'AMÉRIQUE

LE(S) DISCOURS FÉMININ(S) DE LA FRANCOPHONIE
NORD-AMÉRICAINE

Estelle Dansereau
Université de Calgary

Femme, francophone, Nord-Américaine, Canadienne, minoritaire. Adhésion identitaire progressivement étroite mais compatible. Chacun de ces champs nomme une prise de position fondamentalement politique qui sert de point de convergence pour ce numéro thématique de *Francophonies d'Amérique* sur « Le(s) discours féminin(s) de la francophonie nord-américaine ». En 1975, avec l'Année internationale de la Femme, l'institution officielle a été amenée vers l'appui des chercheurs et chercheures désirant orienter leur recherche sur la « moitié de l'humanité », sur ces participantes à la culture et sur leurs productions culturelles qui, lorsqu'elles avaient été incluses jadis dans nos corpus, prenaient les caractéristiques de l'universel — nous dirions aujourd'hui du masculin défini dans sa spécificité. Les valeurs sociales ainsi que les champs de recherche et l'organisation du savoir ont beaucoup évolué depuis ; aujourd'hui, la majorité des universités nord-américaines offrent des cours sur les multiples aspects du féminin et souvent à tous les cycles. Quant à la recherche, elle continue à se préciser et à donner plus d'ampleur aux questions féministes et au féminin, comme l'attestent la richesse et la diversité des publications provenant de tous les domaines du savoir[1].

Les articles du présent numéro convergent autour de la prise de parole par les femmes, événement capital pour marquer la participation, la revendication et la subjectivation de ces êtres trop souvent effacés jadis de la construction de l'histoire et abandonnés au silence et aux marges. Passer à l'énonciation pour dire le vécu de son point de vue, pouvoir revendiquer soi-même ses droits, informer et influencer le savoir, voilà la confirmation de sa place dans le monde et de sa position de sujet. Ayant œuvré pour la plupart dans un univers défini par le masculin, les femmes utilisent la langue, transcendant les frontières nationales, autant pour créer un espace féminin distinct que pour contester les contraintes sociales, culturelles et artistiques qui les avaient reléguées à l'insignifiance. Leurs choix de sujet, de perspective ou de mode d'expression révèlent à la fois les empêchements vécus jadis et les dégagements actuels. Les discours féminins, tout comme les contre-discours, font maintenant l'objet d'études dans de nombreux domaines ressortissant à la francophonie nord-américaine : anthropologie culturelle, droit, ethnographie, histoire, linguistique, littérature, pédagogie, politique, psychologie, santé, sciences, sociologie, etc., comme le suggérait l'invitation d'article se disant volontairement ouverte aux approches et aux problématiques diverses. L'objectif de ce numéro de *Francophonies d'Amérique* est d'examiner comment et à quelles fins les femmes de la francophonie nord-américaine ont manié la langue et de voir ce que ces usages discursifs nous enseignent sur l'univers du féminin dans une situation minoritaire.

Les théories du discours

Pourquoi le discours est-il une question si fondamentale pour la femme dans la culture ? La nature du discours en fait voir l'enjeu pour les femmes, comme l'indique la recherche savante sur l'écriture féminine et la constitution du sujet. Selon le linguiste Émile Benveniste, « l'univers de la parole est celui de la subjectivité[2] » ; la langue, c'est l'instrument « où la personnalité du sujet se livre et se crée, atteint l'autre et se fait connaître de lui. [...] le discours est à la fois porteur d'un message et instrument d'action[3]. » Cette conception pragmatique s'intéresse à la capacité du discours d'assurer à la personne une place dans le monde ainsi que de structurer la réalité. Elle peut aussi mener à une conception plus politisée du discours, que nous trouvons chez Michel Foucault et Luce Irigaray, par exemple. Dans *L'Ordre du discours*, Foucault avance l'hypothèse que « la production du discours est à la fois contrôlée, sélectionnée, organisée et redistribuée par un certain nombre de procédures qui ont pour rôle d'en conjurer les pouvoirs et les dangers, d'en maîtriser l'événement aléatoire[4] ». Tout en visant à cerner son objet, le discours devient révélateur du positionnement social de son émetteur(e) ainsi que de valeurs, de désirs, d'idéologies. Conçu ainsi comme construction sociale, le discours s'avère également utile à masquer ses intentions tout comme à contester l'ordre établi. Il est donc un instrument essentiel de décodage, comme le confirme l'adoption fervente des théories foucauldiennes par les critiques littéraires. À l'instar du Michel Foucault des *Mots et les Choses* (1966) et de *L'Archéologie du savoir* (1969), Marina Yaguello propose une approche socio-linguistique du discours, « miroir culturel » et instrument idéologique, qui « se fait l'écho des préjugés et des stéréotypes, en même temps qu'il alimente et entretient ceux-ci[5] ». Subordonnés à leur contexte, les discours sont rattachés à l'époque, au milieu, à l'institution qui les ont vu naître ou disparaître ; ainsi deviennent-ils révélateurs de faits sociaux et historiques, telles l'infériorité des femmes et l'hégémonie des groupes dominants.

Selon certaines théoriciennes et linguistes, le fait que le français est « une langue fortement genrée[6] » facilite la production d'un discours sexué, seul instrument par lequel la femme peut s'exprimer et, de par ce fait, se construire en tant que sujet. Est-ce là une difficulté insurmontable qui garantit la prédominance du masculin sur le féminin ? Luce Irigaray avance que la dégenrisation de la langue française ne mènerait pas à la désexisation de la société et à une meilleure situation pour les femmes. Dans ses derniers écrits, elle propose plutôt la « différence sexuelle comme universel[7] », stratégie qui nous permettrait de penser autrement les sexes, de rendre visible le féminin, de donner au discours féminin sa place à côté du masculin, afin que tous les deux détiennent l'autorité discursive et jouissent également de leur statut de sujet universel[8]. Une telle approche permettrait de sortir des modèles binaires relevant du féminin perçu comme l'Autre et de « penser une culture-femme en dehors des assises patriarcales[9] », une culture qui vise l'égalité et la différence. Cependant, il sera difficile de cerner et d'évaluer ces mises en pratique afin d'en faire le bilan pour la recherche future. Disons tout simplement en conclusion à cette partie que, en dépit d'avancements appréciables dans notre savoir sur la question, il reste encore un important travail d'observation et d'analyse à faire, et ce dans tous les secteurs de l'activité discursive.

Les discours féminins en milieu minoritaire

Quelle forme les pratiques discursives prennent-elles dans la communauté francophone nord-américaine, donc minoritaire ? Quelle que soit la perspective de l'analyse, quel que soit le champ disciplinaire choisi, les textes rassemblés dans ce numéro thématique ont en commun l'objectif de nommer et/ou d'analyser la spécificité des discours féminins. Comme nos auteures et auteurs l'illustrent par leur choix de mode d'expression examiné, le discours peut relever des dits comme des écrits des femmes représentées, et, il s'ensuit des silences inscrits dans ces discours. Étudier le discours féminin, c'est vouloir renouveler / reconstruire le savoir en se basant sur l'idée de la participation égale quoique différente ; mais c'est aussi répandre ces discours afin de reconnaître et d'agrandir l'espace qu'occupent les femmes dans la culture officielle. C'est vouloir fêter les multiples voix, les dits et les écrits des différentes communautés et régions, de prendre plaisir à leur diversité et à leur créativité.

Sous-tendant ce projet se dissimule une inquiétude qui mérite un bref questionnement. Menacées de disparition, comment les communautés francophones nord-américaines peuvent-elles assurer leur survie par la revendication collective sans pouvoir faire appel à toutes ses voix ? Si la femme en milieu minoritaire est tenue à participer en commun accord avec les hommes aux revendications pour la survie de sa communauté, devrait-elle abandonner ses réclamations féminines et féministes ? Afin de cerner cette problématique, je me réfère aux différences que présente Andrée Fortin entre, d'une part, les minorités linguistiques et culturelles — « définies par la géographie et l'histoire » — et, d'autre part, les minorités structurelles et catégorielles — définies par les « caractéristiques de l'individu », tels l'âge, l'orientation sexuelle, etc.[10]; admettons aussi l'enjeu pour chaque groupe : la survivance dans le cas du premier et la reconnaissance de son existence pour le second. Sans dire que les femmes appartiennent à une minorité — leur marginalisation historique ne nie pas leur nombre majoritaire —, les rapports des groupes catégoriels avec la majorité me semblent soulever un facteur important pour les minorités francophones. Appuyées par un renouvellement social disposé à valoriser la différence, les femmes trouvent chez leurs consœurs américaines et européennes l'appui théorique et idéologique les amenant à une communauté dont la puissance et l'influence sont aujourd'hui indéniables. Les revendications des Chicanas américaines attestent de l'ébullition créatrice possible, comme le démontre superbement Gloria Anzaldúa[11].

La fragilité des minorités linguistiques et culturelles qui ont réussi à retarder leur disparition peut-elle admettre l'introduction d'une parole féminine/féministe distincte sans faire basculer les revendications dont dépend la question identitaire ? Dans ses réflexions sur la situation minoritaire, François Paré soulève le double tranchant de ce problème, d'abord de la perspective du discours où l'« éclatement de la cohérence » des communautés minoritaires — éclatement qui précipite le rejet de l'autre en tant que lieu identitaire — représente « une libération des contraintes d'homogénéité auxquelles nous condamnaient les idéologies précédentes ». Cette « fission » est ce qui facilitera aux minoritaires une nouvelle façon d'être et de se dire : « Ainsi la conscience identitaire est traversée, non plus simplement par la force d'un destin unificateur [...], mais par les parcours excentriques de destins pluriels sans lesquels il n'y a plus de communauté possible[12]. » Pour entraver la menace de disparition cependant, « les cultures opprimées n'ont pas de temps à perdre avec les nuances, ni d'ailleurs avec la différence et la multitude des voix. Une seule voix [...] leur suffira bien [...] pour se faire entendre *simplement* dans l'immense polyphonie des discours[13]. » Peut-être que la pensée de Paré rencontre celle de Marina Yaguello sur cette question lorsqu'elle propose une revendication sur deux fronts à la fois pour les groupes opprimés : la différence et la spécificité d'une part, et l'égalité des droits d'autre part[14].

Re-lire et ré-écouter les femmes

Les articles soumis pour ce numéro devaient porter sur une ou plusieurs des régions privilégiées dans *Francophonies d'Amérique* ; en réalité les sphères d'enquête transcendent cette disposition régionale pour s'organiser autour de trois sous-thèmes liés aux sites d'intervention et d'interaction des femmes : dans le contexte social, dans la langue et dans la création littéraire.

Dire que la contribution des femmes à la société n'a pas été inscrite dans l'histoire des peuples francophones est devenu un lieu commun après 25 ans d'enquête sur les critères « héroïques » de l'histoire officielle et de révisionnisme historique. Nonobstant cette déclaration, la réalité reste tout autre. Trois de nos auteures interrogent l'absence des femmes du discours historique et fouillent les documents pour récupérer leur histoire. Les trois exemples tirés du Manitoba, de l'Ontario et du Québec de l'après-Conquête ne représentent qu'une fraction de pareils oublis perdus dans l'étendue nord-américaine. Nathalie Kermoal examine le texte fragmentaire rapportant le travail des Métisses associé à la chasse au bison pendant l'âge d'or des Métis au Manitoba, et cherche à le reconstruire et à le compléter. À l'écoute des silences, elle lit les tâches familiales et domestiques des Métisses comme une gestuelle à décoder et à interpréter, et un savoir à disséminer, comblant ainsi en partie les lacunes de l'histoire. En portant à notre attention les auto/biographies de trois pionnières courageuses et tenaces du nord de l'Ontario — Yvonne Nault, Marie-Rose Girard et Marie Asselin Marchildon —, Jeannette Urbas rend la parole aux oubliées de l'histoire. Textes historiques et mémoires personnelles, les récits forment d'abord des documents essentiels pour redéfinir l'apport des femmes à l'établissement des milieux francophones ontariens, mais ils sont aussi site d'expression du vécu féminin par des non-littéraires. Urbas sait en dégager la texture idéologique d'une époque et d'une région. Tenue à la sphère du privé par les exigences de l'époque de l'après-Conquête au Québec, Jeanne-Charlotte Allamand-Berczy s'exprime dans une correspondance personnelle, rédigée entre 1798 et 1812. L'étude de Julie Roy porte sur la « tradition littéraire discrète » de cette scriptrice ; elle invoque des outils d'archiviste pour montrer les particularités de l'univers et du discours féminins de l'époque.

Les facteurs sociaux, telles les valeurs et les croyances traditionnelles, dictaient souvent la forme que l'expression des ancêtres prenait, ce qui ensuite en déterminait souvent l'essor. Ces mêmes facteurs sont décisifs quant à la participation de certaines femmes dans l'animation culturelle et communautaire, mouvement formateur pour l'intervention sociale. Claire Quintal, elle-même participante au congrès fondateur de la Fédération féminine franco-américaine, en 1951, analyse ce rassemblement, né de la découverte que la langue et la culture se dégradaient rapidement après la Deuxième Guerre mondiale en Nouvelle-Angleterre. Dans un tel regroupement communautaire, créé par et pour les femmes, la prise de parole qui se fait un peu par nécessité participe de tendances antinomiques : elle dirige l'action des femmes vers la conservation d'une culture et d'une langue définies par un passé perdu, mais elle compense en canalisant les talents de ces mêmes revendicatrices et les munit de savoir. Le travail pour la cause du sauvetage du patrimoine que décrit Quintal a absorbé Jeanne Castille en Louisiane.

Sujet de notre portrait d'auteur, Castille est assez représentative de ces femmes qui, en luttant pour une cause, s'engagent dans un discours de revendication. Les souvenirs recueillis par Jean Fouchereaux affichent un tel discours, tandis que le témoignage d'admiration inconditionnelle que laisse Janis Pallister à la suite d'une amitié de longue durée fait ressortir les grandes qualités humaines d'une femme dont l'histoire se fond avec celle de son milieu. Poussées par les circonstances dans la sphère publique pour revendiquer les droits à la langue et à la culture, les femmes jouissent d'une ouverture exceptionnelle pour se faire entendre.

Parler ce n'est pas toujours se faire entendre. Comme le montre Marina Yaguello, le comportement langagier des hommes et des femmes peut troubler la communication. Assumant une perspective socio-historique, Guylaine Poissant entreprend une étude linguistique des pratiques langagières chez les Franco-Ontariennes habitant à Hearst. Elle y trouve des attitudes créées par les circonstances uniques du milieu minoritaire francophone et d'autres comportements langagiers communs à tous les milieux de classe sociale semblable. Son portrait d'ensemble du discours féminin localisé confirme les préoccupations de la femme doublement minoritaire, éloignée du discours féministe de son époque et attachée à la norme. Faisant l'archéologie de ses propres paroles, Christiane Bernier puise dans son expérience personnelle de productrice d'un discours féministe pour en tracer l'évolution, qu'elle rattache à des influences idéologiques et théoriques. L'originalité et le côté créateur de cette spéculation placent son texte au premier rang de la pratique discursive.

Les femmes et la création littéraire

La critique féministe du littéraire, associée à diverses tendances théoriques, s'est déjà imposée au Canada et au Québec avec Patricia Smart, Gabrielle Pascal, Barbara Godard, Louise Dupré et Lori Saint-Martin, parmi d'autres. Si leurs études marquantes ont surtout porté sur des œuvres québécoises, les auteures et auteurs regroupés ici se penchent sur un corpus moins parcouru mais également méritoire, en adoptant une perspective et des instruments d'analyse distincts selon leur objet. Elizabeth Aubé entreprend une étude textuelle et contextuelle de *Canuck*, roman écrit par la Franco-Américaine Camille Lessard, en 1936. Par la récupération des figures de la femme et du nomade, et par l'aspect contestataire du roman, elle rétablit la continuité entre l'imaginaire franco-canadien et franco-américain. La lecture intertextuelle d'Aubé suscite l'image d'une Lessard avide d'idées nouvelles, prête à contester les idées reçues, surtout quant aux comportements féminins. Pour sa part, Sylvie Lamarre situe son enquête sur l'interdiction de créer faite aux femmes, afin de mieux comprendre le héros masculin de *La Montagne secrète*. Elle avance avec conviction que cette interdiction, communiquée dans la littérature masculine et rendant incompatible corps/ mère et création, opère dans le roman de Gabrielle Roy à un niveau refoulé et mène l'auteure toujours à présenter dans ses romans un paradis terrestre. Cette analyse illustre un décodage soigneux basé sur un discours masquant une préoccupation primordiale qui est démasquée à travers ce même discours.

Nos deux études sur l'Acadie font montre d'une réflexion profonde sur l'écriture en milieu minoritaire, bien qu'elles organisent différemment les espaces. Écrite depuis 1980, la poésie de France Daigle, de Dyane Léger et d'Hélène Harbec inspire François Paré à peser l'élan créateur individuel contre la lutte communautaire. Problématique audacieuse qui pourrait redéfinir la thématique de l'écriture féminine de l'Acadie, sinon des autres minorités. Pour sa part, Pamela Sing se penche sur le premier roman de Simone Rainville, *Madeleine ou la Rivière au printemps* (1995), un roman épistolaire contemporain qui pose l'écriture comme transgression et expression d'identité. Elle offre une lecture précise des champs discursifs exprimant les rapports sociaux ainsi que l'ancrage identitaire en s'inspirant des théoriciens Mikhaïl Bakhtine et Julia Kristeva. Ces deux lectures de romans situent le discours féminin acadien fermement à l'intérieur de ses deux pôles : le personnel et le social.

Objet de l'étude de Lucie Guillemette, Anne Hébert a produit un corpus indéniablement assuré d'œuvres illustrant la complexité et le renouvellement du regard et du discours féminin. En montrant par une approche poststructuraliste opérant sur une dialectique que l'identité féminine est acquise et construite par le discours, Guillemette pénètre les mystères de la vision hébertienne dans son étude du dernier récit, *Aurélien, Clara et le Lieutenant anglais*, lecture qui provoquera peut-être des relectures d'autres romans d'Hébert. Comme Hébert, Nancy Huston, qui habite et crée son œuvre en France, participe de deux cultures (mais d'une seule langue), situation d'« anomalie » identitaire trouvée progressivement dans d'autres cultures. Claudine Potvin examine *Cantique des plaines*, roman autant fêté que blâmé, en reliant l'univers remémoré dans un discours lyrique au temps, à l'écriture et à l'invention de l'histoire.

Notre parcours de la grande variété d'études figurant dans cette livraison de *Francophonies d'Amérique* partait de la plaine sur laquelle les Métisses ont dépecé et brodé leur histoire et y revient par l'entremise d'un roman forgé sur le territoire français mais dans l'imaginaire de l'Ouest canadien. Chacun de ces articles montre que de telles interrogations servent une double fonction : elles nous aident à mieux voir, comprendre et retenir les expériences, les productions et les engagements sociaux des femmes, tout particulièrement dans le contexte minoritaire ; et elles suscitent le besoin de voir d'autres études qui diront la place des femmes dans une plus grande variété de domaines.

Tout ouvrage collectif doit son existence à la précieuse collaboration de nombreuses personnes, parmi lesquelles figurent en première place les auteures et auteurs d'articles. Ce numéro nous a permis de réduire notre espacement géographique par la convergence dans la recherche sur un sujet important. Je remercie infiniment Jules Tessier et France Beauregard qui m'ont fourni des conseils inestimables et une assistance vigilante. Enfin, ma reconnaissance chaleureuse et mes remerciements vont à ma collègue Marie Donovan, dont les connaissances et la passion pour la langue m'ont été d'une aide immense.

NOTES

1. Le rassemblement de cette recherche sous les rubriques *Women's Studies*, *Gender Studies* et, de plus en plus, *Cultural Studies*, illustre sa nature véritablement inter- et multidisciplinaire. Les titres de publications sont beaucoup trop nombreux pour pouvoir en faire le bilan. Signalons plutôt la disponibilité d'importantes bibliographies, des bibliographies de bibliographies, des revues disciplinaires et interdisciplinaires qui toutes livrent aux chercheurs et chercheures une abondance d'information qui, par sa quantité même depuis les années 70, atteste une recherche énergique. Quelques outils de recherche indispensables : G. Llewellyn Watson, *Feminism and Women's Issues. An Annotated Bibliography and Research Guide*, 2 tomes, New York et Londres, Garland Publishing, 1990 ; *Resources for Feminist Research / Documentation sur la recherche féministe*, Toronto ; les collections de l'Institut québécois de recherche sur la culture (IQRC). Dans les secteurs spécialisés, les synthèses récentes sur la mise en situation actuelle de la recherche sont indispensables ; citons, pour le domaine littéraire, Louise Dupré, « La critique au féminin », dans *La Recherche littéraire. Objets et méthodes*, sous la direction de Claude Duchet et Stéphane Vachon, Montréal, Éditions XYZ, « Théorie et littérature », 1993, p. 379-385.

2. Émile Benveniste, *Problèmes de linguistique générale*, tome 1, Paris, Gallimard, « Tel », 1966, p. 77.

3. *Ibid.*, p. 78.

4. Michel Foucault, *L'Ordre du discours*, Paris, Gallimard, 1971, p. 10.

5. Marina Yaguello, *Les Mots et les Femmes : essai d'approche sociolinguistique de la condition féminine*, Paris, Payot, « Langages et sociétés », 1978, p. 8.

6. Céline Labrosse, *Pour une grammaire non sexiste*, Montréal, Éditions du remue-ménage, 1996, p. 41. Dans ce contexte, Labrosse cite Irigaray de « L'ordre sexuel du discours » : « Comment pourrait-il se faire que le discours ne soit pas sexué puisque la langue l'est ? » Pour une réflexion extrêmement lucide sur le comportement linguistique sexué, voir Susanne de Lotbinière-Harwood, *Re-belle et infidèle : la traduction comme pratique de réécriture au féminin. The Body Bilingual*, Montréal/Toronto, Éditions du remue-ménage/Women's Press, 1991, p. 11-19.

7. Luce Irigaray, *J'aime à toi. Esquisse d'une félicité dans l'histoire*, Paris, Grasset, 1992, p. 77.

8. Cette évolution dans la pensée d'Irigaray est soulignée par les théoriciennes Josette Féral, qui écrit en 1980 : « le féminin serait perçu non plus comme l'Autre, comme non-identité, non-entité, non-unité [...] mais comme *diffé-rence* » (« Du texte au sujet. Conditions pour une écriture et un discours au féminin », dans Lori Saint-Martin (dir.), *L'Autre Lecture. La critique au féminin et les textes québécois*, tome 2, Montréal, Éditions XYZ, 1994, p. 46), et plus récemment encore Naomi Schor : « *In order for women to have access to a universal of their own, language must be gendered* » (« French Feminism is a Universalism », *Differences*, vol. 7, n° 1, 1995, p. 35).

9. Louise Dupré, *op. cit.* p. 381 et 384.

10. Andrée Fortin, « Territoires culturels et déterritorialisation de la culture », dans André Fauchon (dir.), *La Production culturelle en milieu minoritaire* (actes du treizième colloque du CEFCO 1993), Saint-Boniface, Presses universitaires de Saint-Boniface, 1994, p. 18.

11. Gloria Anzaldúa, *Borderlands. La Frontera : The New Mestiza*, San Francisco, Spinsters/Aunt Lute, 1987.

12. François Paré, *Théories de la fragilité*, Hearst, Le Nordir, « Essai », 1994, p. 13-14. Voir Linda Cardinal, « Ruptures et fragmentations de l'identité francophone en milieu minoritaire : un bilan critique », *Sociologie et sociétés*, vol. 26, n° 1, 1994.

13. *Ibid.*, p. 47.

14. M. Yaguello, *op. cit.*, p. 67.

INVENTER L'HISTOIRE : LA PLAINE *REVISITED*

Claudine Potvin
Université de l'Alberta (Edmonton)

D'abord écrit en anglais sous le titre *Plainsong*, puis réécrit plus que traduit en français, selon son auteure, *Cantique des plaines* s'est mérité lors de sa parution en 1993 le Prix du Gouverneur général pour le roman en langue française[1]. L'auteure a insisté sur son travail de réécriture et sur le fait qu'il s'agissait véritablement d'une deuxième version originale du même livre et que la version française l'avait même amenée à retravailler le texte anglais[2]. Ce processus avoué d'aller-retour entre les deux langues n'a pas empêché la controverse québécoise autour de l'attribution du prix, journalistes, écrivains, éditeurs et autres dénonçant la position du Conseil des arts comme irrecevable. Régine Robin, dans un article sur la polémique qui s'ensuivit, a dénoncé ce mouvement de contestation et s'est insurgée tout particulièrement contre « l'impossibilité à penser la non-coïncidence de soi à soi, de l'écart entre le territoire, la culture, la langue et les modalités multiples de l'identité[3] » et contre la tendance à enfermer l'écrivain dans une cage identitaire. Martine Delvaux a proposé à son tour de situer les réactions québécoises dans le contexte d'une discussion sur l'étrangeté et la théorie des littératures postcoloniales. Delvaux se demande si la prise de conscience de son étrangeté par le Sujet engendre une forme d'universalisme ou bien, comme le suggère Kristeva, constitue le lieu d'une rencontre des multiples dans l'unité. Qui plus est, poursuit Delvaux, une acception et une acceptation de la différence seraient-elles alors concevables dans le contexte québécois ?[4] Or, écrivaine canadienne et française mais non pas canadienne-française, « Albertaine défroquée », « anglophone récalcitrante », « anomalie territoriale », Nancy Huston dit avoir choisi « d'être tout cela »[5]. Ce désir d'une « rassurante étrangeté », pour reprendre le titre de son bref essai sur l'exil inclus dans *Désirs et réalités*, Huston le réaffirme constamment. Étrangère, la romancière s'obstine à le demeurer, afin de maintenir, avoue-t-elle, « cette distance entre moi et le monde qui m'entoure, pour que rien de celui-ci n'aille complètement de soi : ni sa langue, ni ses valeurs, ni son histoire[6] ». Bien que Huston définisse l'histoire de sa vie adulte comme une quête d'intensité et non pas d'identité, elle n'en interroge pas moins dans son *Cantique des plaines*, incontournable retour aux sources, la construction d'identités individuelles et collectives à travers le temps.

Dans le *Cantique*, la question identitaire est perçue à travers une relecture de l'histoire ainsi que des cultures du centre (église, école, Blanc, homme, Canada, même) et de la périphérie (immigrant, autochtone, femme, enfant, Alberta, différent) que la métaphore de la plaine résume au niveau discursif dans les dichotomies spatiale et temporelle : vide/plein, dehors/dedans, avant/après. Si l'auteure interroge le temps, la mémoire, l'écriture et l'invention de l'histoire dans son roman, elle les y reformule sur le mode lyrique. Ainsi, en donnant naissance au projet d'écriture de son grand-père, la narratrice effectue-t-elle une reconnaissance des lieux, du passé et d'un héritage et déplace-t-elle en partie le cadre, la frontière et la position faussement centrale de la plaine logée au cœur d'un pays dont les habitants sont toujours en mal de territoire.

Le temps perdu

Chant épique inversé, le *Cantique des plaines* de Nancy Huston reconstitue à travers le regard ironique et complice de la narratrice, simultanément familier et distant, l'histoire d'une existence, celle d'un héros déchu — son grand-père Paddon —, d'une famille d'immigrants, d'une communauté, voire d'un pays, étalée sur une période d'un siècle. Le récit de Paula témoigne de l'effet du temps, du climat et de la géographie sur la mise en place d'une culture dominante et répressive et sur le vécu des êtres qui la véhiculent, la propagent, la marchandent ou la subissent.

Le travail d'écriture, triplement inscrit dans la diégèse (le discours historique, le texte inachevé de Paddon, le conte de Paula), lié au processus de remémoration, sélection et triage ou élimination et exclusion, subvertit la mémoire livresque figée en ce qu'il vient combler certains des vides laissés par les discours religieux et socio-politique officiels. Le chant/souvenir de Paula fait écho à ces voix, de Miranda à Paddon, qui opposent une forme de résistance, fût-elle passive, à cette parole monologique et étouffante qui tend à marginaliser l'autre. Dans un article sur les marginalités raciales, Bell Hooks présente la marginalité comme un site de résistance, un lieu central de contre-production face aux discours hégémoniques, présent non seulement dans les mots mais dans les habitudes et les modes d'être. Il ne s'agit donc plus d'une marginalité repoussée mais de possibles auxquels les marginaux s'accrochent[7].

Pris entre deux mondes, Paddon exemplifie la « détresse et l'enchantement » de la dure réalité des plaines. Son traité sur le Temps, projet sans cesse différé, achoppe précisément dans la déconstruction de l'ère des pionniers et du grand récit colonialiste contenu dans le rêve de bâtir un pays, de transmettre un savoir, d'éduquer, de civiliser, d'évangéliser, de transplanter l'immigrant, l'Indien, le Métis, l'étranger, l'autre.

Le *Cantique* s'ouvre sur l'image d'une route effilée, s'étendant à l'infini, suggérant la possibilité d'une suite ou d'une éternité. Cette ligne apparemment droite écrase, aplatit et avale le corps de celui qui la traverse, en l'occurrence celui de Paddon qui vient de mourir. La narratrice n'assistera pas à l'enterrement de son grand-père toutefois, préférant imaginer la scène de loin, recréer la vision de la mort dorénavant inscrite au milieu de la plaine. Or, la réalité viendra rejoindre Paula au moment où elle reçoit une enveloppe prétendument « encombrante » sur laquelle on peut lire « LIVRE de P. », titre qui déclenchera le souvenir d'une promesse, celle de reprendre ce traité sur le temps que son grand-père s'est acharné en vain à rédiger au cours de son existence. Paula tente de déchiffrer, avec beaucoup de difficulté, ce manuscrit presque illisible qui résiste à toute interprétation :

> J'essaie de lire ton manuscrit. Tu as passé les dernières années de ta vie — non, pas les toutes dernières mais les avant-dernières — à gratter et raturer, griffonner et biffer les versions esquissées dans les années cinquante. Tu voulais encore communiquer quelque chose, mais cette chose était si enfouie, si étouffée par tes réserves tes doutes et tes scrupules que même sa forme globale est maintenant impossible à deviner. La grande majorité des pages sont indéchiffrables. La page de titre contient cinquante titres provisoires, dont le seul non barré est suivi et précédé de points d'interrogation : *En temps normal*. Parmi les centaines de feuilles grand format mutilées, seuls quelques paragraphes émergent indemnes[8].

En temps normal, les choses se déroulent toujours autrement, mais l'époque, anormale, a fait de Paddon un être faible, incapable de gérer son temps, victime des circonstances, courant à sa perte.

Certes, le Paddon que le lecteur reçoit et qui nous renvoie à l'image d'un homme obsédé par l'Histoire et son histoire, n'est autre que le reflet d'une narratrice aux prises avec son propre passé et sa mission ou son combat que seul le temps lui permettra de réaliser et de vaincre. C'est vers la fin du roman que Paula révélera comment son grand-père lui avait arraché avec ses larmes cette promesse de reprendre son œuvre avortée, alors que celle-ci n'avait que neuf ans :

> et les gouttes salées glissaient dans les coins remuants de ta bouche tandis que tu évoquais devant moi ta thèse abandonnée puis ton presque-livre et finalement ton jamais-livre — et moi, le cœur devenu tambour battant avec l'indignation d'une enfant qui aime, j'ai juré de t'aider [...] j'ai promis de faire l'impossible pour reprendre le flambeau que tu avais allumé, achever les travaux que tu avais esquissés, faire en sorte que ton *De temps à autre* (comme tu l'appelais maintenant) ne soit pas du temps perdu. (p. 242)

Le titre naïf que la fillette réservait alors à l'ouvrage et qu'on pourrait croire tiré d'un conte pour enfants, *L'Horloge de mon grand-père*, se transformera en « fragments de [s]a promesse brisée » (p. 243), aveu admis à la toute fin du récit lorsque le grand-père sera mort et enterré. C'est d'ailleurs à ce moment précis que Paula donnera naissance à Paddon, revenant à la case de départ, soit la rencontre de ses parents et le presque-viol de son arrière-grand-mère, couronnant le tout de l'intervention et de l'indifférence divines.

Le temps perdu à ne pas écrire et à ne pas (se) raconter, l'égarement d'un manuscrit jauni, remisé ou oublié dans une cave ou un grenier, c'est l'évasion face à l'Histoire, le refus de l'engagement jusqu'à un certain point, l'incapacité de se positionner en tant que sujet maître de sa destinée, le nœud que même Miranda ne saura délier, la contemplation de l'utopie, le bord, la frontière à traverser, les limites à franchir. Le motif inscrit dans le texte au niveau historico-référentiel — la frontière, le *far west*, le Nouveau Monde — renvoie également à une pratique littéraire au féminin. Les écrits de femmes (quoique non exclusivement), dont ceux de Nancy Huston, tendent à se situer du côté de ce que Emily Hicks appelle *border writing* en ce qu'ils déconstruisent les binarismes colonial/postcolonial, centre/périphérie. Le texte frontalier pense, parle, écrit à partir de l'entre-deux, ligne de démarcation qui intègre les multiples dimensions, les différents codes culturels situés de chaque côté de la frontière. En ce sens, selon Hicks, cette écriture pratiquerait une politique de non-identité[9].

À l'origine, dans la pensée de Paddon, les paradoxes théoriques de l'Histoire et son caractère successif signifiaient, illusoirement, une prise sur le réel, une contradiction de la Vérité éternelle (p. 33). Selon Robin,

> La littérature est précisément ce qui opère un deuil de l'origine, une transmutation de l'origine. L'écriture permet aux identités de se jouer et de se déjouer les unes des autres. Elle constitue des frontières poreuses, traversées par les rêves. Elle détotalise, elle institue un droit au fantasme d'être autre, d'ailleurs, par-delà, en deçà, en devenir[10].

En termes derridiens, le point d'origine devient insaisissable : seul subsiste un renvoi infini des choses et des images les unes aux autres, mais pas de source. Il n'y a plus d'origine simple, le reflet dédoublant ce qu'il redouble, l'origine devenant une différence.

En dernier lieu, le temps sera toujours pour Paddon le répit, le délai, l'incapacité de « pouvoir relier ce que Miranda [lui] avait appris au sujet du temps à [ses] vieilles incursions avortées dans la philosophie classique » (p. 165), les excursions inutiles à la bibliothèque, la fuite, car le personnage se réfugie dans un présent perçu comme réducteur. Qu'est-ce qu'une semaine, qu'est-ce qu'une année face au projet d'une vie ? Rien, lui lance Paula au visage, sauf quand « tu sentais le début et la fin de cette année précieuse te cerner comme deux murs de brique, et ne pouvant que te tapir dans le présent en attendant d'être écrabouillé » (p. 53). En réalité, Paddon perd constamment la notion du temps : « les saisons, les cycles lunaires, le réglage et la sonnerie des réveils, les vacances scolaires, les fêtes religieuses, les journaux lancés sur la véranda, les journaux empilés sur le trottoir » (p. 106), formes de l'actuel déplacées au profit d'une mémoire vacillante et vertigineuse. En fin de compte, au fur et à mesure que s'élabore le récit de Paula, il devient de plus en plus évident que le traité de Paddon achoppe sur la douleur du souvenir, le doute de soi, la récurrence du passé, le sens même de l'Histoire et de ses histoires, de ses rêves, la complainte de l'exil, la quête de l'espace. Un jour, Paddon constate que « le temps avait en fin de compte peu d'importance étant donné que le trait saillant ici, le facteur incompressible incontournable et incoercible était ici l'espace : le nombre absurde de kilomètres qui séparaient Calgary de Toronto » (p. 211).

La reconnaissance des lieux

La curiosité et l'angoisse que Paddon éprouve face au concept du temps se traduisent dans son « obligation » de différer son projet, et même de se débarrasser épisodiquement de son manuscrit. L'amour, l'enfant inattendu, le mariage, le travail, la maladie, la misère, le chômage, l'insatisfaction, la pseudo-exigence intellectuelle, le doute, etc., autant d'excuses qui lui permettent d'oublier, autant de raisons de ne pas remettre en question les acquis, la place des choses, sa place, son identité, son territoire. Nancy Huston oblige son personnage à repenser sa verticalité en l'insérant d'abord dans un contexte historique et culturel échelonné sur une période d'un siècle et en le confrontant avec la dimension oubliée de son H/histoire. Comme le souligne Naïm Kattan, la vision de Huston de sa prairie natale est

> une révision. Elle cherche à comprendre la culture et la religion amérindiennes, les réhabilite, les défend. Elle met en question ses ancêtres coupables d'agression d'un territoire qu'ils ont dégradé, abîmé. Elle se place à distance dans le temps et l'espace et c'est une histoire revue et corrigée de l'Ouest canadien qu'elle nous présente. Histoire faite de violence contre la nature, contre ses habitants et contre soi-même, contre sa propre nature[11].

Nancy Huston mentionne dans « Les prairies à Paris » que le livre de Frederick W. Turner, *Beyond Geography,* fut pour elle une illumination, car sa lecture lui a révélé « la manière dont la conception européenne et chrétienne de la terre, la sauvagerie, le progrès, la conquête et le paradis, avaient entraîné la destruction des populations américaines indigènes[12] ».

C'est à travers le merveilleux personnage de Miranda, une Amérindienne qui racontera les événements du passé à sa manière, et à partir d'une perspective que Paddon a bien voulu ignorer jusque-là bien qu'il soit lui-même professeur d'histoire, que l'écrivaine réinvente le discours historique de l'Ouest précanadien. À propos de l'identité métisse, Nicolas van Schendel précise que :

> elle représente le volet périphérique ou marginal de la canadianité. Elle est son histoire oubliée, celle en particulier de l'émergence, au cours du deuxième temps de la formation identitaire canadienne, d'un peuple d'ethnicité plurielle et de nationalité singulière [...], l'histoire oubliée de la libre

circulation des différences, de la traversée des frontières communautaires et du continuel chevauchement des cultures et des langues[13].

Autrefois, Paddon enseignait à Paula les différentes voix de l'Alberta (Tawatinaw, Belly River, Lac La Nonne) échafaudées sur trois piliers inégaux (p. 15). Miranda évoquera pour lui avec frénésie cette histoire oubliée, au milieu de leurs échanges amoureux, histoire d'une dépossession systématique d'un territoire, d'une culture, d'une langue.

Paddon, cartographe et arpenteur (p. 72), explore et découvre les mensonges que le temps a fabriqués. Par contre, l'explorateur ne parcourt plus les terres inconnues de la manière traditionnelle : Huston couche littéralement son personnage aux côtés d'une femme. Dorénavant, l'exploration suppose l'horizontalité, ce qui place le voyageur au niveau de la découverte (objet, habitant, pays), rendant plus difficile la position de supériorité adoptée par tout envahisseur. Et si, à l'occasion, Paddon se lève et se met à discourir en arpentant la pièce, c'est bien souvent à une femme endormie et absente qu'il s'adresse. Aussi, soucieuse de détromper l'homme qu'elle aime, Miranda reprendra-t-elle mille fois le récit des Blackfeet, confrontant ce dernier encore et encore à la vision de l'autre :

> Elle ne t'a pas raconté l'histoire de son père, mais elle t'a raconté d'autres histoires, couchée près de toi dans le lit, son corps collé au tien mais ses yeux fixés au plafond, les histoires qu'on lui avait apprises dans son enfance, si différentes de ton *Voyage du chrétien*, histoires de traîtrise et de perte et d'abandon, et à l'écouter, tu as su que tu entendais une chose vraie et sacrée. (p. 63)

La dispute des deux amants autour de la découverte du pôle Nord par un Blanc entouré de quatre guides esquimaux montre à quel point l'appropriation du territoire et de l'autre passe par le fait de nommer, répertorier, cartographier, langages qui ignorent généralement la présence et la trace de celui qui y circule déjà (p. 123). En dépit de ces échanges révélateurs et subversifs, Paddon continue de donner des cours d'histoire « remplis de silences assourdissants » (p. 63). Un jour cependant, un écart se glisse dans l'esprit de l'instituteur qui décide d'informer ses élèves au sujet du fiasco et de l'hypocrisie du père Lacombe qui n'a cessé de tromper les Indiens au nom de Dieu, d'un gouvernement malhonnête et de colons profiteurs. Mais on ne change pas la version officielle des faits impunément et Paddon fait face à la répression de toute tentative de transgresser la parole conservatrice, monologique et autoritaire du pouvoir établi (de l'Église à l'impérialisme britannique). Sous la menace du renvoi resurgissent les peurs et les doutes « qui faisaient trembler affreusement sous [ses] pieds la terre ferme de [ses] convictions » (p. 264) ; d'où la blessure et la fureur de Miranda qui, le lendemain, tombe malade et commence à oublier, au grand désespoir de l'historien qui croyait pouvoir enfin remettre en place les morceaux de son casse-tête, les mots de son livre sur le temps.

La fonction discursive de Miranda permet que se raconte une autre histoire, celle de l'autre précisément. En ce sens, elle confère au récit une qualité de « roman énigmatique », expression qu'emploie Simon Harel, dans *Le Voleur de parcours*, à propos de *Volkswagen blues* de Jacques Poulin : « Roman énigmatique dans la mesure où l'interprétation des nombreux signes, permettant l'orientation du parcours, est insuffisante à assurer une lisibilité sans faille du cheminement[14]. » Tout comme le désir d'unité de la Grande Sauterelle dans le roman de Poulin permet l'expression d'une positivité, seuls la parole et les gestes de Miranda dans le *Cantique* servent à créer de l'inédit et à déconstruire les utopies colonisatrices.

Par contre, un nouvel effet colonisateur s'insinue dans le texte et dans sa représentation de l'Ouest postamérindien. Il semble que, tout comme Paula, Nancy Huston n'ait pas pu remplir sa promesse intégralement. Si Paula ne reprend pas vraiment le traité sur le temps amorcé par son grand-père, Huston, grâce au regard d'une narratrice en exil, refait le chemin qui mène à l'enfance, à l'origine, tout en niant son existence, car de façon évidente, elle ne peut se donner qu'en tant qu'origine déplacée. L'auteure relève avec brio le défi qui consistait à transformer la plaine, l'Alberta, l'Ouest en « matière brute » de son écriture[15] ; elle y réussit cependant en recréant une sorte de manuel historique. La distance que conserve Huston face à des lieux rejetés dans le passé reste entière ; en ce sens, faire le tour des prairies n'implique pas nécessairement une (re)connaissance des lieux par l'écrivaine semblable à celle de ses personnages. L'argumentation facile et condescendante de Paddon en témoigne lorsqu'il affirme que « Malgré tout, errer à travers un territoire et en faire la carte, [...] Raconter des histoires autour d'un feu de camp et écrire un livre, ce n'est pas la même chose » (p. 123).

L'éloge de l'autre ne conduit pas automatiquement à une forme d'hybridation des voix sinon parfois à l'exclusion globale d'un monde sans issue. Le chant de Miranda devient pure récupération. Évoquant la genèse de son roman, Nancy Huston revient à maintes reprises sur le vide de ce Nouveau Monde : pays sans identité culturelle, endroit sans histoires, sans histoire, car « Rien n'arrive jamais à personne en Alberta[16] ». Vide à peine comblé dans le récit par cette évocation d'un passé et d'une identité métisse illusoire. Si dans les toiles de Miranda, il n'y a jamais d'espace vide, la couleur ne garantit pas le passage identitaire, la reconnaissance de la forme étrangère. Dans un article paru dans *La Question identitaire au Canada francophone*, Amaryll Chanady soutient que la notion traditionnelle d'identité repose sur le double critère d'homogénéité, d'assimilation au Même, ou d'exclusion de tout élément jugé secondaire[17]. Régine Robin ajoute qu'une identité « n'est supportable que lorsqu'elle constitue un espace souple[18] ». Dans la même collection, Walter Moser présente la substance identitaire comme un acte de violence (appropriation de l'autre), un geste d'effacement de l'hétérogène. L'identité ne constituant jamais une donnée, Moser propose que la construction des identités s'élabore à partir d'un principe de bricolage[19]. Il faut souligner que

Paula parle précisément de son livre en termes de *patchwork* (p. 243). Morceau par morceau, elle cherche à tisser une nouvelle identité qui tienne compte du désir d'appartenance, mais surtout d'exil de l'étranger, opérant de la sorte une espèce de neutralisation, de hors-lieu permanent. «Nous sommes tous des pseudonymes, des usurpateurs d'identité, mais les exilés le savent mieux que les autres», déclarait Huston dans une entrevue accordée au *Devoir*[20]. Les personnages du *Cantique des plaines* sont des exilés, venus d'ailleurs ou en voie de partance. L'écrivaine ajoute dans le même entretien que «Nous sommes tous des anomalies territoriales au Canada. Nous sommes tous venus d'ailleurs. Je suis sûre qu'il n'y a pas d'identité albertaine.»

Immigrants, pionniers, explorateurs, colonisateurs, les Sterling se sont établis dans les plaines albertaines au siècle passé. Les enfants de Mildred et de John Sterling chercheront eux aussi à s'éloigner. Paddon fuit à Edmonton l'éducation rigide de la mère, la cruauté paternelle, l'austérité des premières années d'école, l'atmosphère étouffante de la maison, bref une enfance malheureuse ; il épousera une jeune Scandinave, Karen, dont l'exemplarité ne fait qu'augmenter sa culpabilité et sa rage. La sœur de Paddon, Elisabeth, se fabrique une vocation de missionnaire, transposant l'obsession chrétienne de convertir les infidèles en terre haïtienne[21]. Plus tard, les enfants et les petits-enfants de Paddon partiront à leur tour. Vivre ailleurs, condition de survie. La narratrice écrit de Montréal, marquant à son tour la coupure entre l'objet du discours et le sujet de l'énonciation. C'est cette distance que la représentation d'une plaine «lisse et vide», muette en plus, écho du «néant parfait», absolu, que le *Cantique des plaines* retrace, «longue ligne de notes plaintives», «lamentation immobile», «plain-chant, dans toute sa splendeur monocorde» (p. 186)[22]. La distance physique et idéologique de la narratrice et le vide contre lequel s'acharne Paddon ne permettent guère de remplir un espace creux dès le départ, dénué de toute connotation aux yeux de sa créatrice. La mise en place de la révision historique ne débouche pas sur une véritable relecture géographique et culturelle. Le *Cantique des plaines* repense la grande Histoire sans déplacer l'ordre du quotidien. N'y aurait-il que de l'insignifiance dans la vie de ces êtres, puisque ces gens-là n'ont pas d'envergure, pas d'histoires valables à raconter, malgré les drames qui les habitent, malgré les ravages du temps, malgré les blessures intérieures ? Le paysage infini de la plaine se rétrécit de plus en plus, enserrant le personnage et le lecteur dans un cadre qui convient mal à la scène représentée.

Finalement, il faudrait repenser cette analyse en fonction d'un décentrement à peine ébauché dans le *Cantique des plaines* : celui du corps masculin et des corps féminins. De fait, la révision historique ne peut s'écrire en dehors du corps colonisé, du viol de Crowfoot à qui on fourre une hostie dans la gorge avant de mourir à la lourdeur de Paddon, de toutes ces jeunes femmes engrossées avant le temps à ces épouses (et ces enfants) battues, piétinées. Dans ce roman, le corps surgit toujours un peu par surprise. S'il ne s'imposait

« de temps à autre » comme une toile de fond, tantôt floue, tantôt agaçante, on aurait tendance à l'oublier. Concevant l'esprit et la chair, l'abstrait et le concret, le temporel et le spatial comme des entités incompatibles, Paddon assume mal cette carapace corporelle, cette « chose impertinente » (p. 38) qui l'empêche de penser. Son aversion pour le corps semble se résorber quelque peu avec l'apparition de Miranda qui lui « donnait le corps qu'[‘il] avai[t] toujours eu sans le savoir, [lui] révélant sans fin ses surfaces et sondant ses profondeurs » (p. 115). Lorsque la magie de Miranda se transforme en laideur au moment de son agonie alors qu' « elle avait le corps obèse et le visage bouffi, bistré, presque violet » (p. 160), il ne reste plus que la voix, mais les phrases de Paddon sonnent creux. Tous ces corps immobiles (même diligents comme ceux des femmes), vieillis, niés, enfouis sous le scrupule, stéréotypés jusqu'à un certain point, reproduisent une carte fort ennuyeuse, sans détours, sans raccourcis, sans plaisirs. Or, le corps s'inscrit dans l'économie du désir autant que dans le discours du pouvoir, mais, malgré la parenthèse Miranda, le *Cantique* n'autorise que le second. Ironiquement, Paula compare le corps de Paddon à un sablier, « passage exigu entre le monde extérieur et les besoins de [sa] famille, à travers lequel l'argent devait couler » (p. 181). L'économie des temps de colonisation, basée sur l'exploitation de l'autre corps, empêche à coup sûr les économies libidinales s'élaborant en pure perte. Dans son livre *Bodies That Matter*, Judith Butler signale que les corps renvoient aussi à ce qui se trame derrière eux et que ce mouvement derrière la frontière ainsi que ce mouvement de frontière même sont fondamentaux pour la compréhension de ce que sont ces corps[23]. Les corps de Huston semblent reproduire l'ennui des plaines. Entre la plaine et la plainte loge le chant : cantiques religieux, bibliques, musiques d'Église, lamentations qui ne laissent passer le plus souvent qu'un mince filet de voix. Dans le *Cantique des plaines*, tout se passe comme si la longue complainte de la narratrice ne permettait plus de voir le mouvement des corps au milieu de la plaine.

NOTES

1. À l'automne 1996, Nancy Huston se trouvait à nouveau en nomination pour le même prix pour son dernier roman intitulé *Instruments des ténèbres*.

2. Danielle Laurin, « Source sûre », *Voir*, vol. 7, n° 42, sept. 1993, p. 25 ; « L'affaire Huston ou l'expérience du racisme », *Le Devoir*, 29 octobre 1994, p. D4 ; et Corinne Durin, « Traduction et médiation », *Spirale*, avril 1994, p. 6.

3. Régine Robin, « *Speak Watt*. Sur la polémique autour du livre de Nancy Huston », *Spirale*, avril 1994, p. 3.

4. Martine Delvaux, « Le Moi et l'A/autre : subjectivité divisée et unité culturelle », *Revue canadienne de littérature comparée*, vol. 22, n°s 3-4, 1995, p. 499.

5. Nancy Huston, *Désirs et réalités*, Montréal, Leméac, 1995, p. 232.

6. *Ibid.*, p. 180.

7. Bell Hooks, « Marginality as Site of Resistance », dans R. Ferguson, M. Gever, T. Minh-ha, C. West (eds.), *Out There. Marginalization and Contemporary Cultures*, New York, MIT Press, 1990, p. 341.

8. Nancy Huston, *Cantique des plaines*, Montréal, Leméac, 1993, p. 19. Pour toute référence future

à ce texte, la pagination suivra la citation.

9. Emily Hicks, *Border Writing. The Multidimensional Text*, Minneapolis et Oxford, University of Minnesota Press, 1991, p. xxiii-xxxi.

10. Régine Robin, « Défaire les identités fétiches », dans J. Létourneau (dir.), *La Question identitaire au Canada francophone*, Sainte-Foy, Les Presses de l'Université Laval, 1994, p. 232. Voir aussi, de la même auteure, *Le Deuil de l'origine. Une langue en trop, la langue en moins*, Saint-Denis, Presses universitaires de Vincennes, 1993.

11. Naïm Kattan, « Retour à la prairie natale », *Le Devoir*, 6 novembre 1993, p. D24.

12. N. Huston, « Les prairies à Paris », *Désirs et réalités, op. cit.*, p. 207.

13. Nicolas van Schendel, « L'identité métisse ou l'histoire oubliée de la canadianité », dans *La Question identitaire au Canada francophone, op. cit.*, p. 103.

14. Simon Harel, *Le Voleur de parcours*, Montréal, Le Préambule, 1989, p. 182.

15. N. Huston, *op. cit.*, p. 201.

16. *Ibid.*, p. 189, 201, 206.

17. Amaryll Chanady, « L'ouverture à l'Autre. Immigration, interpénétration culturelle et mondialisation des perspectives », dans J. Létourneau (dir.), *La Question identitaire au Canada francophone, op. cit.*, p. 167.

18. R. Robin, « Défaire les identités fétiches », *op. cit.*, p. 217.

19. Walter Moser, « L'anthropophage et le héros sans caractère : deux figures de la critique de l'identité », dans J. Létourneau, *op. cit.*, p. 258-259.

20. Christian Rioux, « Qui a peur de Nancy Huston », *Le Devoir*, 17 janvier 1994, p. B1.

21. Dans son contact avec la culture et le peuple haïtiens, Élisabeth opère un transfert direct des idéologies chrétiennes d'évangélisation des communautés religieuses en Amérique du Nord imprégnées d'ignorance, de racisme et de mépris. Simon Watney a montré, dans un excellent article sur les *Missionary Positions* en Afrique, à quel point les concepts d'aide et de développement occidentaux suivent essentiellement un « *linear model of human cultural evolution, and an equally over-simplified picture of normative psychosexual "development"* » (« Missionary Positions : AIDS, Africa and Race », dans R. Ferguson, *et. al, Out there. Marginalization and Contemporary Cultures, op. cit.*, p. 98).

22. D'où un effet de contradiction entre les positions de l'auteure qui ose dire : « Mais peut-on "fièrement revendiquer"... une plaine ? une montagne Rocheuse ? » (N. Huston, *op. cit.*, p. 215), tout en écrivant la revendication/redécouverte d'un territoire identique.

23. Judith Butler, *Bodies That Matter*, New York et Londres, Routledge, 1993, p. ix.

DE LA CHASSE AU BISON À L'ART MÉTIS :
UNE CONTRIBUTION DE LA MÉTISSE À METTRE AU JOUR

Nathalie Kermoal
Faculté Saint-Jean
Université de l'Alberta (Edmonton)

Les Métis sont renommés dans l'histoire canadienne pour leurs impressionnantes chasses au bison qui déplaçaient des communautés entières vers le « large » ou la prairie[1]. Cependant, les récits des grandes chasses ont surtout glorifié les exploits de l'homme, le chasseur. L'iconographie des XIXe et XXe siècles reflète très bien cette représentation, puisque, de la chasse, l'artiste ne retient que l'action de poursuivre et de tuer le gibier plutôt que celle de dépecer le corps de la bête.

Dans la mesure où la société canadienne du XIXe siècle accorde beaucoup d'importance aux activités masculines des peuples autochtones du Canada, il n'est pas étonnant que les tâches des Métisses n'apparaissent qu'en filigrane dans les écrits et que leur savoir et leur savoir-faire soient relégués à l'arrière-plan, ne constituant plus qu'une infime partie des récits. Les gestes de ces femmes sont pourtant précieux, puisqu'ils font appel à un bagage culturel spécifique qui les différencie des Amérindiennes et des Euro-Canadiennes. En portant notre attention sur leurs gestes quotidiens et en nous détournant de l'extraordinaire, du formel, du public et du savoir universel, nous espérons faciliter l'épanouissement de l'ordinaire, de l'informel, du personnel et du traditionnel. Cette pratique nous permet non seulement de construire différemment cette réalité historique, mais aussi d'élargir le champ du discours comme le proposait Michel Foucault :

> [L]e discours ne doit pas être pris comme l'ensemble des choses qu'on dit, ni comme la manière de les dire. Il est tout autant dans ce qu'on ne dit pas, ou qui se marque par des gestes, des attitudes, des manières d'être, des schémas de comportement, des aménagements spatiaux. Le discours, c'est l'ensemble des significations contraintes et contraignantes qui passent à travers les rapports sociaux[2].

Dans la mesure où nous nous situons dans une pratique postmoderne, nous considérons que tout est texte, même si parfois celui-ci n'est que fragmentaire, ce qui est souvent le cas dans l'histoire des femmes. L'objet de la présente étude n'est pas simplement de mieux comprendre le rôle des femmes dans l'économie métisse, car il va sans dire qu'il était capital pour la survie des familles, mais de situer le langage gestuel qui permettait, par exemple, de transformer la viande de bison en provisions pour l'hiver et les peaux en produits manufacturés pour la commercialisation[3]. En scrutant ainsi le détail, nous pouvons valoriser l'expérience directe des individus et des communautés et, plus particulièrement, rehausser la contribution unique des Métisses.

Dans leur article « Are "Old Wives' Tales" Justified ? », les philosophes féministes Vrinda Dalmiya et Linda Alcoff soutiennent que le savoir féminin a souvent été délaissé, dans la mesure où il ne rentrait pas dans la sphère d'un savoir qualifié de scientifique :

> *Traditional women's belief — about childbearing and rearing, herbal medicines, the secret of good cooking, and such — are generally characterized as « old wives' tales ». These « tales » may be interwoven into the very fabric of our daily lives and may even enjoy a certain amount of respect and deference as a useful secret-sharing among women. But nevertheless, it remains the case that they are considered to be mere tales of unscientific hearsay and fail to get accorded the honorific status of knowledge[4].*

Puisque le savoir féminin ne découle pas exclusivement des manuels et des livres de recettes et qu'il s'acquiert surtout par l'observation et la pratique, il est donc important de relire les textes consacrés aux Métis afin de tenter la reconstruction d'un pan entier de la vie des femmes. Les Métisses du Manitoba, comme bien d'autres femmes au Canada, ont répété les gestes de leurs grand-mères, qu'elles ont à leur tour enseignés à leurs filles et à leurs petites-filles ; elles en ont également créé de nouveaux, afin de répondre aux demandes de plus en plus pressantes des marchés. Par le fruit de leur travail, elles ont contribué pleinement à l'âge d'or des Métis[5]. Afin qu'il n'y ait aucune équivoque, nous faisons principalement référence, dans cet article, aux femmes de souche paternelle francophone et de souche maternelle crie ou ojibwé qui partageaient un héritage socio-culturel et linguistique commun les différenciant des Métis anglophones de la rivière Rouge. Elles vivaient dans les communautés rurales situées aux alentours de Winnipeg et participaient, pour la plupart, à la traite des peaux de bison en 1850[6].

La chasse au bison : travail de femmes

Selon Gerhard Ens, les Métis de la rivière Rouge auraient délaissé l'agriculture pendant les années 1840, à cause d'un marché limité et d'une succession de mauvaises récoltes, pour s'adonner à la traite des peaux de bison qui rapportait plus, le commerce étant en pleine expansion. En comparant les paroisses de Saint-François-Xavier et de St. Andrew's, Ens a découvert que les Métis francophones de la première communauté faisaient exclusivement la traite, tandis que les Métis anglophones de la deuxième se consacraient surtout à l'agriculture[7]. Puisque la demande de peaux était à la hausse, la chasse prenait un caractère de plus en plus familial à mesure que la taille des familles augmentait. Pour qu'une telle entreprise fonctionne bien, l'accroissement de la main-d'œuvre était essentiel, le travail des femmes aussi[8].

Cependant, la division du travail n'est pas uniquement le fruit d'une demande accrue sur les marchés, car elle existait avant les années 1840. D'après les descriptions de chasse au sein des nations autochtones des plaines, la division du travail se faisait selon le sexe : les hommes chassaient, alors que les femmes débitaient la viande, préparaient les peaux, etc[9]. Il en est de même chez les Métis, qui ont hérité des traditions amérindiennes pour la chasse au bison. Nous ne pensons pas que, dans les années 1840 et 1850, le travail féminin se soit modifié ; il se serait plutôt intensifié[10].

Deux fois l'an — au printemps et en automne —, les Métis partaient chasser dans les vastes plaines de l'Ouest, emmenant femmes et enfants. Avant le départ, les chasseurs remettaient en état leur équipement et marchandaient auprès de la Compagnie le crédit nécessaire à leurs achats, tandis que les épouses s'affairaient jusqu'à la tombée du jour à la réparation des ustensiles et des tentes, et à la confection des vêtements[11]. Pendant leur absence, les plus âgés et les infirmes veillaient sur les foyers de la communauté. Le grand cortège prenait alors la route de Pembina ou de Saint-Joseph, lieux de rendez-vous avec les Métis du Dakota. D'après Alexander Ross, la chasse de 1840 comptait 1 210 charrettes, 620 chasseurs, 650 femmes et 360 garçons et filles[12]. Arrivés à Pembina, ils élisaient leurs chefs. Aucun témoignage ne mentionne la participation des femmes à ces élections. Une fois les règlements adoptés, la caravane reprenait le chemin jusqu'à ce que les éclaireurs repèrent le gibier. La grande chasse pouvait enfin commencer. Après les années 1870, les Métis se retrouvèrent surtout du côté de la ville actuelle d'Edmonton ou près des collines aux Cyprès.

Pendant que les hommes disposaient les charrettes en cercle pour protéger les familles contre d'éventuelles attaques de Sioux, les femmes préparaient le camp. Comme leurs aïeules amérindiennes, elles montaient les tipis ou les tentes. Les enfants partaient à la recherche de bois ou de « bois de vache » (excréments de bison)[13]. Ce combustible, ramassé au moment propice, tenait lieu de bois ; toutefois l'odeur nauséabonde incommodait les narines délicates des étrangers[14].

Une fois toutes les familles installées, la chasse pouvait commencer. Pendant que les hommes enfourchaient leurs montures, les femmes se préparaient à aller en charrette dépecer les animaux gisant dans la plaine. La tuerie terminée, elles se frayaient un chemin entre les bêtes[15]. Le débitage se faisait rapidement à l'aide de couteaux, puis les quartiers de viande, les peaux et les langues étaient déposés dans les véhicules et ramenés vers le camp[16]. Souvent, les hommes avaient commencé le travail, mais ils étaient très vite relayés par les mains expertes des femmes[17]. Venait alors la préparation du pemmican. Afin de conserver la viande, surtout au mois de juin, il était important de la fumer et de la faire sécher rapidement avant de confectionner le pemmican lui-même. Les quartiers, découpés en plaques d'un quart de pouce d'épaisseur sur deux pieds de largeur et quatre de longueur[18], étaient suspendus sur des treillis de perches. Les filles « *would then keep a little*

smoke going all day to keep the flies away from the meat and chase away the dogs[19] ».
La viande bien séchée était alors pilée avec un bâton, un fléau, un pilon ou
une pierre. Réduite en poudre, elle était mise dans de grandes marmites de
fonte où mijotait du suif ou, plus souvent, de la graisse de moelle de bison,
obtenue en cassant d'abord les os et en les laissant bouillir[20]. À ce mélange,
les femmes ajoutaient des baies sauvages pour en relever le goût : poirettes
(*saskatoons*), raisins sauvages, étrangles, sorte de cerises à grappes, selon la
cueillette. Ensuite, elles versaient le tout dans des outres de cuir de bison
d'une capacité de cent livres (les Métis appelaient ces sacs « taureaux »). Le
mélange se comprimait en refroidissant. Après quoi, elles cousaient ces
outres pour bien les fermer. Le pemmican était si dur qu'il fallait le casser en
morceaux[21]. Comme certains vins français, il s'améliorait avec le temps.
Malgré sa valeur nutritive quatre fois supérieure à celle de la viande
fraîche[22], les étrangers et surtout les missionnaires devaient s'initier à ce
goût, s'ils ne voulaient pas mourir de faim en hiver. Le père Mulvihill écrivait
en 1867 :

> *It is of course considered a delicacy now because we cannot get it, but as a matter of
> hard substantial fact it is open to several serious objections as an article of diet.
> Amongst others may be mentioned the odor it emits, the buffalo hair that clings to it,
> and the lumps of tallow that are constantly met within it*[23].

Toutefois, les Métis en raffolaient et s'en nourrissaient lors des longs déplacements. Les familles consommaient la viande fraîche sur place.

Le pemmican préparé, les femmes s'occupaient du cuir, apprêtant les
peaux sur le terrain, travail exclusivement féminin. Elles se servaient de techniques amérindiennes, utilisant le cuir de chevreuil, de cabri, de cerf, d'ori-
gnal, de bison ou même de bœuf domestique[24]. Avant le tannage, elles
faisaient tremper les peaux dans la rivière ou le cours d'eau le plus proche :
« *it was messy work [...] for the skins were heavy with the weight of fur and water.
The odor was nauseating, a strong animal smell mixed with the reek of wet fur*[25]. »
Ensuite, les femmes enlevaient tous les poils, tendaient la peau sur un bran-
card pour bien la sécher, l'enduisaient de cendre et l'imprégnaient de la cer-
velle de l'animal. La peau était prête à subir le polissage pour l'assouplir.
Durant parfois plusieurs jours, selon la taille de la peau, le grattage était long
et pénible[26]. Cependant, il permettait aux femmes de se regrouper et aux
filles d'apprendre cette besogne indispensable à la confection des vêtements.
Le poil et la maque (graisse, chair et autres impuretés collées à la peau)
s'enlevaient avec des instruments fabriqués maison : des bouts de lames de
couteau, de cercles de fer, de ciseaux à bois, solidement attachés à des manches ou à des poignées maniables[27]. Pour désigner cette tâche, les Métis utilisaient l'expression « plumer les peaux ». Les Métisses transformaient aussi
les côtes des bisons en grattoirs, outils particulièrement efficaces. Elles com-
mençaient par gratter le cou de l'animal, plus épais que le reste du corps.
Ensuite, de leurs doigts experts, elles palpaient la peau afin d'en détecter les

impuretés : « *In scraping [they would] follow the grain of the hide to make it soft and even. Scraping against the grain made it crusty and shiny*[28]. » La peau était alors blanche comme neige, souple comme du drap et douce comme du chamois[29]. Pour l'empêcher de durcir et de casser au premier contact de l'eau, elles l'assouplissaient en la fumant : « *the hides absorbed the smoke of the fires, they turned a rich tan, and retained the aroma for many years to come*[30]. »

Le cuir de bœuf était tanné à l'eau de chaux ou dans une solution où avait trempé de l'écorce hachée de saule ou de chêne, ou des deux mélangées[31]. Le cuir macérait dans cette solution pendant trente jours et en ressortait rouge (dans le cas du saule) et brun (dans le cas du chêne). Ce cuir était particulièrement résistant et servait à la fabrication des « souliers de bœuf » et des « bottes sauvages »[32]. Avec les nerfs, les femmes tressaient aussi des cordes et de la « babiche », lanière fine comme un lacet servant de ficelle[33] : les tendons des pattes, du cou et du dos étaient très prisés. Ainsi les Métisses se chargeaient-elles de la confection des sacs à pemmican à partir d'un morceau de cuir carré : « *Long strips of sinew were pushed through the hide with a sharp, three-sided needle. The sides of the needle cut the hide as it was pushed through, making the sewing easier. The tendon used was from the back of the buffalo*[34]. » Lorsque les peaux avaient été apprêtées, la fabrication des traîneaux leur revenait aussi. À cet effet, les femmes plaçaient les peaux sur des bâtis préparés par les hommes :

> It was not necessary to do a perfect job on these robes because [in the spring] the sleighs were abandoned to rot into the prairie soil. When the skins were prepared and stretched into flat sheets, well pegged down at the edges, they would dry hard and could be hammered over the boards to form the front and sides of the sleigh[35].

En dernier lieu, le travail de décoration pouvait commencer.

L'art métis

Lorsque nous parlons de l'art autochtone ou métis, le sexe de l'artiste est très rarement indiqué. C'est que nous ne connaissons pas toujours la provenance des objets exposés dans les musées et que les noms des auteures ont disparu à l'horizon sans fin de la plaine. Les visiteurs des musées ignorent donc que la plupart des œuvres (surtout les vêtements, les paniers, les jouets) qu'ils contemplent ont été effectuées par des femmes[36]. Ce sont elles souvent qui ont passé des milliers d'heures à la création de ces motifs uniques au monde. C'est grâce à leur intelligence et à leur imagination que nous pouvons apprécier aujourd'hui ces œuvres d'art. Pourtant, ce que nous appelons art n'était certainement pas perçu comme tel à l'époque. Pour les Métisses, le travail du cuir faisait partie de l'héritage culturel. Les Amérindiennes unies à des Européens avaient transmis leur savoir à leurs filles et, de génération en génération, s'est développé un style spécifiquement métis, mélangeant influences amérindiennes et européennes. La fabrication de vêtements colorés, brodés de perles et de rassades avait un but domestique mais aussi commercial. Les femmes devaient habiller les membres de leur famille et confectionner des articles nécessaires aux échanges commerciaux. Cette dernière pratique permettait d'accumuler un petit pécule ou d'obtenir autre chose en échange.

La définition de l'art métis est particulièrement complexe. Lorsque nous faisons le tour des musées, celui-ci demeure invisible. Pourtant, l'expression artistique métisse existe, mais elle semble se confondre avec l'héritage des nations crie, ojibwé et saulteuse. Ted Brasser explique ce phénomène de la manière suivante :

> Les Amérindiens achetaient ces articles des Métis et, en retour, les vendaient aux voyageurs blancs qui préféraient faire l'acquisition de souvenirs d'Amérindiens « authentiques ». Il s'ensuivit que la plus grande partie de l'art métis conservé dans les musées passe pour être le fait de diverses tribus amérindiennes ; il est rare que leur origine métisse soit tenue pour telle[37].

Tout cela ne facilite donc pas la tâche des historiens de l'art. Mais la complexité ne s'arrête pas là, car le style des Métis a influencé les artisans autochtones de toutes les plaines du Nord. Les mariages mixtes (entre Amérindiens et Métis), le commerce et les migrations vers l'Ouest et le Nord-Ouest ont favorisé les échanges culturels. Les objets conçus grâce aux rêves et à la dextérité des Amérindiennes et élaborés par leurs filles et leurs petites-filles métisses furent, à nouveau, source d'inspiration pour les artisans amérindiens.

Les observateurs du XIXe siècle étaient unanimes à saluer la beauté du travail des femmes. Les perles et la soie de couleurs vives utilisées pour la décoration des mocassins, des sacs à tabac, des selles, retenaient l'attention des visiteurs. Elles étaient réputées : « *for the most beautiful garnished work of beads, porcupine quills and silk with which they adorn leather coats, mocassins, pouches, saddles, etc.*[38] ».

Pendant les années 1820, les artisanes de la rivière Rouge ont été influencées par les motifs géométriques de leurs nations amérindiennes d'origine (Cris, Ojibwé, Chippewa, Saulteux, Sioux, Iroquois). Mais avec les années, elles trouvèrent d'autres sources d'inspiration, et les motifs floraux sur la soie et sur la broderie de perles se multiplièrent, ce qui leur valut l'appellation amérindienne de « peuple des broderies de perles à motifs floraux[39] ». Elles s'inspiraient des longs voyages dans la prairie, assises sur les charrettes et attentives aux paysages qui se déroulaient sous leurs yeux : « *It was a great delight to spot a new flower, for it would be woven into the young mother's memory, to reappear on a mocassin or vest in later years*[40]. » Mais l'arrivée des missions catholiques romaines et l'initiation au travail de l'aiguille dans les écoles des Sœurs Grises allaient aussi influencer les Métisses. Celles-ci s'inspirèrent alors des motifs :

> de broderie française et des murales florales de la cathédrale de Saint-Boniface. [...] Le recours au procédé des anciennes broderies de piquants de

porc-épic aux couleurs vives ainsi qu'aux motifs floraux bilatéraux et symétriques permit à l'art métis de la rivière Rouge de s'exprimer de façon délicate et chatoyante[41].

L'expression artistique métisse s'est confirmée grâce à l'émergence de l'identité ethnique des Métis dans les premières décennies du XIXe siècle. Les années 1830 et 1840 représentent l'âge d'or de l'art métis, la période où la production artistique arrive à pleine maturité. La disparition du bison puis l'arrivée de nouveaux immigrants poussent les femmes à viser un marché d'aristocrates, de chasseurs, de représentants du gouvernement, tous amateurs de produits « exotiques »[42].

La théorie du *vanishing Red man* au XIXe siècle incitait les collectionneurs à amasser des objets autochtones pour les vendre ou les placer dans des musées[43]. Certains manteaux étaient confectionnés exclusivement sur commande. Julia Harrison, dans son article « The Great White Coverup », explique que la plupart des vêtements portés par les Métis ne sont pas dans les musées[44]. Leurs fameux capots bleus sont demeurés introuvables. Seuls les manteaux de cuir blanc confectionnés dans les années 1840 et 1850 ont été préservés, à l'abri des ravages du temps ; il est probable que les amateurs les achetaient pour les exposer et non pas pour les porter[45]. Pour la décoration, les femmes utilisaient surtout des piquants de porc-épic et de la peinture. On a souvent laissé entendre que, avec la commercialisation, la qualité des produits se détériorait. Le cas des artistes métisses ne semble pas confirmer la règle, puisqu'elles continuaient à apporter toute l'attention nécessaire aux détails et à la qualité :

> For example, on one coat there are pocket flaps, that are off the seam, where logically one might find them if they did in fact cover a pocket. But the purely decorative function of such flaps, as vestiges of pockets, was a European design element often found on coats of this period. The Métis woman who made this coat was accurate with the details that she chose to incorporate within the complex and varied whole[46].

Ces manteaux continuèrent à se vendre dans les années 1870. Cependant, ils représentaient les vestiges d'une époque déjà révolue, car les femmes préféraient travailler avec des tissus importés pour la confection de leurs vêtements, en utilisant des perles et de la soie pour les décorations. Elles répondaient donc exclusivement aux besoins et à l'esthétisme de leurs commanditaires. Le Musée Royal de l'Ontario, à Toronto, a conservé une collection de napperons commandée par un ami du fils d'Alexandre Morris (lieutenant-gouverneur des Territoires du Nord-Ouest de 1873 à 1876[47]). De 1885 jusqu'au tournant du siècle, celles qui vivaient près des villages troquaient de l'artisanat contre des articles de consommation courante : « *Métis women [...] made decorated pillow cases, piano covers, picture frames, book covers and other such items for local white residents in return for some tea, sugar or a bit of flour. [...] Among other items created by the women were shelf decorations to be used [...] in local churches or convents*[48]. » La vente de mocassins, de gants, etc., était essentielle à la survie de certaines familles car, pour celles qui vivaient surtout de chasse, de trappe et de cueillette, c'était parfois la seule source de revenu[49]. Cette pratique continue encore aujourd'hui et la plupart des créations sont vendues à Winnipeg[50].

Les femmes confectionnaient surtout des mocassins ou souliers mous, des vestes, des gants, des jambières, des gaines de couteaux et de fusils, des sacs à tabac (dont le fameux sac en forme de pieuvre ou *octopus bag*), des selles, des couvertures pour les chiens de traîneau et des harnais. Ces objets avaient des motifs variés comme l'étoile à cinq pointes et des représentations florales (tiges, feuilles et fleurs), rappelant les couleurs printanières des fleurs sauvages de la prairie[51]. Les femmes, jeunes et moins jeunes, aimaient faire ce travail pendant les longues veillées d'hiver. Elles se servaient de différents matériaux pour exécuter les motifs. Les aiguilles, les perles, la soie et le fil s'achetaient dans les magasins de la Compagnie de la Baie d'Hudson ou dans d'autres magasins généraux. Parfois, elles dessinaient sur les peaux avec de la teinture faite à base d'écorce ou de vermillon. Mais, en 1870, elles préféraient travailler avec des perles et de la soie de couleur. Cependant, elles utilisaient encore les piquants de porc-épic, peints de différentes couleurs puis brodés sur les moufles ou les mocassins. Elles convoitaient aussi avec un certain zèle le crin des queues de cheval blanches et grises, pour la décoration de leurs œuvres. Selon Alexander Begg :

> [*The newcomers*] *were told that it was quite a common thing for the half-breed women [...] to rob the tails of white or grey horses, for the purpose of using the hairs in embroidering mocassins and other fancy work. [...] They were told also that when a white horse or a grey one [...] is sent out to pasture on the prairie, it invariably returns minus its tail, and that they generally take care to clip the hair with scissors to ensure its growing again, for if it is pulled out by the roots it will never grow, and the stump will remain a « hairless » stump as long as the horse is a horse*[52].

Elles aimaient broder des motifs sur du drap de laine noir ou bleu foncé, ou de stroud rouge. Elles utilisaient alors en alternance des perles, des rubans de soie ou de satin de couleur. En général, les sacs et les jambières étaient doublés de coton. Les œuvres des artistes métisses, quoique rares et difficiles à identifier, sont les témoignages d'un passé impressionnant. Cependant, avec le déclin de l'influence des Métis sur le marché de la traite, l'art métis finira par être assimilé, après avoir influencé les styles des autres nations autochtones. Par la suite, les Métis perdent de leur visibilité comme peuple distinct[53].

Conclusion

Notre enquête révèle que pendant les années 1840 et 1850, lors des grandes chasses au bison, les activités des Métisses étaient prépondérantes dans la bonne marche de la traite des peaux de bison et que leur savoir-faire a permis à cette entreprise de connaître un réel essor. Même si les documents ne nous permettent pas d'évaluer le statut que leur conférait un tel travail, ils nous aident à reconstituer une gestuelle, quoique de façon lacunaire. Chaque geste constitue un savoir : que ce soit pour le dépeçage, le découpage de la viande de bison, la préparation du pemmican ou la confection d'objets d'art destinés à la vente. C'est ce savoir-faire basé sur l'observation et l'expérience qui a amené le peuple métis à connaître un âge d'or, maintes fois relaté par les historiens. Même si cet âge d'or n'a été qu'éphémère, les femmes ont, sans conteste, participé à une prise de conscience politique qu'elles ont exprimée dans leurs œuvres d'art, puisque certaines tentatives de « canadianisation » se sont traduites par des expériences uniques. En effet, l'enseignement des points de broderie française par les Sœurs Grises a eu pour conséquence non pas la reproduction à outrance mais le développement d'un style artisanal spécifiquement métis, dans la mesure où elles ont adapté les nouvelles techniques au style autochtone de leurs ancêtres maternels. C'est ce style qui plaisait aux étrangers et c'est encore celui-ci qui sera repris par les nations autochtones environnantes.

Après la disparition du bison, le rôle économique de la femme métisse n'en restera pas moins indispensable à la survie des familles. Les changements économiques et sociaux des années 1870 et 1880 auront pour conséquence de renvoyer les femmes dans les foyers — sauf dans les familles qui vivaient encore d'une manière traditionnelle — et de les cantonner au travail domestique. Mais ce dernier sera dévalué par une société qui n'accorde pas aux tâches familiales et domestiques le statut d'expression et de contribution sociales légitimes, mais plutôt celui d'activités inhérentes à la condition de la femme. Si, avant les années 1870, les glorieuses chasses au bison permettaient de différencier les gestes des Métisses de ceux des autres Canadiennes, la disparition du précieux animal aura pour conséquence de confondre de plus en plus leur gestuelle respective. Nous espérons seulement que les études se poursuivront, afin de restituer aux femmes autochtones du Canada une histoire dont elles ont été, depuis trop longtemps, dépouillées. La construction ou la reconstruction (dans la mesure où elle a été perdue) d'une telle histoire devra nécessairement passer par une connaissance des gestes quotidiens, notamment autour de la naissance, de la médecine traditionnelle, car c'est par ce moyen que nous pourrons enfin établir le savoir féminin.

NOTES

1. Joseph Kinsey Howard, *L'Empire des Bois-Brûlés*, traduit de l'anglais par Ghislain Pouliot, Saint-Boniface, Éditions des Plaines, réédition 1989, p. 248.

2. Dans Michel Foucault, *Dits et écrits : 1954-1988*, publié sous la direction de Daniel Defert et François Ewald, tome III, *1976-1979*, Paris, Gallimard, 1994, p. 123.

D'après Pauline Marie Roseneau, dans *Post-modernism and the Social Sciences: Insights, Inroads, and Intrusions*, Princeton, Princeton University Press, 1992, p. 35-36 :

« Post-modernism is text-centered. Everything is a text including a life experience, a war, a revolution, a political rally, an election, a personal relationship, a vacation, getting a haircut, buying a car, seeking a job. »

3. D'après Irene Spry, les Métis (hommes et femmes) ont contribué pleinement au développement de la première grande industrie dans l'Ouest canadien (Irene Spry, « The "Private Adventurers" of Rupert's Land », dans *The Developing West: Essays on Canadian History in Honor of Lewis H. Thomas*, sous la direction de John E. Foster, Edmonton, University of Alberta Press, 1983, p. 54). Les marchés de peaux de bison se situaient surtout à l'est du Canada et aux États-Unis. On se servait des peaux comme couvertures dans les voitures tirées par des chevaux, tels les chariots et les traîneaux, et on les transformait en manteaux pour l'hiver. En 1874, un manteau de bison doublé de flanelle se vendait dix dollars au magasin général de Saint Paul. Voir Wayne Gard, *The Great Buffalo Hunt*, Lincoln, University of Nebraska Press, 1959, p. 43-58. Du fait de la résistance et de l'épaisseur du cuir de bison, il servait aussi à faire des courroies pour les machines industrielles. À leur manière, les Métis ont contribué activement au développement de la révolution industrielle en Amérique du Nord.

4. Vrinda Dalmiya et Linda Alcoff, « Are "Old Wives' Tales" Justified? », dans Linda Alcoff et Elizabeth Potter (eds.), *Feminist Epistemologies*, New York et Londres, Routledge, 1993, p. 217.

5. Les années 1840 et 1850 ont souvent été perçues par les historiens comme l'âge d'or des Métis. Les bisons, alors nombreux, constituaient une part importante de l'économie des petites communautés de la rivière Rouge. C'est à cette même période que les Métis se sont affirmés politiquement en défiant la Compagnie de la Baie d'Hudson et son monopole administratif sur la rivière Rouge. Cependant, la victoire fut de courte durée puisqu'en trente ans les bisons avaient pour ainsi dire disparu.

6. Pour un portrait détaillé de la vie de ces femmes, voir Nathalie Kermoal, « Le temps de Cayoge: la vie quotidienne des femmes

métisses au Manitoba de 1850 à 1900 », thèse de doctorat, Université d'Ottawa, 1996.

7. Gerhard Ens, « Kinships, Ethnicity, Class and the Red River Métis: The Parishes of St. François Xavier and St. Andrew's », thèse de doctorat, Edmonton, The University of Alberta, 1989, p. 91-92. Ens explique la différence de cette manière: « *While there are a number of reasons for this difference, not the least of them would be the fact that the cultural antecedents of St. François Xavier métis of the Great Lakes had once before acted as middlemen in the St. Lawrence based fur trade. [...] Another factor explaining why St. Andrew's métis were less likely to adapt to the new trading opportunities may have been the fact that St. Andrew's contained more families headed by a European male.* »

8. *Ibid.*, p. 105-106. Ens ne consacre qu'un seul paragraphe à cette question alors que tout au long de son travail (qui fait environ 300 pages), il insiste sur le caractère familial de cette industrie.

9. Voir Liz Bryan, *The Buffalo People: Prehistoric Archaeology on the Canadian Plains*, Edmonton, The University of Alberta Press, 1991; Alan D. McMillan, *Native Peoples and Cultures of Canada: An Anthropological Overview*, Vancouver et Toronto, Douglas & McIntyre, 1988; R. Bruce Morrison et C. Roderick Wilson, *Native Peoples: The Canadian Experience*, Toronto, McClelland & Stewart, 1986.

10. Il est très difficile de quantifier la production de chaque femme, dans la mesure où les documents ne permettent pas de définir combien d'entre elles apprêtaient les peaux, combien de peaux étaient préparées pour la vente et combien étaient gardées pour une utilisation familiale. Alexander Ross (*The Red River Settlement: Its Rise, Progress and Present State*, Londres, Smith, Elder & Co., 1856, p. 244) précise pourtant que lors de la chasse de 1840, 650 femmes étaient présentes; cependant, leurs occupations ne sont pas précisées. Les recensements de la rivière Rouge ne permettent pas non plus de répondre à ces questions.

11. J. K. Howard, *op. cit.*, p. 254.

12. A. Ross, *op. cit.*, p. 244. Voir Ross pour une description exhaustive de la chasse au bison.

13. « *Often we would run short of wood. Then a pony would be hitched to a cart and we would go out on the plain and pick chips (buffalo dung). On a warm day this was very dry and burned readily. Only old ones were used for fuel* » (Victoria Callihoo, « Our Buffalo Hunts », *Alberta History*, vol. 8, n° 1, 1960, p. 25).

14. Voir l'article de Milt Wright, « Le bois de vache II: This Chip's for You Too », dans John Foster *et al.*, *Buffalo*, Edmonton, University of Alberta Press, 1992.

15. « *[They] would go out help bring the meat in and then the slicing of meat began* » (V. Callihoo, *op. cit.*, p. 25).

16. Selon Alexander Ross (*op. cit.*, p. 244), les femmes rapportèrent 1 375 langues lors de la célèbre chasse de 1840.

17. Jock Carpenter, *Fifty Dollar Bride: Mary Rose Smith — A Chronicle of Metis Life in the 19th Century*, Hanna (Alberta), Gorman & Gorman Ltd., 1988, p. 32.

18. J. K. Howard, *op. cit.*, p. 258.

19. V. Callihoo, *op. cit.*, p. 25; J. Carpenter, *op. cit.*, p. 32.

20. Guillaume Charette, *L'Espace de Louis Goulet*, Winnipeg, Éditions Bois-Brûlés, 1975, p. 74.

21. J. K. Howard, *op. cit.*, p. 258.

22. *Ibid.*, p. 259.

23. « Historical Notes on the Mission of Saint-Laurent from 1858 to December 1895 », Archives Deschâtelets, L381, M27C1. Jeremias Mulvihill (1840-1913) partit pour l'Ouest canadien (1867) et fut envoyé à Saint-Laurent, Manitoba (1867-1913), qu'il ne devait plus quitter. Passage tiré de Gaston Carrière, o.m.i., *Dictionnaire biographique des Oblats de Marie-Immaculée au Canada*, tome 2, Ottawa, Éditions de l'Université d'Ottawa, 1977, p. 415.

24. G. Charette, *op. cit.*, p. 67.

25. J. Carpenter, *op. cit.*, p. 53.

26. L. Bryan, *op. cit.*, p. 185.

27. G. Charette, *op. cit.*, p. 73.

28. J. Carpenter, *op. cit.*, p. 32.

29. G. Charette, *op. cit.*, p. 67.

30. J. Carpenter, *op. cit.*, p. 33.

31. G. Charette, *op. cit.*, p. 67.

32. *Ibid.*, p. 74.

33. *Ibid.*

34. J. Carpenter, *op. cit.*, p. 33.

35. *Ibid.*, p. 53.

36. Voir l'article de Mary Jane Schneider, « Women's Work : An Examination of Women's Roles in Plains Indian Arts and Crafts », dans Patricia Albers and Beatrice Medicine (eds.), *The Hidden Half : Studies of Plains Indian Women*, Lanham, University Press of America, 1983, p. 101-121.

37. Ted Brasser, « Les plaines du Nord », dans *Le Souffle de l'esprit : coutumes et traditions chez les Indiens d'Amérique*, Montréal, Québec/Amérique, 1988, p. 131. Brasser fournit tous les renseignements donnés dans ce paragraphe.

38. B. L. Heilbron, « Mayer and the Treaty of 1851 », *Minnesota History*, 2, 1941, p. 148, cité dans Ted Brasser, « In Search of Métis Art », dans Jennifer S. H. Brown et Jacqueline Peterson, *The New Peoples : Being and Becoming Métis in North America*, Winnipeg, University of Manitoba Press, 1985, p. 227.

39. T. Brasser, « Les plaines du Nord », *op. cit.*, p. 131.

40. J. Carpenter, *op. cit.*, p. 61.

41. T. Brasser, *op. cit.*, p. 131.

42. Voir T. Brasser, « In Search de Métis Art », *op. cit.*, p. 227.

43. À cause de la complexité à identifier l'art métis et des rares sources faisant référence à ce type de travail, nous ne connaissons ni la quantité ni le prix de ces produits.

44. Julia D. Harrison, « The Great White Coverup », *Native Studies Review*, vol. 3, n° 2, 1987, p. 47-59.

45. La coupe et la place des décorations sur ce vêtement « *suggest that only the strangest-shaped person could ever have worn some of them, and then could never have sat down. Should they have done so, they would have crushed the design elements which are placed on the skirt. Most coats show no such damage* », *Ibid.*, p. 53.

46. *Ibid.*, p. 54.

47. « *He not only paid women but also provided them with the supplies necessary to complete the work, including the thread and cut pieces of hide to decorate* », *Ibid.*, p. 55.

48. Julia D. Harrison, *Metis : People between Two Worlds*, Vancouver, Douglas & McIntyre Ltd., 1985, p. 72. Dans son livre, Harrison précise que : « *Not all women, however, were fine needleworkers. In 1874 a friend of Alexander Morris, son of the lieutenant-governor of the North-West Territories and the Keewatin district, wanted to commission some silkwork. He had some difficulty getting it, "for there are but a few women who can do it nicely". He located six women who did fine work, but only three could complete it in time, and he was dismayed at how long it took them to finish. Obviously, he did not understand the extent of the work involved because he thought that six weeks was excessively long, though he conceded that the work may have been exceedingly tedious ! The women were paid in cash for their labour after the supplies had been bought for them. The intended function of these pieces was unimportant for the Métis women ; they were simply filling the needs of another market* » (p. 72).

49. Archives provinciales du Manitoba, « History of Camperville », APM, MG8 A28, p. 17.

50. Voir l'article de D. F. Symington, « Métis Rehabilitation », *Canadian Geographic Journal*, vol. XLVI, n° 4, 1953, p. 128-139.

51. J. K. Howard, *op. cit.*, p. 286.

52. Alexander Begg, *"Dot it Down" : A Story of Life in the North-West*, Toronto, Hunter, Rose & Co., 1871, p. 95.

53. T. Brasser, « In Search de Métis Art », *op. cit.*, p. 226.

ÊTRE OU NE PAS ÊTRE FEMME : LÀ EST LA QUESTION DE LA FEMME QUI CRÉE DANS *LA MONTAGNE SECRÈTE* DE GABRIELLE ROY[1]

Sylvie Lamarre
Université du Québec à Montréal

Être ou ne pas être femme ? Ce n'est peut-être pas là une question que s'est posée Gabrielle Roy en écrivant son roman *La Montagne secrète*[2], du moins pas en ces termes. Toutefois, c'est une question que soulève certes ce texte, publié en 1961, dans lequel l'écrivaine a tenté d'illustrer la quête artistique par le biais d'un héros masculin, un artiste-peintre prénommé Pierre. Un ou une auteure dispose, bien sûr, librement du choix du sexe de ses personnages. Mais il peut être intéressant d'examiner ce qui a pu motiver Gabrielle Roy dans ce cas-ci, particulièrement parce qu'elle abandonne sa doublure fictive, Christine[3], juste au moment où doit être représenté l'artiste à l'œuvre, et d'autant plus que nombre de critiques ont relevé des aspects autobiographiques dans *La Montagne secrète*[4].

Notons d'abord que, jusqu'à tout récemment, les codes littéraires, à l'instar des codes sociaux, rangeaient les femmes du côté de la procréation et les hommes du côté de la création. Dans *La Poétique du mâle*, par exemple, Michelle Coquillat a fait état de cette interdiction de créer imposée aux femmes dans la littérature française masculine, donc dominante, depuis le XVIIe siècle. Elle y démontre que, quel que soit le type de représentation du créateur mis en scène, les femmes se trouvent toujours écartées de la création artistique parce qu'elles ne seraient que chair, sans esprit, sans transcendance[5]. Nancy Huston, pour sa part, a examiné les conséquences d'un tel discours pour les femmes dans *Journal de la création*[6]. Selon elle, la conception de l'art comme maîtrise de la nature ou de la matière oblige hommes et femmes à se couper symboliquement du corps pour créer. Le peu de participation des hommes à la procréation et au maternage leur permet de se rêver facilement hors de la contingence alors que, pour les femmes qui veulent créer, la tâche peut paraître insurmontable, car elles sont socialement définies en quelque sorte par l'objet à rejeter ou à maîtriser, c'est-à-dire la nature, le corps, la chair. Il leur faut donc pratiquement renier ce qui constitue l'identité féminine.

En somme, forcément déviantes par rapport à l'image des femmes qui s'est imposée, les femmes qui créent ou veulent créer, les pionnières du moins, rencontrent des problèmes d'autoreprésentation. Il n'est pas étonnant alors de les voir prendre, à l'occasion, une identité masculine : en adoptant un pseudonyme masculin comme George Sand ou George Eliot, par exemple ; en se travestissant en homme (pensons encore à Sand ou à Colette à certaines périodes de leur vie) ; ou bien, par le biais de la fiction, en se représentant tout simplement sous les traits d'un homme. Ce qui est probablement le cas pour Gabrielle Roy dans *La Montagne secrète*, car elle semble adhérer très fortement à ces représentations du créateur.

En effet, dans toute son œuvre, ces personnages fortement marqués par la chair que sont les mères n'accèdent jamais à l'art[7] ; les filles, pour leur part, cherchent à s'écarter de celles-ci et à se couper de leur propre corps dans l'espoir de grandes réalisations. Ce phénomène transparaît même dans la description physique de ces personnages : les mères sont toujours bien en chair ; par contre, les filles sont maigres, presque sans corps. Pensons seulement à Rose-Anna et à sa fille, Florentine, dans *Bonheur d'occasion*[8]. Dans *La Montagne secrète* plus particulièrement, Roy va même plus loin en ne présentant aucune mère, ni même presque aucune femme, contrairement à son habitude. Créer se révèle ici une affaire d'hommes, exclusivement : tous les personnages qui aident ou accompagnent le peintre sont de sexe masculin. Seule Nina attirera le héros un court moment pour être rejetée aussitôt, comme si le lien charnel devait altérer la puissance créatrice. En fait, Roy rejoint ici les George Sand, Elizabeth Barrett Browning, Virginia Woolf, Simone de Beauvoir, pour qui le portrait du créateur s'apparentait à celui d'un ange asexué. Nancy Huston rapporte d'ailleurs que presque toutes ces femmes ont cherché à évacuer le corps : Woolf, Plath, Fitzgerald ont souffert d'anorexie, et que dire des jeûnes de Beauvoir adolescente ou de la mort par inanition de Simone Weil ?

Mais si le texte de Roy semble, au niveau événementiel, se conformer au discours dominant, un discours différent s'établit au niveau symbolique où une intrigue en quelque sorte submergée révèle justement le conflit intérieur de la femme qui crée.

D'abord, une instance maternelle se dessine avec le personnage de Nina. Plusieurs éléments nous permettent effectivement de la rattacher à la propre mère de Roy[9] : la mère de Gabrielle Roy se prénommait Mélina, prénom qui constitue avec celui de Nina une homophonie troublante ; ensuite, toutes deux ont eu une vie difficile, possèdent une vive imagination et des dons de conteuse, ont la même soif de découvertes et, avant leur mariage, ont vécu une expédition épique vers l'Ouest (Mélina venant du Québec pour s'établir au Manitoba et Nina se rendant vers les Rocheuses). De plus, fait inusité, Nina paraît vieille, malgré son jeune âge : elle a « un visage déjà usé » (p. 38) comme l'était sans doute celui de Mélina, même lorsque Gabrielle Roy était toute jeune, elle qui était la cadette d'une famille de neuf enfants. Significativement, Nina est comparée à une « petite Ève » (p. 34), la première mère selon la tradition chrétienne.

Enfin, chez Roy, l'attrait des montagnes s'est transmis de mère en fille ; de la même façon, dans *La Montagne secrète*, Nina communique à Pierre sa fascination pour les *Big Rockies* (p. 39). En effet, celui-ci pense pour la première fois à « sa Montagne » (p. 39) au moment où Nina lui parle de son désir fou de voir les Rocheuses ; Pierre, reconnaissant ses propres envies dans celles de Nina, s'approprie en quelque sorte ce signifiant, la Montagne, pour nommer « cette aspiration extraordinaire » (p. 29) et indéfinissable qui semble l'animer depuis toujours.

Ce dernier élément s'avère particulièrement intéressant, car, comme dans ce roman, la montagne symbolise la quête artistique ; l'auteure associe ainsi sa propre mère à l'activité créatrice, mais au niveau caché du texte. Ce faisant, elle abolit la dichotomie création/procréation examinée plus haut. Elle laisse même supposer que la pulsion créatrice est léguée par la mère. Cependant, dans un même mouvement, Roy nie cette capacité créatrice à la mère ; en effet, au niveau narratif ou purement dénotatif du texte, Nina n'est pas représentée en tant que mère et sa quête, bien qu'étant qualifiée de « folie » (p. 39) comme celle de Pierre, n'est clairement pas une démarche créatrice : son but manifeste consiste simplement à voir un jour les *Big Rockies*. Nina est même perçue comme une entrave au travail créateur puisque, comme nous l'avons vu, le héros doit rompre avec elle pour mener à bien sa mission. Cette incompatibilité mère/création semble même être illustrée dans le prénom du personnage étant donné qu'il porte à la fois une partie du prénom de la mère (le « ina » de Mélina) précédé du verbe nier, ou de la conjonction négative « ni » si on préfère, ce qui donne Nie-na.

Mais Nina est surtout liée aux déboires d'un vison qui nous sont rapportés dès après son unique rencontre avec Pierre. L'animal écrit d'abord sa « petite histoire [...] sur la neige » (p. 43). Donc il est associé, lui aussi, à la création. Puis, il se prend à un piège tendu par Pierre et son compagnon, Sigurdsen, avant d'être tué froidement par ce dernier. Or, ce Sigurdsen est celui-là même qui épousera Nina. Plus tard, dans une lettre annonçant sa paternité future, cet homme écrira à propos de son épouse : « Mon petit vison s'apprivoise » (p. 138). Alors, non seulement le destin de Nina et celui du vison sont-ils ainsi étroitement liés, mais l'auteure insiste sur la résistance de Nina, semblable à celle de l'animal pris au piège. Autrement dit, la quête personnelle de la femme est vouée à l'échec : le mariage et la maternité la piègent, la tuent dans son désir de réussite. Dans *La Montagne secrète*, le mariage et la maternité sont en somme clairement associés à la mort (et le mari au dompteur, voire à l'assassin !) et ainsi opposés de manière catégorique à la création, car, de toute évidence, Nina, la créatrice en puissance, meurt pour que vive la reproductrice. L'inverse, en somme, de ce qui se passe dans le cycle de *Rue Deschambault* où, comme l'a constaté Nicole Bourbonnais, « il fallait que meure la procréatrice pour qu'advienne la créatrice[10] ». Christine y apparaît comme créatrice potentielle plutôt que reproductrice, la voix faisant place au corps : création et reproduction ne semblent pouvoir coïncider. Significativement, dans le roman qui nous occupe, la quête de Nina, qui s'apparentait à celle de l'artiste Pierre, prend fin avec son mariage. Elle perd simultanément la voix : nous apprenons sa grossesse dans une lettre de son mari.

Enfin, le destin fatal de Nina (et du vison) semble inévitable, puisqu'il s'étend à toutes les femmes. En effet, Nina nous est présentée comme la représentante d'une collectivité : « À travers ce visage, le sort féminin lui sembla tout à coup pathétique au delà de tout » (p. 34), pense Pierre en voyant Nina. De la même façon, le discours du narrateur (ou de la narratrice ?) à propos de la mort du vison passe imperceptiblement de l'individuel au collectif : Pierre « souhaitait presque la vie sauve à ces petites créatures ; tout au moins qu'elles aient le maximum de chance contre ceux qui les traquaient » (p. 44). Ne faut-il pas voir là un violent réquisitoire féministe, car, évidemment, le sort des « petites créatures » renvoie à celui des femmes ? D'ailleurs, les Québécois ont longtemps utilisé le vocable « créatures » pour désigner les femmes.

Ainsi, la confrontation de l'histoire manifeste avec l'intrigue submergée permet de voir que le rejet de la chair, présenté comme préalable à la création, s'articule vraisemblablement autour de la fonction maternelle. Devenir mère, c'est tuer la femme libre, du moins celle qui veut créer. Cette confrontation montre bien également qu'il n'y a pas vraiment paradoxe quand Roy associe la mère à la création et l'en dissocie à la fois, car elle souligne que c'est la femme non encore mère qui est associée à la création et la femme devenue mère qui se voit empêchée de créer. En effet, la patte du vison, qui a permis l'écriture de l'histoire sur la neige, est immobilisée dans le piège : l'écriture est devenue impossible une fois la femme capturée, c'est-à-dire devenue mère, reproductrice, prise au piège du mariage et de la maternité.

Le danger de l'identification avec la mère devient alors particulièrement évident, surtout quand on songe que, à travers l'infortune du vison, trois destins s'unissent : ceux de Nina et de la mère de Roy (puisque Nina est un « portrait » de cette dernière), mais aussi celui de l'auteure elle-même, à cause de cette insistance particulière sur l'*écriture* du petit vison, au détriment de la peinture. Roy écrit, par exemple : « Il y avait là comme une petite *histoire écrite* sur la neige. Des empreintes la *racontaient*. Vives, légères, elles *marquaient* la course d'un vison en quête de nourriture. (La frayeur *imprime* des pas encore plus rapides) » (p. 43 ; je souligne). Ainsi, compte tenu de la violence contenue dans la métaphore du piège, nous pouvons mesurer la frayeur qu'inspirait à Gabrielle Roy la condition de femme mariée et de mère potentielle en tant que menace à son pouvoir créateur[11].

Par ailleurs, derrière la même image, celle du vison pris au piège, se cachent la mère et la fille tout à la fois. La situation de l'une et de l'autre sont si intimement liées par le risque d'une maternité et par la perte de la capacité de créer que la fille doit forcement rejeter non seulement la mère, mais aussi la femme en elle-même et, plus particulièrement, son corps de femme, si elle veut créer[12]. Si la reproduction mutile la créatrice, en paralysant la patte qui écrit, la création mutile la reproductrice, en mettant hors jeu le corps de la femme. Ainsi, non seulement le modèle maternel doit-il être évité, mais aussi le modèle féminin parce que la femme ne peut apparemment pas échapper aux entraves du mariage et de la maternité.

Alors, le passage de Pierre dans ce lieu au nom suggestif de Fort-Renonciation, où il renonce à Nina, signifierait non pas tant un renoncement à la femme, qu'un renoncement à être femme puisque, pour créer, il ne faut pas être femme. Inversement, le passage de Nina à Fort-Renonciation marque son renoncement à la création ou, du moins, à la création d'une vie de femme différente, d'une vie non conforme aux modèles établis, puisque, en devenant mère, elle ne peut pas être créatrice ni libre de créer sa vie.

D'ailleurs, à Fort-Renonciation, nous croisons d'autres femmes qui ont renoncé à la vie, du moins à une part de la vie. En effet, le premier être humain qu'y voit Pierre a renoncé au monde : il s'agit d'une petite religieuse « [t]rottinante [qui] venait s'occuper du jardin » (p. 31). Les autres femmes de Fort-Renonciation, « les vieilles Indiennes », ont renoncé, elles aussi, aux « joies de la vie » puisque le paradis qu'elles attendent n'est pas terrestre : elles priaient en « lev[ant] vers l'horizon des visages méditatifs [...] comme si elles eussent regardé sans doute avec plus de confiance au delà de cette vie... » (p. 35).

De plus, dans tout le roman, les autres personnages féminins, qui ne sont que des figurants, ne connaissent pas un sort plus enviable. En effet, ils se retrouvent à peu près tous en un lieu au nom, lui aussi, très évocateur : le Grand Lac des Esclaves. Si cet endroit constitue l'oasis des chasseurs, Pierre et Sigurdsen, où ils sont « dorlot[és] par les femmes » et où ils « laiss[ent] leur linge à laver » (p. 72), il s'avère, en conséquence, celui où les femmes sont captives, occupées à rendre la vie agréable aux hommes.

Enfin, le seul autre lieu où se trouve une femme est un lieu clos : la petite école d'une mission d'où Sigurdsen rapporte des crayons de couleur pour Pierre. Aux yeux du chasseur, l'endroit « parut aussi fantastique que certains croquis de Pierre » (p. 63), mais il n'en demeure pas moins que la maîtresse d'école y est au service des enfants et que, si elle ouvre les esprits sur le vaste monde, elle ne participe pas, dans la réalité, à la découverte de celui-ci. De plus, bien que détentrice des crayons de couleur qui permettront à Pierre de devenir, plus tard, l'« Homme-au-crayon-magique » (p. 93), elle-même ne possède pas la liberté nécessaire pour les utiliser à des fins créatrices ; ils servent surtout aux enfants. L'école se révèle donc une prison dorée, mais une prison quand même. Les crayons doivent être transférés dans les mains d'un homme, semble-t-il, pour qu'ils puissent produire une œuvre artistique[13]. Ce transfert s'avère d'autant plus significatif que l'auteure elle-même était institutrice avant de devenir artiste, ce qui donne à penser que, en changeant d'occupation, elle aurait, en quelque sorte, changé de sexe ou, plus précisément, de genre.

Or, contrairement à toutes ces femmes, la créatrice doit pouvoir disposer librement de sa vie. Elle doit, répétons-le, mettre à distance tout ce qui la lierait à un quelconque destin de femme. Sa survie, en tant que créatrice, semble donc obligatoirement passer par l'identification avec des modèles masculins, voire, comme ici, par un déguisement qui la transforme en homme. D'ailleurs, n'est-ce pas parce qu'il cache une femme que Pierre « porte en lui la blessure de l'impossible réconciliation entre l'ambition la plus pure de l'homme, qui est désir d'accomplissement plénier, et son impuissance à atteindre le reflet même pâle d'un idéal si fortement chevillé à son âme[14] » ? Du moins, une femme se révèle-t-elle plus disposée à créer un tel héros, non pas parce que ce genre de blessure ne peut pas se rencontrer chez un homme, mais parce que, chez la femme, il risque d'être plus grand et plus fréquent. Car il semble que, pour elle, les voies d'accès à l'accomplissement n'existent tout simplement pas, selon la vision de Gabrielle Roy.

En somme, paradoxalement, pour disposer librement de sa vie en vue de réaliser son rêve, la créatrice doit la sacrifier en partie ; elle doit non seulement se refuser à l'amour, qui peut l'entraîner vers les pièges du mariage et de la maternité, mais aussi supprimer la femme en elle, puisqu'être femme semble rimer avec enfermement, entraves et servitude, comme le montrent les histoires de Nina, du vison piégé et, en effet, de toutes les femmes du roman. S'explique ainsi l'incommensurable besoin de liberté du héros : indispensable, ici, pour échapper au destin féminin.

Alors, si Roy a préféré un héros masculin, c'est qu'en raison de sa position et de sa conception du créateur, ce choix était le seul logique pour donner à voir son cheminement de créatrice dans toute sa vérité. Car c'était ainsi, au fond, qu'elle se percevait ou devait se percevoir pour créer : assurément, un être ne possédant pas vraiment un corps de femme, puisqu'il a échappé au « sort féminin » qui s'y rattache ; mais, en plus, un être d'exception n'appartenant ni au groupe des hommes ni à celui des femmes. D'où, sans aucun doute, le caractère de fable que prend *La Montagne secrète*, et le caractère exceptionnel et asexué du héros, relevé par nombre de critiques. Par exemple, Gérard Bessette, dans *Une littérature en ébullition*, affirme qu'« il y aurait une étude intéressante à faire sur la mystérieuse a-sexualité de Pierre, sur la signification, entre autres, de cette phrase étrange : "Il pensait *malgré lui* qu'il aurait fallu la représenter nue, frissonnante de froid, *en cet envers du paradis terrestre*"[15] ». Bessette ajoute que les commentaires de l'écrivaine au sujet de celle-ci ne l'ont pas éclairé ; ils se lisent comme suit : « Comme c'est étrange ! Je vous écoute lire ça... J'avais plus ou moins oublié... Qu'est-ce que ça peut bien vouloir dire ?... C'est comme si j'avais voulu allier le froid et l'effroi : LE FROID ET TOUTE UNE PARTIE SI TRISTE DU MONDE[16]. »

Or, à la lumière de la présente analyse, ces propos de Roy ainsi que la phrase de prime abord énigmatique qu'ils commentent deviennent beaucoup plus limpides. En effet, considérant le triste sort réservé à Nina et aux femmes dans le roman, l'espace de *La Montagne secrète* constitue un « envers du paradis terrestre », même pour Pierre, finalement, puisqu'il cache une créatrice déchirée entre sa tête et son corps. Pour les mêmes raisons, la nudité dans laquelle il aurait fallu peindre Nina pour mieux la représenter consiste en une métaphore exprimant son dénuement, particulièrement face à ses possibilités de créer, voire une métaphore de la condition féminine puisqu'en Nina s'incarne le sort féminin.

Quant au frissonnement de froid qui aurait aussi mieux rendu la jeune fille, selon Pierre, c'est la réponse de Gabrielle Roy à Gérard Bessette qui nous précise sa signification, car elle renvoie à l'effroi de l'être traqué que sont d'abord le vison, ensuite Nina prise au piège de son corps, menacée par l'amour, en quelque sorte, et par la maternité[17]. Par conséquent, cette « PARTIE SI TRISTE DU MONDE » que représente Nina correspond à cette moitié du monde que constituent les femmes, puisqu'aux yeux de Pierre, rappelons-le, Nina représente le sexe féminin tout entier.

Dans cette perspective, l'asexualité de ce dernier se révèle la conséquence logique du rejet du corps féminin (donc forcément maternel ou reproducteur) que la créatrice perçoit comme prison. L'invraisemblable impuissance sexuelle de Pierre résulterait, comme nous l'avons vu, de la vraisemblable impuissance créatrice (non ontologique mais culturelle) de Nina, c'est-à-dire de la mère et des femmes en général, puisque le regard porté par Pierre sur Nina cache celui de la créatrice porté sur sa mère, l'incarnation du sort féminin, sort fatal pour une créatrice. D'ailleurs, ce regard différent porté sur la femme n'est-il pas suggéré dans cette description de Pierre selon le point de vue de Nina : « [...] singulier jeune homme [...] dont les traits étaient habités par une expression qu'elle n'avait découverte en aucun homme encore — comme s'il voyait en elle plus qu'un corps désirable ou une petite servante » (p. 35). En effet, si cet homme est si « singulier » et si Nina n'a jamais vu une telle expression chez « aucun homme encore », n'est-ce pas justement parce qu'il s'agirait plutôt d'un regard de femme ? Comme le suggère le contenu de cette citation, la position non traditionnelle de Pierre — la position d'un sujet féminin — permet d'aller au-delà des stéréotypes du féminin, de voir en Nina « plus que » le « corps désirable » et la « petite servante » (c'est-à-dire la femme comme amante et comme pourvoyeuse de soins), mais aussi de voir ce qui a difficilement accès à la narration traditionnelle et qui n'est effectivement pas nommé dans la phrase concernée, ni ailleurs dans le reste de *La Montagne secrète*. En fait, ce que voit ici Pierre rejoint le non-dit du texte, non-dit que j'ai mis au jour ici : l'impuissance des femmes, leurs sacrifices ou leurs renoncements, etc. L'envers de la médaille, en somme, ou l'« envers du paradis terrestre ».

Une telle vision pourrait expliquer l'asexualité d'un certain nombre de personnages masculins dans l'œuvre de Roy et, particulièrement, celle de Jean Lévesque de *Bonheur d'occasion*[18] qui, comme Pierre à l'égard de Nina mais de façon plus brutale, met à distance Florentine pour s'éloigner, au fond, d'une part de lui-même qui risque de le ralentir dans ses ambitions : « Elle était sa misère, sa solitude, son enfance triste, sa jeunesse solitaire ; elle était tout ce qu'il avait haï, ce qu'il reniait et aussi ce qui restait le plus profondément lié à lui-même, le fond de sa nature et l'aiguillon puissant de sa destinée[19]. »

Ainsi Gérard Bessette ne se doutait-il pas qu'il se trouvait près d'expliquer l'asexualité de Pierre quand il tentait de motiver celle de Jean Lévesque en montrant, d'une part, que ce dernier cache l'écrivaine et que, d'autre part, il désire se distancer du modèle féminin :

> Elle [Florentine] continue, bien sûr, à hanter l'esprit, la conscience de Jean-Gabrielle, [...] non pas à titre de tentation théoriquement charnelle, mais bien à titre de reproche, c'est-à-dire de modèle qu'on devrait imiter mais qu'on n'imite pas. En effet, Florentine, vis-à-vis de sa famille, c'est la « bonne fille » qui reste avec les siens, qui réconforte sa mère par sa présence : tout le contraire de Gabrielle Roy telle qu'elle se voyait (selon mon hypothèse). L'absence de concupiscence chez Jean-Gabrielle à l'égard de Florentine s'explique alors d'elle-même[20].

Par ailleurs, Marc Gagné livre une interprétation plutôt romantique de l'allusion à la nudité de Nina. Il associe Nina à l'eau, symbole universel de l'inconscient et de l'enfance dans le sein maternel ; puis il écrit : « La même fidélité aux grands schèmes symboliques reparaît quand, par réserve, Pierre se contente d'imaginer la jeune fille nue. L'eau chantante évoque dans l'âme la nudité féminine et naturelle, la nudité innocente[21]. » Cette idée d'associer Nina à l'eau en tant que principe de vie semble, au premier abord, intéressante pour mon propos puisqu'elle va dans le sens d'un rapprochement entre Nina et la figure maternelle, quoique ma lecture associe plutôt Nina au rôle social de la mère. Cependant, rien dans le texte ne permet de lier Nina à la rivière de façon convaincante. En effet, cette dernière est omniprésente dans la vie de Pierre tout au long du roman et pas davantage lors de sa rencontre avec la jeune femme. De plus, si Nina inspire à Pierre douceur et tendresse, ces sentiments sont aussi teintés de compassion, voire de pitié, à preuve cette réaction du héros devant les confidences de la jeune femme :

> Il lui [Nina] fallait avancer, continuer à chercher quelque chose... alors qu'il devait être trop tard pour l'obtenir... car, si l'on se trompe au début sur les hommes, est-il seulement possible de se rattraper ?...
> – Oh, pourquoi pas ! dit-il, saisissant la petite main aux ongles courts pour la porter un instant sous sa veste, au chaud.
> Il se sentait ému. Il avait grande envie d'ouvrir les bras à cette créature errante[22]. (p. 38)

En fait, Marc Gagné a écarté, semble-t-il, le côté sombre de la jeune fille et a mis de côté le fait que, si quelques termes font référence à l'Éden, chacun d'eux est placé face à une expression qui le pervertit : « Ève qui [...] avait une amère connaissance de la vie » ; « nue, frissonnante de froid » ; « envers du paradis terrestre » (p. 34 et 39). Nous sommes donc à mille lieues de conditions de vie idylliques et, à ce titre seulement, il apparaît difficile d'accoler à Nina cette idée d'innocence, à plus forte raison quand nous l'examinons sous l'éclairage que nous a apporté l'analyse de la condition féminine dans le roman jusqu'ici. Bien entendu, Nina a pu être naïve : elle s'est trompée sur les hommes, comme nous venons de le voir, de là peut-être l'idée de son innocence. Cependant, assurément, la nudité n'a rien à voir ici avec l'innocence ou la pureté, mais bien avec l'impuissance et l'aliénation, d'où émergent douleur et effroi[23].

De son côté, François Ricard ne se préoccupe pas vraiment de l'asexualité de Pierre, mais il explique ainsi la rupture d'avec Nina : « S'arracher à Nina, c'était donc s'arracher aux hommes, se couper en quelque sorte de la vie[24]. » Certes Ricard, en écrivant « hommes », pense humanité ou contingence puisque Nina « incarne aux yeux de Pierre la chaleur et le repos, la sécurité, l'abandon[25] ». Son interprétation alors s'avère fidèle au contenu manifeste du roman, car l'auteure maintient tout au long la dichotomie vie/art, en montrant toutefois qu'elle est source de douleur et de déchirement.

Ricard ne s'interroge pas sur les motifs de l'incompatibilité entre le « vivre » et le « raconter ». Il ne se demande pas non plus pourquoi, si cette rupture n'est justifiée que pour séparer la réalité de l'imaginaire, elle se révèle si dramatique et si pénible. Ma lecture rend compte à la fois de la nécessité de la rupture et de la douleur que cette dernière entraîne. Comme nous l'avons vu, pour survivre, la créatrice doit s'arracher non pas tant aux hommes, mais bel et bien aux femmes et, particulièrement, à la mère, puisque les femmes représenteraient la part humaine de l'humanité (davantage que les hommes ![26]), c'est-à-dire sa part faillible ou contingente, du moins en regard de l'activité créatrice (comme nous l'ont montré les histoires de femmes et celle du vison dans ce roman). Le déchirement vient du fait qu'elle abandonne ses semblables pour pénétrer dans un monde dont elle est pourtant exclue en tant que femme et, aussi, du fait qu'elle renonce à une part de la vie, c'est-à-dire au destin que lui impose son corps de femme, part de la vie qui cependant représente la mort pour elle (symbolisée dans le texte par la mort du vison qui est associée au mariage et à la maternité de Nina).

En somme, pour paraphraser François Ricard, « s'arracher à Nina, c'était donc s'arracher aux femmes, échapper en quelque sorte à la mort de la créatrice ou à la vie de la procréatrice ». Vie et mort confondues finalement. Est-ce ce qui fera dire plus tard à Pierre[27] que « être ou ne pas être ! La pensée de Hamlet n'était pas très claire au fond » (p. 186) ? Tout au moins, par ces mots, Roy effleure justement la question de l'identité et de la réalisation de soi, si problématique pour les femmes qui créent puisque, pour elles, être artiste, c'est ne pas être femme, et être femme, c'est ne pas être artiste.

Ainsi, si « les froides régions désertes, les ciels à découvrir » exercent sur Pierre « comme un amour, et le plus possessif » (p. 38), c'est qu'il cherche sans le savoir l'envers de l'« envers du paradis terrestre », c'est-à-dire un territoire où la liberté et l'épanouissement des femmes seraient possibles, où ces dernières ne seraient plus partagées entre l'esprit et le corps mais enfin réconciliées avec elles-mêmes[28]. En effet, le lieu où les femmes ont la possibilité de se réaliser ou du moins de réduire, voire d'éliminer, l'écart entre leurs aspirations profondes et leur condition de femme sans avoir à subir les contraintes du patriarcat, sans avoir à nier leur corps pour créer par exemple, ce lieu, dis-je, ne peut être qu'une « région déserte », car un tel exploit ne se réalise qu'en dehors de la société, physiquement ou psychologiquement, ainsi que le montre Annis Pratt dans *Archetypal Patterns in Women's Fiction*[29]. Ce territoire hors du monde, où hommes et femmes vivent en égaux, constitue d'ailleurs un archétype répandu dans la littérature féminine, toujours selon Pratt.

Pierre recherchait, en somme, une terre nouvelle comme celle dont Gabrielle Roy rêvait déjà dans *La Petite Poule d'eau*[30], une terre où « les chances de l'espèce humaine sont presque entières encore[31] ». D'ailleurs, comme il s'agit d'un thème récurrent chez elle[32], relire toute son œuvre dans une telle perspective, c'est-à-dire en considérant le paradis perdu ou la terre nouvelle comme une résistance au patriarcat, conformément aux travaux d'Annis Pratt, bouleverserait passablement la représentation que la critique traditionnelle nous donne généralement de l'écrivaine, car cela la sortirait des ornières du psychologique, de l'universel et de l'humanisme[33] pour la faire entrer dans le politique, la spécificité féminine, même le féminisme. Or, si la nature chez Roy revêt une nouvelle signification en ne touchant plus le « groupe particulier » des Québécois[34] et si elle prend la figure d'un mythe universel, celui de l'Éden, elle possède aussi, comme nous venons de le voir, une signification particulière qui rejoint un « groupe particulier », celui des femmes.

D'ailleurs, Marc Gagné nous propose une telle lecture quand il écrit à propos de *La Montagne secrète* :

> Cette évocation du paradis terrestre convie à un important commencement, à la naissance de l'artiste Pierre comme elle convie aussi au dépassement des misérables pièges — se rappeler le torturant dilemme de Cadorai, obligé de tuer pour survivre, mais ne parvenant jamais à s'absoudre totalement de ce geste — que le besoin ou la cupidité des hommes ont tendus[35].

Car, comme nous l'avons vu, les « misérables pièges » sont précisément tendus aux femmes dans ce roman, aux femmes que le patriarcat emprisonne dans leur rôle d'épouse et de mère. Alors, pour naître, la femme-artiste doit créer quelque part un paradis terrestre, ne serait-ce que dans l'écriture elle-même.

* * *

Ainsi, en quittant Fort-Renonciation et Nina, Pierre ressentira un « bonheur étrange : solidaire de tout ce qui appelle au secours, Pierre, en définitive, se sentait tout à coup l'homme le plus seul » (p. 39). N'est-ce pas une femme coupée de son identité sexuelle qui vit cette ambiguïté ? Elle demeure solidaire de ces « petites créatures » souffrantes et prises au piège, sa mère et ses sœurs, mais se sent seule parce que, pour accéder au bonheur de créer, elle doit se distancier d'elles, se séparer de « son » monde pour pénétrer celui des hommes, des créateurs, où elle ne pourra jamais vraiment, non plus, se sentir chez elle. Un homme qui crée, lui, n'a pas à se couper de son genre et du clan des hommes pour le faire. Au contraire, la création le raffermit dans sa position de mâle et, par conséquent, dans son appartenance au groupe dominant, comme le démontre l'étude de Michelle Coquillat.

« La solitude la plupart du temps était bonne fille » (p. 27) écrit Roy pour dire combien elle était familière à Pierre. Elle devient presque, exprimée ainsi, une qualité féminine, une caractéristique de la femme qui crée, de la femme qui est et n'est pas femme.

NOTES

1.   Cet article est inspiré de mon mémoire de maîtrise intitulé « La femme créatrice est "l'homme le plus seul" au monde. Roman familial et problèmes de la création au féminin dans *La Montagne secrète* de Gabrielle Roy », Université du Québec à Montréal, 1995, 132 f.

2.   *La Montagne secrète*, Montréal, Beauchemin, 1961, 222 p. Les numéros de page entre parenthèses dans le présent texte renvoient à cette édition.

3.   Voir *Rue Deschambault* et *La Route d'Altamont*, écrits à caractère autobiographique où Christine demeure une créatrice virtuelle.

4.   Marc Gagné affirme que « [l]'aventure de Pierre, c'est l'aventure de Gabrielle Roy » au niveau spirituel (*Visages de Gabrielle Roy, l'œuvre et l'écrivain*, Montréal, Beauchemin, 1973, p. 84) ; pour Jack Warwick, il s'agit d'une « autobiographie transposée » (« La quête », dans *L'Appel du Nord dans la littérature canadienne-française*, Montréal, HMH, 1972, p. 138) ; Gérard Tougas y voit une « autobiographie romancée » (« *La Montagne secrète* de Gabrielle Roy », *Livres et auteurs canadiens*, Québec, PUL, 1961, p. 11) ; David Hayne, lui, estime que les trois parties du roman correspondent aux trois étapes de la carrière de Roy (« Gabrielle Roy », *Canadian Modern Language Review*, vol. 21, n° 1,

1964, p. 20-26) ; quant à Yvon Malette, il lui confère d'emblée un caractère autobiographique par le titre qu'il donne à son ouvrage : *L'Autoportrait mythique de Gabrielle Roy : analyse genettienne de* La Montagne secrète (Orléans (Ont.), Éditions David, 1994, 292 p.) ; sans compter les nombreux critiques qui ont relevé des similitudes entre le héros, Pierre, et Gabrielle Roy elle-même.

5.   Michelle Coquillat, *La Poétique du mâle*, Paris, Gallimard, « Idées », 1982, 472 p.

6.   Nancy Huston, *Le Journal de la création*, Paris, Seuil, 1990, 276 p.

7.   Elles sont des artisanes et, bien que Roy tende à abolir la scission entre art et artisanat pour donner à l'un et à l'autre une même valeur et une même portée, comme le démontre Lori Saint-Martin, « l'équivalence homme-grand art, femme-artisanat semble être maintenue ». Voir « De l'élitisme à la célébration. La femme-artiste dans l'œuvre de Gabrielle Roy », dans Lucie Joubert (dir.), *Trajectoires au féminin*, Toronto, Éd. du GREF, à paraître.

8.   Voir à ce sujet l'excellente étude du corps féminin dans l'œuvre de Gabrielle Roy réalisée par Nicole Bourbonnais (« Gabrielle Roy : de la redondance à l'ellipse ou du corps à la voix », *Voix et Images* (46), vol. 16, n° 1,

1990, p. 95-109 ; et « Gabrielle Roy : la représentation du corps féminin », *Voix et Images* (40), vol. 14, n° 1, 1988, p. 79-89).

9.   Pour la description de Nina, voir les pages 37 à 39 de *La Montagne secrète* ; les informations concernant la mère de Gabrielle Roy sont tirées de son autobiographie, *La Détresse et l'Enchantement*, p. 47, 143 et 151 en particulier ; voir aussi « Mon héritage du Manitoba », dans *Fragiles lumières de la terre*, p. 145.

10.   Nicole Bourbonnais, « Gabrielle Roy : de la redondance à l'ellipse ou du corps à la voix », *loc. cit.*, p. 107.

11.   Ce constat laisse soupçonner que Gabrielle Roy devait connaître une relation de couple peu commune avec son conjoint, le docteur Marcel Carbotte.

12.   Phénomène constaté par Nancy Huston chez les Beauvoir, Browning, Plath, Woolf, etc. Chez cette dernière, entre autres, « il ne fait aucun doute que la chasteté était une condition *sine qua non* de la sérénité et de la concentration intellectuelle » (*Le Journal de la création, op. cit.*, p. 88).

13.   Je dois cette idée à Lori Saint-Martin.

14.   Roger Duhamel, « Le livre de la semaine : *La Montagne secrète* », *La Patrie*, 12 novembre 1961, p. 8.

15. C'est Bessette qui souligne (« Bonheur d'occasion », dans *Une littérature en ébullition*, Montréal, Éditions du Jour, 1968, p. 243). La citation tirée de *La Montagne secrète* se trouve aux pages 38-39 du roman.

16. Les majuscules sont de Bessette (« Interview avec Gabrielle Roy », dans *Une littérature en ébullition*, *op. cit.*, 1968, p. 307).

17. D'ailleurs, dans *La Détresse et l'Enchantement*, les termes « piège » et « effroi » se côtoient pour exprimer la menace qu'a constituée la passion de l'auteure pour Stephen : « Mon sentiment pour Stephen annihilait en moi presque tout *pouvoir de réflexion*. [...] Et je me demande si la foudroyante attirance que nous avons subie, de tous les malentendus, de tous les *pièges* de la vie, n'est pas l'un des plus cruels. À cause de lui, après que j'en fus sortie, j'ai gardé pour longtemps, peut-être pour toujours, de l'*effroi* envers ce que l'on appelle l'amour » (Montréal, Boréal compact, 1988, p. 348 ; je souligne).

18. C'est d'ailleurs dans une étude des personnages de *Bonheur d'occasion* que Gérard Bessette souligne d'abord le « manque de corps » de Jean Lévesque puis l'asexualité des personnages masculins royens en général et de Pierre Cadorai en particulier (« Bonheur d'occasion », dans *Une littérature en ébullition*, *op. cit.*, p. 243).

19. Gabrielle Roy, *Bonheur d'occasion*, Montréal, Stanké, « Québec dix sur dix », 1977 [1945], p. 209.

20. Nous pouvons toutefois lui reprocher de n'y voir que de la culpabilité, alors que les sentiments suscités par Florentine chez Jean nous semblent beaucoup plus ambivalents, proches de la relation attraction-répulsion liant Pierre à Nina (G. Bessette, « La romancière et ses personnages », dans *Une littérature en ébullition*, *op. cit.*, 1968, p. 286).

21. Marc Gagné, *Visages de Gabrielle Roy, l'œuvre et l'écrivain*, Montréal, Beauchemin, 1973, p. 159.

22. D'ailleurs, n'est-ce pas Pierre qui « rattrapera » l'erreur de Nina ou la fille qui réalisera les espoirs déçus de la mère en devenant créatrice ?

23. Quant à la « nudité féminine et naturelle », l'on peut se demander ce qu'elle peut signifier au juste ; Gagné ne s'explique pas sur cette question.

24. François Ricard, *Gabrielle Roy*, Montréal, Fides, 1975, p. 108. Propos étonnants puisque Nina est une femme et que, d'autre part, Pierre est loin d'abandonner les hommes : il n'a que des hommes pour guides ou compagnons. D'ailleurs, lorsqu'il aura accédé au monde de la culture, c'est-à-dire lorsqu'il vivra à Paris, il ne rencontrera plus aucune femme.

25. François Ricard, *Gabrielle Roy*, Montréal, Fides, 1975, p. 108.

26. Simone de Beauvoir véhiculerait une semblable vision du monde dans *Le Deuxième Sexe*, comme l'explique Toril Moi : « [I]f the human condition is characterized by ambiguity and conflict, and if, due to their anatomy, biology and social situation, women are even more exposed to ambiguity and conflict than men, it follows that under patriarchy women incarnate the human condition more fully than men » (*Simone de Beauvoir : The Making of an Intellectual Woman*, Cambridge/Oxford, Blackwell Publishers, 1994, p. 175-176 ; c'est Toril Moi qui souligne.)

27. Justement au moment où il réalise qu'il lui fallait reprendre sa vie de temps en temps, qu'« il ne s'agissait donc pas simplement pour peindre de donner sa vie à la peinture » (p. 186).

28. J'emprunte l'idée de réconciliation à Marc Gagné qui souligne justement que, chez Roy, l'unité passe par l'Éden : « [A]u-delà de ces déchirements réels et profonds, il y a chez Gabrielle Roy une tension vers l'unité, la hantise d'un être enfin réconcilié avec lui-même. Le chemin vers cette réconciliation passe par le "pays de l'amour" » (*Visages de Gabrielle Roy...*, *op. cit.*, p. 254). Unité qui,

selon mon analyse, consisterait à concilier corps et esprit.

29. Annis Pratt, *Archetypal Patterns in Women's Fiction*, Bloomington, Indiana University Press, 1981, p. 57.

30. J'ai déjà traité de cette quête dans une communication intitulée « La Petite Poule d'eau : le paradis institutionnel d'une écrivaine », présentée au congrès de l'ACFAS tenu à l'Université McGill à Montréal du 13 au 16 mai 1996.

31. Roy, « Mémoire et création. Préface de *La Petite Poule d'eau* », dans *Fragiles lumières de la terre*, Montréal, Quinze, 1978, p. 196-197). D'ailleurs, Luzina, pour qui accoucher coïncide avec les voyages et la découverte du monde, constitue une belle tentative de réconciliation du corps avec l'esprit.

32. Pensons à la Petite Poule d'eau, au lac Vert d'*Alexandre Chenevert*, aux terres de Baffin dans *La Rivière sans repos* et, même, au patelin des Perfect, ce coin perdu de la campagne anglaise où, justement, Gabrielle Roy commence véritablement à écrire, d'après *La Détresse et l'Enchantement*, p. 392.

33. Un exemple parmi bien d'autres : la lecture d'Antoine Sirois, selon laquelle le paradis terrestre chez Roy « prend une dimension universelle et touche à la destinée de tous les humains et non d'un groupe en particulier », serait passablement bouleversée (« De l'idéologie au mythe de la nature. Romans et nouvelles de Gabrielle Roy », dans *Mythes et symboles dans la littérature québécoise*, Montréal, Triptyque, 1992, p. 53).

34. Avant 1944, l'idée de nature dans la littérature québécoise était liée à celle de possession du sol, elle-même « liée au destin de la "race" » (A. Sirois, « De l'idéologie... », *loc. cit.*, p. 51).

35. Marc Gagné, *Visages de Gabrielle Roy, l'œuvre et l'écrivain*, Montréal, Beauchemin, 1973, p. 208.

GABRIELLE ROY, UNE VIE : BIOGRAPHIE

de FRANÇOIS RICARD
(Montréal, Boréal, 1996, 576 p.)

Paul Dubé
Université de l'Alberta (Edmonton)

L'enchantement biographique

Ce qui fait la valeur d'un roman, c'est moins l'histoire racontée — car ne se ressemblent-elles pas toutes à un niveau ? — que la façon dont elle est racontée. Cette vérité littéraire illustre parfaitement ce qui caractérise la volumineuse biographie de Gabrielle Roy que Boréal vient de publier par la plume de François Ricard. Mais entendons-nous : il y a quand même plus à la vie de l'auteur d'origine manitobaine que ce que l'on supposait, surtout par rapport à sa quasi-disparition de l'arène publique quelques années après l'éclatant succès de *Bonheur d'occasion* en 1945. Qui eût cru que cette vie presque monastique qu'elle s'est imposée pour se recueillir dans la paix et la solitude de la création ait pu suffire à cette histoire qui se lit comme un roman, qui fait que le lecteur veut ralentir sa course et repousser la fin pour des raisons, entre autres, de pure lucidité ?

Il faut évidemment rendre à César..., en rendant hommage au biographe qui, d'une main de maître, a créé un modèle en son genre, combinant faits, analyses, commentaires, discours multiples des autres, au parfait niveau de suppositions, de projections et de synthèses, nourries à la source active d'une connaissance approfondie de l'œuvre, filtrée par un appareil critique décloisonné par des disciplines complémentaires que François Ricard manie avec dextérité. En effet, on n'aurait pas pu trouver mieux que ce professeur de lettres françaises de McGill pour mener à terme un tel projet car, outre cette pratique de plusieurs disciplines et sa connaissance de l'œuvre qu'il ne cesse de commenter depuis plus de vingt ans, François Ricard jouissait d'un rapport privilégié avec l'auteur de *La Détresse et l'Enchantement*, dont le manuscrit devait lui servir à la rédaction de cette biographie selon les vœux mêmes de cette dernière. Le pacte tacite entre auteur et biographe se réalise enfin, quelque treize ans après la mort de Gabrielle Roy, après dix ans de recherche et d'écriture pour le biographe, dans un volumineux ouvrage de 576 pages, dont 125 témoignent à la fin de l'étendue des sources consultées et de l'érudition de Ricard. Il ne fait pas de doute que François Ricard a signé l'événement littéraire de la rentrée 1996 et que le livre est destiné à la consécration, si ce n'est que pour l'immense qualité qu'on lui reconnaîtra partout, celle d'apporter quelque chose à tous, aux spécialistes comme au grand public qui aura la veine de se le procurer.

Dans sa présentation matérielle, le livre attire comme un grand plat pour amateur de bonne chair : un livre grand format, au titre d'une simplicité maupassantienne, annonce par le sous-titre — biographie — qu'il s'agira sans doute de cette femme mystérieuse au regard énigmatique qui apparaît de profil sur la couverture. Celle-ci — composée presque entièrement du visage d'une Gabrielle Roy dans la force de l'âge à la beauté presque légendaire encore intacte bien que marquée par les signes du temps —, est recouverte sur la moitié droite de la page de l'écriture de cette dernière, mettant l'accent pour l'autre moitié sur ce visage comme tourné vers le passé où le regard semble brûler d'angoisse, de tristesse et de mélancolie. On aura reconnu la mise en scène iconographique des deux pôles qui ont dominé le vécu régien : le monde et l'écriture, la réalité et sa transformation esthétique, le malheur d'être et le bonheur de la création, la détresse et l'enchantement...

Le dos de la jaquette précise qu'« il est des œuvres qui appellent la biographie. Celle de Gabrielle Roy en fait sans doute partie. Ce livre constitue donc un complément essentiel à la lecture des romans de Gabrielle Roy. » Ces phrases quelque peu ridicules par leur sophisme complaisant, composées pour des fins de vente, c'est-à-dire pour convaincre les lecteurs avertis et non avertis de la nécessité de cette lecture, font écho cependant à l'intentionnalité du biographe qui, malgré les réticences qu'il ressent en frère de Kundera (qu'il cite d'ailleurs en exergue au début), pour qui l'entreprise biographique ne peut que « faire écran » au lieu de « donner accès » à la connaissance de l'œuvre — sorte d'anti-Sainte-Beuve —, explique et convainc du bien-fondé de son travail pour le cas étudié ici. « Contrairement à d'autres, dit-il dans l'épilogue, cette œuvre toute parcourue d'autobiographie, toute nourrie de l'existence de son auteur et surtout toute tournée vers le dévoilement et l'esthétisation de cette existence même, demande d'être prolongée, d'être répercutée par le travail biographique qui [...] apparaît comme l'une des manières les plus justes et les plus fraternelles de lui répondre » (p. 520). L'œuvre comme appel reprend en quelque sorte un des paradigmes dominants dans la stratégie narrative de *La Détresse et l'Enchantement* auquel Ricard, le biographe, apporte sa propre voix, mais d'une perspective nouvelle et complémentaire en s'installant au centre d'une dialectique de voix plurielles qu'il comble de sources nouvelles.

Ceux et celles qui côtoient l'œuvre régienne depuis longtemps seront plus qu'heureux de constater que les deux tiers de ce livre traitent de la période qui suit le retour d'Europe de Gabrielle Roy. Depuis *La Détresse*, qui était venue s'ajouter aux autres écrits de coloration autobiographique, les premiers trente ans de la vie de l'auteur sont relativement bien connus, bien que même ici dans cette première partie, le biographe apporte des nuances et des correctifs pertinents relatifs au « mythe » Gabrielle Roy. Pour bien marquer l'insistance sur la période qui suit le retour d'Europe — celle qui a vu se produire l'auteur et qui fait que cette biographie mérite d'exister —, la première période est construite sur cinq chapitres (de neuf) ne comptant que le tiers du livre, dont les trois premiers établissent les antécédents ancestraux et familiaux de l'auteur. C'est au chapitre IV (« Cette inconnue de moi-même... ») que le « récit » focalisant sur Gabrielle commence vraiment, nous ramenant aux « paysages » de *Rue Deschambault*, de la « petite misère » à la « voix des étangs », aux premiers appels de l'écriture, ou de quelque chose d'indicible que le biographe problématise avec justesse. En observateur s'efforçant à l'objectivité, ce dernier rectifie, par exemple, l'impression de dénuement et de pauvreté laissée par l'auteur dans *La Détresse*, il pose un regard sans complaisance sur le narcissisme de Gabrielle, nuançant d'un même coup de pinceau et les élucubrations d'Adèle (et de G. Bessette !) et tout l'encensement indulgent et facile d'une partie de l'*establishment* critique québécois et saint-bonifacien. (Plus loin, il relativisera l'importance, pour Gabrielle Roy, de la problématique des minoritaires francophones canadiens dont certains critiques aiment à en faire la « quintessence » de l'œuvre vu l'incipit de *La Détresse*...)

Après le chapitre V (« La vraie vie est ailleurs ») — sorte de *Bildungsroman* qui suit l'apprentissage de la jeune enseignante qui s'émancipe par un choix particulier d'activités et de relations, et chez qui pointe un inassouvissement d'apparence ontologique qui l'incite à « fuir ! là-bas fuir » — vient le début de la grande « aventure » régienne de l'écriture. C'est à ce sixième chapitre qu'on entre, après un bref retour sur le voyage d'outre-mer, dans l'inconnu d'une vie toute consacrée à l'écriture. Celui-ci retrace les pérégrinations de la jeune journaliste qui a décidé d'abandonner famille et patrie pour l'exil, le métier, la création et peut-être la gloire. On suit avec ébahissement la trajectoire de cette jeune femme volontaire, tenace et résolue, jusqu'à la publication de ce qui, selon elle, « va passer inaperçu, ou [...] faire un malheur » (p. 263).

Les trois derniers chapitres représentant la moitié du texte ramènent principalement au grand jour ces années de repli et de consécration à l'écriture, du « poids de la gloire » (chapitre VII) au « temps de la mémoire » (chapitre IX) en passant par le chapitre VIII, dont le titre, tel un leitmotiv, résume le mieux sa vie : « Écrire, comme sa raison même de vivre ».

C'est au récit de cette partie de la vie marquée, entre autres, par les éclats ponctuels, positifs et négatifs, de la publication des œuvres de l'auteur que se déploient tout le talent et les ressources du biographe. Le peu connu, l'inconnu et l'occulté se trouvent enfin dévoilés par un travail de brillante synthèse, qui arrive à ce que Ricard dit, par modestie, ne pas avoir atteint : l'essentiel. Sans doute, y a-t-il une part d'insaisissable dans l'être de l'artiste, comme d'ailleurs chez tout être ! Mais du saisissable, François Ricard nous en donne certainement l'essentiel, et davantage si l'on peut dire, par le pouvoir de suggestion. De l'acharnement à arriver de la jeune journaliste à l'« immense désert », cette tristesse sans nom qui l'accable sur ses vieux jours, tout y est ou y est suggéré : la conjoncture particulière qui aide à créer l'éclatant succès de *Bonheur d'occasion*, la gloire, le mariage avec Marcel Carbotte, l'impossible relation qui s'établira entre eux, les querelles de famille, la gloire déclinante, les difficultés d'écriture, de santé, les dépressions, l'incompréhension relative à ses choix politiques, à ses engagements, à son esthétique : en somme, tout, mais en lecteur sensible de Gabrielle Roy, surtout celle de *La Détresse*, le biographe sait moduler les situations pour leur donner ce caractère d'ambiguïté, ou plutôt de possibles, sans doute un peu comme elles ont été vécues dans le moment par l'auteur.

Faut-il répéter que ce livre vaut la peine d'être lu ? Certes (voilà un mot qui revient trop souvent dans le texte !), on aurait très peu de reproches à faire au biographe pour un travail tout en nuances, tout pondéré, dont l'objectivité sympathique nous paraît la norme et la rigueur absolues. Or, tout n'est pas parfait dans le royaume de la Ricardie : tout texte n'a pas qu'une lecture ; n'est-il pas « une grande forme en mouvement », comme dirait Sartre ?

Quelques exemples suffiront pour souligner ce fait ; il faut se garder, cependant, de vouloir s'en servir pour affaiblir ou dénigrer la qualité et la valeur de cet immense travail.

— Un volume de cette dimension mobilisant une telle quantité de ressources et composé sur une période de trois ans peut difficilement s'écrire sans quelques répétitions : il en a en effet...

— *Le Miroir du passé* de la sœur Adèle, qualifié « d'horrible réquisitoire » (p. 501) contre Gabrielle est néanmoins souvent utilisé par le biographe, de façon ironique, ou en contestant l'énoncé, mais trop souvent il a valeur de document solide, quand au contraire il eût fallu maintenir la suspicion sans fléchir. Il faut sans doute comprendre ce rapport du biographe au discours d'Adèle par cette volonté de rester neutre et magnanime.

— Certains énoncés se rapportant à la géographie de l'Ouest ne sont pas exacts : le village de Sainte-Anne-des-Chênes n'est pas à « cent kilomètres » de Winnipeg ; la rivière Seine n'est pas un « ruisseau » et elle ne coule pas à une centaine de mètres de la maison des Roy, rue Deschambault ; on voit mal « la région de la Rivière-la-Paix, entre Grande Prairie et le Petit Lac des Esclaves » : ce serait plutôt le sommet d'un triangle dont les bases seraient respectivement Grande Prairie à l'ouest, et le Petit Lac des Esclaves à l'est. Des peccadilles dans un sens, et dans le contexte de cette œuvre magistrale, mais des inexactitudes quand même...

— Sujet difficile s'il en est un pour le biographe : l'amour et la sexualité, mais encore davantage pour celui qui aborde la question chez Gabrielle Roy, dont le mari était homosexuel, dont l'œuvre entière a plus ou moins occulté cette question, et pour Ricard lui-même dont la relation privilégiée avec l'auteur dans les derniers dix ans de sa vie le place d'emblée dans la plus délicate des situations : doit-il en dire plus que n'en révèlent les textes et les témoignages des autres ?

En ce qui concerne l'orientation sexuelle de son mari, on trouve cette phrase surprenante chez Ricard : «Pour ce qui est de l'homosexualité de Marcel [...] n'a-t-elle pas une certaine part de responsabilité dans cet état de choses...? » (p. 444). On comprendrait mieux si Ricard imputait le comportement de ce vieux *cruiseur* à la «frigidité» et au dégoût de Gabrielle pour les «rapports charnels»; mais l'homosexualité?...

À la même page, Ricard explique comment malgré leur désaccord, Gabrielle Roy et Marcel Carbotte continuent de vivre «à distance respectueuse, à la fois soucieux et indifférents», sans s'aimer, mais sans se haïr, «comme le font tant de couples vieillissants» (p. 444). Et apparaît une autre phrase étonnante, tant pour le cas étudié ici que pour la valeur d'universel qu'on lui donne : «Car c'est le lien le plus puissant qui soit, celui que crée entre deux êtres la peur éprouvée par chacun de se retrouver tout seul au monde[...]». Cela n'est pas évident.

Plus tôt dans le texte, Ricard doute que Marcel et Gabrielle aient été amants «au-delà des premiers temps de leur mariage» (p. 372). Cette «sublimation», ce «détournement de libido», serait «une des sources de la créativité de Gabrielle, une des forces profondes de son œuvre» (p. 372). Sans doute (surtout si l'on suit les enseignements taoïstes), mais à la lumière d'écrits inconnus comme «La vieille fille», «François et Odine», «Qui est Claudia?», ou d'un inédit comme les premiers feuillets de «La saga d'Éveline», ou encore de ces quelques textes écrits à l'automne 1948 où l'auteur devait vivre encore dans la félicité de ses noces («La première femme», par exemple), il semblerait que la recanalisation de la sexualité en énergies créatrices soit peut-être trop simple comme explication. Dans ces textes à la dimension autobiographique indéniable, l'acte sexuel est décrit comme pure bestialité, la sexualité féminine comme une honte, voire un avilissement, et la vie conjugale comme une horreur menant, par les grossesses inévitables et multiples, à l'esclavage de la femme, à la diminution de son être. On serait tenté d'y voir un féminisme précurseur des grands mouvements à venir, si ce n'était d'une vision davantage inspirée par une conception tordue de la sexualité, une vision qui correspond de toutes parts à celle de Marie-Lou dans la fameuse pièce de Michel Tremblay. Dans ce contexte, et selon les expériences du passé où Gabrielle a rejeté une première «foudroyante attirance» (Stephen), où elle a vécu dans le bonheur de l'écriture un «amour contrarié» (Henri Girard), il serait pertinent d'entretenir d'autres pistes d'interprétation de son rapport à Marcel dans le sens, par exemple, d'une entente tacite (et secrète) d'un accommodement réciproque relatif à leurs besoins respectifs, et une autre peut-être se rapportant à la vie de gynécée qu'elle a connue après 1960... Peut-être aurait-il fallu pour cela avoir recours à la «fiction biographique», dans le genre/méthode progressive-régressive utilisée par Sartre dans *L'Idiot de la famille*. Un tout autre projet, en effet...

Toujours sur cette même question : le récit que fait le biographe de l'épisode de Stephen paraît problématique, mais plus suspect. D'abord, ce commentaire nettement contestable sur les activités de Stephen : en tant qu'agent secret au service d'une organisation luttant contre l'Union soviétique, cela fait de lui, dans le contexte de l'avant-guerre, « un allié des nazis » (p. 187), de dire Ricard. Même s'il y a eu une organisation ukrainienne clandestine qui comptait profiter de l'armée nazie pour libérer l'Ukraine des Soviets, le commentaire de Ricard paraît quelque peu manichéen. Celui-ci avance ensuite que la rupture a été en partie le résultat d'une « mésentente idéologique » (p. 188), Gabrielle Roy ayant à cette époque des « opinions de gauche » qui « ne s'accordent guère avec l'engagement antisoviétique de Stephen » (p. 188). Or, trois pages plus loin, Ricard relate la réussite de Gabrielle à publier le même été des articles dans le journal parisien *Je suis partout*, « un journal d'extrême droite », « violemment profranquiste et anticommuniste », « une des tribunes les plus éloquentes du radicalisme fasciste », déjà « engagé, ouvertement réactionnaire » (p. 191) au moment où Gabrielle Roy y fait ses premières armes. Et le futur auteur semble respecter l'orientation de la revue en y publiant un portrait « peu flatteur » des Saulteux de l'Ouest canadien, où perce, selon Ricard, « une certaine naïveté idéologique » (p. 192)... Il y a donc ici une logique suspecte qui ne fait pas de lumière sur cet épisode qui reste aussi problématique qu'il l'est dans *La Détresse*.

Un dernier commentaire : à la page 514, commentant le dernier écrit non publié qui devait être la suite de l'autobiographie, Ricard prétend que « les ultimes efforts [de G. Roy] auront été de ressaisir, de revivre par l'écriture et l'imagination l'événement fondateur de tout son être : l'abandon et la mort de la mère ». Or, que faire de la jeune femme (si bien comprise par Belleau, *Le Romancier fictif*, que Ricard ne cite pas dans la bibliographie !) « insatisfaite, fébrile, hantée par son besoin d'une autre vie, d'un autre monde » (Ricard, p. 157) du début ? celle dont le destin semble inscrit dans cette nécessité de fuite, de départ, celle qui rejette le petit monde étouffant de son milieu, qui a presque du mépris pour les siens, leur parler, leur mentalité, leur religion ?... N'est-ce pas celle-là qui a réussi, qui a défini, choisi sa vie, et dont la mort de la mère ne peut être que cet écho sonore d'une servitude à l'amer enchantement de l'écriture ?

COLLOQUE INTERNATIONAL « GABRIELLE ROY » : ACTES DU COLLOQUE SOULIGNANT LE CINQUANTIÈME ANNIVERSAIRE DE BONHEUR D'OCCASION (27 AU 30 SEPTEMBRE 1995)

d'ANDRÉ FAUCHON (dir.)
(Saint-Boniface, Presses universitaires de Saint-Boniface, 1996, 756 p.)

François Gallays
Université d'Ottawa

Une stèle à la vivante mémoire de Gabrielle Roy

Le volume est imposant. Non seulement par sa taille (756 p.), mais aussi par son exceptionnelle qualité matérielle. Habitué à des actes de colloques de modeste allure (en général imposée par des budgets limités), le lecteur est littéralement soufflé dès l'abord par la présentation du *Colloque international « Gabrielle Roy »*. À commencer par la jaquette qui, protégeant une magnifique couverture noire, reliée pleine toile, reprend en première, sur fond également noir, l'affiche du colloque arborant le saisissant portrait de Gabrielle Roy que réalisa Pauline Boutal en 1947. On ouvre le livre et on est immédiatement assailli par la très particulière mais non moins agréable odeur que dégage le papier glacé, aujourd'hui réservé presque exclusivement aux livres d'art. On l'aura deviné, il s'agit là d'un magnifique ouvrage, dont André Fauchon et son équipe ont toutes les raisons de s'enorgueillir.

À vrai dire, ce livre est à l'image même du colloque, qui fut aussi une vive réussite à tout point de vue. Même Saint-Boniface, la ville natale de Gabrielle Roy, drapée dans les douces couleurs de l'automne et réchauffée par le soleil décadent de la saison, était on ne peut plus accueillante. Lieu d'échanges savants, riches et variés, le colloque devint aussi au fil des jours une grande célébration à la mémoire d'un auteur non seulement apprécié mais, manifestement, aimé.

Marquant le cinquantenaire de la publication de *Bonheur d'occasion*, ce colloque, réunissant pas moins d'une centaine de participants en provenance d'une dizaine de pays, révélateur du vif intérêt que suscite toujours l'œuvre de Gabrielle Roy de par le monde, fut en outre le prétexte que saisirent les Franco-Manitobains pour témoigner leur attachement et leur affection à l'égard de l'une des leurs. Que les manifestations aient emprunté parfois l'allure d'un rituel ne doit aucunement surprendre. C'était, pour ainsi dire, dans l'ordre des choses. D'ailleurs, un colloque de trois jours, quel qu'en soit le sujet, et a fortiori s'il s'agit d'un sujet humain unique, risque toujours d'emprunter certains traits caractéristiques de la retraite religieuse. Les préoccupations ont beau être au départ de nature purement intellectuelle, la psychologie des foules à l'œuvre a tôt fait de transformer ce type de réunion en un « happening » quasi religieux. Ce n'est pas, tant s'en faut, désagréable. Ce fut même grisant. D'autant que pour beaucoup, se rendre à Saint-Boniface tenait déjà d'une manière de pèlerinage. Et certaines activités prévues (visites à la maison natale de l'auteur et à l'école Provencher où elle enseigna, excursion dans les régions d'Altamont et de la Petite Poule d'eau) pastichaient en quelque sorte ce rite religieux.

Cela dit, s'il est vrai que la publication des *Actes* remettent en mémoire l'événement extraordinaire que fut le colloque, il rappelle aussi, avec la distance que crée l'écrit, que ce genre de réunion est d'abord le moment d'une intense activité critique.

Bornées par la conférence inaugurale que prononça François Ricard et qui portait sur la « petite histoire » (genèse, publication, réception) de *Bonheur d'occasion*, et par le texte de la touchante allocution que fit Yolande Roy-Cyr, petite-nièce de la romancière, lors du banquet de clôture, les communications reproduites présentent, comme on pouvait s'y attendre, un tableau de sujets fort divers. Une douzaine de textes portent directement sur des œuvres, notamment sur *Bonheur d'occasion*, *La Petite Poule d'eau*, *Alexandre Chenevert* et *La Détresse et l'Enchantement*, une autre demi-douzaine sur la création et l'imaginaire de l'auteur et quelque sept études, de nature plus technique, abordent les domaines du discours et de la narration. Les études thématiques, comme cela est souvent le cas dans un colloque consacré à un auteur en particulier, sont relativement nombreuses : on y traite de l'espace, de l'enfance, de l'identité, de l'altérité, des relations de la mère et de la fille, du désert de la vie, du portrait de l'artiste, de l'auteur comme critique littéraire, et de la réception de son œuvre dans les pays de langue allemande. De plus, l'œuvre d'un auteur de l'envergure de Gabrielle Roy suscite presque fatalement des rapprochements avec d'autres œuvres et d'autres auteurs. Aussi est-il question des œuvres d'Anne Hébert, de Marie-Claire Blais, de Jacques Poulin et d'Yves Thériault, ainsi que de celles de Selma Lagerlöf, de Han Suyin et de Mariama Bâ. Deux textes, inclassables, terminent la série : le premier, accompagné d'un dossier qui comprend les magnifiques estampes de Jean-Paul Lemieux, étudie le « regard » de ce peintre sur *La Petite Poule d'eau*, et le second, qui fait état des recherches effectuées par Patricia Claxton lors de sa traduction de *La Détresse et l'Enchantement*, est accompagné de photographies prises en Angleterre. On le constate, la perspective est kaléidoscopique et la lecture sans interruption de ces textes n'est pas encouragée, mais pour quiconque s'intéresse le moindrement à l'œuvre de Gabrielle Roy, ces *Actes* sont une source pléthorique de renseignements.

Enfin, parce qu'il termine en beauté le volume, je ne saurais passer sous silence la présentation du dossier sur l'excursion, dite géo-littéraire, que firent, le colloque terminé, une cinquantaine de participants dans les régions de la Petite Poule d'eau et d'Altamont. La nature et la qualité du texte et des photos, qui rendent compte de cette excursion, ont fait regretter au signataire de cette recension de n'y avoir point participé!

VIERGES FOLLES, VIERGES SAGES : KALÉIDOSCOPE DE FEMMES CANADIENNES DANS L'UNIVERS DU LÉGENDAIRE

de SUZANNE LEGAULT et MARIE-FRANCE SILVER
(Saint-Boniface, Éditions des Plaines, 1995, 278 p.)

Mathé Allain
Université Southwestern Louisiana (Lafayette)

Cet agréable petit livre souligne une chose : l'histoire du Canada regorge de femmes de tête, de femmes fortes dont les contributions à l'essor de leur pays ont trop souvent été occultées.

Suzanne Legault et Marie-France Silver passent d'abord en revue les héroïnes historiques, certaines bien connues comme Marie de l'Incarnation, Jeanne Mance et Madeleine de Verchères, d'autres moins célèbres mais méritant de l'être, comme Marie Gérin-Lajoie et Nellie McClung, les pionnières du féminisme canadien.

Qu'il s'agisse de saintes femmes, comme Marie de l'Incarnation et Jeanne Mance, ou de femmes vivant dans le monde, comme Pauline Johnson, poétesse ontarienne qui réussit à gagner sa vie en déclamant ses poèmes, ou Marie-Anne Gaboury, la première femme blanche à s'établir dans l'Ouest canadien, les deux auteures insistent sur l'activisme de leurs sujets et sur l'énergie que ces femmes déployèrent au cours de leur vie, dans certains cas pour créer les institutions du Canada moderne.

Parmi les personnages historiques traités dans *Vierges folles, vierges sages*, la figure la plus curieuse et la plus touchante est certainement Lillian Alling, jeune immigrante russe qui, domestique à New York, décida de rentrer dans son pays natal qui lui manquait trop. N'ayant pas les moyens de prendre le bateau, elle choisit donc de traverser les États-Unis et le Canada à pied et d'emprunter le détroit de Béring. En deux ans, elle parcourut donc quelque 9 600 kilomètres de New York à Chicago, et de là à Minneapolis, à Saint Paul, à Winnipeg et au Yukon, pour disparaître après avoir atteint Nome, en Alaska.

Après les personnages historiques, les deux auteures se penchent sur des héroïnes littéraires et légendaires, d'Anne of Green Gables à la Sagouine et Rose Latulipe. Il est intéressant de noter la différence entre les personnages féminins d'œuvres écrites par et pour la bourgeoisie, telles Maria Chapdelaine, Évangéline, ou Aurore, l'enfant martyre, autant d'héroïnes féminines souvent présentées comme victimes, et les personnages du légendaire populaire — occidental, amérindien ou inuit — caractérisés par leur force, bénéfique ou maléfique.

Les biographies de ces quelque 45 femmes sont nécessairement esquissées plutôt que développées. En cinq ou six pages, il est impossible de traiter en profondeur la vie d'une femme aussi complexe, aussi déchirée et aussi dynamique que Marie de l'Incarnation (comme le fait Natalie Zemon Davis[1]). D'autre part, aucune recherche originale n'est intervenue dans cet ouvrage, les deux auteures s'appuyant exclusivement sur des sources secondaires. Cependant, étant l'une et l'autre des littéraires, elles n'ont pas plus cherché à faire œuvre d'historiennes qu'elles n'ont voulu écrire des biographies définitives. Ce qu'elles voulaient faire — et elles l'indiquent clairement dans la préface —, c'était de présenter le « kaléidoscope bigarré » des vierges folles et des vierges sages qui peuplent l'histoire et l'imaginaire canadien. Elles voulaient, disent-elles, « rendre plus palpable l'étonnante richesse de l'héritage féminin du Canada » (p. 9). Ce dessein, elles l'ont admirablement accompli et, ce faisant, ont produit un petit ouvrage des plus utiles, car il est bien pratique d'avoir sous la main, en un seul volume, les esquisses biographiques de ces femmes qui ne méritent pas l'oubli où beaucoup d'entre elles sont tombées.

NOTE

1. Voir Natalie Zemon Davis, *Women on the Margins: Three Seventeenth Century Lives*, Cambridge (Mass.), Harvard University Press, 1995, 360 p.

MAINS DE PÈRE

de PAUL SAVOIE
(Saint-Boniface, Les Éditions du Blé, 1995, 142 p.)

et

OL' MAN, OL' DOG ET L'ENFANT ET AUTRES NOUVELLES

de MARGUERITE-A. PRIMEAU
(Saint-Boniface, Les Éditions du Blé, 1996, 84 p.)

Georges Bélanger
Université Laurentienne (Sudbury)

L'anneau de la parole : des souvenirs et des figures

Si les auteurs de ce récit et de ce court recueil de nouvelles, tous deux en quête de vérité et d'identité, choisissent d'explorer par la parole le jeu de la mémoire, de fouiller leur passé, d'appeler des souvenirs spécifiques et de créer des liens avec le présent, ils visent cependant un but différent : le premier part à la recherche du père, de la figure du père, et tente d'accumuler tous les indices qui lui permettront de reconstituer cette image ; la seconde raconte des souvenirs d'enfance et de jeunesse, rend ainsi hommage à la vie et renaît en quelque sorte par l'évocation de ces moments de bonheur. Coïncidence, les deux auteurs parcourent un chemin comparable mais un peu à l'inverse, pourrait-on dire, et seul les réunit le besoin de se découvrir et de s'identifier.

Nous savons jusqu'à quel point le thème du père suscite un surcroît d'intérêt depuis quelques années. En effet, de nombreux auteurs ont abordé et traité ce sujet sous différents angles. Citons, par exemple, un essai récent de Naïm Kattan (*Le Père*, HMH, 1990), qui propose une approche et des réflexions captivantes sur l'origine et l'évolution du père à travers l'histoire : père mythique, fictif, réel, spirituel, tribal, voilà autant d'images que cet essayiste retrouve chez certains écrivains et certains grands hommes.

Mains de père s'inscrit dans cette lignée et expose un double itinéraire. Dans le but de mieux se connaître, le personnage central, un jeune homme d'une trentaine d'années, et narrateur-acteur, choisit d'habiter les souvenirs pour découvrir le père. La recherche de l'image du père, sorte d'élément déclencheur, demeure centrale dans tout le récit. Cette démarche s'accompagne pourtant d'une expérience d'écriture essentielle : de fait, elle en constitue le point de départ et la balise continuellement. Le lecteur assiste donc en même temps à la naissance d'un projet d'écriture et à la découverte du père dont le portrait est évoqué par touches successives et selon l'importance des souvenirs. Ainsi aura-t-on compris le sens du titre, c'est-à-dire que les mains composent une partie évocatrice du corps que l'auteur privilégie dans l'appel de ses souvenirs, parce qu'elles caractérisent une facette de la personnalité du père. Le fils, narrateur de ce récit, a hérité de cette qualité, qu'il s'agisse de sa grande virtuosité au piano, par exemple, ou symboliquement, de son irrésistible besoin d'écrire. D'autres éléments significatifs servent aussi à cerner de plus près l'image du père qui se transpose dans une durée et un espace assez vastes : le narrateur, librement, effectue un va-et-vient entre 1955 et 1994, se déplace entre Toronto, Saint-Boniface, Winnipeg et Ottawa, et se raconte, expose sa souvenance, sous la forme de courts tableaux qui composent autant de chapitres dans le livre. À l'aide de souvenirs, parfois ciblés ou inconscients, reliés par exemple à la signification de la maladie ou de la mort, ou à la jeune enfance, aux relations familiales, à la vie quotidienne, etc., l'auteur, qui demeure toujours le point de rencontre et de convergence de cette quête, cherche, malgré les difficultés et les refus, à comprendre et à donner un sens à la vie du père. La vérité prend forme peu à peu et finit par s'imposer : le père possédait un ordre bien à lui, une vision du monde, le fils, à l'instar de Julia, sa jeune enfant, crée lui aussi son propre centre, module son espace vital et détermine ses propres règles de vie. La réconciliation a lieu.

Autobiographie ou fiction, peu importe en somme : Paul Savoie, sous le prétexte de la création d'un livre, se livre à une incursion dans le passé, multiplie et interroge les pistes, à la recherche du père, tente de trouver des liens ataviques, dans le but d'éclairer le présent et de mieux se définir. La structure de *Mains de père* et le ton intimiste de l'écriture conjuguent bien ces deux points de vue.

Marguerite-A. Primeau pratique également le jeu de la mémoire, s'inspire du passé et puise parmi certains souvenirs pour faire revivre ou créer les personnages, les figures qui composent les six nouvelles du recueil *Ol' Man, Ol' Dog et l'enfant et autres nouvelles*. Bien structurés et empreints d'une grande simplicité, les récits racontent la vie de tous les jours et exposent quelques moments privilégiés, petit drame passager ou instant de bonheur. Qu'il s'agisse de la rencontre et de l'amitié entre un vieil homme et un jeune enfant infirme qui permettent à l'un de retrouver le goût de vivre, et à l'autre de naître à la vie (*Ol' Man, Ol' Dog et l'enfant*) ; de cette amourette vécue dramatiquement par deux jeunes enfants d'une dizaine d'années, à cause d'un malheureux malentendu (*Mon petit ami « de » Juif*) ; des contes d'une vieille Irlandaise qui tente d'exorciser l'esprit malin au cours d'une veillée mortuaire (*Granny*) ; d'une Amérindienne tourmentée entre la fidélité à ses coutumes et le monde moderne (*Mémère Desjarlais*) (une première version de ce texte a paru dans *Les Cahiers du CEFCO* à l'automne 1989) ; du récit touchant de cette grand-mère, madame Taillefer, recluse dans une maison pour personnes âgées (*Une veille de Noël*) (cette cinquième nouvelle demeure très certainement la mieux achevée du recueil) ; ou enfin de la vie de madame

Tourangeau perturbée par la crainte de perdre sa maison, incapable de payer ses taxes (*Les Sapins de Madame Trotte-Menu*).

En plus de réserver des surprises au lecteur qui prendra grand plaisir à lire ce recueil de nouvelles aux rebondissements multiples, l'auteure se fait la porte-parole de l'Ouest, du Manitoba « francophone » en particulier, parce que les récits, les souvenirs évoqués, parfois lointains, et tous les personnages s'enracinent dans cet espace.

Mains de père de Paul Savoie et *Ol' Man, Ol' Dog et l'enfant et autres nouvelles* de Marguerite-A. Primeau s'ajoutent aux nombreux ouvrages publiés par ces auteurs : le premier en a plus d'une quinzaine à son actif, dont quatre à ce jour aux Éditions du Blé — on se rappellera qu'un recueil de poèmes, *Salamandre*, fut le premier titre publié par cette maison d'édition, fondée en 1974 ; la seconde publie son cinquième ouvrage. S'ils témoignent tous deux d'une belle vigueur, ils soulignent d'autant la présence des auteurs francophones de l'Ouest.

AU FIL DE LA MÉMOIRE : TROIS FRANCO-ONTARIENNES SE RACONTENT

Jeannette Urbas
Collège universitaire Glendon
Université York (Toronto)

Dans son introduction à la biographie d'Almanda Walker-Marchand, Lucie Brunet précise la situation de la femme canadienne-française par rapport à l'histoire :

> L'Histoire a peu fait état, jusqu'à tout récemment, de l'existence et de la contribution des bâtisseuses qui nous ont précédées. Cet écart est encore plus flagrant du côté des femmes de langue française vivant à l'extérieur du Québec. Tant les historiennes féministes québécoises que canadiennes-anglaises ont amplement passé sous silence la vie associative des femmes de la diaspora canadienne-française[1].

On pourrait ajouter qu'il s'agit non seulement de la « vie associative de la diaspora canadienne-française », mais de tous les aspects de la vie de ces femmes.

L'histoire officielle, l'Histoire avec majuscule, ne s'intéresse qu'aux grands événements politiques, économiques et sociaux ; elle parle surtout de guerres, de changements de gouvernements, du développement de l'industrie et du commerce. Jusqu'à récemment, l'histoire collective d'une population était avant tout celle de la moitié seulement, c'est-à-dire des hommes, des grands hommes surtout, ceux qui avaient marqué le cours de l'histoire ; on y ajoutait de temps en temps quelques noms de femmes illustres, qui avaient toujours le statut de femmes « exceptionnelles ». Les autres femmes, la majorité, n'avaient pas de signification historique ; elles étaient anonymes, n'ayant rien fait de « spécial ». Elles avaient simplement vécu leur vie, la plupart au sein de la famille. L'histoire n'attachait pas d'importance aux faits d'accoucher, d'élever des enfants, de tenir maison, d'accomplir un travail éreintant et non rémunéré.

Cette étude tente de combler quelque peu les lacunes de cette histoire tronquée qui refuse de tenir compte de la vie privée des gens ordinaires, des actes héroïques de tous les jours. D'après les écrits de trois femmes, nous allons reconstituer leurs expériences de vie dans une des principales régions de la diaspora canadienne-française, l'Ontario, et plus particulièrement, le nord de l'Ontario, et nous tâcherons de montrer que leurs discours ouvrent un champ dans l'histoire qui était resté jusqu'à maintenant inexploré. Les documents dont nous disposons comprennent deux autobiographies : *Miemose raconte* (1988) de Marie-Rose Girard et *Ce n'est qu'un au revoir* (1988) de Marie Asselin Marchildon ; et la biographie de sa mère qu'écrit Marguerite Whissel-Tregonning, *Kitty le gai pinson* (1978). Rappelons que ces trois auteures ne sont pas des écrivaines de métier, que leur récit cherche à capter les événements par le vécu quotidien et à exprimer avec sincérité des réflexions personnelles. Ces trois femmes commencent à écrire lorsqu'elles sont assez âgées, toutes ayant déjà passé la soixantaine. Leur but n'est pas de créer de la littérature mais de faire un legs à leurs enfants, à leurs petits-enfants. Elles choisissent l'autobiographie parce que toute personne connaît, ou croit connaître, sa propre vie.

Quelle force profonde les pousse, à l'âge mûr, à lutter avec la page blanche ? Elles reconnaissent que l'écriture assure une certaine permanence à une vie qui, autrement, tomberait dans l'oubli ; leur récit circulera dans le cercle restreint de la famille ou atteindra un public plus large s'il réussit à trouver une maison d'édition. L'écriture est aussi une forme de communication avec autrui. Marguerite Whissel-Tregonning se souvient de la déclaration rêveuse de sa mère : « Je pourrais écrire un livre de ma vie. » « Eh bien ! », dit-elle à la fin de *Kitty le gai pinson*, « Je l'ai écrit pour vous, MA CHÈRE MAMAN, à vous les hommages[2] ! » Et prolongeant ce témoignage de respect, elle dédie le livre « à tous vos petits-enfants et arrière-petits-enfants ». Partage personnel et familial, cette biographie a également pour but de faire connaître le passé et la vie des pionnières aux nouvelles générations, comme l'indique le sous-titre du livre, « Résumé de la vie d'une pionnière du nord de l'Ontario. Écrit en français-canadien ». De même, Marie-Rose Girard dit dans son introduction qu'elle écrit pour offrir, à ses « enfants bien-aimés », « les épis de cette gerbe de souvenirs... comme un gage d'amour très pur, profond et sincère[3] ». Dans l'épilogue, elle s'aperçoit que la petite « Miemose » d'antan est devenue une vieille dame finalement libérée du soin des enfants et de son rôle primordial de mère. Ses neuf enfants ayant atteint l'âge adulte et l'indépendance, elle a maintenant le loisir de réfléchir et de penser à elle-même. Marie Asselin Marchildon publie son premier livre, *Ce n'est qu'un au revoir*, écrit avec sa petite-fille, Louise Mullie, à l'âge de 96 ans. Elle décrit ainsi le don merveilleux de la mémoire : « C'est drôle mais le plus je vieillis, le plus je peux clairement revoir les scènes du passé. Je les isole, je les rejoue, une à la fois pour les revivre. Ça me permet d'oublier que je suis vieille. Je suis bien consolée de penser qu'au fil de ma très longue vie, je fus tout à fait comblée[4]. » En se remémorant, l'adulte rejoint l'enfant d'antan, éloignés dans le temps mais rapprochés par les souvenirs.

On pourrait caractériser d'héroïques les vies de ces trois femmes, à cause de leur courage et de leur volonté ferme de surmonter les obstacles énormes qui surgissent devant elles. Néanmoins, il est important de reconnaître que cet héroïsme est perçu par nous, lecteurs, gens de l'extérieur, et non pas par les auteures elles-mêmes, qui sont plutôt modestes et humbles. Si elles se réjouissent de leurs réussites, c'est parce que leurs familles en profitent. Sans l'admiration de Marguerite Tregonning pour sa mère et de Louise Mullie pour sa grand-mère, l'histoire de leurs vies n'existerait probablement pas.

Tout écrivain doit nécessairement faire un choix ; il peut mettre en valeur certains aspects et en taire d'autres. Dans ces trois récits, les domaines privilégiés sont l'enfance et la jeunesse, le mariage et la vie de famille qui s'ensuit. Les femmes aiment leur mari, mais elles parlent très peu de la vie intime du couple qui est vite submergée par l'arrivée des enfants. Elles reflètent ainsi la pudeur inculquée par l'Église catholique, qui dominait la société canadienne-française à l'époque, et le fait que, avant tout, le but du mariage était de fonder une famille. Cette hésitation à sonder les émotions explique le peu d'analyse psychologique dans l'interprétation de certains événements majeurs, tel le départ subit du mari de Marie-Rose Girard après vingt-deux années d'un mariage qu'elle qualifie de « heureux ».

L'émigration en milieu anglophone

La population franco-ontarienne actuelle est en grande partie le résultat de l'émigration de Canadiens français du Québec aux XIXe et XXe siècles. La propagation de cette population dans le nord de l'Ontario s'accroît surtout après 1850 et est provoquée par l'appauvrissement du sol natal et par le surpeuplement des paroisses rurales du Québec. Aux démunis, attirés par les manufactures de textile de la Nouvelle-Angleterre, les dirigeants nationalistes du Québec et le clergé de l'Église catholique offrent une alternative : la colonisation des terres fertiles du nord de l'Ontario. Ces promoteurs de colonisation nourrissent même le rêve d'établir une chaîne de paroisses canadiennes-françaises qui s'étendra à travers tout le nord de l'Ontario pour rejoindre la communauté francophone de Saint-Boniface au Manitoba. Nos trois écrivaines vivent l'émigration et leur vie est marquée par les conséquences de ce déplacement.

La famille de Marie-Rose Girard participe à l'exode et au rêve colonisateur. Née au Québec en 1906, huitième d'une famille de quinze enfants, Marie-Rose n'a pas le choix lorsque son père décide de partir après avoir assisté au prône d'un prêtre-colonisateur qui vantait les terres fertiles du nord de l'Ontario et les avantages pour les chefs de famille qui avaient plusieurs grands garçons à établir. Dans l'esprit de l'idéologie en vogue à l'époque, ce prêtre leur répétait : « Il ne faut pas oublier, mes frères, que le cultivateur est le nourricier du genre humain » (Girard, p. 75), et leur offrait des excursions à mi-tarif pour aller visiter les nouvelles terres. Or, le père pensait surtout au sort de ses quatre jeunes fils et ne semble pas s'être préoccupé des rêves de sa fille. Le déménagement, en 1922, au village de Génier, à huit milles de la ville de Cochrane, a été une véritable catastrophe pour Marie-Rose Girard. Elle avait seize ans, venait d'obtenir son diplôme au couvent et espérait devenir institutrice. C'est un rêve qu'elle chérissait depuis de nombreuses années mais qui était maintenant compromis, car ses connaissances de l'anglais étaient insuffisantes pour enseigner dans un milieu anglophone. Une seule voie lui était offerte pour sauvegarder sa carrière et demeurer au Québec — devenir religieuse —, mais elle était incertaine de sa vocation et sa mère s'y opposait fortement, n'ayant alors qu'une seule fille à la maison. Dans le récit de l'exode et de ses conséquences, Marie-Rose Girard nous laisse comprendre le manque de choix disponible aux femmes de cette époque. Elle se sent désespérée ; pourtant, l'amertume ne figure pas dans ce récit.

Marie Asselin Marchildon est née en 1892 à Saint Patrick, Ontario, dans la région de Penetanguishene. Ce sont ses grands-parents paternels et maternels qui vécurent l'exode du Québec au début des années 1860, et ce, pour des raisons similaires : il n'y avait pas assez de terres fertiles disponibles au Québec pour que toutes les grosses familles puissent se nourrir. Elle raconte l'arrivée des premiers Canadiens du Québec, portant un petit sac plein de dix sous pour acheter des terres à dix cents l'acre, si bien que, pour la somme modeste de dix dollars, ils pouvaient acheter cent acres de terre boisée, qu'ils s'engageaient à défricher. Comme le voyage était long, les migrations se faisaient souvent en groupe et le partage de provisions était essentiel. Tant que la pauvreté se prolongeait d'une génération à l'autre, le soin de joindre les deux bouts revenait aux femmes. La mère de Marie Asselin explique à ses enfants « qu'elle avait assez pincé les sous que le nez de la reine devait souvent saigner ! » (Asselin Marchildon, p. 15).

La mère de Marguerite Whissel-Tregonning, Yvonne Nault, le « gai pinson » qui aimait tellement chanter, quitte le Québec pour des raisons légèrement différentes, mais la pauvreté y joue aussi un rôle important. Née en 1896 dans le petit village de Saint-André-Avellin, la sixième d'une famille de dix enfants, elle devient orpheline à l'âge de sept ans et passe cinq ans à l'orphelinat des sœurs de la Providence avant de commencer à travailler comme domestique. En 1914, elle se marie, mais quatre ans plus tard elle devient veuve quand son mari meurt de la grippe espagnole. Seule à élever deux enfants en bas âge dans une province n'offrant aucune aide aux veuves, elle met ses enfants en pension et part pour Montréal avec vingt-cinq dollars en poche pour apprendre à devenir chapelière et, ainsi, pouvoir subvenir plus tard aux besoins de sa famille. En 1923, elle décide d'aller habiter en Ontario auprès de ses frères et sœurs à Sudbury, malgré le fait qu'elle ne parle pas un mot d'anglais. Elle veut d'abord rejoindre sa famille, mais elle voit dans ce déplacement un avantage supplémentaire : contrairement au Québec, l'Ontario offrait de l'aide aux veuves et aux orphelins.

Marie-Rose Girard souffre le plus du déménagement vu que la rupture lui est imposée lorsqu'elle est encore adolescente. Son autobiographie, comme sa vie, se divise en deux parties de longueur égale et intitulées « Québec » et « Ontario », malgré le fait qu'elle habite en Ontario depuis plus de cinquante ans déjà. Est-ce l'embellissement du souvenir qui l'inspire à décrire la vie dans sa paroisse québécoise comme une espèce d'idylle, tout en rose ? En partant pour l'Ontario, la famille quitte la civilisation pour la rudesse de la vie pionnière. Pour leur part, c'est à l'âge adulte qu'Yvonne Nault prend librement la décision de déménager, tandis que Marie Asselin représente la troisième génération de sa famille installée en terre ontarienne. L'expérience de Marie-Rose Girard nous montre que la transition d'une province à l'autre requiert de grands pouvoirs d'adaptation à un nouveau milieu social et culturel.

Les pionnières en milieu minoritaire

Vivre en Ontario comme francophone veut dire inévitablement lutter pour protéger sa langue maternelle. Les femmes, en outre, doivent soutenir un double fardeau, comme l'indique le titre d'une publication de la Fédération nationale des femmes canadiennes-françaises, de juillet 1981, *Femmes et francophones : double infériorité*. Quelles furent les répercussions sur la vie de ces trois femmes de leur établissement en milieu minoritaire ?

Pour Marie-Rose Girard, le déménagement en Ontario représente au début un désastre, une espèce d'exil angoissant. Mais, avec le temps, et surtout grâce à ses enfants, tous nés dans la nouvelle province, elle se réconcilie avec la vie ontarienne. Sa famille, comme beaucoup d'autres, s'applique à reconstituer l'atmosphère du Québec et à créer une communauté francophone. Elle décrit en termes bien sentis le secours offert par la fraternité et par la solidarité ainsi que le réconfort apporté par la communauté, comme en ce premier jour de l'An quand, à minuit, les voisins font irruption dans leur petite maison en chantant (Girard, p. 89). Elle avoue avoir toujours eu une prédilection marquée pour le français et elle est fière d'avoir conservé et transmis la langue française à ses enfants, qui sont parfaitement bilingues. En plus, comme beaucoup de femmes de sa génération, elle réalise finalement son rêve de devenir institutrice mais indirectement, par l'expérience de son fils cadet qui entre dans l'enseignement.

À un très jeune âge, Marie Asselin doit faire face aux frustrations d'être francophone en Ontario. Avec humour, elle raconte sa première expérience dans le monde de l'éducation :

> Quand mon frère et moi avons commencé l'école, j'avais cinq ans et Johnny en avait sept. On avait toujours parlé uniquement français à la maison, alors ce fut tout un choc le premier jour. Johnny et moi étions pas mal découragés. On s'est assis par terre et on s'est mis à pleurer : « Allons-nous-en chez nous », a dit mon frère. Bien ça, ça faisait mon affaire ! En chemin, on a rencontré notre maître d'école, M. Tom Hayes. Il a essayé de nous ramener à l'école, mais pas question ! C'était chez-nous qu'on s'en allait ! Une fois

rendus, ce ne fut pas la même histoire : il a fallu reprendre la route dès le lendemain matin. (p. 21)

Pendant les deux premiers hivers, ils n'allaient pas à l'école parce que les deux milles à marcher étaient trop difficiles pour eux. Après, ils y allaient assez régulièrement, sauf si leurs parents avaient besoin d'eux pour semer ou récolter les patates ou faire du sarclage. Lorsque sa sœur aînée, Joséphine, se marie en 1904, Marie Asselin Marchildon doit quitter l'école à l'âge de treize ans pour aider sa mère qui avait la santé fragile, et après six ans de scolarité seulement. Elle regrettera toute sa vie cette impossibilité de continuer ses études ; malheureusement, son sort s'apparente à celui réservé à beaucoup de filles de familles nombreuses.

Yvonne Nault n'apprendra jamais à parler l'anglais couramment, sans fautes. Pendant plus de trente ans, elle s'obstine à parler français, tout en dirigeant un commerce où le monde des affaires est anglophone. Elle travaille assidûment à la conservation de la langue française dans une province qui ne la favorise pas, où le Règlement XVII est en vigueur[5]. Elle doit accepter de payer des taxes plus élevées pour soutenir les écoles séparées, et est consciente de la difficulté ainsi que des frais pour faire venir du Québec des livres de classe en français. Les catholiques pouvaient à discrétion choisir de payer leurs taxes à l'école publique. « Je fus tentée plus d'une fois de le faire mais ma conscience m'en empêchait » (Whissel-Tregonning, p. 71), dit Yvonne Nault. Quand elle devait s'exprimer en anglais, par exemple, pour écrire des lettres de cinq pages au Premier ministre Mackenzie King pendant la Dépression, sa fille faisait la traduction avec l'aide de son dictionnaire et l'assistance de son institutrice.

Le fait d'être minoritaire posait des problèmes pour la conservation de la langue et de la culture francophones. Les dangers de l'assimilation guettaient ceux qui apprenaient l'anglais. Pour ceux et celles qui tenaient résolument à conserver leur langue française, le fardeau de subvenir aux écoles séparées devenait écrasant, surtout lorsqu'il s'agissait de couvrir les dépenses de plusieurs enfants en même temps. Le cas d'Yvonne est plutôt exceptionnel. Vivant en milieu majoritairement français, elle réussit à se débrouiller sans apprendre l'anglais, mais sa fille, Marguerite, est bilingue, ainsi que tous les enfants de cette dernière.

La condition féminine — la maison du père

L'autorité du père était absolue et la famille devait s'y plier. Lorsque son père prend la décision d'émigrer en Ontario, Marie-Rose Girard ne peut même pas en discuter avec lui face à face, car c'est la mère qui transmet habituellement les décisions du père à la famille : « Votre père m'a chargée de vous faire part de sa dernière décision » (Girard, p. 64). Le père prenait toutes les décisions importantes, sans consulter les autres membres de la famille, non seulement en ce qui concernait les affaires, mais aussi quand il s'agissait, par exemple, d'une visite à une sœur aînée aux États-Unis. Miemose était alors « tout oreilles pour écouter le verdict du chef de la famille » (Girard, p. 103). Au moment où le prêtre arrive pour annoncer aux parents la noyade de leur fils, c'est au père qu'il communique la nouvelle d'abord, tandis que, anxieuses, la fille et la mère se tiennent de côté, attendant le résultat de « ce colloque intime des deux hommes ». Cette même soumission chez Marie-Rose Girard persiste pendant son mariage. Elle se marie en 1926, à l'âge de vingt ans, avec l'homme de son choix, un fermier, et devient, avec les années, mère d'une famille nombreuse — huit garçons et une fille. Après vingt-deux années de mariage, elle croit remarquer un changement dans les marques d'affection de son mari, âgé alors de cinquante et un ans, « l'âge du midi pour l'homme », mais préoccupée par le ménage et les enfants, et malade en plus, elle ne peut rien faire. Le chapitre XV de ses mémoires décrit la « Suprême Déception » dans la prose fleurie qui caractérise son écriture : « Un soir d'hiver glacial, il franchit le seuil de notre demeure et la porte, en se refermant sur lui, sonna le glas de mon bonheur d'épouse » (p. 122). Il n'est jamais revenu. Inquiète d'avoir contribué en quelque sorte à cet échec matrimonial et se plaignant de ne pas être parfaite, elle s'impose un minutieux examen de conscience et décide que sa conduite a été irréprochable. Cependant, elle ne peut pardonner à son mari pendant deux longues années.

Seule, avec cinq enfants mineurs et trois grands garçons qui travaillaient déjà, elle réussit à reconstruire sa vie, à élever les enfants et à leur donner une éducation. La soumission et l'acceptation de son sort qui caractérisent Marie-Rose Girard représentent la norme pour sa génération. Cependant, à cause de circonstances particulières, et sans doute, à cause d'un esprit plus indépendant, certaines femmes disposaient de plus de liberté avant et après le mariage. C'est le cas d'Yvonne Nault et de Marie Asselin Marchildon.

La condition féminine — à la recherche de liberté

Dans la famille de Marie Asselin Marchildon également, le père semble exercer le rôle classique d'autorité ultime. L'auteure raconte que sa mère était d'un caractère bien agréable et qu'il fallait lui obéir ; sinon, elle leur disait : « Attendez que votre père arrive, il va arranger ça ! » Asselin Marchildon explique : « Ce n'est pas que mon père nous maltraitait, mais on avait plus peur de lui parce qu'il parlait plus fort » (p. 20). Malgré leur grande pauvreté, son enfance se déroule dans la paix : « Avec l'amour et la sécurité de notre belle vie de famille, le vrai bonheur ne pouvait pas être ailleurs » (Asselin Marchildon, p. 29). Les descriptions de son enfance (1892-1904), ainsi que de son adolescence (1904-1911), nous donnent d'amples renseignements sur la condition féminine à cette époque, tout comme les chapitres sur les dures tâches quotidiennes de la mère de famille, souvent enceinte, qui avait deux ou trois petits aux couches en même temps :

> Les femmes travaillaient presque sans arrêt. Les petites filles étaient toujours obligées de porter des robes, donc il fallait repasser constamment en faisant chauffer le fer sur le poêle. Les raccommodages étaient énormes. À l'automne,

quand une femme voyait qu'elle ne pouvait pas arriver, elle faisait une corvée. Parfois, ce n'était qu'en s'entraidant que les femmes venaient à bout d'arriver. (Asselin Marchildon, p. 24)

Épuisées par le travail et les maternités nombreuses, les pionnières faisaient souvent de fausses couches.

Lorsque Marie Asselin Marchildon était jeune, il n'y avait pas de mariage entre catholiques et protestants, et les fréquentations étaient étroitement surveillées. Une jeune fille devait toujours être accompagnée de son frère qui savait très bien que, s'il se produisait un scandale, toute la famille en subirait les conséquences. De même, il y avait des règles strictes en ce qui concerne l'habillement. L'important, c'était de cacher les contours du corps. À douze ans, Marie se fait dire par sa mère : « Faut que je t'achète un corset pour avoir bonne mine ! » (Asselin Marchildon, p. 39). C'était un corset avec des baleines en acier !

En dépit de toutes ces restrictions qu'elle raconte pour faire ressortir les comportements de l'époque ainsi que les options très limitées pour les femmes, Marie Asselin Marchildon disposait d'une certaine liberté de choix dans sa vie. À l'âge de dix-neuf ans, ne voulant pas se marier, elle quitte la maison paternelle pour aller gagner sa vie en ville, d'abord à Toronto, ensuite à Montréal. Là, elle trouve des emplois divers et élargit ses horizons. De temps en temps, elle essaie de retourner habiter chez ses parents, mais toutes les jeunes filles de l'endroit sont déjà mariées et il n'est pas facile d'être célibataire. Ayant acquis de l'expérience et plus de confiance en elle-même, elle se marie en 1920, à l'âge de vingt-sept ans, et elle devient la partenaire de son mari dans leurs diverses entreprises, en plus d'être mère de cinq enfants. Un petit incident illustre très bien son insistance sur ses droits et sur la reconnaissance de la juste valeur de son travail, bien que les femmes d'affaires ne soient pas hautement appréciées à cette époque. Elle raconte que les femmes des différents propriétaires du bureau de poste faisaient tout le travail tandis que les maris en retiraient les bénéfices. On disait toujours : « Le bureau de poste de M. un tel, de M. un autre », même si ces messieurs ne savaient pas lire.

> Au magasin, moi aussi je trouvais ça frustrant. Un de nos fournisseurs venait prendre les commandes et à chaque Noël, il apportait un cadeau à Alfred et il me demandait toujours de le remettre à mon mari. Un jour je n'en pouvais plus et je lui ai dit : « Je te donne les commandes, je vends le tabac et les bonbons, et c'est moi qui paye les comptes. Ne trouves-tu pas que j'en fais assez ? Si tu veux donner un cadeau à mon mari, donne-le-lui toi-même ! » Le lendemain il vint porter la commande et m'apporta une belle boîte de bonbons. (Asselin Marchildon, p. 91)

Comme Marie Asselin Marchildon, Yvonne Nault semble beaucoup moins soumise que Marie-Rose Girard, comme en témoignent les événements se rapportant à ses secondes noces avec Joseph Mailloux, en 1925. Sa situation est d'ailleurs différente : elle vivait en ville plutôt qu'à la campagne, et elle n'avait que trois enfants, deux de son premier mariage et un seulement avec Joseph. Elle faillit mourir à cause de la tuberculose, une récidive survenue après la naissance de son troisième bébé ; son mari, qui avait peur de perdre « son petit bout de femme », fait une promesse sacrée de ne jamais avoir d'autres enfants. Or, la seule méthode contraceptive sûre sanctionnée par l'Église, c'était l'abstinence. Pendant des années, Yvonne ressent vivement le fait que son mari n'osait plus lui témoigner tendresse et affection, mais elle comprenait le sacrifice qu'il faisait et elle l'acceptait sans protestation.

Son autorité se développe surtout pendant la Dépression quand elle commence à diriger les affaires de la famille. Joseph, presque vingt ans plus âgé qu'elle, perd son emploi de commis de bar à l'hôtel où il avait travaillé pendant trente ans. Il n'avait pas le droit de recevoir de secours direct parce qu'il était propriétaire ; ses maisons ne se vendaient pas, faute d'acheteurs. Il décide de léguer ses biens à sa jeune femme énergique qui se débrouille en faisant face aux créanciers. Finalement, en 1943, après de longues années de chômage, Joseph réussit à décrocher un poste de gardien auprès d'une compagnie tandis qu'Yvonne continue à diriger les affaires. Il paraît que le droit à l'autorité va de pair avec la responsabilité et le contrôle financier.

Yvonne Nault manifeste une indépendance peu commune aussi dans un autre domaine, la politique. D'après sa fille, elle faisait exception dans son milieu, où les femmes en général étaient dominées par leur mari, et où monter sur une estrade lors d'un rallye politique, comme elle le fait en 1937 pour défendre la cause du parti CCF[6], est une marque de courage exceptionnel. Elle prévoyait une guerre en Europe et elle avait peur que les Libéraux favorisent la conscription. C'est pourquoi elle donne son appui au candidat du nouveau parti CCF : « Souvenez-vous de la dernière guerre, où notre jeunesse, surtout les pauvres, était poussée à la guerre à la pointe du fusil ; s'ils refusaient, ils étaient fusillés sur place sous les yeux de leurs parents » (Whissel-Tregonning, p. 80). À une époque où les scandales électoraux sévissaient et où même les morts votaient, elle comprend qu'il faut appuyer un programme plutôt qu'un parti ou une « petite bouteille de fort ». Le fait d'appuyer un parti alternatif, en opposition aux vieux partis, dénote une vision rare chez les Canadiens français à cette époque. Seule de sa famille à adhérer au parti CCF, elle mérite le nom de « faiseuse de trouble », mais elle ne se sent jamais délaissée par son mari qui dit admirer son courage et sa sincérité.

Marie Asselin Marchildon nous dit que les gens de sa petite communauté étaient très fiers de leur appartenance à telle ou telle lignée et que ce sentiment se reflétait dans les affiliations politiques. Elle ne parle pas de participation directe dans la vie politique, mais elle exprime, à plusieurs reprises, des sentiments profondément pacifistes lorsqu'elle observe avec horreur les jeunes hommes qui doivent partir pour la guerre :

> Quand on déclara la guerre en 1939, je trouvais ça épouvantable de penser que nous allions perdre des milliers de vies si inutilement. À la Première

Guerre mondiale, on nous avait dit que ce serait la dernière[...] celle qui allait mettre fin à toutes les guerres. On nous avait trompés [...] Il y a toujours toutes sortes de raisons pour justifier la guerre, mais dans le fond, ça revient toujours à l'argent. (Asselin Marchildon, p. 111)

Elle exprime les mêmes sentiments après avoir entendu le récit de deux aviateurs qui avaient péri tout près de sa demeure dans une explosion terrible :

Si j'étais allée voir l'accident d'avion, cette scène me serait restée fixée en mémoire. Ça me faisait penser à la guerre et je savais qu'au même moment, cette tragédie se répétait partout dans le monde. Pendant la Première Guerre, j'avais demeuré dans la grande ville et j'avais vu les longues listes de noms de soldats morts au front et les émeutes des policiers[7] dans les restaurants. La vie humaine ne valait pas chère ; les hommes allaient à la guerre à contrecœur comme de vrais animaux à l'abattoir. (p. 114)

Elle se dit même chanceuse d'avoir perdu deux fils en bas âge, car ainsi elle n'a pas eu à endurer la peine de les voir partir pour la guerre.

Les femmes et la religion

Même si Yvonne Nault et Marie Asselin Marchildon démontrent une indépendance peu commune à l'époque dans certains domaines, il ne faut pas conclure qu'elles étaient des rebelles ou des féministes d'avant-garde. Au fond, elles étaient, tout comme Marie-Rose Girard, des femmes aux croyances traditionnelles, et cela est dû en grande partie au rôle que jouait la religion dans leur vie. Nous avons vu l'examen de conscience que fait Marie-Rose Girard après l'abandon inattendu de son mari ; elle cherche d'abord à se disculper et ensuite à pouvoir lui pardonner. On peut questionner cet esprit d'abnégation dicté par la religion catholique, mais il faut reconnaître que c'est cette même religion qui lui donne la force et le courage d'affronter puis de surmonter de telles difficultés. Cet esprit de résignation caractérisait aussi sa mère et sa grand-mère — des générations de femmes se pliant à la volonté de Dieu.

Si les rapports de Miemose avec les religieuses ont toujours été aimables, tel n'a pas été le cas pour Yvonne à l'orphelinat. Pourtant, cette dernière ne semble jamais avoir pris conscience de la contradiction flagrante qui existait entre la conduite des sœurs et les enseignements de la religion. Ces religieuses peu charitables dorlotaient leurs favorites et punissaient avec sévérité les autres petites filles. Yvonne n'arrivait pas à apprendre à l'école, car elle souffrait d'une maladie des yeux qui n'était pas soignée par le médecin ; les religieuses l'accusaient de s'irriter les yeux en les frottant à la manche de sa robe. À l'âge de douze ans, lorsqu'elle sort du couvent, elle ne sait pas lire. Pourtant, c'est une fille intelligente et persévérante. Elle apprend à lire plus tard à l'aide de petits romans dont elle épelait chaque mot ; elle apprend aussi à jouer du piano en se fabriquant un piano en carton sur lequel elle trace les notes. Nonobstant ses expériences à l'orphelinat, Yvonne garde toute sa vie une foi inébranlable. À un moment donné, elle a même voulu se faire religieuse, mais elle était déjà trop âgée. Tout comme Marie-Rose Girard, elle réalise ce rêve finalement par l'expérience d'autrui, lorsque son neveu entre au séminaire.

En racontant son histoire, Marie Asselin Marchildon révèle comment l'Église arrivait à contrôler la vie de la communauté. Jamais on ne remettait en cause ni la foi en Dieu ni la sainteté de l'Église, y compris celle des prêtres. On disait : « Qui mange du prêtre en meurt. » Pendant les années 1920-1928, avec trois enfants en bas âge, elle éprouve maintes difficultés à surveiller les enfants et à servir au magasin. Comme toutes les femmes surmenées, elle se sentait fatiguée, même épuisée. À cette époque, les femmes auraient préféré espacer les naissances, mais c'était catégoriquement défendu.

> Je me souviens qu'à Lafontaine, une femme était allée voir le curé pour lui demander si elle pouvait se servir de la méthode que sa voisine lui avait enseignée pour ne plus avoir d'enfants. Le père Brunet lui avait répondu que sa voisine avait une langue de vipère ! Il avait ajouté que Dieu avait donné des organes à la femme pour avoir des enfants et qu'elle devait accepter les enfants qui lui étaient donnés. (p. 76)

Les chansons, qui jouent un grand rôle dans son livre, renforçaient souvent l'obligation de se conformer à un code moral et religieux très sévère. L'efficacité de ce type d'instruction est démontrée par le fait que Marie Asselin Marchildon, nonagénaire, se souvient encore, sans l'avoir jamais vu écrit, d'un récit édifiant d'à peu près deux pages présenté par sa mère.

Conclusion

Nous venons de considérer la vie de trois Franco-Ontariennes nées entre 1892 et 1906. Malgré les différences évidentes de leurs situations personnelles, leurs souvenirs ont des traits communs et dessinent le portrait des croyances et des valeurs d'une époque.

Elles sont sorties de familles nombreuses où la pauvreté est la norme. Pour Yvonne Nault et Marie Asselin Marchildon, surtout, c'est une pauvreté de longue date, installée bien avant la Dépression. Les soucis d'argent et la possibilité d'améliorer leur sort expliquent le déménagement des trois familles en Ontario. Toutes auraient préféré rester au Québec, mais leurs familles ne pouvaient subvenir à leurs besoins dans la province. Par contre, les espaces non réclamés en Ontario promettaient à tous la chance de réussir, en dépit des circonstances financières ou sociales. La pauvreté aide à expliquer aussi le peu d'éducation que ces trois femmes ont reçu pour se préparer à la vie. Ayant quitté l'orphelinat à l'âge de douze ans sans pouvoir lire, Yvonne Nault n'a pas d'autre choix, au début, que de devenir domestique. Marie Asselin Marchildon ne peut obtenir que six ans de scolarité et, toute sa vie, elle reste consciente de cette déficience et est hantée par des sentiments d'infériorité. Marie-Rose Girard, la seule à faire des études jusqu'à l'âge de seize ans, n'aura jamais l'occasion d'utiliser ses connaissances après l'installation en milieu anglophone. En dépit de ces obstacles, les trois pionnières gagnent une certaine confiance en leur talent pour les affaires et la gérance. Yvonne Nault prend en main les affaires de sa famille et gère pendant quelque temps une épicerie à Sudbury. Marie Asselin Marchildon suggère à son mari de construire un hôtel à la plage de la baie de Tonnerre, sur le modèle de l'hôtel à Tadoussac où elle avait travaillé comme serveuse avant son mariage. Son mari ainsi occupé, elle seule garde le magasin à Lafontaine, en plus d'élever ses cinq enfants. Plus tard, la réussite de l'hôtel est due en grande partie à ses capacités administratives et financières. On ne peut qu'imaginer ce que ces femmes auraient pu accomplir si elles avaient pu poursuivre leurs études.

Les femmes de cette génération, reflétant les attitudes véhiculées par la société, œuvraient surtout à l'intérieur de la famille, le seul endroit où elles pouvaient vraiment s'épanouir. Malgré certains indices d'indépendance et de pensées autonomes, surtout chez Yvonne Nault et Marie Asselin Marchildon, elles démontrent dans leurs récits leur adhésion à des croyances traditionnelles par rapport à la religion et aux valeurs familiales. Certes, d'après nos critères modernes, on pourrait facilement les juger trop soumises à leur destin. Mais il faut tenir compte des milieux contraignants dans lesquels elles évoluent et des attitudes plutôt conservatrices des petites communautés du nord de l'Ontario. Il est indéniable que, malgré leur vie de sacrifices et d'abnégation, elles manifestent dans leurs récits des capacités de rebondissement et de persévérance admirables. La belle philosophie exprimée par Yvonne et citée par sa fille dans la dédicace de *Kitty le gai pinson* capte l'esprit indomptable des pionnières : « La vie pour moi n'est pas une courte chandelle. C'est une torche splendide que je tiens pour le moment. Je veux qu'elle brûle aussi brillante que possible avant de la donner à ma future génération... »

NOTES

1. Lucie Brunet, *Almanda Walker-Marchand*, Ottawa, Éditions L'Interligne, 1992, p. 9.
2. Marguerite Whissel-Tregonning, *Kitty le gai pinson : résumé de la vie d'une pionnière du nord de l'Ontario*, Sudbury, Prise de Parole, 1978, p. 215. Désormais les références à ce livre paraîtront entre parenthèses dans le texte.
3. Marie-Rose Girard, *Miemose raconte*, Ottawa, Presses de l'Université d'Ottawa, 1988, p. 3. Désormais les renvois paraîtront entre parenthèses dans le texte.
4. Marie Asselin Marchildon, *Ce n'est qu'un au revoir*, Willowdale (Ont.), Éditions Marois, 1988, p. 148. Désormais les renvois paraîtront entre parenthèses dans le texte.
5. En 1912, par un simple arrêté ministériel, l'enseignement en français a été interdit dans les écoles publiques de la province. Le Règlement XVII n'a été officiellement abrogé qu'en 1944.
6. Le parti Co-operative Commonwealth Federation (CCF), connu communément par son sigle, a été fondé en 1932.
7. À Montréal, la police militaire faisait des descentes à la recherche de jeunes hommes qui essayaient d'éviter la conscription.

PARADOXES DES DISCOURS FÉMININS :
LA VILLE DE HEARST[1]

Guylaine Poissant
Laprairie (Québec)

À l'origine, cette recherche visait à explorer certains aspects sociaux et temporels de la vie quotidienne des femmes. L'abondance et la variété des informations recueillies durant un séjour de trois ans dans le Nord ontarien ont cependant fait évoluer les objectifs de départ vers une monographie des femmes de cette communauté. La langue constitue de ce fait un des phénomènes socioculturels qui servira d'outil d'analyse dans les pages qui vont suivre. Il sera premièrement question de situer les rapports des milieux minoritaires et des femmes à la langue. En second lieu, une brève description de la communauté de Hearst, à la fois typique et unique, tracera le profil de la communauté francophone qui détermine les comportements langagiers des femmes. Finalement, une analyse de ces observations mettra en rapport les réflexions des femmes du milieu étudié et les recherches connexes sur la langue et le discours féminins.

Sources et références

L'analyse sociolinguistique et féministe que fait Marina Yaguello dans son ouvrage intitulé *Les Mots et les Femmes* est utile pour cerner le rôle de la langue dans les rapports entre les sexes[2]. Selon Yaguello, « la langue est un système symbolique engagé dans des rapports sociaux » et toute étude des usagers doit en tenir compte : « Le rapport de l'individu à la langue passe par son rapport à la société. Parmi les paramètres de la variation, classe sociale, groupe ethnique, âge, profession, région, etc., il convient de faire sa place à la différenciation sexuelle[3]. » Les groupes sociaux défavorisés n'auront donc pas les mêmes rapports à la langue que les groupes dominants, que ce soient les femmes ou les hommes, les ouvriers ou les bourgeois. Qu'il soit question des relations que les groupes langagiers minoritaires entretiennent avec la majorité ou des rapports sociaux de sexes, Yaguello présente une perspective et des notions d'application pratique pour étudier les femmes dans les milieux minoritaires.

Toujours selon Yaguello, le statut social des femmes repose davantage sur l'apparence, la tenue vestimentaire et l'expression orale, alors que celui des hommes repose encore largement sur leur activité professionnelle et leur revenu. Les femmes rechercheront alors un certain prestige social par le *standing* que procure une apparence soignée et le bon parler. C'est pour cette raison notamment que les femmes respectent davantage la langue standard non seulement pour se conformer à la norme mais aussi parce que, dans leur cas, la norme signifie bien paraître et bien parler. Ce comportement s'applique surtout aux femmes des milieux ouvriers. En effet, selon les observations de Yaguello, ces dernières vont davantage utiliser une langue qui se rapproche du standard parce que, dans la culture ouvrière, la langue de l'ouvrier ne correspond pas à une culture féminine. En d'autres termes, le parler ouvrier est semé d'expressions et de connotations «viriles»[4]. Dans son analyse de la culture ouvrière, Richard Hoggart note le même phénomène: «La langue populaire et l'action oratoire qui l'accompagne sont plus abruptes, moins enrobées de circonlocutions et d'atténuations que celles des autres groupes sociaux[5].» Par contre, l'accent «distingué» paraît efféminé et vaguement ridicule, observe Yaguello[6]. La position socialement inférieure des femmes les amènera également à être moins directes et à utiliser plus d'euphémismes. Comme tous les êtres subordonnés, les femmes sont plus hésitantes à s'exprimer et elles utilisent davantage de formules de politesse lorsqu'elles s'expriment[7].

Il est vrai que la langue est, en tant que lieu d'intériorisation des règles du jeu social, associée à l'autorité et au pouvoir. «La langue est aussi, dans une large mesure (par sa structure, par le jeu des connotations ou de la métaphore), un *miroir culturel*, qui fixe les représentations symboliques, et se fait l'écho des préjugés et des stéréotypes, en même temps qu'il alimente et entretient ceux-ci[8].» Yaguello note que les mots sont en eux-mêmes chargés de sens, qu'ils fixent les représentations des rapports à soi, aux autres et au monde. Le fait, par exemple, pour une femme de changer de nom lors du mariage exprime les rapports que les femmes et les hommes entretiennent entre eux. De même, elle nous fait voir que les mots sont chargés de connotations sexuelles qui reflètent et reproduisent les différences sexuelles. Les connotations associées à un grand nombre d'expressions qui se rattachent spécifiquement à l'un ou à l'autre sexe confortent le projet de Yaguello, c'est-à-dire de démontrer les rapports sociaux de sexes dans la langue. Elle souligne qu'il y a une quantité importante de mots en français qui associent la femme à la maternité ou à la prostitution; la mère et la putain constituent alors des modèles féminins très puissants. De plus, la langue française regorge de mots qui dénigrent les femmes et qui rehaussent les hommes. La notion de force, par exemple, est associée à la virilité et est valorisée chez les garçons de certains milieux alors qu'elle ne l'est pas pour les filles de ces mêmes milieux.

La langue est alors un lieu important d'identité que les femmes, plus que les hommes, vont s'efforcer de protéger. À ce chapitre, l'éducation institutionnalisée va jouer un rôle majeur. Plusieurs sociologues, d'Émile Durkheim à Pierre Bourdieu en passant par Ivan Illich[9], ont étudié les moyens par lesquels l'école reproduit l'ordre social et la manière dont elle a aussi été utilisée par les groupes sociaux dominants pour transmettre leur langue et leurs valeurs, en somme pour véhiculer des idées autant que des connaissances. Les modèles sexuels du système d'éducation au Canada français constituent d'ailleurs le sujet de l'ouvrage de Nadia Fahmy-Eid et Micheline Dumont qui, dans *Maîtresses de maison, maîtresses d'école*[10], rendent compte, entre autres, des aspects historiques et sociaux reliés à l'éducation des filles. Dans un ouvrage subséquent intitulé *Les Couventines*[11], Dumont et Fahmy-Eid analysent les conséquences de cette prise en charge pour la clientèle étudiante et pour la société en général. Les congrégations religieuses enseignantes vont transmettre des valeurs religieuses souvent moralisatrices pour les femmes. Elles vont également reproduire le clivage social ainsi que les différences sexuelles de l'époque. Pour faire accepter ces inégalités, on tiendra un discours idéologique sur la féminité et le rôle des femmes, le tout s'appuyant sur des valeurs morales traditionnelles.

Ce discours, dans le cas des francophones hors Québec notamment, se juxtapose à des responsabilités accrues. Les luttes scolaires pour l'établissement des écoles françaises étaient et sont encore, selon la Fédération nationale des femmes canadiennes-françaises, généralement menées par des femmes. Toujours selon la Fédération, la conservation de l'éducation catholique dans les communautés canadiennes-françaises n'a fait que renforcer les liens entre la langue et la foi, et la responsabilité des femmes dans la transmission de cette langue et de cette foi : « Au temps où il n'y avait pas d'école, ce sont elles qui étaient chargées d'instruire les enfants, de leur apprendre à lire, à écrire, de leur enseigner les prières, le catéchisme [...]. Ce sont elles qui racontaient des histoires et chantaient de vieilles chansons[12]. »

Comme ce sont elles qui ont dû se battre pour que leurs enfants conservent leur langue française, elles la possédaient mieux et y étaient plus attachées. Même à la fin du XXe siècle, les femmes francophones de milieux minoritaires sont davantage attachées à leur langue maternelle. Selon Dennie et Laflamme, cette situation se traduit à l'heure actuelle par une plus grande résistance à l'assimilation : « Les femmes sont plus nombreuses à accepter l'accent francophone ; elles sont moins nombreuses à avoir honte de leur compétence linguistique ; elles sont plus nombreuses à juger convenable de bien parler leur langue ; elles sont moins nombreuses à être timorées à l'idée de paraître francophones[13]. » L'urbanisation et l'industrialisation sont cependant venues à bout de ce fait français dans presque toutes les communautés de l'Ontario où la langue française est maintenant minoritaire. Il y a bien quelques exceptions où les francophones demeurent majoritaires même si, au niveau de la province, ils ne représentent que 5 pour 100 de la population ontarienne. C'est le cas de l'est, région limitrophe du Québec, et du nord de l'Ontario.

Particularités de la région de Hearst

Pour ce qui a trait au nord de l'Ontario, sa situation géographique, les grandes lignes de son développement économique et les particularités de la culture canadienne-française vont constituer les principaux éléments explicatifs de sa situation langagière. L'origine de ce peuplement de francophones en Ontario du Nord remonte au début du XXe siècle avec les vagues successives de colonisation prônée par le clergé pour maintenir les Canadiens français dans la foi catholique. Pour cultiver la terre, il fallait cependant d'abord la défricher, ce qui profitait largement aux compagnies forestières. Ces compagnies sont très largement anglophones, mais les francophones, qui adoptent une économie de style agro-forestier, peuvent continuer de travailler et de vivre en français parmi les autres colons d'origines ethniques diverses. Avec l'expansion du transport du bois par voie ferrée, l'industrie forestière devient, autour des années 20, un apport économique plus important que l'agriculture pour le développement économique de la région du nord de l'Ontario. Il est alors plus rentable de travailler pour une compagnie que d'être colon, et c'est durant cette période que la majorité des colons délaissent leurs terres et deviennent employés des compagnies ferroviaires et forestières. Cependant, contrairement aux autres groupes ethniques, les francophones conservent leurs fermes. Suivant plus fidèlement les conseils de leur clergé et étant plus attachés à la terre, les Canadiens français demeurent dans la région lorsque, dans les années 30, les autres groupes ethniques partent travailler dans les mines qui s'ouvrent plus à l'ouest. Le rôle des femmes dans ce domaine n'est pas à négliger. Par exemple, c'est pour appuyer les femmes dans leur souci de maintenir la vocation agricole des Canadiens français, que l'Église parraine la Fédération des femmes canadiennes-françaises d'alors.

Un autre facteur très important a contribué à maintenir et même à accroître la population francophone à Hearst. Les gouvernements avaient d'abord accordé les concessions forestières à des compagnies américaines. Ces dernières quittent pourtant le Nord par suite d'un changement dans les politiques gouvernementales qui leur sont moins avantageuses : « En 1940, le gouvernement fédéral mit un embargo sur le bois de pulpe et papier afin d'inciter les compagnies américaines à construire des moulins dans la région. Cependant les dites compagnies préfèrent fermer leurs chantiers[14]. » Cette nouvelle situation a permis à des entrepreneurs locaux, des francophones, de se tailler une place dans l'industrie forestière. Le départ de gros propriétaires, des anglophones, de la région immédiate de Hearst, a permis à des petits propriétaires de scieries d'entrer sur le marché. Donc, alors qu'ailleurs l'industrialisation est synonyme d'anglicisation, à Hearst le français se parle non seulement à la maison, à l'école et à la ferme, mais aussi en milieu industriel. Les dirigeants de ce milieu étant francophones, ils ont les moyens de financer des institutions francophones qui maintiennent en retour le tissu social de la communauté francophone.

Pour cette raison, la population de Hearst est francophone à 85 pour 100. Toute la population a conscience de cette particularité et en est très fière. À cause de la relation privilégiée qu'elles ont avec la langue, les femmes de Hearst tenteront de rester dans leur milieu d'origine, puisqu'il leur permet, entre autres, de vivre en français. En effet, puisque la communauté est relativement isolée, elle peut mieux échapper à l'assimilation qui vient de la coexistence avec les anglophones : « Son isolement permet aussi de cerner les jeux des principaux acteurs sociaux et les influences extérieures à la communauté » (p. 53). L'homogénéité ethnique et l'omniprésence de l'industrie forestière sont particulièrement évidentes aux observateurs externes.

Portraits langagiers et discursifs des femmes de Hearst

La ville de Hearst présente plusieurs avantages pour y mener une recherche sociologique sur les femmes. En effet, « avec environ 1 800 femmes adultes, Hearst représente [...] un endroit où [...] rencontrer à peu près toutes les personnes jugées pertinentes pour constituer un échantillon représentatif » (p. 52). De plus, comme dans d'autres localités de cette taille, « les solidarités entre les sexes jouent davantage parce que c'est un milieu traditionnel où les différences sexuelles sont plus tangibles » (p. 52). Cette solidarité est renforcée par le fait que « les femmes vivent toutes concentrées dans le même espace restreint » (p. 52).

L'objet même de cette recherche, les femmes, en a guidé les orientations méthodologiques. La pénurie de documentation sur de tels milieux a dicté l'adoption d'une recherche qualitative et exploratoire qui donne la parole aux femmes, retient leur point de vue et analyse leurs expériences. « Leur capacité à exprimer la réalité qui les entoure » (p. 57) a fourni la matière brute pour cette étude. L'analyse est basée sur un échantillon d'une vingtaine de femmes de la communauté de Hearst. En comparant cet échantillon aux données du recensement de 1986, on constate qu'il présente assez fidèlement le profil des femmes adultes de la communauté en ce qui a trait à l'âge, au revenu et à l'emploi. Des entrevues semi-dirigées ont « été menées auprès des femmes de différents milieux, dont certaines ont été sélectionnées par les responsables des groupes de femmes [...]. Les acteurs sociaux influents de la ville ont également été contactés » (p. 57-58). En plus des entrevues, une centaine environ, des observations ont été faites sur place et incorporées aux études et recherches mentionnées plus haut, ce qui constitue l'axe central d'analyse de cet article.

Comme dans plusieurs régions du Nord, l'industrie forestière exerce une certaine domination culturelle qui nous permet d'extraire un portrait langagier. Ainsi, le contenu du journal local ou les communiqués de la ville, les publicités de l'annuaire téléphonique ou de la radio communautaire manifestent, par le vocabulaire utilisé et le ton employé, un désir de rejoindre les travailleurs de l'industrie forestière. La culture ouvrière, très largement masculine, est également visible dans les discours non officiels. Dans les endroits publics comme les épiceries, les restaurants, le centre sportif, les banques ou même dans la rue, les conversations sont couramment teintées de familiarités coutumières à la classe ouvrière. La prédominance de ce discours est moins évidente lorsque les conversations se font uniquement entre hommes ou entre femmes, mais davantage en présence de groupes mixtes. En outre, le discours religieux se glisse dans le quotidien des membres de la communauté. Cette présence tient d'abord au fait que les francophones envoient leurs enfants dans les écoles catholiques encore largement contrôlées par le clergé. Le contenu et les modalités de ce discours touchent donc, dès leur plus jeune âge, les francophones de la ville. Les groupes de femmes constituent une autre clientèle cible des membres du clergé. Ces derniers n'hésitent pas à émettre leurs opinions sur les activités des groupes de femmes, que ce soit lors des sermons, dans le journal local ou auprès des différents conseils où ils siègent. Ce sont donc davantage les femmes et les enfants qui sont touchés par l'idéologie religieuse et qui plient leurs comportements langagiers à ses exigences. Une communauté linguistique minoritaire a, en effet, des attentes différentes à l'égard de la majorité ou de la minorité, et envers les femmes et les hommes de ces communautés. Dans les milieux francophones minoritaires plus qu'ailleurs, ce sont les femmes qui sont les conservatrices de la langue et de la culture ; elles sont tenues responsables de la transmission et du maintien de la langue d'origine. Elles s'impliquent donc directement dans les domaines de l'éducation et de la culture. En cela les femmes de Hearst ne sont pas différentes de leurs aïeules.

L'hégémonie économique de l'industrie forestière à Hearst, comme dans d'autres communautés qui exploitent les ressources primaires, crée un déséquilibre dans les débouchés qui favorise les hommes en dépit de leur scolarité plus faible. L'industrie forestière, par exemple, n'exige pas une longue formation et les salaires y sont relativement élevés. L'incitation à poursuivre des études pour trouver un emploi payant n'est donc pas très grande pour les garçons. Ce secteur étant fermé aux jeunes femmes, elles sont subtilement incitées à poursuivre leurs études : « La sous-scolarisation a des conséquences économiques et sociales plus préjudiciables pour les femmes que pour les hommes francophones. Les hommes, malgré une sous-scolarisation, réussissent souvent à se trouver un emploi manuel qui procure un revenu se comparant à celui de la population plus scolarisée[15]. » Il n'est alors pas étonnant que, en 1976, la proportion d'hommes ayant une éducation ne dépassant pas le primaire s'élevait à près de 40 pour 100 alors qu'elle était de 32 pour 100 pour les femmes. Malgré cette faible scolarité, le taux de participation à la main-d'œuvre active atteint 75,4 pour 100 des hommes de Hearst en 1976, alors qu'il est de 46,1 pour 100 chez les femmes[16]. En 1991, les femmes de Hearst sont toujours plus scolarisées que les hommes et, bien que leur participation à la main-d'œuvre active ait augmenté, celle-ci demeure toujours inférieure à celle des hommes. Ainsi, sur une population âgée d'au moins 15 ans, y a-t-il toujours 59 pour 100 des hommes qui n'ont aucun grade, certificat ou diplôme, et seulement 13 pour 100 qui détiennent un diplôme d'études secondaires. Pourtant, 79 pour 100 d'entre eux font partie de la population active. Chez les femmes, 52 pour 100 n'ont obtenu aucun diplôme et 21 pour 100 détiennent un diplôme d'études secondaires ; 63 pour 100 d'entre elles font partie de la population active[17]. À Hearst, comme dans plusieurs villes à industrie unique, le secteur économique primaire a donc comme conséquence de prolonger les études des jeunes filles :

> *Simple observation indicates that single-entreprise communities are more of a male than of a female preserve [...]. These communities do not have the same appeal for high school girls as for high school boys. Moreover, the school is a feminine world in the vocational sense. It prepares girls admirably for their careers in the work world. The skills they learn are immediately transferable to the job world. Especially is this true for those who continue to university, those who prepare for school teaching and nursing, and those who enter clerical occupations [...]. For the boys it is otherwise [...]. [T]hey find that their jobs have little connection with their prior schooling[18].*

Grâce à leur scolarité plus élevée, les femmes de Hearst ont un rapport particulier à la langue. Comme les autres groupes scolarisés, les femmes de Hearst maîtrisent mieux la langue française que les hommes, elles font plus attention à la grammaire et à l'orthographe. Selon Dennie et Laflamme, elles sont aussi plus conscientes des erreurs langagières, mais, contrairement aux femmes des autres minorités linguistiques, elles n'ont pas honte de la particularité de leur appartenance linguistique.

Les femmes montrent également une certaine réticence à la mobilité, puisque cela conduit, à plus ou moins long terme, à l'assimilation. En effet, presque toutes les femmes observées, dont les enfants devenus adultes vivent à l'extérieur de Hearst, ont des gendres et brus anglophones. Lorsque les jeunes de Hearst épousent des non-francophones, ils perdent la facilité à parler français après quelques années, situation déplorable mais inévitable selon les mères. La coexistence entre les deux groupes linguistiques conduit normalement à l'assimilation des francophones à la communauté anglophone, mais elle correspond également à une certaine ascension professionnelle et sociale. Dans l'intérêt de leurs enfants, les mères ne peuvent donc pas condamner les ambitions de leurs enfants même si leurs petits-enfants ne parlent que l'anglais. Les femmes de Hearst sont donc fidèles à la langue de leurs ancêtres, mais acceptent que leurs enfants poursuivent un avenir différent même si cette tentative conduit à l'assimilation.

Mes observations des plus jeunes femmes de Hearst indiquent qu'elles espèrent, elles aussi, demeurer dans le lieu où elles ont grandi et qui a défini leur attachement au français. Elles ne se considèrent pas anglophones même si, comme leurs compagnons, elles consomment davantage que leurs aînées les médias de langue anglaise[19]. Comme plusieurs minorités, les gens de Hearst se définissent, en effet, par rapport à la majorité anglophone qui les entoure. Cette majorité désigne les francophones comme des « Français », et c'est ainsi que les francophones viennent à se définir. Les groupes de jeunes Franco-Ontariens à l'Université Laurentienne utilisent la grenouille comme emblème pour s'afficher comme des *frogs*. Partout l'anglais figure comme présence linguistique qui s'insère dans le quotidien, notamment par l'anglicisation des noms. Les consonances anglophones des surnoms montrent d'ailleurs la progression de l'anglais auprès des plus jeunes : les Bernadette deviennent des Bernice, les Suzanne deviennent des Susan, etc. Dans tous les commerces de la ville, les caissières vous remercient par un «*thank you* beaucoup». Yaguello observe ce phénomène d'intériorisation de l'ordre social de la part même des groupes plus ou moins marginalisés par cet ordre. Les francophones en milieu minoritaire, par exemple, se définissent par les mêmes termes qu'utilisent les anglophones pour les dénigrer : les *frogs*. La situation est encore plus oppressante pour les femmes «dans la mesure où elles ne constituent jamais un groupe social séparé[20]». En conséquence, même si elles se définissent comme «Françaises» ou francophones, les femmes de Hearst se montrent alors moins revendicatrices, plus conciliantes que les francophones majoritaires dans leurs relations avec les anglophones. Pour éviter les situations conflictuelles interethniques, elles vont, comme leurs compagnons, s'exprimer en anglais. Elles privilégient également un apprentissage bilingue et continuent à nier la disparition du français en Ontario[21]. Comme leurs aînées, elles sont par contre plus déterminées que les jeunes hommes à sauvegarder le fait français en Ontario.

Pouvoir de la parole

En tant que femmes, le pouvoir de la parole leur échappe pourtant. Les femmes prennent moins souvent la parole que les hommes et sur moins de sujets, même si elles sont plus instruites qu'eux : «Le droit de nommer est une prérogative du groupe dominant sur le groupe dominé[22].» Comme les autres femmes, elles pratiquent moins les jeux de mots et utilisent plus souvent une forme qui cherche l'approbation de leurs interlocuteurs en renvoyant aux autres, tel leur conjoint, ou à des proverbes pour exprimer leurs propres opinions. Certaines femmes recensées utilisaient par exemple la deuxième ou la troisième personne pour parler d'elles-mêmes : «C'est pas mal le temps que... où t'as vraiment rien à faire[23]» ; «Après ta journée de travail, tu t'en viens chez vous, tu t'occupes de ton enfant, tu te sens un peu coupable, alors tu t'en occupes deux fois plus» (n° 6, p. 154) ; «Tout l'après-midi, ça passe vite, il me semble que t'as pas le temps de rien faire» (n° 7, p. 155) ; «Même si des fois tu te dis que t'es libre, là, quand tu reviens, ça te demande où que t'es allée puis ce que t'as fait. T'as toujours des comptes à rendre» (n° 10, p. 156). Comme le montrent ces extraits tirés de mes entrevues, certaines femmes craignent de s'affirmer et donc évitent de dire «je». Leur manque d'affirmation se traduit également par l'intériorisation de leurs rôles traditionnels jusqu'à oublier, pour certaines, de faire la distinction linguistique entre faire partie d'une famille et être mère. Il y a une forte association chez ces femmes entre la famille et les enfants : «J'ai pas d'enfants, j'ai pas vraiment une famille» (n° 17, p. 138) ; «J'ai une famille, puis un mari» (n° 10, p. 138). De même, la pratique courante des nouvelles épouses d'adopter le nom de leur conjoint illustre la conception que les femmes ont d'elles-mêmes et de leurs rapports avec les autres. Elles se définissent par rapport à leur mari et la communauté confirme cette image. Dans ce contexte, rappelons Yaguello qui souligne que les mots ne sont pas neutres, qu'ils reflètent et fixent la représentation des rapports à soi et aux autres.

Les pratiques langagières des femmes de Hearst sont aussi différentes de celles des hommes dans la mesure où elles émettent rarement un discours bâclé ou injurieux. Bien qu'elles appartiennent à des classes sociales différentes, elles « attach[ent] plus d'importance à la correction du discours, à la norme. [...] Elles emploient moins de formes stigmatisées et intériorisent davantage les normes prestigieuses[24]. » Ce phénomène s'expliquerait ainsi : pour un homme d'un milieu ouvrier, et c'est le cas d'une forte proportion des hommes à Hearst, le travail ardu attire davantage le respect que le bon parler qui est d'ailleurs associé à la distinction et à la féminité. Il serait alors ridicule qu'un ouvrier se distingue par son bon parler. Plutôt, en jurant ou en utilisant la langue populaire, il peut mieux affirmer son appartenance culturelle et sexuelle. Une femme, par contre, surtout si elle appartient à un milieu ouvrier, doit mériter le respect par d'autres moyens, comme celui de se soumettre volontiers aux règles de la langue. Yaguello et Hoggart ont observé chez les femmes le même phénomène d'attachement à la norme langagière.

Pourtant, il est facilement observable que les femmes subissent trop souvent les injures des hommes. Dans le langage courant des hommes de Hearst, le terme « accoté » est employé par opposition à « marié » ; il implique un manque, une absence ou une faute qui vise la réputation de la fille et non celle du garçon. En outre, les nombreux surnoms qui se veulent parfois flatteurs, mais qui sont souvent paternalistes ou méprisants, ont le même effet, comme le remarque Yaguello : « Ainsi, les hommes ont-ils des milliers de mots pour désigner les femmes, dont l'immense majorité sont péjoratifs. L'inverse n'est pas vrai. La dissymétrie, à la fois quantitative et qualitative, est flagrante[25]. » Par exemple, les jeunes filles de Hearst sont des *babes*, version anglicisée de « bébé ». Même lorsque nous excluons les expressions méprisantes que nous connaissons tous et toutes, cette pratique habitue les femmes à se faire désigner selon leur apparence, leur caractère ou les intentions de l'interlocuteur. Dans ce contexte social, la langue française fait partie des structures qui traduisent les rapports sociaux de sexes où l'appartenance sexuelle joue davantage que l'appartenance de classe. Cette situation a été observée dans plusieurs sociétés et vient, selon Yaguello, de la position sociale inférieure des femmes : « La péjoration de la femme est omniprésente dans la langue, à tous les niveaux et à tous les registres[26]. »

Dans les milieux traditionnels, tout ce qui est lié aux « bonnes mœurs » est l'apanage des femmes. Si les femmes de Hearst sont souvent l'objet de plaisanteries, elles content rarement des blagues elles-mêmes : « L'injure sexuelle est strictement à sens unique[27] », rappelle Yaguello. Dans la ville de Hearst, de nombreuses pratiques militent pour contrôler les comportements langagiers des femmes : utiliser un langage grivois est interprété comme un signe de mœurs légères ; les lettres à l'éditeur ou les articles du journal local rappellent régulièrement aux femmes et surtout aux jeunes femmes de faire preuve, entre autres, de moralité. Durant les trois ans de mon séjour à Hearst, j'ai constaté que même les femmes défavorisées blasphèment rarement alors que c'est une pratique courante chez les hommes de ce milieu. Les tabous linguistiques visent plus souvent les femmes que les hommes. Selon Yaguello, le tabou linguistique est un signe de la puissance du verbe et est utilisé pour maintenir l'ordre social. Le tabou linguistique est un «[t]rait commun à toutes les sociétés où la magie, les superstitions et la religion jouent un rôle important[28]». On en voit donc encore les traces dans certaines communautés canadiennes particulièrement attachées à l'Église.

Comme la religion catholique, la langue française, en tant que discours, exprime et reproduit l'oppression des femmes. Bien que la sexualité soit estimée le sujet le plus tabou pour les femmes, il n'est pas le seul. Moins qu'ailleurs les femmes de Hearst peuvent se permettre la liberté de parole : blasphémer, parler fort, entreprendre des conversations sur des sujets controversés ou des sujets d'hommes peuvent entraîner des conséquences. Les sujets à caractère technique, politique ou sportif sont pourtant trois domaines qui retiennent énormément l'attention des communautés où, comme à Hearst, l'industrie forestière exerce une grande influence. À Hearst, la politique est vécue d'une manière plus personnelle parce qu'un des leurs est au pouvoir. Pourtant rares sont les femmes qui s'expriment ouvertement sur le sujet. Il en est de même pour le sport. Le hockey, par exemple, rejoint d'une manière ou d'une autre à peu près tout le monde. Les femmes de Hearst qui expriment leurs opinions sur le sport sont habituellement plus jeunes, mais elles ne suscitent pas l'admiration ou le respect des hommes par leur participation à ces conversations. Les comportements, les attitudes et les pratiques diffèrent entre hommes et femmes. Observés de loin, certains hommes semblaient à l'aise dans leurs conversations, certains parlaient abondamment et souvent assez fort. Tous les hommes n'avaient pas la même volubilité, mais ils s'exprimaient volontiers sur des sujets courants comme la météo, la famille, le hockey. Certains interpellaient des personnes de l'autre côté de la rue ou à l'autre bout de la salle. Sauf chez les plus jeunes, les femmes de Hearst font rarement cela. Elles attirent plutôt l'attention par leurs rires. Entre elles, les femmes ont aussi la parole facile. Elles se connaissent presque toutes et les sujets communs de conversation ne manquent pas : la santé, les fréquentations, les déplacements ou les loisirs, le travail, mais surtout les relations de travail et enfin la famille. Elles hésitent rarement à poser des questions indiscrètes à leurs semblables et donnent facilement des conseils. Parce que les femmes parlent volontiers de leur vie privée, elles s'enquièrent simplement de celle des autres. Cela peut même indiquer une manifestation de confiance, une manière de dire que l'on partage les mêmes choses. Mêmes les professionnelles se tiennent à des sujets communs à toutes et visent le niveau de langue de la communauté. Elles évitent ainsi les sujets potentiellement controversés et resserrent les liens communautaires déjà forts.

Dans les conversations, tout est personnalisé à Hearst. On ne commente pas les décisions de la direction de la scierie mais bien les actions d'un tel ou d'une telle. C'est là une caractéristique de la culture ouvrière. On parle aussi des allées et venues et des fréquentations d'un peu tout le monde, le secret professionnel prend un autre sens. Pour cette raison, les conversations féminines font souvent figure de commérages. Pourtant, à travers les paroles qui circulent, les femmes échangent des informations, renforcent les liens communautaires, établissent des normes. Le téléphone est un instrument important de cette culture orale[29]. À cause de l'isolement et du climat, le téléphone permet de maintenir les contacts, fonction assumée surtout par les femmes.

Conclusion : femmes et francophones

Malgré une meilleure connaissance de la langue, les observations faites auprès des femmes de Hearst montrent qu'elles sont défavorisées dans et par le discours. Elles s'expriment moins souvent que les hommes, sur moins de sujets et elles sont l'objet de comportements langagiers péjoratifs à leur égard. Il est vrai que l'industrie forestière exclut les femmes du levier économique principal de la région. Pour cette raison, elles ont un revenu médian de moins de la moitié du revenu des hommes même si elles sont plus scolarisées qu'eux. La dépendance économique des femmes de Hearst est reflétée dans les rapports sociaux de sexes présents dans la communauté. Culturellement, les femmes de Hearst subissent également les pressions de l'Église catholique qui les incite à adopter des comportements et un discours conformes à une vision traditionnelle de leur sexe.

Cependant, suivant l'exemple de leurs aînées, les femmes de Hearst trouvent auprès des autres femmes un lieu de réalisation : « Plus ouvertes, moins aliénées que les hommes par leur appartenance linguistique, elles sont moins nombreuses qu'eux, partout et toujours, à renoncer à leur francité ; elles sont plus nombreuses à la prendre en estime, à voir en elle un moyen, si peu exclusif soit-il, de se réaliser[30]. » Elles ne se voient plus comme les gardiennes de la langue, mais elles ont conscience des avantages professionnels que la langue française peut leur apporter. C'est peut-être une des raisons pour lesquelles les femmes recherchent tant la compagnie de femmes pour converser. De cette façon, elles peuvent s'exprimer plus librement. Elles font l'expérience, même si c'est de façon informelle, du pouvoir de la parole.

BIBLIOGRAPHIE

Anadon, Marta, *et al.*, *Vers un développement rose*, Groupe de recherche et d'intervention régionales, Université du Québec à Chicoutimi, 1990, 53 p.

Bernard, Roger, *De Québécois à Ontarois: la communauté franco-ontarienne*, Hearst, Le Nordir, 1988, 185 p.

Bourdieu, Pierre et J.-C. Passeron, *La Reproduction. Éléments pour une théorie du système d'enseignement*, Paris, Minuit, 1970, 279 p.

Côté, Éthel, *Plus qu'hier, moins que demain*, Ottawa, L'Union culturelle des Franco-Ontariennes, 1986.

Coulombe, Danielle, *et al.*, *La Défriche*, Hearst, Évêché de Hearst, 1974.

Dennie, Donald et Simon Laflamme, « L'ambition démesurée. Enquête sur les aspirations et les représentations des étudiants et des étudiantes francophones du nord-est de l'Ontario », communication présentée au 58e congrès de l'ACFAS, Université Laval, Québec, 1990, 188 p.

Descarries-Bélanger, Francine, *L'École rose... et les cols roses*, Montréal, Éditions coopératives Albert Saint-Martin, 1980, 128 p.

Deuchar, Margaret, « A Pragmatic Account of Women's Use of Standard Speech », dans Deborah Cameron et Jennifer Coates (eds.), *Women in Their Speech Communities: New Perspectives on Sex and Language*, Londres et New York, Longman, 1988, p. 27-32.

Dumont, Micheline et Nadia Fahmy-Eid, *Les Couventines: l'éducation des filles au Québec dans les congrégations religieuses enseignantes, 1840-1960*, Montréal, Boréal, 1986, 320 p.

Durkheim, Émile, *Éducation et sociologie*, Paris, Presses Universitaires de France, 1973, 130 p.

Fahmy-Eid, Nadia et Micheline Dumont, *Maîtresses de maison, maîtresses d'école*, Montréal, Boréal Express, 1983, 413 p.

Fédération des femmes canadiennes-françaises, « Femmes et francophones. Double infériorité », Ottawa, 1981, 124 p.

Fortin, Andrée, *et al.*, *Histoires de familles et de réseaux. La sociabilité au Québec d'hier à demain*, Montréal, Éditions Saint-Martin, 1987, 232 p.

Guindon, René, *et al.*, *Les Francophones tels qu'ils sont. Regard sur le monde du travail franco-ontarien*, Ottawa, Association canadienne-française de l'Ontario, 1985.

Hodgins, Bruce W., *et al.*, *The Canadian North: Source of Wealth or Vanishing Heritage?*, Scarborough, Prentice-Hall, 1977, 257 p.

Hoggart, Richard, *La Culture du pauvre: étude sur le style de vie des classes populaires en Angleterre*, Paris, Minuit, 1970, 424 p.

Illich, Ivan, *La Convivialité*, Paris, Seuil, 1973, 160 p.

Lucas, Rex A., *Minetown, Milltown, Railtown: Life in Canadian Communities of Single Industry*, Toronto, University of Toronto Press, 1971, 433 p.

Poissant, Guylaine, *Portraits de femmes du Nord ontarien*, Ottawa, Le Nordir, 1995, 171 p.

Statistique Canada, *Recensement de 1976*, Ottawa, Statistique Canada, 1978.

Statistique Canada, *Recensement de 1991*, Ottawa, Statistique Canada, 1992.

Yaguello, Marina, *Les Mots et les Femmes. Essai d'approche socio-linguistique de la condition féminine*, Paris, Prisme, 1987, 202 p.

NOTES

1. Le présent article est en partie tiré d'une recherche doctorale qui porte sur les femmes d'une communauté francophone du nord de l'Ontario. Cette recherche a été publiée sous le titre *Portraits de femmes du Nord ontarien*, Ottawa/Hearst, Éditions du Nordir, 1995. Désormais, les pages seront indiquées entre parenthèses.

2. Marina Yaguello, *Les Mots et les Femmes. Essai d'approche socio-linguistique de la condition féminine*, Paris, Prisme, 1987.

3. *Ibid.*, p. 7.

4. *Ibid.*, p. 38.

5. Richard Hoggart, *La Culture du pauvre: étude sur le style de vie des classes populaires en Angleterre*, Paris, Minuit, 1970, p. 133.

6. M. Yaguello, *op. cit.*, p. 38.

7. Observation hautement controversée qui a retenu l'attention de plusieurs sociolinguistes anglophones. Voir Margaret Deuchar, « A Pragmatic Account of Women's Use of Standard Speech », dans *Women in Their Speech Communities: New Perspectives on Sex and Language*, sous la direction de Deborah Cameron et Jennifer Coates, Londres et New York, Longman, 1988, p. 27-32.

8. M. Yaguello, *op. cit.*, p. 8.

9. Émile Durkheim, *Éducation et sociologie*, Paris, PUF, 1973 ; Pierre Bourdieu et J.-C. Passeron, *La Reproduction. Éléments pour une théorie du système d'enseignement*, Paris, Minuit, 1970 ; Ivan Illich, *La Convivialité*, Paris, Seuil, 1973.

10. Nadia Fahmy-Eid et Micheline Dumont, *Maîtresses de maison, maîtresses d'école*, Montréal, Boréal Express, 1983.

11. Micheline Dumont et Nadia Fahmy-Eid, *Les Couventines*, Montréal, Boréal, 1986.

12. La Fédération des femmes canadiennes-françaises, « Femmes et francophones. Double infériorité », Ottawa, 1981, p. 39.

13. Donald Dennie et Simon Laflamme, « L'ambition démesurée. Enquête sur les aspirations et les représentations des étudiants et des étudiantes francophones du nord-est de l'Ontario », communication présentée au 58e congrès de l'ACFAS, Université Laval, Québec, 1990, p. 107.

14. Danielle Coulombe, *et al.*, *La Défriche*, Hearst, Évêché de Hearst, 1974, p. 16.

15. René Guindon, *et al.*, *Les Francophones tels qu'ils sont. Regard sur le monde du travail franco-ontarien*, Ottawa, Association canadienne-française de l'Ontario, 1985, p. 32.

16. Statistique Canada, recensement de 1976.

17. Statistique Canada, recensement de 1991.

18. Rex A. Lucas, *Minetown, Milltown, Railtown : Life in Canadian Communities of Single Industry*, Toronto, University of Toronto Press, 1971, p. 289, 299 et 300.

19. Les jeunes, femmes et hommes, trouvent en effet les films et les ouvrages de langue française « plattes ». Ils utilisent désormais le qualificatif « français » à la place de francophone : un film français au lieu d'un film québécois, une Française au lieu d'une Franco-Ontarienne.

20. M. Yaguello, *op. cit.*, p. 150.

21. D. Dennie et S. Laflamme, *op. cit.*, p. 116.

22. M. Yaguello, *op. cit.*, p. 150.

23. Les citations données dans ce paragraphe renvoient à des entrevues rapportées dans mon livre, telle celle-ci tirée de l'entrevue n° 3, p. 157. Désormais le numéro de l'entrevue ainsi que la page seront directement inclus dans le texte.

24. M. Yaguello, *op. cit.*, p. 38.

25. *Ibid.*, p. 150.

26. *Ibid.*

27. *Ibid.*, p. 163.

28. *Ibid.*, p. 16.

29. Andrée Fortin, *et al.*, *Histoires de familles et de réseaux. La sociabilité au Québec d'hier à demain*, Montréal, Éditions Saint-Martin, 1987.

30. D. Dennie et S. Laflamme, *op. cit.*, p. 175.

UNE FEMME DANS LA LANGUE :
SOCIOGRAPHIE D'UN PARCOURS CONTEMPORAIN

Christiane Bernier
Université Laurentienne (Sudbury)

Le rapport des femmes à la langue est un champ de réflexion aussi vaste que le féminisme lui-même, d'autant que, à la fin de ce siècle, il ne peut s'en dissocier. L'étude de leur lien, par contre, présuppose déjà une donnée de base : les femmes *auraient* un rapport spécifique à la langue. Construite tout au long des trente années du déploiement du féminisme contemporain, l'affirmation de cette spécificité a produit un réel bouleversement de la carto-graphie symbolique de nos sociétés et, partant, de nos vies de femmes. Il con-vient peut-être de tenter de se souvenir de ce qu'il en était, de ce rapport, avant 1975, et de voir ce qu'il est devenu, aujourd'hui.

En effet, à l'analyse, il appert que le rapport des femmes à la langue s'est révélé d'autant plus spécifique qu'on en a déployé la dimension politique. C'est ce qui lui a permis de produire une théorisation globale quant à la défi-nition sociale des femmes, aux conditions sociales de production de leur vie de femme et à leur vécu d'oppression. C'est ce qui a permis aussi à l'écriture au féminin, non de voir le jour, assurément, mais d'avoir le pouvoir de s'affirmer comme telle.

Ce rapport de la langue-des-femmes au politique, ou des femmes au sym-bolico-politique à travers une réappropriation de la langue, a été plus que circonscrit — et avec grande envergure — par différentes auteures fémi-nistes, dans plusieurs domaines. Il est passé d'un foisonnement générateur (« l'état naissant », dirait Alberoni) à une phase institutionnelle. Son inscrip-tion dans le champ de la scientificité lui a même permis, depuis la fin des années 80, de développer les instruments de sa propre autocritique politique, de démontrer ses limites, tout en accroissant ses forces.

Pourtant — et pour pasticher un slogan trop galvaudé — il est bien vrai qu'on ne naît ni femme ni féministe.

Suivant le cours des réflexions qu'a suscitées en moi cette interrogation sur la spécificité du discours féminin, j'ai tenté, en me resituant au début des années 70, de tracer, à travers quelques écrits personnels, mon propre rap-port à la langue, à l'écriture et au féminisme. Ainsi ai-je voulu, le plus honnê-tement possible, à la faveur d'une relecture de mes écrits lointains, comprendre le type et la qualité de ce triple rapport, m'en faire le témoin *a posteriori*. Pour mesurer, étrangement peut-être, la relation consubstantielle entre écriture de femme et féminisme, c'est-à-dire la relation entre la créativité et l'espace de création, telle qu'elle se présentait alors, telle qu'elle se construit depuis.

Rétrospective d'une histoire individuelle, ce parcours n'a pas la prétention d'être emblématique. Il se présente simplement pour ce qu'il est : un témoignage de l'impossible expression du soi féminin avant son inscription symbolico-politique dans la langue. Il est divisé en trois sections, correspondant à autant d'époques.

Les années 70. L'inchoativité, générative de révolte

Premier rapport à la langue acheminé par l'écriture : rapport de l'être qui se cherche, qui n'a pas les mots pour le dire, qui ne comprend pas. Prose introspective à travers laquelle se déverse une perpétuelle impossibilité d'identité. Bien loin d'une lucidité qui renverrait à une quelconque construction historique, c'est plutôt une définition du soi comme incapacité de réaliser son destin individuel, dont il faut, de surcroît, assumer la faute, l'erreur, la faiblesse ; un vide d'espoir, une dépossession de l'être.

> Je ne suis plus enthousiaste. Je ne sais à quel détour de chemin, dans quelle erreur de langage ou dans quel faux regard j'ai égaré ma vie. Je ne sais plus où j'en suis... Au son des interminables coups de cloche qui m'automatisent, à la lueur de regards trop vides, de sourires trop factices, je fais semblant d'être. Si peu vivace est ma vraie vie... Je ne suis plus que l'image du miroir de moi.
>
> est-ce cela que vous vous acharnez à connaître, à vouloir, à détruire ? Qui pourra jamais me posséder, n'étant que le mirage de moi...
>
> Ma vie n'est même pas ailleurs, ainsi que je le croyais. Elle n'est plus. J'ai manqué le train ou l'embranchement de la route, jadis, je ne sais où, ni quand. Il y a trois ans que je m'acharne sur le chemin de retour, à retrouver l'endroit, la place. Je m'imaginais avoir les bons indices, les bons souvenirs... (1971)

L'étonnant, *a posteriori*, et la tristesse aussi, est de réaliser que, alors que le monde occidental est sous le choc des premières virulences féministes, rien dans ce drame existentiel ne s'y rapporte, n'en fait mention, n'y fait une quelconque référence. Inconnues la révolte des femmes, leur rage, l'importance justement de dire cette « inessentialité » construite de leurs discours et de leurs vies, cette prééminence de leur culpabilité, de leur faute originelle.

Le rapport à l'écriture ici est à la fois rapport à l'obsession et à la peur, mais sans conscience.

> encore mes mots qui me réveillent. Ils cognent à ma tête, pressants, bousculés. Ils sont si nombreux, si confus, si pleins, si ordinaires. Ma tête en devient gonflée...
>
> mais écrire pour dire quoi... (1971)

Il ne m'apparaît pas y avoir de place pour mes mots, que je déclare ineptes, répétitifs de tous ceux écrits en ce siècle. Interrogation sur le sens de la poésie, sentiment profond d'être dupée en quelque sorte. Les poètes parlent ; mais ils me semblent à la fois admirables et faux, avec des crises existentielles vides. Pourtant leurs écrits m'interpellent encore hautement. Contradiction paralysante : ils peuvent créer, moi pas.

> Paul se plaint, en tant que poète, d'avoir le mal du siècle, de tous les siècles. Mais il a tort, son mal est faux. Moi je dis que le vrai mal est le vide, l'inutilité... La solution est peut-être l'ignorance. Ne pas savoir...
>
> Non, non, non, tout mon être crie non. Pas d'ignorance. Un poète ignare n'est pas un poète. Il doit tout sentir, partant, tout savoir.
>
> Où va la poésie. Meurt-elle ?
>
> mon siècle a donné de grands noms : aragon eluard mallarmé st-john perse et tous ceux qu'on appelle et qu'on crucifie à notre gloire d'intellectuel... et mon pays, donc : sont nés les poètes de la Résistance. Et leurs mots étaient neufs... ils le sont encore miron duguay lafrenière dor chamberland...
>
> d'où vient que mes mots à moi ne savent pas, n'inventent pas, ne créent pas... d'où vient pourtant qu'il est des jours où je n'ai de vie qu'une obsession : écrire, écrire, écrire... pourquoi ma peur ? (1972)

Ainsi, non seulement ce n'est pas « en tant que femme » que se pose l'interrogation, mais en plus, les femmes créatrices, auteures, poètes sont totalement absentes de cette quête. Inexistantes. Et, encore, aucune féministe de la première heure ! Ce premier rapport à la langue n'est donc pas un rapport à une identité sexuée (individuelle ou collective) ; c'est, et j'aurais même tendance à dire *ce n'est que*, un rapport aussi malaisé à l'écriture qu'à l'identité : rapport aliéné aux hommes écrivains ou poètes et au vide de l'être.

> 1870, Rimbe, tu hurles d'inventer un nouveau langage. Pourquoi ne l'as-tu fait ? Aujourd'hui je pourrais parler signifiant...
>
> qu'est-ce que la couleur des voyelles si tu ne changes pas aussi le sens. C'est une mystification. Un tour de jongleur. Tu nous as bien eus. (1972)

Une rage impossible. Pourtant, le souffle de la subversion se fait jour : revenir à soi, refuser l'ordre établi, le conditionnement social. Brûler ce que j'adorais.

> Malgré tout je vais devoir y arriver un jour. Me faudra éviter les détours, arrêter de tuer le temps... malgré tout je vais devoir recommencer à penser, retrouver les mots qui parlent d'aubépines, de grands vents, de tremblements, de sueur et de froid, de route, de transparence... malgré tout je sais que tant que je ne l'aurai pas fait je ne pourrai faire sauter mon concept de valeur. Ah, vraiment, on m'a bien conditionnée... Qu'est-ce que j'attends ? j'ai vingt-deux ans, est-il déjà trop tard... (1972)

D'un côté, donc, l'écriture, le rapport aux mots se vit comme rage, comme obsession lancinante, mais aussi faiblesse incontournable ; de l'autre, les écrits expriment une angoisse irrémédiable, l'étouffement, l'enfermement, l'impuissance. Sans être cependant en mesure de la nommer, de la comprendre. La révolte, seule,

> je rêve, je rêve...
>
> de la violence, de la violence, de la violence avant toute chose... de la violence pour faire sauter tous les murs murailles clôtures vitres miroirs... de la violence pour faire fondre de chaleur et de rage tous les concepts préjugés sens acquis connaissances... de la violence pour tuer toute l'ignorance du monde stupidité indifférence velléité imbécillité... de la violence pour brûler tous les livres et que mes enfants ne vivent pas dans un monde comparatif... de la violence pour que dans ma rue post-incendiée, gestes et mots soient vrais et compris... de la violence, de la violence enfin pour que je puisse, enfin, enfin, déchirer mes vêtements mes murs mes doutes et jusqu'à ma peau de mes ongles griffants pour que, au delà de votre attente et de mes mots, je m'éclate enfin de moi, boule de feu incendiaire, rouge sang aveugle et blanche, incandescente, mais VRAIE... et que je puisse respirer enfin enfin enfin... (1972)

Pourtant j'abdique. Le choix ne se fera pas du côté de l'écriture, ni du mouvement des femmes, d'ailleurs encore inconnu de moi à cette époque. La solution sera l'action individuelle contestataire. Partir, refuser d'être une femme. Faire ce que les hommes font et non dire ce que sont les femmes. Avoir toutes les audaces, s'approprier le geste et l'allure, l'autonomie, l'indépendance. Refuser l'enfermement des rôles et des espaces.

> le présent exige de moi un départ. Tout plaquer et partir. Vivre ma vie à une autre puissance. Vivre l'envers de cette vie... ne pas être statique, pouvoir être partout, apprivoiser les continents, les sourires rudes de tous pays, sabots et vêtements noirs, paillasses et enfants dorés... peut-être ainsi pourrais-je tout voir... avec mes folies mes brise-glace mes casse-chaînes et mon âme de vent... (1973)

Ainsi s'est vécu le début des années 70. Je participais, sans le savoir, à la déconstruction d'un monde qui m'apparaissait impitoyablement masculin, tellement bien ficelé dans ses armatures sexuées de rôle et de nature, qu'il me fallait lui tourner le dos ou mourir étouffée.

Je n'étais pas féministe, non, mais motard... et j'allais jusqu'en Afrique porter mon désir d'autonomie. Bien sûr, les comportements, les paroles, les gestes, tout ce qui pouvait me paraître une bouffée d'oxygène, à moi, était, autre part, interprété comme une provocation, un mime de l'autre sexe, un déni de féminité. Aussi la colère ne cessait-elle de croître, avec de plus en plus de mots pour le dire : sans rejoindre le mouvement des femmes, je me servais de la parole qui en émergeait pour avaliser mes révoltes et justifier mes refus.

Les années 80. Des mots pour le dire... aux lieux pour l'écrire

Avec la montée du féminisme, dix ans de confrontations s'ouvraient dans les rapports hommes-femmes et, on le sait, bien peu y ont échappé : problèmes de communication, de langage, de relations, différences de représentations basées sur les différences de vécus..., croyait-on. Pour moi, à cette époque, les hommes et les femmes n'avaient vraiment rien en commun : ils habitaient deux planètes différentes.

> Si les hommes doivent absolument fonder notre valeur pour être, pour se sentir être, alors ils ne sont rien par eux-mêmes. Dès lors, ils ne m'intéressent pas, car toute relation avec eux sera basée sur une relation de pouvoir...
> je ne veux plus vivre dans le monde des hommes, à travers la pensée des hommes, leurs désirs, leurs prétendues affections. Avec leurs valeurs...
> je ne veux plus vivre comme inférieure
> où est mon pouvoir ? là est toute la question... (1983)

Ce n'est pas encore l'analyse, mais une première distanciation faite de refus articulé, une première compréhension de l'aspect collectif de la contrainte. L'impuissance a désormais un nom, un contexte.

> ... et enfin — plus tard, de l'autre côté de l'impuissance — je veux faire la paix avec les hommes ; après, quand j'aurai autant de pouvoir qu'eux, que nous parlerons à égalité, — que je n'aurai plus à me battre contre eux pour tout, pour être, pour vivre, pour apprécier le bonheur... quand, enfin je n'aurai plus à me défendre contre eux d'être ce que je suis. (1983)

Mon intérêt pour les théories féministes date de la fin de ces années-là, quand, voulant dépasser cette utilisation quotidienne que je faisais de la parole issue du mouvement des femmes, j'ai vécu l'urgence d'aller constater dans les livres pourquoi, nous les femmes, n'avions jamais été rien d'autre que des corollaires, des interchangeables, des complémentaires, assignées au sexe et au ventre. Et, incidemment, tenter de voir à quoi pouvait bien me servir d'avoir une tête dans ces conditions...

C'est dans ce contexte que vint la révélation de l'existence de la pornographie dure. Phénomène emblématique du rapport des hommes au corps des femmes, à leur sexualité, à leur être, définition du féminin comme subordonné, objet subsumé à l'impératif mâle. Tout, dans l'existence de ce type de production, rendait impossible, pour moi, quelque compréhension que ce soit des relations hommes-femmes autrement que comme relations de domination, d'exploitation, une volonté perverse. Plus de vision individuelle ici, je rejoins le « nous » des femmes anéanties par l'absolutisme de la vision masculine.

> Difficile d'écrire tant je tremble... Je la portais bien haut, n'est-ce pas, cette nouvelle conception des rapports amoureux ; nécessité d'égalité, valorisation, reconnaissance... oui, je la portais belle. Comment pouvais-je me leurrer encore et penser que leur vision pouvait être identique à la mienne ?
> il a suffi d'une pichenette pour tout chambouler, me remettre à terre : visionnement de vidéos hard-porn...
> un seul mot... que du non-sens : POURQUOI ?

comment survit-on à autant d'humiliation? me voilà avilie, marquée, défoncée...

la porno m'agresse et me violente... je n'arrive pas à y trouver de porte de sortie. Faut-il vraiment vivre dans un monde où c'est ÇA que les hommes pensent des femmes, où c'est Ça qu'ils veulent de nous?... N'est-ce que le seul rapport possible? (1984)

Dès lors, mon utilisation de l'écriture change radicalement dans la transformation de mon rapport à la langue, sous-tendu par cette nouvelle conscientisation des déterminations idéologiques sous-jacentes structurant les relations hommes-femmes. C'est désormais dans l'analyse que s'exprimera ce rapport : *textes construits* plutôt qu'*écrits émotifs*, dénonciations globales dans le sillon de la pensée féministe radicale. L'impossibilité de communication entre hommes et femmes se révèle être inscrite dans la langue elle-même, structurelle, fondant de ce fait la légitimité du féminisme, rendant d'autant plus nécessaire sa définition comme lieu d'expression unique de la parole au féminin, de l'écriture au féminin.

Le «d'où je parle» des féministes se révèle être en moi un «discours réussi». Je m'y glisse, m'y love, m'y installe avec la conviction du dévoilement, du recouvrement de moi-même : j'ai enfin la certitude d'avoir les mots pour le dire.

Faire la démarcation de mon appartenance, dire à partir de quoi et d'où je parle me semble essentiel comme préambule...

le logos est piégé, le logos est mâle. Partant, le langage, qui en est l'interprétation idéologique continue, est dans la nature même de sa conception, distorsion première. Je parle avec la langue de mes pères ; construction mentale étrangère à mon vécu, au vécu des femmes. Une première circonspection s'impose. Vécus de femme. Parole d'homme.

Me reprochera-t-on, dès lors, de n'accréditer comme référent à l'analyse que ce qui fut, depuis peu, une construction nouvelle d'une parole de femme?

Mon choix est clair.

Refusant que l'on parle de moi, femme, sans mon consentement et mon approbation, je ne peux que rendre la même justice aux autres femmes... (1984)

Ne se pose plus la question de l'impossible rapport à l'écriture. Mais, vivre, désormais, avec cette révélation de la transhistoricité de l'idéologie patriarcale et des effets pervers du discours phallique fut douloureux. Révélation certes criante et éclairante mais, comment donc, me disais-je, aurons-nous jamais assez de temps pour exprimer toute notre colère, assez de vies pour faire exploser le carcan de l'histoire et le totalitarisme de la pensée du *malestream*? Aussi, n'aurai-je de cesse que de la déconstruire cette pensée, que de faire éclater la base sexuée non dite du discours.

De cette première parole, toute embroussaillée encore des référents socio/logiques dont elle doit se démarquer, le langage féminin s'extrapole en envahissant, se réappropriant, le champ des vécus féminins, démultipliés en catégories historiques et marginalisées : la mère, la grand-mère, l'espace domestique, la prostituée, la maternité, l'avortement/l'accouchement, les enfants, la ménagère...

Autant de dénominations jusqu'ici masculines sur des vécus féminins, les ayant recouverts d'une rationnelle leur permettant une insertion « à la bonne place » dans le système de production-reproduction, à structure symbolique patriarcale, pour que l'ordre des choses, l'ordre du Discours soit maintenu.

Le voilà enfin, ce gros mot — patriarcat — qui, une fois lâché, dénoncé, crée l'instrument propre à la parole féminine, lui ouvrant un espace d'émancipation, révélant le nœud d'origine...

... question de démarquer la chair du verbe et de comprendre pourquoi le verbe produit est toujours masculin. Dans ma cosmogonie, c'est la chair qui se fait verbe... Première transmutation des conséquences logiques... (1984)

Critique incontournable de la fausse neutralité du savoir, du langage, de la pensée ; refus global de toute théorie androcentriste, de toute généralisation abusive ; exigence d'une dénonciation se voulant création de discours nouveau, d'une pensée réellement sexuée et se reconnaissant comme telle. Tous les éléments de fond du féminisme radical-théorique me séduisent et j'y participe : j'y trouve enfin un espace libérateur pour l'écrit et la pensée. Je respire.

Je n'ai pas, bien sûr, la prétention de croire qu'à travers mes mots s'exprime la parole des femmes. Le pourrais-je que je ne le voudrais pas. Le « je » du discours, de mon discours, inscrit au féminin est un « je » réel, concret, quotidien. Non pas celui de la raison pensante ou du sujet historique mais celui (celle) confrontée au piège du discours (scientifique), éternellement masculin... (1985)

Émotion désormais médiatisée, écriture féministe comme réappropriation du monde, mon réel rapport à la langue se déploie au travers de deux thèses en analyse de discours. La première s'était donné pour objectif d'ouvrir un espace de parole aux prostituées, à leurs énonciations, parallèles et différentes de celles que les féministes radicales produisaient sur la prostitution : je ressentais l'impératif de déverrouiller le mutisme de ces femmes assignées au silence encore plus que toutes les autres, contraintes à l'aphonie — de leur donner une assise légitime dans le monde en leur en donnant une dans le discours.

Si la prostitution féminine m'intéresse comme lieu d'exploration, c'est qu'elle constitue le champ d'investiture qui m'est apparu comme le plus fort, le plus représentatif de l'oppression historico-sociale des femmes et de la négation de leur identité — en dialectique avec l'image accréditée de la femme...

Et comme je récuse le totalitarisme du savoir masculin sur le vécu des femmes, je ne peux qu'emprunter la voix qu'elles ont choisie, même et souvent contrainte, pour analyser, décrire, dire, parler sur et d'elles-mêmes... (1984)

Ainsi, l'espace de parole qu'ouvre pour moi le féminisme transmute ma *parole impulsive, individuelle, isolée, inchoative,* en *écrit construit, articulé,* me donnant accès à une langue, à une pensée, à une volonté de compréhension de l'organisation du monde, structurant, déterminant, régissant les rapports sexués.

Une deuxième thèse portait plus loin encore la question du refus, par l'intelligentsia contemporaine, de l'inscription du féminisme théorique comme discours qui se veut à la fois scientifique et fondateur d'un nouveau rapport à la science. Cette thèse répondait à une volonté intransigeante de déconstruction idéologique et voulait mettre en lumière la genèse des discours libéraux et féministes, la construction et de leurs référents symboliques et des lieux de leur interincompréhension.

> [...] on pourrait dire que ce qui est spécifiquement patriarcal dans un système c'est ce qui utilise une différente définition de nature en ce qui concerne les hommes et les femmes, i.e. partout où les femmes sont définies comme n'ayant qu'une seule nature, réductible à leurs fonctions biologiques, partout où les femmes donc, n'ont pas de « seconde nature ».
>
> De ce point de vue — le point de vue féministe — c'est bien cette réalité d'une différente définition de nature qui sous-tend toute la philosophie occidentale, et le libéralisme, présentant seul l'homme comme perfectible, « civilisable », « socialisable », contre la femme absente, n'y échappe pas...
>
> C'est pourquoi, en définitive, la pensée libérale d'un point de vue féministe n'est que ce qu'elle dit être : une théorie de la liberté basée sur les droits de l'individu-homme. L'idéologie se situe entre les deux « h ». Il faut donc prendre la pensée libérale *stricto sensu.* C'est-à-dire, n'accorder de sens qu'à ce qui est effectivement dit, et rendre ainsi explicites tous les non-dit, les silences, les inexistences, les « comme si », supposément compris dans le discours mais, en fait, absents.
>
> Dès lors, tout le discours apparaît dans sa véritable signification, dévoile ses propres limites, ses restrictions sémantiques, qui apparaissent finalement être, à travers les exclusions de genre, toute une politique de dénégation de l'égalité sexuelle, une impossibilité de reconnaître la différence sexuée autrement qu'absente ou inférieure, sans voix ou sans autonomie. (1990)

Ce furent les *écrits de la main gauche.* Une fois cela terminé, il m'apparaissait bien que j'avais fait le tour de la problématisation politique. Les années 80 furent donc celles de la révélation — et de l'analyse de cette révélation — du ressentiment, de l'explosion de l'espace de parole et de la nouvelle force des oubliées de l'histoire. La langue des femmes — non plus sujette de l'idéologie patriarcale, assujettie au discours masculin, mais bien sujet de son discours — ainsi que mon propre rapport à l'écriture ont trouvé là une voie royale : fin de l'enfermement, de l'impossible dire, de l'impuissance.

Véhicule de la colère, refus global, amazonienne, l'écriture au féminin fuse de toutes parts, et j'en suis : mes écrits sont totalement inscrits dans les balises sémantiques du discours féministe qui me produit et dans la lecture des rapports sociaux de sexe qu'il me propose.

Mais il y a des lendemains à toute kermesse.

Le rapport à la langue ne se manifeste pas indépendamment du social ; c'est un rapport social, un rapport au social.

Les années 90. Discours social, discours scientifique : le plaisir et le malaise

Au terme de ce périple, au début des années 90, autant socialement qu'individuellement, les femmes ont acquis le *droit au plaisir de la langue* : droit à la parole ; reconnaissance des textes ; publications ; revues ; féminisation du langage ; mots qui passent dans la symbolique sociale (patriarcat, violence conjugale, sexisme, homme rose, autonomie des femmes, discrimination sur la base du sexe, reconnaissance du travail domestique, etc.). Bref, nous avons obtenu la présence des femmes dans le discours, littéraire et scientifique, et dans les institutions. Une présence parfois encore difficile, certes, mais certainement possible.

Bien sûr, le portrait que je trace ici de ce développement est linéaire, mais il ne l'est que parce que je le présente du point de vue du fil conducteur de ma vie. Des cahots, des conflits, des courants, des tendances ont marqué autant le féminisme théorique que le mouvement d'action. Les moments d'exaltation unificatrice et l'universalisation dans le discours des conditions, des oppressions, des vécus ont dû heureusement faire place aux particularités concrètes, aux différences de compréhension des enjeux, aux écarts d'articulation des moyens. Il a fallu recontextualiser les *d'où je parle*, repartir des vécus spécifiques de minorisation. Reconnaître, admettre, la critique de l'intérieur.

Voilà pour l'*a posteriori*. Qu'en est-il maintenant ?

Multiplicité des lieux d'énonciation du féminisme théorique, déploiement d'analyses de contextes spécifiques : les recherches féministes, les productions de femme ont, chèrement, réussi à se défricher un espace de visibilité dans l'ensemble des constructions discursives de notre temps. Dans ce contexte, ma propre démarche est en *processus*, c'est-à-dire soumise à un ensemble d'interrogations, souvent contradictoires, suivant les diverses problématiques soulevées dans les contextes où je vis.

Ainsi, de l'analyse de la minorisation des femmes dans la langue à celle de la langue comme facteur de minorisation, il n'y avait qu'un pas. Ce pas, je l'ai franchi en questionnant la construction qui, du point de vue féministe, nous fait voir la spécificité de la femme francophone en milieu minoritaire comme étant doublement ou triplement minoritaire.

> [...] ce qui me turlupine dans une telle présentation des femmes comme victimes, c'est la totalité du vide d'être dans lequel on les construit, les privant de leur conscience, de leur jugement, de leurs actions, de leurs rapports historiques, les traitant comme des objets, de simples pions que l'on déplace au gré des conceptions masculines du monde... En présentant les femmes comme des objets totalement influençables et influencés, c'est-à-dire en les privant de leur « personne », de leur « être social » ; on leur octroie, en fait,

dans l'analyse, le même statut que celui que l'on dénonce comme venant du discours patriarcal.

[...] c'est précisément pour ces raisons que je comprends mal que l'on passe sous silence l'idée selon laquelle les femmes étaient nécessairement aussi acteures sociales dans la production des rôles et des devoirs qui étaient idéologiquement déterminées pour elles. On ne sort pas d'une socialisation ou d'une intégration d'épistémè de société, comme on se débarrasse d'un vêtement... Les hommes ne pouvaient pas davantage sortir de leurs armures que les femmes de leur camisole de force. (1993)

Théorie qui, pour sortir la femme minoritaire de son non-être dans l'histoire, ne la définirait que comme productrice d'ethnicité tout en renvoyant à elle seule le « travail » de cette production.

[...] ce qui est réellement problématique, c'est de faire des femmes au foyer les seules dépositaires de la transmission de l'ethnicité. Cela présuppose que, socialement, les autres membres du groupe n'y sont pour rien et que, les « pères », par exemple, ou les curés, par leur seul « être ethnicisé » ne peuvent en aucun cas être des instruments de consolidation ethnique, ou des modèles d'identification traversant la socialisation des jeunes (ou alors l'ethnicité n'est pas un ensemble de valeurs culturelles définies qui forment en partie notre identité) : mais en quelle langue leur parlent ces personnes et de quoi ? [...] (1993)

Pourquoi ai-je ce sentiment que, à trop vouloir délimiter du point de vue de la théorie féministe la spécificité de la situation des femmes dans un contexte donné, on en arrive à éliminer la complexité du social ? Ce genre de réflexion m'oblige à voir qu'il est temps, en tant que féministe, de *revisiter*, si l'on peut dire, notre concept de pouvoir et l'utilisation théorique que l'on en fait.

Car en fait, c'est d'admettre que les femmes de cette époque étaient, en tant qu'acteures sociales, de façon générale, aussi productrices des valeurs moyennes de leur société, qui est difficile à accepter. Mieux vaut les penser inconscientes, absentes ou sujettes, dominées totalement par des groupes d'hommes hystériques accrochés à leurs pouvoirs et leurs privilèges.

[...] j'entends, dans ce refus de voir les femmes et les hommes comme des personnes aux carrefours d'interdits sociaux, de codes moraux et symboliques, déterminés par l'organisation sociale globale, une grande douleur : celle de femmes féministes d'aujourd'hui qui ne peuvent accepter sans peine et sans rage, ces types d'organisations sociales antérieures, vu l'analyse théorique que l'on a maintenant des conditions qui y étaient faites aux femmes. (1993)

Ainsi, alors que ce concept global de pouvoir fut plus qu'opérant dans les années d'explosion du féminisme et qu'il a eu une portée heuristique indiscutable et incontournable, la théorie radicale de l'appropriation qui le sous-tend ne résiste plus, à mon avis, à une analyse serrée des réalités sociologiques vécues par les femmes d'aujourd'hui.

Cette constatation porte en elle un autre facteur d'étonnement, lié aux aspirations et aux affirmations épistémologiques du féminisme dans son rapport à la scientificité. Rapport ambigu s'il en est un.

De la *langue* des femmes au *discours* des femmes, du discours *des* femmes au discours *sur les* femmes, il y a un espace de construction discursive qui passe — du point de vue de la reconnaissance scientifique dans le champ de la polémique — d'une exposition de la vérité des femmes dans le discours à une détermination de la vérité sur le discours des femmes. Et ce passage est parfois malaisé en ce qu'il risque, à son tour, de se piéger dans une logique de discours militant. Cela m'interroge à la fois sur le plan personnel et sur le plan épistémologique.

Sur le plan personnel, d'abord. La *langue des femmes* est devenue théorie... mais la théorie ne menace-t-elle pas de devenir *doxa* ?

Le plaisir de dire, pour moi, ici et maintenant, s'entache de plus en plus d'un malaise d'écrire, comme si, après avoir libéré la parole, la langue, l'écrit et même le sens, nous nous retrouvions aux prises avec une *doxa* : il faut avoir la bonne rhétorique pour s'exprimer, désormais, dans le champ accrédité du féminisme théorique. Comme si la langue libérée ne pouvait être utilisée au-delà des instruments qui lui ont permis la libération ; comme si le social, et donc le dire sur le social, même libérateur, n'était pas en perpétuelle transformation.

Après avoir joui autant que faire se peut du plaisir de dire « en tant que femme », je me cabre de nouveau : les femmes ont assurément gagné un espace de parole, mais le féminisme, s'il leur tient lieu de conscience, de lucidité, de vigilance même, ne peut leur tenir lieu d'unique historicité. Ce n'est pas vrai que l'on *est* du moment que l'on *est féministe*. Le féminisme donne l'espace, crée la mesure nouvelle, offre la réalisation du possible ; mais l'allégeance est le retour aux chaînes, à l'enfermement, à une certaine interdiction dans la créativité. Le *d'où je parle* ne peut être un chemin à une seule voie : il se doit d'être l'autoroute de la totale historicité que l'on est en tant que personne. Si je le pouvais, j'en appellerais à un féminisme ouvert, n'ayant pas peur de se manifester résolument dans la postmodernité : au-delà des preuves faites, désormais, de la présence des femmes dans le discours, de l'importance de leur parole, de l'indispensable dévoilement de leurs multiples situations de discrimination, n'est-il pas nécessaire de préserver un espace de créativité qui, tout en se réclamant d'une conscience produite par le féminisme, ne s'inscrirait pas nécessairement dans la logique du discours militant ?

Sur le plan épistémologique, ensuite.

Jusqu'où, peut-on se demander en poursuivant la même réflexion, un discours qui se présente comme très militant peut-il, dans le même souffle, se réclamer de la scientificité, c'est-à-dire du non-politique ? On ne peut à la fois abolir la distance entre la personne chercheure et l'objet (ou les sujets) d'étude, tout en réclamant cette distance lorsqu'il s'agit d'évaluer, de choisir, de distribuer et, en dernier ressort, d'analyser. Question incontournable, à mon sens, que cette nouvelle problématique : ce n'est plus le rapport à l'écriture qui fait problème, mais celui de l'écriture « féministe-théorique » à la scientificité.

> L'analyse féministe, en se posant comme analyse scientifique dans le champ du savoir, savait qu'elle serait en butte à des obstacles, des taches aveugles, des critiques acerbes, des refus radicaux, venant des théoriciens et des théoriciennes inscrits dans les théories traditionnelles. Mais ce n'est pas ce dont il s'agit ici. Il n'est pas question en effet de mettre en doute les acquis des démonstrations des analyses féministes...
>
> [...] Non, ce dont il s'agit ici, c'est de prendre conscience du fait que les analyses féministes n'ont plus besoin de se placer dans le champ polémique du socio-politique pour être entendues comme scientifiques. (1993)

Je sens l'urgence d'une réflexion essentielle sur le départage rationalité/féminisme : ces termes sont-ils vraiment des pôles dans une dialectique ? Si c'est le cas, que font les auteures féministes lorsqu'elles exigent que leurs écrits soient reconnus comme scientifiques, c'est-à-dire comme relevant de la définition contemporaine de la rationalité, de l'explication de l'organisation du monde ? Si ce n'est pas le cas et que le féminisme a réellement transformé le rapport à la science — autrement qu'en faisant passer les chercheurs et chercheures d'un rapport à l'objectivité à un rapport au développement de capacités à l'objectivation (processus qui avait été déjà largement entamé par la pensée critique précédant le féminisme contemporain) —, cela n'est certes pas clair et il est plus que temps de faire état des postulats nets sur lesquels cette transformation repose.

> Au-delà de la critique habermassienne, acquise maintenant, à savoir que le discours scientifique participe de l'idéologie très large fondant la modernité, je ne soutiens évidemment pas l'idée que tout discours se présentant comme scientifique ne peut être idéologique, et encore moins que tout discours féministe soit nécessairement militant et non scientifique. Mais il faut reconnaître que certains discours féministes sont plus militants que scientifiques (en ce qu'ils ont davantage comme fin la persuasion politique et la restructuration du champ social plutôt que son explication) et se présentent comme scientifiques. (1995)

La question est certes d'ordre épistémologique. Au-delà du politique, auquel le féminisme a répondu, reste donc cette question de l'épistémologie féministe qui, quoi qu'on ait voulu croire en tant que féministes, est loin d'être résolue : *dire* que l'on a transformé le rapport à la science, ce n'est pas le *démontrer*, mais c'est sûrement ouvrir un espace à la réflexion en ce sens. Et je ne doute pas que ce soit aux femmes féministes que revienne la tâche de questionner l'épistémologie moderne du point de vue de ce que serait, réellement, une épistémologie postmoderne ; ou à tout le moins celle de répondre, de l'intérieur, aux contradictions que cette transition suscite, pour la cohérence du féminisme théorique lui-même.

***

De penser que l'on peut, en tant que femme, soulever ces questions, c'est-à-dire avoir un espace discursif pour en revendiquer la polémique, c'est assurément ce qui m'apparaît être le plus enthousiasmant dans le rapport actuel des femmes à la pensée et au discours.

L'ERMITAGE
d'HÉLÈNE BRODEUR
(Sudbury, Prise de Parole, 1996, 246 p.)

Paul Genuist
Professeur émérite
Université de la Saskatchewan (Saskatoon)

Avant d'ouvrir le dernier roman d'Hélène Brodeur, on admirera la reproduction du magnifique tableau d'Arthur Lismer qui en illustre la couverture : une cabane isolée au milieu de bouleaux tout chatoyants des riches couleurs de l'automne ontarien sur fond de ciel bleu, ce qui rappelle l'attachement que la romancière a conservé pour le nord de l'Ontario où elle a vécu ses années de jeunesse. Elle avait déjà manifesté son profond sentiment d'appartenance à ces terres pourtant ingrates, où il était difficile de gagner sa vie, en faisant de cette région le cadre de ses trois premiers romans qui forment *Les Chroniques du Nouvel-Ontario*[1].

Pour écrire ces romans historiques, Hélène Brodeur s'était très sérieusement documentée. En plus d'utiliser ses souvenirs, pour chaque livre elle a consacré une année et demie à la recherche dans les archives des bibliothèques et aussi à l'enregistrement de témoignages fournis par une vingtaine de pionniers des régions concernées. S'ils restent une source inestimable de documentation sur la vie des époques évoquées qui, dans cette trilogie, vont de 1913 à 1968, ses livres sont pourtant à l'opposé de dossiers sociologiques de lecture insipide. La raison en est simple : Hélène Brodeur imagine des histoires prenantes, crée des personnages qui nous entraînent dans une succession d'actions qui rebondissent jusqu'à la dernière page. Accroché, tenu en haleine, le lecteur ne peut plus lâcher le livre.

L'Ermitage est écrit dans le même style, et c'est un roman difficile à raconter car, même si l'action démarre lentement, il s'y passe quantité d'aventures. Il y a trop de personnages, d'événements inattendus, de renversements de situations pour que l'on tente de résumer par le détail ce roman, situé cette fois au Québec, dans les années 50, le plus souvent dans une nature de lacs et de forêts que l'auteure affectionne.

Disons, brièvement, qu'il s'agit d'un entrepreneur forestier, Ernest Destel, devenu propriétaire d'une manufacture de bâtons de hockey ; il espère intéresser à l'entreprise son fils aîné, Francis, grand et fort, alors que le cadet, Richard, enfant délicat, se consacre à l'apprentissage du violon. À partir de cette situation, Hélène Brodeur construit, à son habitude, une intrigue aux multiples imprévus, et le rythme du roman s'accélère. Les caractères se dévoilent, s'affirment, et, des heurts qui se produisent résultent différents drames. Ces trois personnages, et les autres, nombreux, qui s'ajoutent, sont extraordinairement déterminés dans ce qu'ils ont choisi d'être ou d'entreprendre.

Francis, responsable de tous les ennuis, au centre de l'intrigue, s'obstine dans le mal. Montré à différents moments de sa vie, il agit toujours avec cruauté : envers les animaux, envers son frère, envers les femmes. Il tient le rôle du méchant dans la société et, être tout d'une pièce, il n'offre guère d'aspect positif, excepté son intelligence pour le commerce.

Qualifier Ernest Destel de père à la perception limitée, sous prétexte qu'il persiste à s'aveugler sur son fils aîné alors que la fragilité et la sensibilité du cadet l'agacent, serait un jugement trop catégorique. À toujours excuser les défauts de Francis, tellement il souhaite qu'il lui succède, Ernest Destel paraît être un homme faible et humilié. Pourtant, sa dimension psychologique n'est pas donnée une fois pour toutes. Face aux actions auxquelles il est confronté vers la fin du roman, cet homme fruste gagne de l'épaisseur en expliquant, tardivement, les raisons de son attitude passée. Évolution également chez Richard, le fils cadet, qui, un peu falot au début, devient plus complexe avec le temps. Le revirement brutal qu'il effectue en cherchant farouchement à se venger de Francis surprend par sa soudaineté. Le rythme précipité des actions de ce roman ne permet pas aux protagonistes d'évoluer à une allure qui rendrait leurs décisions plus plausibles. On aimerait voir se préparer la vengeance de Richard, la voir grandir en lui au lieu qu'elle apparaisse subitement. La crédibilité y gagnerait.

Il faut noter aussi la forte présence du taciturne oncle Robert qui, après des malheurs amoureux mélodramatiques lors de la guerre, se fait ermite dans une confortable maisonnette meublée avec goût au bord d'un lac éloigné de la civilisation.

Même les personnages les plus épisodiques sont bien typés. Le curé, le chef des pompiers, les cuisiniers Gros-Christ et Ti-Christ sont décrits avec réalisme et humour. Dans ce roman écrit par une femme, les femmes ne jouent pas un rôle de premier plan. Elles sont même plutôt effacées. L'institutrice du début n'est qu'un accessoire, elle n'existe que pour mettre en relief le côté séducteur de Francis. Laura, femme d'Ernest, Louise, femme de Francis, la mère de Roger sont des personnages très peu développés. Quant à Célia, l'amie de Richard, est-elle tout à fait convaincante quand elle se transforme brusquement de jeune fille de bonne famille, plutôt réservée, en séductrice de l'oncle Roger ?

Loin de cultiver des effets de style, Hélène Brodeur écrit sans artifice ; sa prose simple et directe se veut efficace. Les dialogues sont rapides, le décor est campé en quelques phrases nettes. Elle n'hésite pas devant certains clichés : la douleur est « intolérable » (p. 8), la rage « impuissante » (p. 15) ; le jeune avocat est « promis à un brillant avenir » (p. 88 et p. 139) ; l'étudiante en chant est « promise à une vie brillante » (p. 190). Certaines négligences font sourire : « Lumette enleva ses lunettes » (p. 193). Si Hélène Brodeur se montre parfois désinvolte quant au style, c'est que peaufiner des phrases n'est pas sa priorité. Les mots ne sont pour elle que les moyens d'aller vers ce qui l'intéresse, ils sont au service de l'intrigue à laquelle elle réserve toutes ses astuces, car *L'Ermitage* est un roman où les actions priment tout.

L'action est bien le domaine qu'Hélène Brodeur privilégie sans complexe. Elle agence les événements, tire les ficelles, fonce au bout d'une imagination ardente, débridée, empoigne le lecteur ; celui-ci a beau se dire qu'elle en invente de belles, qu'elle en rajoute à l'excès, il n'a pas le temps de regimber, emporté qu'il est par l'audace de la romancière qui ne lui laisse pas le temps de souffler, l'entraîne tambour battant vers une avalanche de péripéties extravagantes.

On pense aux livres de Régine Deforges, l'auteure de la série qu'inaugure *La Bicyclette bleue*[2] : même frénésie d'actions chez Brodeur, d'affabulations dont le farfelu peut exaspérer certains lecteurs irrités par ces nombreuses échappées dans l'abracadabrant, alors que les férus d'action regretteront de ne pas se retrouver dans la solitude du tableau d'Arthur Lismer, représenté en page de couverture, pour pouvoir dévorer tout à leur aise ces aventures souvent rocambolesques.

NOTES

1. *Les Chroniques du Nouvel-Ontario* comprennent *La Quête d'Alexandre*, Montréal, Quinze, 1981 (prix Champlain), Sudbury, Prise de Parole, 1985 ; *Entre l'aube et le jour*, Montréal, Quinze, 1983, Sudbury, Prise de Parole, 1986 ; *Les Routes incertaines*, Sudbury, Prise de Parole, 1986.

2. Régine Deforges, *La Bicyclette bleue*, Paris, Fayard, 1981.

PORTRAITS DE FEMMES DU NORD ONTARIEN

de GUYLAINE POISSANT
(Ottawa/Hearst, Le Nordir, 1995, 171 p.)

Louise Charbonneau
Université de l'État de New York à Albany

L'ouvrage de Guylaine Poissant constitue une monographie des femmes de Hearst, une communauté francophone du nord-est de l'Ontario. Il s'agit d'une recherche qualitative portant sur les aspirations de ces femmes et sur les contraintes temporelles auxquelles elles sont confrontées. En abordant des aspects aussi divers que l'emploi, la famille, la religion, l'éducation et les loisirs, et en fondant son analyse sur des propos recueillis lors d'entrevues effectuées dans la communauté, Poissant se donne pour objectif de dresser un portrait dynamique et intégrateur de la situation des femmes.

La vie à Hearst est fortement conditionnée par le contexte socio-économique particulier d'une ville isolée physiquement et culturellement, et où l'industrie du bois influe sur la perception et l'organisation du travail. En tant que levier économique de la région, l'industrie forestière génère de nombreux emplois à salaires élevés. Largement exclues de ce secteur économique dominant, les femmes qui ont un travail rémunéré dans d'autres secteurs gagnent des salaires considérablement moindres que ceux des hommes. Par conséquent, leur dépendance économique est supérieure à celle des femmes vivant en milieu socio-économiquement diversifié. Cela a un impact important sur leur vie quotidienne, notamment sur la répartition de leur temps : « En gagnant peu, les femmes ont tendance à compenser ce manque d'apport financier par une surcharge de travail domestique et par un sentiment de culpabilité lorsqu'elles ont du temps à elles. Elles ont donc moins de temps libre » (p. 117).

Parce que l'industrie forestière leur est fermée, les femmes doivent chercher des emplois dans le secteur des services ou des emplois de type professionnel. Pour ce faire, elles acquièrent une formation scolaire supérieure à celle des hommes. L'éducation représente pour elle une expérience qui leur donne une soif d'apprendre et leur offre une ouverture sur le monde. Toutefois, cette activité n'est pas sans provoquer des tensions au sein du couple : « L'éducation devient [...] le lieu de revendications entre les femmes et les hommes. Elle prend en somme la forme d'une réappropriation du temps des femmes pour l'avancement professionnel, le développement ou l'intérêt personnel, le plaisir, l'évasion » (p. 135).

Les femmes de Hearst font ainsi face à des contraintes particulières, en raison de l'économie régionale. De plus, l'isolement géographique de la communauté favorise le maintien de valeurs traditionnelles difficilement conciliables avec les aspirations à l'autonomie. Par exemple, l'Église occupe toujours une place déterminante à Hearst, la pratique religieuse y étant trois fois plus importante que chez les autres francophones du pays. Les familles y sont plus nombreuses et le taux de divorce, plus bas.

Un autre aspect important de l'existence à Hearst est le rapport des gens à l'environnement naturel. La rudesse du climat et l'encerclement de la ville par la forêt ont façonné une mentalité où « l'idée de nature, comme discours justificateur de la domination de la forêt par le travail des hommes, se traduit généralement par l'exclusion des femmes d'un lieu d'expression de la puissance des hommes » (p. 159). L'idéologie naturaliste est donc encore très présente dans le nord de l'Ontario.

L'ouvrage est organisé en quatre chapitres. Dans le premier, l'auteure cerne l'objet de son étude et apporte les clarifications conceptuelles nécessaires à la compréhension du cadre théorique qu'elle adopte. On y présente brièvement les théories et recherches sur les femmes en général, ainsi que sur les femmes francophones en situation minoritaire. Les institutions telles que l'Église, l'école et la famille, de même que l'idéologie naturaliste sont également examinées. Le chapitre se termine par un survol des recherches sociologiques portant sur l'organisation du temps comme reflet de la structure sociale.

Les questions méthodologiques occupent le chapitre suivant. Poissant énonce d'abord les raisons qui ont guidé le choix du milieu étudié et décrit le type de recherche qu'elle y a menée. Il est également question de l'élaboration du questionnaire utilisé en entrevue et de la répartition de l'échantillonnage. Enfin, Poissant traite de la sélection des personnes et regroupements qui ont servi de sources d'information lors de l'enquête sur le terrain.

Afin de saisir le rôle — pour ne pas dire le poids — de la tradition dans les rapports entre les sexes, le troisième chapitre donne un aperçu de l'histoire de Hearst. Après une brève description du cadre physique de la région, Poissant traite de l'industrialisation du nord de l'Ontario et de son impact sur les rapports familiaux. Il est ensuite question de la politique gouvernementale de colonisation et du mode d'existence des premiers colons. Enfin, l'auteure passe en revue les événements marquants du XXe siècle (la Crise des années 30, les guerres mondiales, etc.) et examine comment la vie des femmes de Hearst a été modifiée par ces développements historiques.

Les liens existant entre le passé et le présent deviennent manifestes au dernier chapitre, lequel intègre le contenu des chapitres précédents et donne la parole aux femmes par l'insertion d'extraits d'entrevues. Poissant présente les principaux éléments qui façonnent la vie des femmes et les analyse en fonction des recherches effectuées dans les domaines de la condition féminine, de la communauté franco-ontarienne et de la recherche sur le temps libre.

Les sept grands thèmes abordés dans ce chapitre sont les suivants :

1) *l'environnement* naturel et son influence sur la vie quotidienne ;
2) *l'industrie* et les effets de son développement sur la structuration des temps sociaux ;
3) *les loisirs*, comme indicateurs de l'action qu'exercent les pouvoirs privés et publics sur le temps libre des femmes ;
4) *l'éducation* des femmes, en tant que moyen d'émancipation ;
5) *la langue* minoritaire, constituante de l'identité des femmes francophones ;
6) *la religion*, comme acteur social dans la vie des femmes ;
7) *la famille*, en tant que lieu d'expression aussi bien de la tradition que des revendications.

Les conditions économiques étant en constante évolution, une modification éventuelle du marché de l'emploi à Hearst se traduira vraisemblablement par des changements dans la perception du rôle de la femme. L'auteure évoque en ces termes cette perspective d'avenir :

> [...] avec la tertiarisation de l'économie, les tendances du marché, et le libre-échange, il n'est pas certain que l'industrie forestière s'imposera encore longtemps dans les domaines économique, politique et social de la région. [...] Plusieurs nouveaux emplois créés sont dans les services, secteur traditionnellement féminin. L'expérience des femmes de Hearst dans ce domaine se traduira, il est à espérer, par une plus grande autonomie financière et sociale. (p. 160)

En dépit de certaines faiblesses au plan de l'organisation générale (les répétitions abondent) et du style, cette monographie représente néanmoins une contribution des plus valables à l'étude de la situation actuelle des femmes vivant en région éloignée. Poissant réussit à démontrer que la compréhension de la condition de femmes de Hearst passe par la prise en compte de la dynamique propre aux sociétés industrielles, dynamique fondée sur le lien entre le type d'industrie locale et la structure sociale.

ÉTUDES FRANCO-ONTARIENNES
« CAHIERS CHARLEVOIX I »
de RENÉ DIONNE, GAÉTAN GERVAIS, JEAN-PIERRE PICHETTE, ROGER BERNARD, FERNAND OUELLET et FERNAND DORAIS
(Sudbury, Société Charlevoix et Prise de Parole, 1995, 411 p.)

Denis Bourque
Université de Moncton

En 1992, à Sudbury, était fondée la Société Charlevoix, amicale qui regroupe six chercheurs dans le domaine des études franco-ontariennes. Les membres de cette société multidisciplinaire sont représentatifs des trois grandes régions universitaires de l'Ontario, soit Toronto, Ottawa et Sudbury, et les « Cahiers Charlevoix I » constituent leur premier ouvrage collectif.

C'est un article de l'éminent professeur René Dionne, pionnier des études en littérature franco-ontarienne, qui ouvre le volume. Il en absorbe, en fait, plus du quart, et c'est cet article, avant tout, qui intéressera les littéraires. C'est pourquoi nous nous permettons d'en parler ici plus longuement.

Dans cette étude intitulée « 1910. Une première prise de parole collective en Ontario français », René Dionne puise aux sources d'une très vaste érudition pour réfuter la thèse selon laquelle les Franco-Ontariens n'auraient pris la parole qu'à l'époque contemporaine et démontrer que ceux-ci avaient déjà pris conscience de leur spécificité comme groupe au début du présent siècle, et même avant. « Affirmer que les Franco-Ontariens n'ont pas pris la parole en Ontario avant 1970, c'est faire une insulte aux générations antérieures » (p. 18), affirme-t-il sans équivoque au début de son article, avant de procéder à une analyse détaillée et systématique des débuts d'une institution littéraire et d'une conscience franco-ontariennes dans la seconde moitié du XIXᵉ siècle. Il effectue, par la suite, une étude approfondie des discours du Congrès d'éducation des Canadiens français de l'Ontario qui eut lieu en 1910. Les orateurs du congrès tracent un portrait très exact de la situation des Franco-Ontariens de l'époque. Dionne analyse avec précision les divers aspects de cette situation et révèle, notamment, l'émergence dans le discours d'une conscience collective spécifiquement franco-ontarienne.

Déjà, en 1865, une institution littéraire commence à prendre forme en Ontario, affirme Dionne, au moment où le choix d'Ottawa comme capitale nationale entraîne dans cette ville un afflux d'intellectuels et d'écrivains du Québec, qui se trouvent dotés d'une excellente bibliothèque (celle du Parlement) ainsi que d'une université et de sociétés nationales et littéraires. De nombreux journaux voient le jour qui accordent une large place aux feuil-letons et qui ont des rubriques consacrées à la littérature. Parmi les sociétés littéraires, qui se feront de plus en plus nombreuses, certaines auront des activités théâtrales régulières. Avant 1910, Ottawa, semble-t-il, connaît une vie théâtrale comparable à celle de la ville de Québec et possède même ses dramaturges.

La naissance de cette institution littéraire donne lieu à une prise de parole qui sera principalement outaouaise. Si on y voit les fondements d'une cons-cience franco-ontarienne, celle-ci se trouve encore assujettie, en quelque sorte, à un sentiment d'appartenance bien plus fort à la grande nation canadienne-française.

En 1910, alertés par « les dangers que la langue française, gardienne de la foi, court en Ontario » (p. 52), les Franco-Ontariens, à l'instar des Acadiens et des Franco-Américains, décident de se réunir en assemblée délibérante. Le but principal du congrès était d'amener les Franco-Ontariens à poser les gestes nécessaires afin d'assurer aux membres de leur groupe une éducation de qualité dans leur langue maternelle par le biais d'écoles bilingues. Pour-tant, l'ensemble de la thématique du congrès déborde largement la question de l'éducation et, en tant que professeur de littérature acadienne, nous avons été frappé par la très grande similitude entre les thèmes abordés lors de ce rassemblement et ceux des conventions nationales acadiennes.

En effet, on traite du besoin pour les Franco-Ontariens de se doter d'un journal capable de défendre leurs intérêts spécifiques, de la nécessité de colo-niser de nouvelles terres, de sauvegarder leur identité en conservant un pro-fond attachement à leurs traditions, à leur langue et à leur foi et de travailler de concert avec les autres groupes pour le plus grand progrès de tous. On remarque aussi chez les Franco-Ontariens une prudence toute semblable à celle des Acadiens lorsqu'il s'agit de formuler leurs rapports avec la commu-nauté anglophone dominante. Les délégués au congrès iront jusqu'à envoyer un câblogramme à Londres « pour exprimer l'"inaltérable loyauté" et l'"absolu dévouement" dudit Congrès à la "Personne" du roi Édouard VII et à l'"Empire" » (p. 54). Comme les Acadiens, les Franco-Ontariens se réfèrent à leur passé glorieux dans lequel ils trouvent un modèle pour le présent, tout en préconisant en même temps une plus grande intégration des leurs dans la vie politique et économique de leur époque. Dionne souligne d'ailleurs le fait que les Franco-Ontariens, dans la préparation de leur congrès, ont pris pour modèles les conventions nationales des Acadiens et aussi des Franco-Américains, bien plus que celles des Québécois organisées par les Sociétés Saint-Jean Baptiste. Si ces dernières puisent dans leurs propres rangs les délé-gués de leurs conventions, ceux qui assistent aux congrès acadiens et franco-ontariens sont choisis de façon démocratique et sont représentatifs de l'ensemble du peuple.

Parmi les résultats concrets et durables du congrès d'Ottawa, Dionne souligne la création de l'Association canadienne-française d'éducation d'Ontario qui « prendra dorénavant en charge [...] la défense des intérêts et des ambitions légitimes de la communauté franco-ontarienne » (p. 97).

L'auteur de l'article souligne enfin l'aspect littéraire des discours du congrès qui se signalent par leur composition, leur classicisme et leur simplicité. Les actes du congrès, conclut-il, constituent non seulement le témoignage d'une « première prise de parole collective de l'Ontario français », mais aussi « un texte fondateur receleur d'identité » (p. 124).

L'article de l'historien Gaétan Gervais constitue une excellente suite à celui de René Dionne dans la mesure où il se penche, lui aussi, sur la question de l'identité franco-ontarienne, mais dans une perspective plus moderne et aussi critique. Notamment, il étudie les profondes mutations qu'a subies cette notion d'identité depuis l'éclatement du Canada français dans les années 60.

Dans son article « *Le Lynx et le Renard* : un relais déroutant dans la transmission du conte populaire français en Ontario », le folkloriste Jean-Pierre Pichette raconte comment, il y a quelques années, en lisant une revue destinée aux étudiants, il est tombé sur un récit amérindien qui lui était demeuré, jusque-là, inconnu. Une analyse de ce conte révèle ce qui semble être, en un premier temps, ses attributs spécifiquement indigènes, mais l'existence de récits parallèles canadiens-français conduit l'auteur de l'article à s'interroger sur l'origine exacte de ce conte. Au terme d'une étude savante et méticuleuse, l'auteur en conclut au transfert culturel : c'est le récit canadien-français d'origine européenne qui s'est infiltré dans la tradition orale amérindienne.

Roger Bernard, dans son article « Les enjeux de l'exogamie », se propose de déterminer si « l'exogamie est un phénomène inquiétant pour la survie et le développement des communautés francophones et acadiennes au Canada », c'est-à-dire les communautés francophones hors Québec, et si elle « est une cause importante de la bilinguisation, de l'assimilation et de l'anglicisation des jeunes francophones du Canada français » (p. 244-245). Les enquêtes menées par ce professeur d'éducation le conduisent à des résultats parfois étonnants, inquiétants, certes, mais moins alarmants que ceux auxquels on aurait pu s'attendre.

Dans son article « Francophones et Franco-Ontariens dans l'univers agricole canadien 1851-1911 : perspectives comparatives », l'historien Fernand Ouellet, au moyen d'études statistiques nombreuses, effectue une étude comparative de l'évolution de l'agriculture dans différentes régions du Canada, en attachant une importance particulière aux régions francophones et notamment aux régions francophones de l'Ontario. Son enquête le conduit à formuler de nouvelles hypothèses qui non seulement contribuent à enrichir la somme globale des connaissances sur le sujet mais remettent sérieusement en question l'interprétation que l'on a fait jusqu'à maintenant de certains aspects de l'histoire agricole canadienne.

En dernier lieu, Fernand Dorais a choisi de traiter d'une écrivaine franco-ontarienne peu connue de nos jours. Il s'agit de Thérèse Tardif, essayiste et romancière, qui a publié deux ouvrages dans les années 40 et 50. Si Gilles Marcotte, cité par Dorais, avait vu dans *La Vie quotidienne* « un des livres les plus extraordinaires [...] le premier grand roman chrétien de notre littérature » (p. 368-369), l'auteur de l'article voit dans *Désespoir de vieille fille* « une œuvre vraiment supérieure » (p. 370) que l'on doit absolument tirer de l'oubli. C'est d'ailleurs un des buts qu'il se fixe dans cet article où il s'interroge, surtout, sur un découpage possible de l'œuvre qui relate une sorte de descente aux enfers de l'âme humaine, descente qui doit être comprise comme une déchéance conduisant au désespoir, au péché, à la souffrance et, enfin, à la grâce.

Somme toute, les « Cahiers Charlevoix I » contiennent une multiplicité d'informations importantes et variées sur l'Ontario français, sur son patrimoine, son histoire, sa situation actuelle, informations qui sont transmises au lecteur de façon claire, systématique et intéressante par des chercheurs spécialisés de grand calibre. Si ce livre semble d'abord s'adresser aux Franco-Ontariens eux-mêmes, il est à noter que la problématique abordée tient compte souvent d'autres collectivités francophones en situation minoritaire. Ainsi Acadiens, Franco-Américains et même Québécois se retrouveront dans ces pages qui constituent un ouvrage important dans le domaine des études franco-ontariennes.

PRENDRE LA PAROLE : LE JOURNAL DE BORD
DU GRAND CANO
de GASTON TREMBLAY
(Ottawa/Hearst, Le Nordir, 1996, 330 p.)

François Ouellet
Université Laval (Québec)

Acteur essentiel de la naissance de la Coopérative des artistes du Nouvel-Ontario (CANO) et fondateur de Prise de Parole, la première maison d'édition franco-ontarienne, Gaston Tremblay est sans doute, avec Robert Dickson, la personne la mieux placée pour rappeler l'histoire de l'affirmation identitaire des Franco-Ontariens du Nord à partir de 1970. C'est ce qu'il fait dans *Prendre la parole*, qui se donne pour « le journal de bord du grand CANO ». Il ne s'agit donc pas d'un « document historique » mais d'un témoignage, et c'est pourquoi l'auteur préfère caractériser son ouvrage de « récit » plutôt que d'« essai ». L'histoire racontée est partielle (puisque nous n'avons que le point de vue de l'auteur), mais par ailleurs impartiale, me semble-t-il, l'ouvrage traduisant un souci évident d'objectivité, que Gaston Tremblay traite des conflits (notamment avec Claude Belcourt à la direction de Prise de Parole) ou des démêlés qui l'ont directement concerné (par exemple, avec le Centre franco-ontarien et le Conseil des arts de l'Ontario) aussi bien que de la fraternité qui animait CANO et la maison d'édition.

Si le témoignage de Gaston Tremblay est particulièrement important, c'est aussi qu'il a vécu les toutes premières initiatives qui ont mené à la création de CANO. Dès 1962-1963, les années d'adolescence où il fréquente le Collège du Sacré-Cœur de Sudbury, il écrit et fait jouer une pièce de théâtre, rencontre Pierre Bélanger (qui mettra sur pied la commune d'Earlton, où CANO vivra pendant l'été 1972), Robert Paquette et André Paiement, qui remporta « pour son interprétation de Paluche le prix du meilleur comédien ». C'est là le noyau du futur CANO qui réalisera, à l'été 1971, la fameuse création collective *Moé j'viens du Nord s'tie*, qui fit scandale auprès de l'élite et qui constitue somme toute les débuts du Théâtre du Nouvel-Ontario (TNO), né officiellement quelques mois plus tard.

L'ouvrage pourrait être divisé en deux parties, chacune occupant un nombre à peu près égal de pages. Dans un premier temps, Gaston Tremblay évoque parallèlement les destins de CANO et de Prise de Parole, une « bouture de CANO ». Il accumule les anecdotes, détaille les faits, souligne les états d'âme, les déceptions et les joies. Certains événements sont connus, encore qu'il y ait un intérêt certain à les visiter *de l'intérieur,* si je puis dire ; et l'année 1973 est déterminante : installation des communards à Sudbury, fondation de Prise de Parole (publication de *Lignes-signes*), créations de la première Nuit sur l'étang et de l'Avent de la poésie. D'autres événements, moins connus ou sous-estimés, ont joué un rôle dans cette histoire, du moins jettent-ils un éclairage sur l'esprit CANO. Par exemple, le journal étudiant de l'Université Laurentienne, *Le Lambda,* dont Pierre Germain et Gaston Tremblay dirigeront la page littéraire jusqu'en 1971, annonce déjà Prise de Parole, à la fois par son association avec le théâtre (dans ce cas-ci la troupe de *Moé j'viens du Nord s'tie*) et par la volonté qu'il démontre de « passer par les gens et leur milieu ». L'auteur rend bien compte du caractère fraternel de l'entreprise et de l'imposant complexe culturel que devint CANO en quelques années : outre le TNO et Prise de Parole, le groupe avait à sa disposition le Moulinet (une maison d'animation artistique), la salle de spectacle La Slague où Cano (le groupe musical) donna son « gros show » en décembre 1975, la Galerie du Nouvel-Ontario en 1975 (des ateliers de sérigraphie, de photographie et de collage faisaient déjà partie de CANO depuis 1973) et la Corporation ciné-nord qui tourna notamment des courts métrages de Cédéric Michaud et de Diane Dauphinais en 1977. Mais l'année 1976, qui voit du moins se structurer la Cuisine de la poésie, marque déjà les débuts de la fin pour CANO : mésententes à la quatrième Nuit sur l'étang, départ d'André Paiement du TNO, divergences entre Gaston Tremblay et Robert Dickson à Prise de Parole. « Les individus avaient vieilli et leur carrière était devenue plus importante que l'intérêt des groupes », note l'auteur, rappelant que « c'est une étape normale dans la vie d'un groupe de création artistique ».

Dans un deuxième temps, Gaston Tremblay s'attarde à Prise de Parole, une « expérience plus organique que cartésienne », ne négligeant aucun aspect de son organisation : son infrastructure (chancelante vers 1975-1977, la maison suscitant des attentes auxquelles elle n'était pas préparée) ; ses difficultés financières (surtout en 1985) ; ses orientations, d'abord locales, puis plus provinciales (sous la direction de Robert Dickson, qui publiera, en 1976, le premier recueil de Patrice Desbiens) ; son évolution éditoriale (avec la mise sur pied, en 1979, d'une collection pour les jeunes auteurs, « Les perce-neige » ; la publication d'ouvrages scolaires à partir de 1980, la création d'une revue littéraire en 1984, *Rauque* ; et la priorité accordée au roman à partir de 1985).

À l'été 1978, Gaston Tremblay prit (pour dix ans) la direction de Prise de Parole, produisant rapidement une rentrée littéraire qui eut du succès, notamment par la publication du théâtre d'André Paiement, mort l'hiver précédent. Homme d'action ardemment dévoué à la communauté, il dirigera Prise de Parole dans l'esprit communal de CANO, c'est-à-dire en insistant pour que le rendement de la maison soit évalué selon sa valeur sociale plutôt que sur la rentabilité économique. La maison, soucieuse de s'ouvrir aux petites communautés et de s'imposer dorénavant comme éditeur régional (avec le slogan « pour les Franco-Ontariens »), accorda une importance particulière aux lancements de livres dans la ville des auteurs, aux tournées d'animation (spectacles dans les écoles), à l'encadrement des auteurs par le comité de lecture et à la protection de leurs droits d'auteur. Dans cet esprit communautaire, les dix ans de Prise de Parole marqueront un temps fort, signalé, d'une part, par le lancement, en 1982, d'un numéro de *La Revue du Nouvel-Ontario* consacré à la maison, dans le cadre du premier Colloque des écrivains et des éditeurs franco-ontariens ; et, d'autre part, par un conventum du grand CANO et la mémorable dixième Nuit sur l'étang, qui revenait à sa formule d'origine du spectacle uniquement franco-ontarien et qui allait être l'occasion pour tous et chacun de revivre, l'espace de quelques heures nostalgiques, l'expérience de 1973.

***

Cela dit, si *Prendre la parole* est, à n'en pas douter, un ouvrage important par l'étendue des détails dont il nous fait part, peut-être pèche-t-il par ses qualités, dans la mesure où il s'apparente à un inventaire, ce qui n'a rien pour susciter l'enthousiasme du lecteur. Je pense plus particulièrement à la deuxième partie, où l'auteur commente le contexte de publication de chacun des titres parus à Prise de Parole au fil des années. La première partie pourrait racheter les défauts de l'autre si ce n'était de la neutralité de l'expression ; j'ai parlé plus haut du mérite de l'auteur à viser une objectivité certaine, mais peut-être est-ce là une lame à deux tranchants. Cela donne à penser que Gaston Tremblay n'a guère pris de plaisir à écrire son ouvrage, abordant sans passion un sujet passionnant : il y a tout un monde entre *dire* que l'expérience de CANO fut exaltante et faire partager ce sentiment au lecteur. À cet égard, les premières lignes de son ouvrage feraient l'aveu d'une certaine absence de l'écrivain à son livre : « J'ai longuement hésité avant d'écrire ce livre. Je me suis, en guise de préparation, prélassé dans mes souvenirs. » Or, nous savons que la distance et les souvenirs n'ont d'autre potentiel, dans le meilleur des cas, que d'objectiver un état d'esprit. Le recul permet une mise en ordre des faits, souvent au détriment de l'étincelle qui peut les rendre attachants.

Prendre la parole nous rappelle que la culture franco-ontarienne est indéniablement à l'heure des bilans, comme en témoigne aussi l'ouvrage monumental que viennent de publier Jacques Cotnam, Yves Frenette et Agnès Whitfield sur la recherche en Ontario français[1]. À l'évidence, l'institution s'affine, et la littérature cherche à s'inscrire rigoureusement dans le discours du savoir dont font état les réflexions de François Paré[2]. Dans ce sens, François Paré note la nécessité de « l'établissement d'un contexte critique de la production et de la réception » des œuvres d'avant Prise de Parole : « Nous ne pouvons plus nous permettre de couper complètement l'énergie contre-culturelle de Sudbury, au début des années 70, de la production littéraire qui a précédé directement cette période[3]. » L'ouvrage de Gaston Tremblay fait le compte des données à partir desquelles, peut-être, on pourra mieux mesurer quelles étaient les possibilités du discours contre-culturel.

Je note, pour terminer, l'extrême importance du socle identitaire sur lequel reposent aussi bien le discours de la recherche que le récit de Gaston Tremblay, et en particulier l'importance de la figure d'André Paiement qui reste, vingt ans après sa mort et depuis l'article de Fernand Dorais[4] (à qui *Prendre la parole* est dédié), le point de repère central de l'aliénation franco-ontarienne ; cela chez François Paré, qui ouvrait ses *Théories de la fragilité* sur l'auteur de *Lavalléville*, comme chez Tremblay, qui termine en rappelant le « schizophrénie *is what we be* » de l'adaptation du *Malade imaginaire*, et interprète son choix de vivre à Montréal (depuis 1988) comme un refus symbolique de suivre Paiement : « Un jour, je me suis levé et j'ai dit NON à André. J'ai opté pour la vie. »

NOTES

1. Jacques Cotnam, Yves Frenette et Agnès Whitfield (dir.), *La Francophonie ontarienne. Bilan et perspectives de recherche*, Ottawa/Hearst, Le Nordir, 1995.

2. François Paré, *Les Littératures de l'exiguïté*, Ottawa/Hearst, Le Nordir, 1992, et *Théories de la fragilité*, Ottawa/Hearst, Le Nordir, 1994. Voir aussi *La Littérature franco-ontarienne : enjeux esthétiques*, sous la direction de Lucie Hotte et François Ouellet, Ottawa/Hearst, Le Nordir, 1996.

3. François Paré, « Repères pour une histoire littéraire de l'Ontario français », dans *La Francophonie ontarienne. Bilan et perspectives de recherche, op. cit.*, p. 279.

4. Fernand Dorais, « Mais qui a tué André ? », article paru dans *La Revue du Nouvel-Ontario*, nº 1, 1978, p. 34-57, et repris dans *Entre Montréal... et Sudbury*, Sudbury, Prise de Parole, 1984, p. 15-33.

LA CHATTE ET LA TOUPIE :
ÉCRITURE FÉMININE ET COMMUNAUTÉ EN ACADIE

François Paré
Université de Guelph

« *Un sujet blanc avant toute lumière* »

Que le *poète* disparaisse ! Qu'il s'efface, par-delà sa voix, et que son corps politique ne s'offre plus à la vue de tous ; qu'il s'absente, lui, l'origine *en personne*, et que la *poésie* en retour vive sans lui, sans cette genèse obligée en lui ; qu'elle ne vive plus que par le hasard de sa naissance « turbulente » dans le langage ! Du moins c'est ainsi que désormais, pour Philippe Haeck, la poésie doit se laisser imaginer, enfin libérée de l'empire intolérable de la communauté, où le poète avait usurpé un rôle sacral, et d'une société appauvrie et appauvrissante où l'on pouvait être poète sans même écrire de la poésie.

Mais, détaché de son corps politique, le poète peut-il s'empêcher de diriger vers sa communauté d'origine ses critiques les plus vives ? Philippe Haeck parle ici de la poésie québécoise, qu'il n'entrevoit plus que dans le contexte de la négation du « pays » imaginaire. « Le poète québécois ça n'existe pas, ou quand il existe, il est tout de suite mort : le pays est sa pierre tombale. Un pays c'est assez effrayant : ça peut disparaître tout le temps, comme ça peut trop apparaître[1]... » Il faudrait donc que le texte poétique se glisse entre la disparition toujours imminente et le surcroît du « pays », dans une sorte d'interstice imprégné d'une censure toute platonicienne, puisqu'en lui le surgissement du texte mettra fin au corps politique du poète, à sa personne publique toujours présomptueuse, et rompra les liens factices avec cette communauté, ce « pays » qui, jusqu'alors, lui avait tenu lieu de genèse.

Dans les pages qui suivent, cette question de la personne publique du poète, des liens qu'elle entretient nécessairement avec la communauté, servira de cadre à la réflexion que je me propose d'amorcer ici sur l'écriture féminine en Acadie depuis le début des années 80. Cette interrogation m'amènera surtout à tenter de mettre en rapport l'écriture poétique des femmes, souvent mal acceptée, parfois même marginalisée dans l'institution littéraire acadienne, avec la problématique même de l'*Acadie* (au sens fort du mythe), dont le devenir constitue toujours à mon sens le cœur du discours poétique acadien dans son ensemble.

Une telle lecture ne sera pas transparente. Il faut se dire, d'emblée, que l'oscillation douloureuse entre l'*appartenance* et l'*affranchissement*, entre l'origine (vécue dans un « *empremier* » constitutif) et le déracinement des individus dans une finalité propre à la modernité, entre le communautaire et le multiple, sera d'une grande complexité et qu'aux individus concernés, eux-mêmes engagés (comme moi) dans des luttes quotidiennes, elle ne saura jamais apparaître dans sa pleine cohérence. Mais il est aussi évident que les luttes d'affirmation nationale ont fini par obscurcir la présence parcimonieuse[2], et pourtant insistante, d'une poésie écrite par des femmes. De Dyane Léger à Hélène Harbec, de France Daigle à Rose Després, cette poésie réclame la fin du cycle enfermant de l'histoire et le « détournement » de l'écriture vers des préoccupations textuelles où doivent surgir les véritables ferments de l'autonomie et où doit s'affirmer une subjectivité irréductible à ses seules assises communautaires (« un sujet blanc avant toute lumière », selon l'expression de Madeleine Gagnon[3]).

Dans ses relations problématiques avec le communautaire, le « sujet blanc » est alors hanté par la compromission, par la fausse nostalgie de l'origine. Dans son corps politique glorifié, le poète n'avait pu que réaffirmer les vieilles oppositions entre dominants et dominés, entre « masse sociale » et individus. Il faudrait en sortir, propose encore Philippe Haeck (comme bien d'autres en ce début des années 80), et la sortie est là, droit devant, dans une écriture « enfin sens dessus dessous[4] ».

Haeck n'est certes pas le seul à parler ainsi. Au Québec autant qu'en Acadie. Que faire donc du « pays » aujourd'hui agglutiné autour de son refus d'être, de son absence de territoire ? Que faire du chantre parti pour la gloire et trompé en cours de route par les siens ? « Quant à la problématique nationale, c'est une tout autre histoire », écrit à peu près à la même époque France Théoret dans un texte de *La Nouvelle Barre du Jour*. Si l'écrivain ne peut se défaire entièrement de l'appel collectif qui l'avait animé jusqu'alors, il reste tout de même qu'il perçoit cet appel avec ambivalence et avec méfiance même.

Théoret reste visiblement paralysée devant un choix difficile. Car la femme peut-elle renoncer à la communauté ?

> à toi, ta différence
> cela que je préfère
> ton irréductible errance
> ta singularité
> notre fête multiple[5]

Les conditions de libération de la femme en écriture sont-elles, en effet, attachées à un tel renoncement ? Quelle est la nature de cette « fête multiple » à laquelle la femme est conviée, mais dont il faut aussi qu'elle se détache par une « irréductible errance » ? D'un côté, il y a l'« autonomie de la pratique du texte », comme le disait Philippe Haeck, de l'autre le désir du changement *légitime* qui anime toutes les communautés, nationales ou autres. Peut-il y avoir une autonomie du texte dans une communauté privée elle-même de son autonomie politique, d'autant plus qu'au sein de « l'écriture postmoderne, la théorie fait partie de la pratique[6] » et qu'il doit bien s'instituer *quelque part* une relation à définir entre la nation et l'individu, et non plus seulement un lent et douloureux déchirement ?

L'écriture minoritaire et la solidarité

Le rejet de la figure du poète « national » par des écrivains comme Philippe Haeck et France Théoret dans le Québec des années 80 serait plutôt accidentel, en fin de compte, s'il ne venait confirmer, au niveau des théories poétiques, les profondes tensions qui animent les cultures francophones en Amérique du Nord depuis une trentaine d'années au sujet du lien obscur — somme toute — entre le désir de solidarité et la singularité des pratiques d'écriture. En effet, si la réflexion est difficile au Québec, elle l'est encore bien plus dans l'ensemble du Canada francophone minoritaire.

En effet, en Ontario français et en Acadie notamment, le problème ne s'est pas posé de la même manière. Même si elle a souvent été souhaitée par les écrivains, la rupture du champ communautaire n'y a jamais été claire, jamais vraiment décisive. La communauté est invariablement empreinte de nostalgie. La poésie, en particulier, a été (et est toujours) profondément marquée par son enracinement dans un *nous*, toujours condition d'un savoir sur le temps et sur l'espace d'un partage, d'une communalité. Et le besoin de comprendre sa place dans l'espace/temps s'est accru en Acadie comme ailleurs au Canada francophone depuis la « grande déchirure[7] » et le déplacement du désir identitaire, qui a animé les collectivités minoritaires, vers de nouvelles formes de communalité[8]. Plus que jamais, à la poésie surtout, la question de l'origine, conçue comme l'instance mythique de la solidarité, s'est posée avec force.

Dans son ensemble, la mise en place d'institutions littéraires autonomes avait d'ailleurs eu pour objectif de refléter la nécessité de lieux distinctifs dans l'univers de la représentation, lieux qui puissent permettre de comprendre à la fois la mouvance de la communauté d'origine et ses transformations singulières dans l'histoire. Pouvait-on tenir en Acadie ou en Ontario français, par exemple, un discours où les conditions d'affranchissement du poétique dépendaient nécessairement d'un renoncement à l'idée de nation ? N'y a-t-il pas ici, en tous cas, de manière exemplaire, une *multiplicité* qui ne soit pas *communautaire* ?

Pour tenter de répondre à cette question, c'est vers la poésie féminine des 25 dernières années en Acadie que je propose de me tourner. Je m'en remettrai surtout largement aux textes de Dyane Léger, de France Daigle et d'Hélène Harbec. Mais il faudrait sans nul doute en d'autres lieux ouvrir cette analyse à d'autres œuvres comme celles d'Huguette Légaré et de Rose Després, par exemple, dont l'importance est indéniable. Cette écriture féminine n'est pas le seul corpus possible, si l'on cherche à saisir l'articulation particulière entre écriture poétique et communauté, car en fait la poésie acadienne contemporaine se répartit en des aires extrêmement diverses, dans lesquelles il faudrait alors compter, outre le corpus féminin, les textes d'écrivains comme Herménégilde Chiasson et Serge Patrice Thibodeau. Si l'écriture poétique des femmes m'intéresse avant tout, c'est parce qu'elle a permis de poser le rapport pays-texte de manière exemplaire, en soulignant non plus la participation sacrale de la poésie au cycle de l'histoire nationale, mais plutôt désormais son action décisive, directe, transitive, sur tous les sujets à l'œuvre dans cette histoire. En Acadie comme au Québec, les écritures féminines, dans leur ensemble, se sont donc voulues « éclectiques, gourmandes, empruntant à la modernité ses déconstructions et son renouvellement des codes, à la postmodernité son esthétique du fragment, de l'hybride, au romantisme sa reconnaissance de la subjectivité[9] ». Ce sont les femmes qui ont surtout posé, au moins implicitement, le renversement de la quête identitaire jusque-là liée à l'idée de communauté nationale (l'œuvre de Rose Després est à ce titre fort intéressante) ; et cela, il est important de le souligner, au moment même où s'élaborait une poésie néo-nationaliste acadienne de grande envergure, dont elles ont fini par constituer le revers. Ces écritures proposaient, en parallèle, des formes différentes d'affirmation individuelle et d'émancipation collective.

La parole publique

En Acadie, il faut dire que la modernité s'est d'abord limitée à la simple accession à la parole publique. Puis, peu à peu, dans les liens assez nombreux qui se sont développés entre poètes québécois et acadiens, la modernité s'est définie autrement[10]. Elle s'est appuyée, dorénavant, non seulement sur la prédominance de préoccupations textuelles, mais aussi sur la recherche d'une hybridité, d'un chatoiement de l'identité, qui ne pouvait être qu'exacerbé en situation de minorisation. Dans sa relation toujours à définir avec le temps et l'espace, l'Acadie moderne ne pouvait qu'être profondément ambiguë.

Cependant, une telle modernité (comme on peut l'observer chez Dyane Léger, France Daigle et Anne Cloutier, par exemple) ne semblait pas exclure le combat collectif ; et le nationalisme acadien semblait pouvoir y trouver sa sanction. Car l'accès à la modernité, après tant d'années de silence collectif, n'avait de sens véritablement que dans le partage ritualisé d'un destin commun dans la parole poétique (celui d'un passé longtemps silencieux vers une difficile expression) que celle-ci ne remplaçait pas, mais qu'elle paraissait plutôt accompagner, interpréter, inscrire dans la représentation. Parler n'était donc pas mettre fin au silence fondateur, mais plutôt lui donner une modulation particulière dans l'espace public. La modernité ici, c'était avant tout prendre sa place, se donner corps, dans la parole.

En marge de l'histoire cyclique

Car la littérature acadienne était profondément informée par une longue tradition d'interprétation cyclique de l'histoire, qui ramenait le texte poétique aux lieux lumineux de la dispersion au XVIIIᵉ siècle et à l'histoire des recommencements, à l'*empremier*, conçu comme une origine absolument singulière de la communauté dans l'histoire et son « déploiement », son « errance » orientée, sa « marche vers le mystère *glorieux* », pour reprendre ici des éléments de la belle analyse proposée par Joseph Yvon Thériault[11]. Il y avait là une continuité nécessaire qu'il semblait impossible de renier.

À même la poésie néo-nationaliste des années 80, entrelacée, une *autre* modernité acadienne s'est alors écrite, largement l'œuvre de femmes, mettant l'accent sur des motifs d'ouverture à l'altérité, d'une part, et sur des pratiques différentes de la communalité, pratiques spirituelles notamment, d'autre part. Cette modernité reposait sur des formes d'élucidation du collectif, de l'identitaire, qui esquivaient la question du destin national et les rapports dominant-dominés, posés précédemment, ou qui très souvent s'y substituaient en les sublimant. Par là, c'était toute une pensée commune de l'origine et du destin des individus qui était remise en cause, de même que la fonction sacralisante de l'écrivain en tant que porte-parole prophétique de sa collectivité. À la dispersion de 1755 s'opposaient, en effet, d'autres formes de déperdition, la déroute conceptuelle des « enfants qui grandissent à l'écart », dira Hélène Harbec. Et à la marche glorieuse dans la résistance de l'histoire se substituait une pratique active du renoncement au sens.

On se rappellera les textes percutants de Rose Després, par exemple, sur le « besoin d'oxygène » et l'ouverture à une conception beaucoup plus large du champ d'action de la poésie. « Mais parlons d'autre chose. Parlons ailleurs », s'écriait-elle dans *Requiem en saule pleureur*[12]. C'est ainsi que, dans sa préface à *Graines de fées* de Dyane Léger, Denise Paquette concevait, à son tour, six ans après la première parution de ce livre, la spécificité de ce texte particulièrement insolent par rapport aux revendications traditionnelles de la poésie acadienne comme une affirmation d'une subjectivité triomphante et un rejet de l'origine mythique de l'Acadie : « *Graines de fées*, ce n'est plus la marque d'un passé collectif singulier, mais celle d'un "moi" constamment subi et sublimé à la fois, et dont la dualité s'exprime par des jeux de "miroirs"[13]. » Ou comment voir autrement la construction méticuleuse d'une nouvelle interprétation de l'identité, l'histoire originaire de l'écrivaine « mystique », « tellurique » que proposait France Daigle dans *1953 : chronique d'une naissance annoncée*[14] ?

N'y avait-il pas deux sortes de modernité : celle du cycle sacral, objet privilégié d'une poésie du « pays » en émergence, et celle d'une traversée plus radicale de l'histoire, mettant en cause la validité même du cycle national ?

Sans faire référence à l'écriture féminine, Henri-Dominique Paratte montrait fort clairement dans un article de 1993 les enjeux de l'éclatement du circuit nationaliste en Acadie : « Le lieu de création est ici — en dehors de toute attache géographique directe — à la fois le lieu d'une intertextualité universelle et le lieu d'une individualité irréductible à toute entreprise nationalisante[15]... » Cependant, il n'est pas sûr que la foi en un destin commun de l'Acadie ait véritablement donné lieu, comme le croit Paratte, à un détachement aussi serein et aussi peu équivoque. Si le renversement des valeurs collectives apparaît dans l'œuvre de France Daigle, par exemple, comme une condition triomphale de la modernité, les rapports avec le destin commun dans l'histoire restent infiniment plus ambigus. Le « desserrement de l'étreinte » (pour citer ici Serge Patrice Thibodeau) n'empêche nullement la tendresse très émouvante que nous pouvons ressentir quand, « près de la source », « nous traversons à gué la rivière assouvie / comme autrefois[16] ».

La chatte et le vieux fou

En 1984, dans l'analyse d'autoréflexion qu'elle faisait de *Sans jamais parler du vent*, paru en 1983, France Daigle admettait elle aussi les rapports incessants entre la modernité d'une écriture « libre » de toute contrainte sociale et les lieux pressants du grand cycle de l'histoire acadienne. En fait, c'est toute l'Acadie qui, par le dénuement de son origine, se prêtait magnifiquement, pour France Daigle, au renversement des traditions antérieures.

> D'une certaine façon, je ne trouve pas étonnant que mon écriture se trouve un lien de parenté avec la modernité. Vivant dans un contexte où la tradition littéraire est à peu près inexistante, je n'avais pas de modèle contre lequel mesurer mon ambition de vouloir « écrire le livre de la mer sans jamais parler du vent ». [...] Libre à moi alors de chercher le sentier le plus apte à illustrer mon propos. C'est sans doute cet aspect *dénudé* de la langue et de l'expression acadienne qui a fait en sorte que ce sentier s'avère finalement voie directe, pour ne pas dire voie rapide, vers la modernité[17].

Ainsi, en se « rapprochant sans cesse du texte », France Daigle croit retrouver par là les conditions d'accès à une modernité dont l'avènement est lié paradoxalement à une lecture du passé primordial.

De la même manière, une œuvre aussi ludique et aussi foncièrement insouciante que *Graines de fées* de Dyane Léger ne parvient pas à contourner le profond désir qui accompagne toujours la mémoire d'un passé mythique, toujours à recommencer dans la merveilleuse mimésis de ces cycles : « Le vieux fou t'écrira de l'An premier, de tempêtes d'étoiles qui foudroyaient les champs d'amours en plein juillet[18]. » Voilà qu'il y a, chez Dyane Léger, une Acadie de l'été, empreinte de la fécondité originaire, et une Acadie d'hiver, enfermante et stérile. Un texte premier (celui du « vieux fou ») et un texte toujours second (celui de l'ascète en quête d'*elle*-même) : d'abord une voix désertée dans l'histoire, qu'il s'agit toujours de reprendre au silence (« un bouquet de mots, tel un soupçon de présence, laissé derrière soi[19] »); ensuite, une voix liée à la violence primitive des bayous et à l'exploitation des femmes.

L'œuvre de Dyane Léger reste, dans toute sa violence, l'un des plus profonds appels à l'éclatement du cycle désespérant de l'histoire. À ce titre, *Les Anges en transit* doivent représenter un tournant dans l'écriture féminine en Acadie. Ce livre mi-pamphlétaire, mi-autobiographique, fait le procès intransigeant de l'Acadie ancienne, celle des compromis et du silence. Le rejet est total : « Et aujourd'hui, comme quelqu'un "qui n'en revient pas", "qui n'en reviendra peut-être jamais", je flâne dans les rues du vieux quartier, pareille à une chatte qui traîne dans sa bouche l'avorton qu'elle veut enterrer » (*AT*, p. 71). Les rapports avec l'origine permettent d'évoquer un univers animal, celui de la chatte, où ne règnent plus que le déchirement de la chair et le sacrifice des enfants trop vulnérables. Et cependant, chose étonnante, dans toute l'extraordinaire violence de l'écriture de Dyane Léger, persiste une lueur nostalgique, une passion effrénée pour les premiers « génocides », la poursuite primordiale du silence, et malgré tout le « démon qui écrit des poèmes avec son sang » (*AT*, p. 73). C'est le double personnage de la « chatte » et du « fou du village » qui symbolise toujours chez Léger la présence concurrente du singulier et du communal, du pays de l'origine et de son renversement. C'est ce personnage, à l'instinct de survie fortement marqué, qui fait tourner ironiquement l'histoire sur elle-même, en faisant voir ainsi toutes les fractures et toutes les articulations.

La toupie

Nulle folie, bien au contraire, ne hante l'œuvre de France Daigle. Déjà, du reste, depuis le tout début, toute cette œuvre s'articulait sur une démonstration, une « exposition » presque didactique du « manuscrit acadien[20] ». La nécessité d'une mise à nu de l'histoire s'imposait : « [...] dorénavant nous ne ferions que camper sur le seuil de notre véritable histoire » (*HMB*, p. 72). Pour échapper aux pièges de l'univocité, le récit devait se dédoubler, étant toujours l'objet d'un regard qui appartient à une altérité : « Au fond de moi, de l'autre côté de la rue, une femme est assise par terre les jambes croisées, le dos droit, les yeux fermés » (*HMB*, p. 9). Ici, rien de la spontanéité décisive de l'*Acadie Rock* de Guy Arsenault ou de *Cri de terre* de Raymond-Guy LeBlanc. La « rue » a bien toujours *deux* côtés habités, deux rivages obstinés.

En même temps, toutefois, la distance instaurée par le texte (souvent inscrite dans la répartition paginale du livre, la gauche tournant le regard vers la droite) sert chez Daigle à reprendre le compte rendu de l'autobiographie, de la venue à l'écriture d'une écrivaine acadienne au cœur de la mouvance identitaire. Cette « figure », souvent indistincte comme dans le beau texte en anglais écrit pour le magazine *Tessera*, accomplit dans la distance les rituels de la durée qui sont ceux-là mêmes de la communauté[21]. Mais cette figure est toujours aussi l'objet d'un regard décapant. D'une part, le sujet regardé « dit toujours la même chose », actant exemplaire de l'histoire cyclique ; il tourne sur son axe comme une toupie (*HMB*, p. 97). De l'autre, la traversée rectiligne du récit se fait autrement, par un dédoublement essentiel, créé le plus souvent par les mouvements libres d'une caméra, qui permet presque toujours de dire autre chose (ou encore *autrement* la même chose) sur le sujet autobiographique[22]. Ainsi en est-il de l'oiseau, dans le texte de *Tessera*, « gardien rectiligne du temps » (p. 71). Et de la toupie, image de l'histoire cyclique, qui « a fini par exposer son axe et se révéler à nous » (*HMB*, p. 97).

L'œuvre vise donc à instaurer « une dimension entièrement nouvelle » (*HMB*, p. 33). Dans *La Beauté de l'affaire*, France Daigle fait encore l'éloge d'une prise de la parole mystique, un « langage de surcroît » fait à la fois de la voix et du silence[23]. Le recueil s'ouvre et se ferme sur l'incarnation biblique du Verbe, à laquelle la « femme architecte », cherchant à construire une maison nouvelle, aime se ressourcer. C'est que la maison est depuis le début le lieu d'une fausse communauté, dont le naturel est tout à fait construit ; elle a l'air d'aller de soi, cette maison fatidique, dans ses formes courbes et cimentées[24]. Mais le travail d'architecture révèle, au contraire, que son histoire est rectiligne, transitive. C'est la femme, immobile et résistante, qui est garante de cette révélation : « Son immobilité à elle tient d'une sorte d'enlignement, d'une capacité certaine à la droiture » (*BA*, p. 37). Active à l'extrême, la femme est à la fois chatte et toupie : louvoyante et droite. L'homme, lui, est resté « agenouillé », au bord du désespoir. Sa foi en la *nature* architecturale de la maison le condamne à une expérience de l'apocalypse, du naufrage (*BA*, p. 50) : « [...] cette impression lancinante que tout peut s'arrêter à tout moment, comme si, tout à coup, il n'y aurait plus aucune raison, plus aucun sens » (*BA*, p. 43).

D'où vient cette fracture du sens entre l'homme et la femme ? La réponse réside dans l'interprétation du silence. Car, une fois la « transparence » de la maison voilée par la parole, il ne peut plus être question d'échapper à la distance constructrice du langage. C'est là le rôle fragile de la poésie, non pas substitut des silences du passé, mais « une sorte de langage de surcroît, à défaut, peut-être, d'un véritable langage » (*BA*, p. 25). Aux images de l'errance initiatique se substituent, chez Daigle, la liberté « immobile » de la danse, le déroulement imprévisible, mais continu de la bobine du film. Ce qui tourne sur soi (le danseur, la toupie, la bobine), non pas ce qui erre, est seul apte à produire le changement, un nouveau regard sur l'espace.

Le surcroît

Bien plus, la construction d'une subjectivité engagée (l'œuvre de France Daigle se présente comme une « fiction autobiographique ») s'effectue dans les gestes timides de l'amour, dans la relation avec l'Autre. Si l'Acadie nationaliste avait eu tendance à cantonner l'Autre dans son altérité irréductible, il n'est plus question d'ainsi trancher les limites du désir de voir ailleurs, de créer par la fécondation l'Autre, d'être cet Autre aussi dangereusement que possible. C'est dans un recueil antérieur que se module la nécessité, chez France Daigle, de situer l'identité dans des rapports qui excèdent le communautaire et qui pourtant instituent une profonde expérience du multiple. *Film d'amour et de dépendance* s'ouvre sur un appel à la désacralisation : « Le bon moment pour désacraliser les choses qui ont sur nous le pouvoir d'être sacrées[25]. » La distance nécessaire sera assurée évidemment par la caméra. Mais la seule présence des amants, dans leur quête *égoïste* du sens, suffira à produire une histoire : « Tu arrivais d'Orient, moi d'Afrique. Le petit, lui, arrivait de voir s'il y aurait beaucoup de palourdes cette année de l'autre côté de la crique. On ne voyait que sa tête monter et descendre derrière les dunes et les herbes marines » (*FAD*, p. 20). Ainsi, comme la rue, la crique a bien elle aussi deux rives, où son panorama s'offre doublement au regard. Cette alternance de l'apparaître et du disparaître fait ici contraste avec l'épiphanie, la marche vers la lumière qui avait pu être au centre de la poésie acadienne des années 60. La frontière de l'espace identitaire, chez France Daigle, ne peut plus être close, mais elle doit plutôt scintiller comme un lieu d'accomplissement du désir, une fracture continuelle et continuante du territoire.

Il y a donc, dans cette œuvre, une profonde remise en question du rôle sacral de l'écrivaine. C'est cela qui permet justement de réaffirmer la pertinence de l'écriture elle-même qui est proprement victimaire et sacrale. « *Poetry is irreducible* », écrit Daigle dans *Tessera*. « *It cannot be destroyed. It constantly changes form in order to be recognized. Poetry is not simply a matter of words. It is but a specter behind words. [...] For poetry cannot last. It must give way always in order to last forever*[26]. » Ce spectre, c'est celui du double de l'écriture, un « surcroît », comme la pellicule du film sur une incessante histoire d'amour.

De la même manière, la seule présence des sous-titres ironiques pour chacune des œuvres sert à démontrer la volonté, chez Daigle, de désacraliser le geste d'écriture, dans une société qui avait pourtant érigé le silence en vertu. Enfin, les très nombreuses interventions de Daigle elle-même sur son œuvre, en commentant la genèse et la réception, font état d'une distance nécessaire, spectrale, par rapport à une réalité dont il n'est plus possible de saisir l'univocité et l'homogénéité.

« *Ce que l'on quitte est toujours devant* »

Chez Hélène Harbec, d'autre part, sur l'œuvre de qui je voudrais me pencher enfin brièvement, le rôle de la poésie est plus limpide. Elle n'a que faire des structures habitées, de l'histoire au sens commun du terme.

> Le temps s'exile hors des structures
> Ce que l'on quitte
> Est toujours devant[27]

Le Cahier des absences et de la décision se termine ainsi sur l'invasion de la ville par les femmes amazones, porteuses du lait symbolique du renouvellement.

Par cette annonciation de ce qui est « devant », la poésie permet de fracturer le cycle de l'histoire répétitive. « J'écris une histoire à rebours » (*CAD*, p. 56). Au début, on ne peut que constater le désespoir :

> Les enfants jouent dehors
> Les pays se réincarnent
> Dans la longue suite des jours (*CAD*, p. 86)

Mais, peu à peu, les « voix incisives » (*CAD*, p. 57) imposent leur résolution entêtée. Dans cette œuvre encore neuve d'Hélène Harbec, le féminisme permet désormais un détachement serein à l'égard de l'origine cyclique de la communauté : « Le hasard ne s'est jamais répété » (*CAD*, p. 49). Comme chez Dyane Léger et France Daigle, les images d'horizontalité (route, ligne, texte) représentent chez Harbec des tentatives de fracturer l'inertie de l'histoire, d'imposer à ce qui a toujours été la volonté singulière de la *décision*, de ce qui est *devant*. Or cette quête profondément locale se superpose de manière exemplaire à toutes les revendications des femmes dans l'histoire. Il n'y a pas, sans ce dévoilement (« déterrer enfin / Le drap des femmes » — *CAD*, p. 81), d'Acadie libre et ouverte sur l'avenir.

Ce bref survol n'est évidemment pas exhaustif et force à des généralisations qui ne peuvent refléter fidèlement la complexité du débat identitaire en Acadie depuis 1980. Mais il est certain que toute une génération d'écrivaines, *au moment même où une poésie nationaliste occupait l'avant-scène de l'institution littéraire acadienne*, a commencé très tôt à s'intéresser aux limites de ce nationalisme et a tenté de chercher dans une réinterprétation de l'origine, non pas une négation du « pays » tant cherché, mais une autre manière d'incarner son avènement et de concevoir ses rapports avec l'altérité. D'un côté, l'ascétisme et la désincarnation, l'impossibilité d'aimer ; de l'autre, le labeur de la naissance, l'incarnation, parfois violente, de la différence, l'amour. Car la « chatte », d'un coup de griffes, fait tourner la toupie de l'histoire sur son axe révélé. Et le cercle infernal n'est plus qu'une pointe qui oscille, une série d'arrêts et de reprises, d'apparitions fugitives et de merveilleuses disparitions. La « sortie des coulisses de l'histoire » ne se fait pas sans la reprise de l'« impitoyable récit[28] » qu'il s'agit maintenant de rompre.

> Les femmes et les histoires
> Vont où elles veulent
> Suivent leur parcours leur déroute (*CAD*, p. 60)

Le savoir découle de la rupture, de la désinvestiture du passé. À cela répond, chez Hélène Harbec, chez France Daigle et chez Dyane Léger, notamment, une esthétique de la transformation patiente et raisonnée, et de la distanciation : du ravaudage, de l'amalgame, de l'entrelacement ; autres façons de transiger la différence, de dire les avatars de l'origine, de faire du neuf avec les vieilles choses du passé. Ici, il n'y a plus guère de totalité pensable de la communauté. Car cette communalité de l'Acadie moderne, telle qu'elle est vue par ces textes de femmes, n'est plus une, univoque, mais frappée par l'appel horizontal, transversal, de sa multiplicité. C'est bien justement dans la poésie que la communauté *de surcroît* s'offre à cette multiplicité, sans pour autant se renier. Écrire la femme acadienne, c'est donc assumer l'excédentaire, gérer ce qui dans la communauté est une figure de dépassement de cette communauté, figure transitive qui met en action l'histoire et la renverse irréversiblement dans l'avenir.

NOTES

1. Philippe Haeck, *Table d'écriture. Poétique et modernité*, Montréal, VLB Éditeur, 1984, p. 66.

2. Parcimonieuse, en effet, si on compare cette production à la production poétique féminine au Québec et à la production des poètes masculins en Acadie même. Voir, par exemple, *Rêves inachevés. Anthologie de poésie acadienne contemporaine* (sous la direction de Fred Cogswell et Jo-Ann Elder, Moncton, Éditions d'Acadie, 1990), où seulement neuf des trente écrivains représentés sont des femmes ; ou encore le numéro récent de la revue *Éloizes* sur Moncton (20/21, 1994) qui compte huit textes de femmes sur quarante.

3. Madeleine Gagnon, *L'Infante immémoriale*, Trois-Rivières/Cesson, Écrits des Forges/La Table Rase, 1986, p. 13.

4. Philippe Haeck, *Table d'écriture, op. cit.*, p. 120.

5. France Théoret, « Quête de corps et de mots », *Arcade*, n° 37, 1996, p. 19.

6. France Théoret, « Fiction et métissage ou écrire l'imaginaire du réel », dans *Fin : vingt-cinq ans de littérature. Une anthologie*, Montréal, NBJ, 1990, p. 606-607.

7. L'expression « la grande déchirure » est de Fernand Harvey, bien que l'idée de rupture et de fragmentation de l'espace culturel francophone en Amérique du Nord soit une idée aujourd'hui tout à fait convenue. Voir Fernand Harvey, « Le Québec et le Canada français : histoire d'une déchirure », dans *Identité et cultures nationales : l'Amérique française en mutation*, sous la direction de Simon Langlois, Sainte-Foy, Presses de l'Université Laval, 1995, p. 49-64.

8. Pour une réflexion plus générale sur les francophonies minoritaires et la rupture : voir Linda Cardinal, « Ruptures et fragmentations de l'identité francophone en milieu minoritaire ; un bilan critique », *Sociologie et sociétés*, vol. 26, n° 1, printemps 1994, p. 71-86. Pour l'Ontario français, on consultera avec intérêt l'article de Françoise Boudreau, « La francophonie ontarienne au passé, au présent et au futur : un bilan sociologique », dans Jacques Cotnam, Yves Frenette et Agnès Whitfield (dir.), *La Francophonie ontarienne : bilan et perspectives de recherche*, Ottawa/Hearst, Le Nordir, 1995, p. 17-51, surtout p. 41-42. Pour l'Acadie, le discours de réflexion sur l'évolution récente de l'institution culturelle me semble plus pauvre, la culture acadienne ployant toujours sous le poids des nombreux panégyriques. Voir tout de même l'excellente synthèse que nous livrait très récemment Glenn Moulaison : « Le néo-nationalisme acadien "à l'heure actuelle" ou la question du savoir en Acadie », *Francophonies d'Amérique*, n° 6, 1996, p. 7-19.

9. Lise Gauvin et Gaston Miron, « La littérature québécoise : points de repère », dans *Écrivains contemporains du Québec depuis 1950*, Paris, Seghers, 1989, p. 20.

10. Le milieu littéraire québécois a eu tôt fait de « reconnaître » comme un acquis la modernité de la poésie acadienne. Les contacts fréquents avec *La Barre du Jour* et les interventions de Claude Beausoleil, notamment, le confirment. Mais il ne faut pas oublier non plus les nombreuses collaborations avec le féminisme québécois, comme en témoignait encore récemment la présence dans un numéro de la revue *Éloizes* de textes de Nicole Brossard et de Yolande Villemaire (numéros 20-21, 1994).

11. « L'Acadie, en marche vers le mystère *glorieux*, se jouant de l'histoire, voilà l'interprétation identitaire dominante formulée par l'idéologie nationale, par l'historiographie et réécrite récemment par notre plus illustre des romancières » : Joseph Yvon Thériault, *L'Identité à l'épreuve de la modernité. Écrits politiques sur l'Acadie et les francophonies canadiennes minoritaires*, Moncton, Éditions d'Acadie, 1995, p. 222.

12. Rose Després, *Requiem en saule pleureur*, Moncton, Éditions d'Acadie, 1986, p. 13.

13. Denise Paquette, préface à *Graines de fées* de Dyane Léger, Moncton, Perce-Neige, 1987, p. 12. *Graines de fées* a d'abord paru en 1980.

14. France Daigle, *1953 : chronique d'une naissance annoncée*, Moncton, Éditions d'Acadie, 1995.

15. Henri-Dominique Paratte, « Du lieu de création en Acadie : entre le trop-plein et nulle part », *Studies in Canadian Literature/ Études en littérature canadienne*, vol. 18, n° 1, 1993, p. 59.

16. Serge Patrice Thibodeau, *Nous, l'étranger*, Trois-Rivières, Écrits des Forges, 1995, p. 76.

17. France Daigle, «En me rapprochant sans cesse du texte», *La Nouvelle Barre du Jour*, n° 182, septembre 1986, p. 44.

18. Dyane Léger, *Graines de fées*, *op. cit.*, p. 65.

19. Dyane Léger, *Les Anges en transit*, Trois-Rivières/Moncton, Écrits des Forges/Perce-Neige, 1992, p. 49 ; ci-après noté *AT* dans le texte.

20. «Cette page du manuscrit acadien selon laquelle *les martyrs emportèrent comme suprême vision de la patrie les sanglantes lueurs d'un incendie qui dévorait granges, maisons, églises*»: Histoire de la maison qui brûle. *Vaguement suivi d'un dernier regard sur la maison qui brûle*, Moncton, Éditions d'Acadie, 1985, p. 49 ; ci-après noté *HMB* dans le texte.

21. Cf. France Daigle, «Tending towards the Horizontal: Text», *Tessera*, vol. 13, hiver 1992, p. 64-73.

22. France Daigle s'en est plusieurs fois expliquée. Voir encore «En me rapprochant sans cesse du texte», *loc. cit.*, p. 43-44.

23. France Daigle, *La Beauté de l'affaire. Fiction autobiographique à plusieurs voix sur son rapport tortueux au langage*, Moncton/Outremont, Éditions d'Acadie/NBJ, 1991 ; ci-après noté *BA* dans le texte.

24. Dans cette discussion de la maison chez France Daigle, je voudrais remercier Barbara Godard de l'Université York qui m'a beaucoup aidé.

25. France Daigle, *Film d'amour et de dépendance. Chef-d'œuvre obscur*, Moncton, Éditions d'Acadie, 1984, p. 10 ; ci-après noté *FAD* dans le texte.

26. France Daigle, «Tending towards the Horizontal: Text», *loc. cit.*, p. 71.

27. Hélène Harbec, *Le Cahier des absences et de la décision*, Moncton, Éditions d'Acadie, 1991, p. 40 ; ci-après noté *CAD* dans le texte.

28. Serge Patrice Thibodeau, *Nous, l'étranger, op. cit.*, p. 61.

JOUISSANCE ET ÉCRITURE
OU LA DIFFÉRENCE AU FÉMININ :
MADELEINE OU LA RIVIÈRE AU PRINTEMPS
DE SIMONE LEBLANC RAINVILLE[1]

Pamela V. Sing
Faculté Saint-Jean
Université de l'Alberta (Edmonton)

Catholique, fille d'un député et d'une maîtresse d'école, une jeune femme devenue l'institutrice «distinguée» et «élégante» de son village, est forcée par son mari, bûcheron, d'aller vivre dans un chantier forestier acadien. Pour se consoler de son exil, elle écrit à son beau-frère qui est également le curé de sa paroisse. Ce sont ses lettres, écrites dans les années 50, qui constituent le texte de *Madeleine ou la Rivière au printemps*[2], un premier roman de Simone Leblanc Rainville, publié en 1995.

Le cadre spatio-temporel nous situe dans une période pendant laquelle la «situation» acadienne est caractérisée par des niveaux de vie et d'instruction particulièrement bas. Les francophones forment 40 pour 100 de la population du Nouveau-Brunswick et, dans la majorité des cas, habitent de petites fermes familiales, des villages côtiers de pêche et des communautés agroforestières ou minières administrées par une compagnie unique. C'est dire qu'au plan du pouvoir économique l'Acadie «traditionnelle» est dirigée par une bourgeoisie marchande anglophone. Au plan de la reproduction sociale, en revanche, elle se possède en quelque sorte, parce que dominée par le clergé et les notables acadiens[3]. L'espace socio-culturel acadien est alors traversé par deux discours officiels élitistes qui, coexistant dans un rapport à la fois de mutuelle dépendance et d'opposition, cantonnent les petites gens dans un non-espace.

Or, pourquoi, en 1995, situer un roman dans un tel cadre ? Le fait de raconter les conditions misérables et les injustices de l'existence menée dans un camp dirigé par une compagnie anglophone dans les années 50 semble indiquer le désir de dévoiler un «texte» dont le discours social officiel faisait alors abstraction. Le roman contribuerait à réinterpréter la décennie comme préparation à la révolution tranquille de Louis Robichaud. Il convient de le rappeler, lorsque ce dernier, d'origine acadienne, devient Premier ministre du Nouveau-Brunswick en 1960, la communauté acadienne entre dans une phase de renouveau et d'affirmation à la fois culturelle, politique et socio-économique. Avec la mise en place de programmes de réforme visant à la normalisation et à l'égalisation des conditions, l'acadianité se déploie avec énergie. Dans *Madeleine ou la Rivière au printemps*, en effet, le texte valorise le parler acadien dont il est profondément marqué, et présente un personnage issu de la classe dominante, le père Louis, à qui la Madeleine éponyme dévoile les misères du camp. Par ailleurs, les bûcherons réussissent à jouer un mauvais tour au représentant de la compagnie anglophone. On peut voir là un début d'affirmation.

Mais s'agit-il bien de l'affirmation du fait acadien entreprise par le Premier ministre Robichaud et poursuivie par les Conservateurs de Richard Hatfield, au pouvoir jusqu'en 1987 ? Au dénouement du roman, Madeleine et Louis travaillent ensemble pour créer une école *régionale*, alors que les réformes des années 60 ont donné à l'Acadie des écoles gérées par l'État-providence qui, tout en partageant la volonté de bilinguisation du Parti libéral fédéral, a accordé aux francophones la gestion de leurs écoles en 1967. En fait, depuis 1974, le ministère de l'Éducation se caractérise par la dualité : deux administrations distinctes gèrent les écoles anglophones et francophones. Toujours est-il, cependant, que l'administration des écoles a été enlevée aux comtés et confiée à l'État, ce qui contribue à réorienter les politiques des communautés acadiennes. Or, l'année 1972 voit la création du Parti acadien (1972-1982) qui exprime le désir d'une autonomie régionale. Même si ce parti n'a jamais bénéficié de l'appui de la majorité de l'électorat acadien, il a contribué à promouvoir l'idée d'un meilleur partage des pouvoirs entre les anglophones et les francophones néo-brunswickois. Pendant que les Conservateurs de Hatfield sont au pouvoir, et même lorsque Frank McKenna y arrive, la stabilité linguistique semble assurée. En 1990, cependant, un nouveau parti politique est fondé, la *Confederation of Regions*, qui prône l'abolition du bilinguisme officiel dans la province. Aux élections provinciales de 1991, ce parti forme l'opposition officielle au gouvernement McKenna. Donc, en 1995, l'année de la publication du roman de Rainville, il y a quatre ans que les Acadiens posent les questions de la spécificité acadienne et de l'histoire collective dans une conjoncture d'incertitude.

Quel sens attribuer à la volonté de régionalisme exprimée dans le dénouement du roman ? Nous risquons l'hypothèse que la réponse à cette question réside dans la problématique des sociétés minoritaires. Le roman de Rainville propose de chercher une solution qui puisse s'élaborer à partir d'identités sociales préexistantes, soit de donner à l'Acadie la possibilité de se renouveler tout en demeurant profondément elle-même. Dans cette perspective, remonter jusqu'aux années 50 équivaut à dire un nouveau commencement, une nouvelle « révolution » à partir d'une trame de fond familière à la communauté, riche en énergie régénératrice, mais négligée. On peut y déceler le souci, non pas de renverser l'ordre social en place, mais de faire évoluer la société en faisant participer au dialogue social des voix jusqu'alors tues[4] : d'un côté, celle des exploités, représentés par les bûcherons et, de l'autre, celle des opprimées, les femmes.

Représentant l'accès à l'écriture comme une affaire de classe qui exclut d'emblée les petites gens, *Madeleine ou la Rivière au printemps* confère à la parole féminine un rôle indispensable dans un tel renouvellement du discours social. Nous verrons plus loin que, dans le paratexte et dans le texte du roman, ce sont les efforts déployés par les femmes qui réussissent à assouplir la loi du père. Dans cette perspective, l'avenir acadien se conçoit dans les termes du Verbe au féminin[5] engagé non seulement à se dire, mais aussi à tirer de l'oubli des laissés pour compte.

À l'ère où on parle de la mondialisation, notamment de l'économie et des communications, espérer faire évoluer la société en s'occupant de problèmes d'ordre communautaire semble régressif, voire hérétique. Mais c'est très exactement ce que le roman de Rainville propose : le projet pour une Acadie viable est en même temps un projet d'écriture au féminin, et ce dernier s'inscrit sous les signes de la contestation, de l'hérésie et de la transgression. Car c'est traditionnellement le fils que la loi du père destine à l'écriture. La femme, elle, n'a qu'une vie « privée », dans tous les sens du mot. Personne n'a accès à la réalité de son corps ou de son intimité. Si elle occupe une place dans le langage ou dans l'histoire, c'est comme objet de discours masculins, ce qui a pour résultat de gommer ce qu'elle a/est de spécifiquement féminin.

Ma lecture du roman de Rainville se veut donc une réflexion sur la fonction identitaire et transgressive de l'écriture, que je propose d'articuler autour de concepts tirés principalement d'*Esthétique et théorie du roman* de Mikhaïl Bakhtine, du *Plaisir du texte* de Roland Barthes, d'*Histoires d'amour* et d'*Étrangers à nous-mêmes* de Julia Kristeva. L'ouvrage de Bakhtine est particulièrement pertinent parce que, en écrivant au père Louis avec qui elle a fait son cours classique, Madeleine voudrait s'exprimer dans un beau français littéraire. Cependant, contrairement à ses propres attentes, elle se met non seulement à incorporer à son texte le parler des gens du camp mais aussi à imposer sa voix et sa perspective de femme, et même à parodier l'expression du « Révérend Père ». Tout ceci donne au texte ce que Bakhtine nomme une « plurivocalité » ou une « polyphonie » des plus significatives. Si les ouvrages cités de Barthes et de Kristeva servent à faire ressortir d'autres aspects essentiels du roman, c'est parce que *Madeleine ou la Rivière au printemps* raconte une histoire d'amour et d'éveil sexuel : le père Louis à qui l'épistolière adresse ses lettres est aussi son amant.

Cela souligne le fait que le projet d'écriture au féminin est inscrit sous le signe de la transgression et motive le paratexte qui fait ressortir la censure dont les lettres sont l'objet. Il s'agit de l'avant-propos et de l'épilogue entre lesquels sont insérées les 26 lettres de Madeleine, et qui sont des textes médiateurs servant à la fois à autoriser l'ensemble de lettres, à l'authentifier et à critiquer de biais le régime qui nécessite d'adroits ménagements. Dans le premier, la narratrice dit vouloir, pour « soulager [s]a conscience », d'une part raconter les circonstances dans lesquelles elle a découvert les lettres et, d'autre part, justifier les « quelques modifications » — plus loin, elle emploie l'expression « mutiler légèrement » — qu'elle a dû y apporter avant d'obtenir la *permission* de les publier.

À la recherche d'information au sujet de l'éducation en Acadie, la narratrice a trouvé une première lettre parmi les dossiers du père Louis Arsenault, alors décédé, dans une enveloppe étiquetée « Éducation 1940-1969 ». Par la suite, l'inspection de chacune des chemises a révélé les 25 autres lettres. Leur lecture provoque chez la narratrice une réaction immédiate : elle voudrait les partager avec d'autres. Elle en fait part à Marie Arsenault, la nièce de Madeleine, à qui elle doit sa trouvaille. Marie est, elle aussi, « tout emballée » par sa lecture des lettres. Se disant « fascinée par le problème de communication qu'elle y diagnostiqu[e] », elle voudrait les publier « sur-le-champ ». Le propriétaire légal des lettres, cependant, le père de Marie, interdit « formellement » leur publication, prétextant le désir de respecter le souvenir des uns et d'épargner la souffrance des autres. Avec l'aide de Marie, la narratrice tâche de produire un manuscrit où seraient « brouillés » les détails révélateurs de lieux et de gens spécifiques, mais Arsenault refuse également cette seconde version : comme il est possible d'identifier les riches propriétaires anglophones qui exploitaient les Acadiens au chantier d'où écrivait Madeleine, et que leurs descendants ont « le bras long », les lettres comportent un danger pour la « brillante carrière politique » de son fils. Bien que la narratrice doute de la validité de cet argument — les conditions et les incidents rapportés dans les lettres étaient généralisés dans tous les chantiers de l'époque, précise-t-elle —, elle en produit une troisième version, d'où ont été éliminés des phrases et des passages entiers, notamment le plus long qui « décrivait une scène de violence[6] ». Grâce encore à Marie qui a alors obtenu son doctorat en psychologie[7], c'est cette version-là que la narratrice lit à la famille Arsenault. Devant la réception familiale unanimement enthousiaste, le père se ravise et accorde sa permission au projet de publication, « même si toutes ses exigences n'[ont] pas été respectées ». C'est ainsi, en collaborant avec une autre femme et en composant avec un représentant de l'ordre établi, que la narratrice réussit à rendre public le recueil de lettres.

L'épilogue, lui, raconte les circonstances mystérieuses qui entourent la mort de l'épistolière, la décision familiale de taire l'« affaire » et l'impact, quarante ans plus tard, des lettres sur les proches de la femme « pécheresse ». En dernier lieu, c'est-à-dire à la page qui suit l'épilogue, se trouve un avis qui affirme le caractère purement fictif de l'ouvrage. La frontière entre la réalité et la fiction étant indistincte, le roman se place sous le signe de l'incertitude, de la contradiction et de l'ambivalence, et le « je » écrivant féminin s'exerce dans une sorte de *no man's land*[8] ontologique et discursif, quelque part dans un nébuleux être/non-être/peut-être, ce qui a pour conséquence de consacrer le caractère subversif du « je » écrivant féminin, même si, comme le voudrait apparemment l'épistolière représentée par Rainville, tout doit se passer dans la douceur et dans le respect.

D'où l'importance de la forme épistolaire du roman. Genre intime, privé, subjectif et fragmenté, la lettre permet à une femme de s'exprimer sans nier son respect pour l'ordre patriarcal. Elle confie son intimité à une seule personne[9], ce qui est une ouverture des plus minimales. C'est particulièrement vrai pour la correspondance de Madeleine qui non seulement déguise les lettres adressées à son amant en les accompagnant de chroniques sur la vie des bûcherons, mais aussi détruit par le feu les réponses de son correspondant. En apparence, par conséquent, le dialogue est inexistant. Les lettres se présentent comme des textes on ne peut plus marginalisés[10].

En réalité et en même temps, toutefois, dans la mesure où les lettres de Madeleine sont destinées à un représentant de l'ordre symbolique qui accepte bel et bien de les lire, elles sont lourdes de conséquences. Produit d'une pratique sous-jacente à la réalité officielle, inscrivant des réalités autres qui ont toujours été tues, elles créent un espace hors-la-loi. Cela est d'autant plus vrai pour Madeleine qui incorpore à ses lettres des fragments de son journal intime, pratique autoréférentielle qui investit d'autorité des confidences privées, solitaires. Devenue objet de son propre discours féminin, enjeu d'une subjectivité féminine qui s'éprouve et s'identifie elle-même, Madeleine offre la possibilité à son correspondant non seulement d'accepter un point de vue autre que le sien, une version nouvelle de la réalité, mais aussi et surtout d'apprendre une manière nouvelle d'appréhender cette réalité. Chaque lettre est écrite par un « je » qui, s'inventant en s'écrivant, est ancré dans le présent de la découverte de soi, ce qui oblige une lecture tout autre que celle que demande un texte linéaire, orienté vers un objectif défini. Madeleine, peu sûre d'elle, procède plutôt à tâtons : en écrivant, elle se cherche, cherche sa propre vérité et cherche une manière personnelle, proprement féminine, de dire cette vérité-là. De plus, ce défi se double de celui de ne pas perdre en route son correspondant, car, inévitablement, celui-ci, tout sensible qu'il est, éprouve de la difficulté à comprendre une approche et une perspective si différentes des siennes. Tandis que Louis s'attend à ce que le récit d'histoire d'amour conduise au désir de poursuivre la relation, soit que le texte de leurs relations ait un lendemain, Madeleine, elle, raconte l'histoire dans le but d'en comprendre et d'en faire comprendre les différents moments. Pour elle, le texte n'a pas d'autre raison d'être que lui-même, et elle s'intéresse par conséquent à en situer l'objet dans le temps et dans l'espace, soit à l'identifier. C'est pourquoi sa version des événements privilégie ce que Barthes nommerait les « indices[11] » du texte, aspects textuels qui servent non pas à projeter un récit vers son dénouement, mais plutôt à en établir les aspects « secondaires » qui, dit Barthes, renvoient à « un caractère, à un sentiment, à une atmosphère [ou] à une philosophie ». Le texte qui en résulte se construit d'une manière moins serrée, se veut plus ouvert, plus libre que celui du roman « classique » qui, lui, est motivé, appelé par son dénouement. Dans cette perspective, on peut dire que le roman épistolaire favorise les digressions, prolonge le processus de la narration, s'inscrit sous le signe du devenir, légitime la déviation et l'instabilité. C'est pourquoi le récit que Madeleine fait de l'histoire d'amour laisse son correspondant sur sa faim : pour celui-ci, la version féminine de l'histoire d'amour est non seulement

« excessive » par endroits, mais de plus, elle le laisse perplexe dans la mesure où elle ne parle pas de l'avenir de leur « histoire ». Dans sa logique à lui, si elle a connu le plaisir avec lui, elle doit projeter une suite. Sans nous engager ici dans une approche liée à l'esthétique de la réception, soulignons qu'au plan de sa réception, un recueil de lettres invite au voyeurisme, à l'indiscrétion, mais aussi fait assister à une découverte de soi qui ne manque pas de modifier la perception de soi qu'a le lecteur. Ainsi, cette poétique d'introspection convient particulièrement bien à un ouvrage visant à exprimer la (re)naissance de l'Acadie à condition d'assouplir la loi établie. Créatrice de sens, d'espace et de perceptions autres, donc, la lettre va vers une remise en question de l'hégémonie des structures en place en identifiant un manque dans le présent.

Chez Rainville, ce manque s'emploie à textualiser, voire à matérialiser, non seulement le corps féminin mais aussi la manière dont ce corps naît à la jouissance. On pourrait dire qu'à force d'écrire, Madeleine trouve son Verbe à elle, et que c'est lui qui se fait chair et qui dit son plaisir. Au féminin. La précision est à souligner parce que le « plaisir du texte », comme le dit Barthes, est « ce moment où le corps suit ses propres idées[12] » et que, si le corps féminin auquel nous avons affaire dans le roman de Rainville ne peut s'articuler en tant que sujet entier dans le discours masculin[13], il lui faut, pour se dire et pour dire sa jouissance, l'invention d'un « contre-discours » qui sache valoriser le droit à la différence. Ainsi, ce que nous venons de qualifier d'écriture à tâtons a vraisemblablement une autre raison d'être. Nous nous référons à la possibilité d'établir un lien entre la spécificité de la sexualité féminine et celle du discours féminin[14]. Jane Gallop avance que, différente du désir masculin qui se projette en avant sur le vecteur discursif, la sexualité féminine (et, par conséquent, le discours féminin) est une jouissance qui « s'empare de la femme, la capte dans sa progression et son rythme[15] », de sorte que le plaisir étant ressenti à tout moment du vecteur où il y a un contact tactile, la notion d'avancement vers un aboutissement (une thèse, une constatation, une conviction) « part en fumée[16] ». Le sujet voudrait prolonger le processus. Qualifiant de « féminine » une écriture où l'acte d'articuler fait à lui seul le sens/plaisir du discours, voyons la manière dont Madeleine vient à cette écriture et les conséquences que cela entraîne.

***

Pour accéder à la possibilité d'écrire son corps, Madeleine doit d'abord quitter son territoire natal. Au village, elle était définie selon ses rôles idéalisés et légitimes (c'est-à-dire d'après la loi du père) de fille, d'épouse et de mère. Dans un tel contexte, Madeleine vivait son identité sexuelle conformément aux lois du système patriarcal, de l'ordre symbolique qui faisait d'elle un être différent, déchu. En effet, elle vivait au village sous le mode de l'étrangeté.

Un souvenir d'enfance en particulier illustre le processus qui l'avait fait passer dans une telle zone. Très jeune, Madeleine se distinguait de son milieu familial par sa passion pour l'opéra. Chaque fois qu'elle en écoutait à la radio, sa mère, les oreilles « bourrées de ouate » (*M*, p. 97), exaspérée, demandait : « Où c'est qu'on l'a prise, celle-là ? » Ce qui, un jour, a provoqué une révolte chez la fille :

> [J]e n'étais pas responsable de mes origines, moi ! Je pris un petit air innocent et distingué.
> — Avec tout le respect que je vous dois, dis-je sur un ton poli, je me permets de vous faire remarquer que papa n'est pas souvent à la maison. Qui me dit qu'il est vraiment mon père ?
> La claque la plus magistrale que j'aie jamais reçue s'est abattue sur ma cuisse gauche qui me cuit encore.
> — Tais-toi espèce de petite effrontée. T'es une Léger toute crachée ! (*M*, p. 97)

Et la mère d'énumérer les nombreux défauts que la fille tient de sa « lignée paternelle, dont [...] l'orgueil, la désobéissance et... la légèreté », de la traiter d'« engeance » et de souligner sa ressemblance avec une tante « qui a manqué [de] se faire excommunier » (*M*, p. 98). Punie pour la boutade qui, la mettant en posture impertinente par rapport au père, exprime néanmoins le désir de défendre son droit à des goûts différents, c'est-à-dire passionnés, Madeleine n'en continue pas moins à ressentir sa différence. Seulement, elle avait appris à la refouler. En arrivant au camp, cependant, elle perd ce référent premier et est prête à voir éclater les anciennes contraintes.

Que la transgression qu'est l'« explosion de l'ancien corps[17] » ait lieu au camp où Madeleine est entourée de gens qui parlent le « chiac » et où tous vivent « dans la fange » suggère que, pour rejoindre l'étrangère en elle, il lui faut reprendre contact avec le « bas » vernaculaire, c'est-à-dire effectuer « un coup de bistouri » à sa « bonne éducation » et à sa « fausse pudeur » (*M*, p. 68). Les étapes de son évolution peuvent être suivies au plan de l'écriture, notamment en retraçant son rapport changeant au « chiac ».

Un an après l'arrivée au chantier de Madeleine, Mathilde, la cuisinière et la seule autre femme du camp, dit ceci au sujet de la femme « qu'a été élevée dans le coton-laine » :

> Moi, l'été passé, quand c'que je l'ai vue arriver, la pauvre enfant, avec ses petites mains de catin, j'ai dit : « Quoi c'que ce gars-là a dans l'idée d'emmener une femme feluette de même icitte ? » Pis le premier souère, quand c'que Jacob à Vital a conté une joke pis qu'alle a rougi jusqu'à dans le blanc des yeux, j'ai dit à Didace : « A toffera pas une semaine, la belle maîtrêse. »
> Mais alle a toffé ! Sais-tu à cause ?

Pour la cuisinière, « [c]'est parce que c'est une petite borbis qui se laisse manger la laine sus l'échine ! Ça dit jamais un mot plus haut que l'autre, pis ça sourit tout le temps. Nous autres, je l'aimons ben. Alle est fine, pas trop fière pour une fille *high class*, pis a nous rend bien des sarvices » (*M*, p. 164).

Mais en réalité, c'est l'écriture qui vient à son secours. La nuit, elle écrit à son beau-frère. Or, au début de sa correspondance, tandis que le chiac l'offusque au plus haut degré, Madeleine révèle par son écriture la difficulté de s'affirmer en tant que sujet écrivant dans la langue du père. Dans sa première lettre, Madeleine se trouve audacieuse d'avoir osé être la première à écrire. Mais elle réclame tout de même à son « cher beau-frère » une visite — de la part de ses deux enfants, prétend-elle, à qui elle cherche par tous les moyens possibles à « rendre supportables leurs nouvelles conditions de vie » (*M*, p. 15). Outre leur style de vie primitif, elle mentionne le manque d'amis, la vie parmi 47 adultes dont tous ne parlent « même pas » français tandis que d'autres le parlent, mais « avec un accent et des nouvelles expressions », et les « manières un peu rudes de tous ces hommes ». L'épistolière essaie d'en parler avec légèreté, mais on devine qu'elle ne dit pas tout. Elle a l'air de parler au nom des enfants, mais on sent bien que c'est surtout elle qui vit l'expérience du nouveau territoire sur le mode de l'étrangeté. La seule autre famille au chantier est sur le point de lever le camp, mais avant de suggérer discrètement l'isolement dans lequel cela la laissera, elle hésite, prétextant sa crainte « d'abuser de [l]a patience » de son correspondant. Finalement, avant de signer, « Ta toute dévouée belle-sœur », elle s'excuse d'avoir écrit si longuement. L'ensemble de la lettre communique l'incertitude du sujet écrivant et donne l'impression que celui-ci voudrait faire passer un message autre dans les interstices du texte, un message déjà là entre les lignes, dans les points de suspension, comme si elle était consciente d'une frontière interdite qu'elle ne « devrait pas » franchir. En effet, l'appellation et la formule finale témoignent de son incontestable respect pour la formalité et, donc également, pour l'ordre établi.

Dans la deuxième lettre, Madeleine s'affirme déjà un peu plus. Signant « Ton éternelle complice », elle révèle que pour le plaisir des bûcherons, elle a lu à haute voix la lettre de son correspondant, mais en prenant la liberté d'en improviser une partie. La troisième, signée « Ta languissante », s'accompagne du récit intitulé « La dent de Clarence », écrit prétendument pour distraire son correspondant. D'une part, cependant, la chronique dénonce la misère dans laquelle vivent les bûcherons. D'autre part, le récit inscrit dans le texte le paradigme de la femme « biologique », pour ainsi dire, en plus de déconstruire un mythe masculin. Cette première chronique est écrite sur des feuilles séparées et, puisqu'elle contient des passages écrits en chiac, tous pris en charge par divers personnages du camp, elle est accompagnée d'un avertissement. Racontant la rage de dents de Clarence, dont elle cite le discours énergique ponctué de mots comme « forlaque », « bougrine », « salope », « enfant de... » et « sanavagonne », Madeleine fait la description de la manière incontestablement atroce qu'utilise un « grand six pieds grisonnant », ouvrier *jack-of-all-trades*, pour arracher, à l'aide d'un flacon de rhum et d'une pince de chantier, la dent en question. La lettre se ferme sur l'image d'un homme qui, se cachant la figure dans une serviette, éclate en sanglots.

Dans la lettre suivante, l'épistolière raconte sa prise de conscience du troublant « pouvoir des mots ». Distinguant entre les sentiments « vécus dans le silence » et ceux qui s'expriment, elle compare l'écriture à la mise à nu du corps et affirme ceci : « ce que la nudité fait apparaître dépasse la somme des informations inconnues jusque-là. Le corps dénudé acquiert une signification — je dirais presque une vie — nouvelle » (*M*, p. 36). Or, malgré cette lucidité — ou peut-être bien à cause d'elle —, Madeleine résiste d'abord à l'invitation à exprimer ses sentiments envers son beau-frère. « Quelque chose m'en empêche », avoue-t-elle sans passer outre. Une page plus loin, cependant, en exprimant son désir de « rester dans les limites du raisonnable », elle avoue son sentiment d'insuffisance :

> [M]es expressions à moi sont si pâles, si prosaïques ! Elles ne peuvent décrire ni ma situation de femme qui appartient à deux hommes, ni l'intensité des sentiments que tu m'inspires. Il faut être né poète comme toi pour trouver des images capables de tout peindre avec noblesse et beauté. Dans mon propre catalogue d'expressions, le choix se situe quelque part entre la banalité et l'équivoque (*M*, p. 37).

Se sachant liée à la pratique de la prose, mais envoûtée, à vrai dire paralysée par ce qu'elle perçoit être la supériorité du Verbe canonique, elle n'ose encore se libérer du sous-texte. Cependant, cette lettre est suivie d'un récit libérateur pour ainsi dire, intitulé « Funérailles et baptêmes ». La mise en mots des « funérailles » de la dent de Clarence, qui permet à l'épistolière de mettre en valeur la perspicacité de sa fille et le nouveau respect que cela développe chez le fils, semble chasser en même temps sa discrétion excessive : la lettre suivante s'accompagne d'un texte sur la naissance de sa relation avec Louis. Le vouvoiement qu'elle y emploie, d'après elle pour traduire sa distance d'avec le moment raconté, montre bien la frontière encore infranchissable qui la sépare à la fois de son ex-précepteur et d'elle-même. En revanche, après avoir averti son correspondant des « faiblesses » de son texte, elle l'invite à le commenter, car, désirant toujours s'améliorer, elle prend position par rapport au passé simple canonique :

> Oui, je m'accuse d'avoir fait un usage vicieux du temps des verbes. De nombreuses fois, mon Père. Cette faute est impardonnable. J'aurais dû écrire, par exemple : « La première fois que nous nous vîmes, vous me plûtes et vous m'épatâtes. » Je confesse que je n'ai pas toujours eu le courage de m'exprimer ainsi, n'en déplaise à Dieu, à tous les saints et à vous, mon Père, mais surtout aux patientes religieuses qui ont fait leur possible pour m'enseigner l'emploi correct du passé défini. Sœur Cécile se retournerait dans sa tombe si jamais elle apprenait toutes les libertés (grammaticales...) que j'ai prises avec vous (pronom)...
> Puisse l'Académie française accepter un jour, avec bien d'autres choses, l'emploi élargi du passé composé de manière à ce que l'âme de tous les professeurs défunts reposent en paix (*M*, p. 44-45).

Si le ton du texte est enjoué, le désir d'écrire ce qu'elle veut et comme bon lui semble n'en est pas moins sérieux. La correspondance de Madeleine arrive ici à un point charnière de son développement.

Les chroniques, qui dénoncent la condition des bûcherons ou font l'éloge de leurs qualités, doivent alors, en plus de distraire le correspondant, camoufler la nature intime de la correspondance. Ainsi acquièrent-elles une valeur subversive, ce qui est souligné par la pratique de privilégier le langage vernaculaire. Puis, au fur et à mesure que le sujet écrivant s'affirme, les nouvelles du camp ne constituent plus un récit séparé, mais le post-scriptum de la lettre principale. Le chiac change également de statut : qualifié d'abord de « cru », il devient « savoureux », même « poétique » pour Madeleine, et certains mots viennent contaminer le corps de ses lettres, bien que toujours mis entre guillemets et souvent accompagnés d'une traduction. Finalement, des passages écrits entièrement en chiac et marqués par des guillemets sont intégrés aux lettres, mais ils sont dotés d'un nouveau statut : ils traduisent une expérience ou une perspective impossibles à dire autrement. Une tirade de Mathilde, notamment, devenue amie malgré son langage « vulgaire et défendu par l'Église » et son habitude de boire de la bière (!), est citée intégralement dans la lettre où Madeleine annonce son départ du camp[18]. Car celle-ci veut que son correspondant connaisse mieux sa « salvatrice » — oui, « salvatrice » — : est-ce sa faute à elle si le monde n'a pas encore été sauvé par une femme ?

Au plan de son rapport à son correspondant, le sujet écrivant manifeste désormais de plus en plus d'autonomie. D'abord, Madeleine décide, sans consulter son ex-précepteur, de passer au tutoiement. Ensuite, elle réclame le droit de « suivre son propre rythme » (*M*, p. 63) et puis celui de « rédiger au fil de la plume, sans même rayer la moindre virgule » (*M*, p. 88) pour aussitôt mettre en valeur son propre style : battant en brèche l'argument du curé en faveur de la modération, elle fait un plaidoyer pour l'excès. La virulence du ton vaut bien qu'on s'y arrête :

> Je ne voudrais pas être méchante, mais as-tu une idée du nombre de fois où tu m'as signalé mes exagérations depuis que tu me connais ? Trois cent mille fois, bien comptées ! Et tu as encore la naïveté de me prendre au pied de la lettre !
>
> Que veux-tu, ce n'est pas ma faute si je me suis trompée d'époque. J'aurais dû naître au temps des épopées. J'aurais pu alors faire valoir tout mon talent [...] Seulement voilà, je me suis fourvoyée en plein vingtième siècle où même les curés les plus mordus de littérature ne savent plus reconnaître le style épique [...] si l'Église ne condamnait pas la croyance à la réincarnation, je serais tentée de penser que j'ai déjà vécu à une autre époque. Tu n'es pas trop surpris de mes idées hérétiques ? Pas trop choqué ? Très bien, alors corrige ma dernière phrase pour qu'elle se lise comme suit : Même si l'Église condamne..., je suis tentée.
>
> Tu me lis toujours ? Ma foi, tu es drôlement solide ! Toutes mes félicitations. C'est un exemple de ce que l'on appelle l'ouverture d'esprit (*M*, p. 96-97).

La lettre suivante exprime la mauvaise humeur de Madeleine, et celle d'après parodie le langage de l'ex-précepteur en plus de souligner le statut légitime de cette colère et de suggérer que désormais ses lettres seraient accompagnées d'indices sur la manière appropriée de les lire. Madeleine félicite l'«Élève Arsenault» des «progrès remarquables» qu'il fait: «On te décernera bientôt le diplôme de bachelier ès compréhension de l'âme féminine», écrit-elle (*M*, p. 104). Cinq lettres plus loin, sa fureur atteint son paroxysme lorsque Louis l'accuse de fournir des détails abondants sur certains aspects de leur relation qu'il estime secondaires, et de passer sous silence les points qu'il juge importants. Ces remarques du curé donnent envie à Madeleine de «le tailler en pièces», mais elle se contente d'employer la «froide raison» pour démolir son point de vue. Ensuite, elle le prie de mettre de côté sa logique à lui afin de voir la situation «d'un autre point de vue»: «Fais un effort, [écrit-elle], oublie la philosophie quelques minutes, tu n'en mourras pas, et suis-moi sur une autre route qui, elle aussi, peut mener à la vérité» (*M*, p. 157). D'abord agressive, Madeleine s'approprie, par la suite, les armes de l'Autre pour s'en servir contre lui, tout en prenant un ton conciliateur: il lui importe de garder le Révérend Père comme allié.

À ce stade-ci de la correspondance, Madeleine est littéralement «sortie de ses gonds», car elle a franchi toutes les frontières qui la distanciaient de Louis. Pour certains événements, elle est allée jusqu'à citer intégralement des passages de son propre journal intime, ce qui résulte en un dialogisme provenant d'une autoréférentialité signifiante: en se citant, elle confère à son moi une autorité légitime. Que de barrières franchies depuis la première lettre! Avec une fermeté qui n'en diminue pas pour autant l'amour et la passion qu'elle ressent pour son correspondant — en témoignent les formules finales qui vont de «Follement tienne» à «Scandaleusement tienne» en passant par un «Amoureusement» —, la femme accède pleinement au statut de sujet écrivant et aimant.

Au plan de l'inscription textuelle du corps féminin, la correspondance affirme la logique puissante de la passion et ce, dans les domaines de l'écriture et de l'amour. Les mots et les corps font un, s'appellent l'un l'autre. Ainsi l'écriture conduit-elle Madeleine à raconter, dans un premier temps, le passage du plaisir des premières «joutes verbales» aux premiers frôlements de genoux lors des leçons du cours classique et, dans un deuxième temps, du plaisir du premier baiser à celui qui, ressenti à l'âge de cinq ans, lui avait valu d'être grondée: savourer la sensualité de sa nudité (*M*, p. 122). Arrivée au dernier stade de son trajet vers elle-même, elle écrit les «instants sublimes» de son éveil à l'«extase de l'amour», à l'«impression de posséder enfin un corps de femme» (*M*, p. 151). Et comme Madeleine souligne la manière dont Louis l'amène à le désirer, soit avec lenteur, douceur et délicatesse, en investissant différents lieux du corps[19], tel est le mode sur lequel elle en (re)vit et écrit l'expérience:

> Certaine maintenant que je n'aurais pas à danser plus vite que le violon, je me sentais en sécurité. Je me détendais, bien au chaud dans tes bras comme si aucun danger ne pouvait plus me menacer... Après un moment, je voulus

en retour t'exprimer toute la tendresse que je ressentais envers toi. Je levai le bras pour toucher ton visage, dénudant ainsi dans mon dos une mince lisière entre la jupe et le chandail. La main qui était posée sur ma hanche en profita pour risquer un frôlement à peine perceptible. J'inspirai profondément et la caresse recommença, plus ample et plus marquée.

— Oui ! murmurai-je dans un long gémissement.

L'instant d'après, une vague de plaisir d'un type complètement nouveau me submergeait. Pendant que fiévreusement nos bouches se rejoignaient, tes mains me faisaient accoster sur une rive où ta fougue était enfin la bienvenue.

— Viens, dis-je en te guidant vers la chambre d'ami.

De ce qui s'est passé dans cette chambre, je garderai à jamais le souvenir. Et pourtant, je suis incapable de décrire la scène. Je n'ai pas les mots qui traduiraient la perfection de ce don mutuel [...] (*M*, p. 151).

C'est ce texte au rythme et aux détours « féminins » qui provoque la critique mentionnée plus haut au sujet des détails que son correspondant estime « secondaires ». Après avoir réagi de la manière que nous savons, Madeleine dit que, si elle n'a pas essayé de revivre l'expérience, c'était par peur de perdre non seulement le droit de vivre auprès de son amant, mais aussi celui de vivre avec ses enfants. Sinon, elle n'en ressent aucun remords, ce qui prouve qu'elle n'est pas une « bonne chrétienne » (*M*, p. 159).

Or, tout au long de sa correspondance, Madeleine fait ressortir la nature transgressive de ses désirs d'adultère — en évoquant à plusieurs reprises l'opposition entre Marie et Ève, qui, entérinée par la loi patriarcale, est à la source de l'aliénation féminine —, mais c'est pour ensuite en souligner la « logique saine », car il s'agit de gestes qui correspondent à ses sentiments et qui se sont faits « dans la douceur, le respect et le consentement » (*M*, p. 66). Du coup sont valorisés les rapports qu'elle a bâtis sur une même base respectueuse, notamment son amitié on ne peut plus compréhensible avec sa belle-mère — « jetez au panier le mythe de la méchante belle-mère, [cela] ne fait que nuire aux femmes » (*M*, p. 92), ordonne-t-elle — et le lien entre elle-même et la mère célibataire qui, juste avant de mourir, demande à Madeleine et à Louis d'adopter sa fille, acte pouvant symboliser leur droit de « s'aimer dans la lumière » (*M*, p. 137). Sont récusées toutes les relations « autres » dont elle parle à travers sa correspondance, c'est-à-dire celles bâties sur la loi de la force ou sur le principe des droits canoniques. Parmi celles qu'elle mentionne, citons un professeur abusif (*M*, p. 71), un bûcheron « grand conqué-rant » (*M*, p. 83) qui croit que toutes les femmes « en crèvent d'envie », et un mari insensible qui non seulement interdit à sa femme de caresser leur fils sous le prétexte qu'un « vrai mâle » ne se laisse pas « minoucher » par sa mère (*M*, p. 117), mais aussi avec qui les relations sont une source d'humiliation : « L'acte béni par l'Église, avoue-t-elle, je le subissais comme une salissure [...], une violence faite à mon corps [qui] atteignait mon âme » (*M*, p. 66).

Rendue au terme de ce qu'elle nomme leur « roman », Madeleine obtient la satisfaction de voir que Louis « accepte enfin son témoignage en ce qui concerne ses propres sensations ». Autrement dit, elle a réussi à se réappro-prier son corps. Le fait qu'il s'agisse d'un projet identitaire qui, réclamant le droit à la différence, est en même temps un projet de société, est révélé par la nature sociale et concrète des conséquences auxquelles mène la correspon-dance. L'école régionale que fondent ensemble Madeleine et Louis, quelques années après le départ de celle-là du camp de bûcherons, est l'expression du droit à la différence, perçue comme la libération de la subordination qui caractérise la relation d'infériorité entre homme et femme et entre la commu-nauté acadienne et la province.

***

Pour Simone Rainville, le renouveau du discours social acadien est donc relié à la renaissance du deuxième sexe, tous deux entrevus comme des pro-cessus pouvant aboutir à la formulation d'une esthétique et d'une éthique modernes, c'est-à-dire distinctes de la question de la moralité. Dans ses écrits à but pédagogique, comme dans son premier roman, Rainville cherche non pas à escamoter la question gênante et inévitable de la loi, mais à apporter à cette loi la chair, le langage, la jouissance, ce qui est un appel à la participa-tion des femmes[20]. L'épilogue de *Madeleine ou la Rivière au printemps* nous apprend que quelque temps après la construction de l'école, Louis est muté, événement qui est suivi de la noyade de Madeleine. Suicide ou accident ? On ne le saura jamais. En revanche, on sait que sortir du silence sa voix de femme, c'est aider sa fille adoptive à mieux comprendre ses deux mères, et le fils, lui, à ne plus considérer sa mère « comme une sainte ». C'est là un chan-gement d'attitude indispensable, car c'était uniquement en descendant de son piédestal pour redevenir une femme de sang et de chair que sa mère avait retrouvé les droits à l'amour et à la mort.

NOTES

1. Cet article est le remaniement d'une présentation faite pour l'Association des littératures ca-nadiennes et québécoise (ALCQ) dans le cadre du congrès annuel 1996 qui eut lieu à St. Catharines en Ontario.

2. Simone Leblanc Rainville, *Madeleine ou la Rivière au prin-temps*, Moncton, Les Éditions d'Acadie, 1995, 196 p. Désormais, les références à cet ouvrage seront désignées par le sigle *M*.

3. Greg Allain, Isabelle McKee-Allain, J. Yvon Thériault, « La so-ciété acadienne : lectures et con-jonctures », dans *L'Acadie des Maritimes. Études thématiques des débuts à nos jours*, sous la direction de Jean Daigle, Moncton, Chaire d'études acadiennes, 1993, p. 348.

4. Dans le texte social, ce désir de donner voix au chapitre à « tout le monde » est exprimé dans le thème du congrès annuel 1992 de la Société des Acadiens

et Acadiennes du Nouveau-Brunswick, devenu désormais le mot d'ordre de la communauté acadienne néo-brunswickoise : le « Partenariat dans l'égalité » (Léon Thériault, « L'Acadie de 1763 à 1990, synthèse historique », dans *L'Acadie des Maritimes, op. cit.*, p. 88).

5. Comme le dit Luce Irigaray dans *Je, tu, nous* (Paris, Grasset, 1990, p. 64), « écrire, c'est trans-mettre la pensée, constituer un

corpus et un code de sens mémorisable, diffusable, susceptible d'entrer dans l'Histoire. Du point de vue contenu(s) et forme(s) de mon discours, le recours à l'écriture, en cette fin du XXᵉ siècle, signifie essayer de mettre en place une nouvelle époque de la culture : celle de la différence sexuelle. [...] La privation du droit à la parole peut avoir plusieurs sens et prendre plusieurs formes. [...] Ce geste peut vouloir dire, même partiellement : je ne comprends pas ce que vous faites donc je le rejette, nous le rejetons. Dans ce cas, écrire permet de mettre sa pensée en attente, à la disposition de celles et ceux qui aujourd'hui ou demain pourront l'entendre. » Il nous semble bien que c'est le cas des lettres de Madeleine, découvertes et publiées 40 ans après leur écriture.

6.   Certes, cette information est loin d'être « innocente », car elle introduit le rapport violence/censure. À la censure de la violence correspond la violence de la censure. En régisseuse adroite, la narratrice révèle ainsi ce qu'elle devait éliminer du texte et donc de l'histoire, en le transformant en « non-référence » et en l'incorporant à son propre discours à elle.

7.   Ostensiblement, cet événement est l'occasion d'une fête à laquelle la narratrice est invitée, ce qui, en rendant possible la lecture du manuscrit à un public restreint, entraîne l'approbation du père, mais l'important pour notre propos réside dans le fait que Marie, nouvellement diplômée, c'est-à-dire reconnue par l'ordre établi, s'occupe de monter la scène. Ayant demandé à son invitée de venir avec son manuscrit, elle en choisit une lettre et la fait lire à sa famille sans avoir consulté préalablement son père. C'est ensuite avec l'appui de « tout le monde » que celui-ci revient sur sa décision.

8.   Est significatif pour nos propos ce qu'en dit Jacques Dubois : « La forme la plus générale de "censure sociale" exercée à travers l'appareil institutionnel est celle qui écarte de la pratique et de la consécration littéraires des catégories déjà socialement dominées comme les femmes ou les prolétaires. Le dispositif de barrage est à leur égard aussi implicite qu'efficace » (*L'Institution de la littérature : introduction à une sociologie*, [Paris], Fernand Nathan/ Labor, 1978, p. 133-134).

9.   Dès la deuxième lettre, sur laquelle nous reviendrons, l'aspect privé de la lettre est souligné par le mari de l'épistolière de la manière suivante : « Une lettre, c'est personnel. Celle-là est adressée à Madeleine. Personne d'autre a le droit de la lire, même pas moi » (*M*, p. 20).

10.   Dubois dit qu'« on peut suspecter que, même là où les femmes écrivains ont émergé et ont parcouru, de G. Sand à S. de Beauvoir, les étapes successives du cursus de la consécration, elles n'ont pu y parvenir qu'à la condition de ne pas occuper les positions les plus centrales et de ne pas pratiquer les genres culturellement les plus dotés » (*op. cit.*, p. 134).

11.   Roland Barthes, « Introduction à l'analyse structurale des récits », *L'Analyse structurale du récit*, *Communications*, nᵒ 8, Paris, Seuil, « Points », 1981, p. 7-33.

12.   Roland Barthes, *Le Plaisir du texte*, Paris, Seuil, 1973, « Points », p. 30.

13.   Pour Julia Kristeva, le corps de la femme idéalisée par et dans le discours masculin, le corps virginal, est limité à l'oreille, aux larmes et aux seins, et ne connaît comme corps masculin que celui du fils, mort « Stabat Mater », dans *Histoires d'amour*, Paris, Denoël, 1983, p. 295-327).

14.   Si Jacques Dubois affirme ceci : « Il apparaît bien aujourd'hui que le discours féminin en ce qu'il a de spécifique a été barré en littérature comme ailleurs » (*op. cit.*), Luce Irigaray postule le lien entre la spécificité de la sexualité féminine et donc, du discours féminin : « Je suis une femme. J'écris avec qui je suis [...] Tout mon corps est sexué. Ma sexualité n'est pas limitée à mon sexe et à l'acte sexuel (au sens restreint) [...]. Ne pas contribuer à sexuer la langue et ses écritures, c'est perpétuer la pseudo-neutralité des lois et traditions privilégiant les généalogies masculines et leurs codes logiques [...]. L'apport culturel le plus difficile à faire entendre dans l'Histoire est la contribution différente des femmes et des hommes au développement de la civilisation. Un des signes de la réalité et de la reconnaissance de la différence de cet apport serait la parution de livres signés par des femmes et contribuant à l'élaboration de la culture de façon insubstituable à celle des hommes. Un autre indice de mutation de l'ordre des échanges symboliques consisterait dans la multiplication de textes manifestant un réel dialogue entre femmes et hommes » (*Je, tu, nous, op. cit.*, p. 65-67).

15.   L'expression est de Michèle Montrelay qui, plus loin dans son texte, dit que « la jouissance féminine est à déterminer comme *écriture* » (souligné dans le texte). (*L'Ombre et le Nom. Sur la féminité*, Paris, Minuit, 1977, p. 79.)

16.   Jane Gallop, *The Daughter's Seduction : Feminism and Psychoanalysis*, Ithaca (N.Y.), Cornell University Press, 1982, p. 30-31 (notre traduction).

17.   Julia Kristeva, *Étrangers à nous-mêmes*, Paris, Gallimard, 1988, p. 47.

18.   Sur le plan de la théorie sociocritique de la littérature, cette oralité n'est pas indifférente. Pour François Paré, l'oralité comporte une des marques dominantes des littératures de l'exiguïté. Écrite, la parole, manifestation de la collectivité, à la fois mine le mot écrit, possession et valeur de cultures dominantes, et inscrit ontologiquement les cultures dominées, d'où sa valorisation « ethno-rédemptrice » (*Les Littératures de l'exiguïté*, Ottawa/Hearst, Le Nordir, 1992, p. 28).

Cela exprime le lien étroit entre les (bûcherons) exploités et les (femmes) opprimées et suggère que la chronique des bûcherons, ces étrangers au discours dominant en qui Madeleine trouve des âmes sœurs, et la mise en texte du corps féminin sont deux facettes d'un même processus qui vise à infléchir la loi du Père, à modifier le discours social.

19.   Nous empruntons l'expression à Michèle Montrelay.

20.   Julia Kristeva, *Histoires d'amour, op. cit.*

ROBERT CHALLE, MÉMOIRES ; CORRESPONDANCE COMPLÈTE ; RAPPORTS SUR L'ACADIE ET AUTRES PIÈCES

de FRÉDÉRIC DELOFFRE, en collaboration avec JACQUES POPIN
(Genève, Librairie Droz, 1996, 764 p.)

ROBERT CHALLE, LES ILLUSTRES FRANÇAISES

de FRÉDÉRIC DELOFFRE et JACQUES CORMIER
(édition nouvelle, Genève, Librairie Droz, 1991, 710 p.)

Marie-Laure Girou Swiderski
Université d'Ottawa

Robert Challe (Paris, 1659-Chartres, 1721), c'est le romancier génial des *Illustres Françaises* (1713). C'est aussi l'auteur audacieux du premier traité déiste français, *Difficultés sur la religion présentées au père Malebranche* (1711). En même temps, c'est un homme d'action : il a passé en Acadie six années de sa vie, de 1682 à 1688, au service de la Compagnie sédentaire de pêche d'Acadie et fait le voyage aux Indes orientales en 1690-1691, en passant par Le Cap, avec retour par les Antilles.

Les éditions Droz nous offrent la première édition complète[1] des *Mémoires* inachevés de cet homme extraordinaire, d'après le manuscrit original conservé à la Bibliothèque nationale (Paris)[2]. Ce fort volume est le fruit de l'acharnement passionné qui a permis à Frédéric Deloffre, le « découvreur » de Challe, d'en faire en quarante ans à peine — la première édition des *Illustres Françaises* est de 1959[3] — l'une des figures les plus marquantes de l'aube des Lumières.

Que de chemin parcouru depuis ! Au roman, chef-d'œuvre de cette période, sont venus s'ajouter, outre le *Journal de Voyage aux Indes orientales*[4], les *Difficultés sur la religion proposées au père Malebranche*[5] et la *Continuation du Don Quichotte*[6]. On aurait pu croire être en possession désormais de l'œuvre complète de Challe. En fait il n'en est rien. La découverte par F. Moureau du manuscrit original des *Difficultés*[7], par J. Popin du *Journal de voyage* écrit pour P. Raymond[8], textes qui figureront tous deux dans l'édition des *Œuvres complètes* de Challe en préparation aux éditions Droz, a modifié notre façon de lire les versions déjà publiées de ces mêmes textes et fait soupçonner que le « mystérieux auteur des *Illustres Françaises* » n'a sans doute pas fini de nous surprendre. On n'a toujours pas retrouvé, entre autres, les fameuses *Tablettes chronologiques*[9] dont Challe se montre si fier dans sa correspondance avec les journalistes de La Haye; quant au manuscrit des *Mémoires* de la présente édition, il est inachevé et demeure le seul connu actuellement. Mais qui oserait affirmer qu'il n'en existe pas, quelque part, une autre version plus longue, sinon achevée, qui attend d'être retrouvée?

Cette édition critique des *Mémoires* est un véritable monument où se retrouvent toutes les qualités auxquelles Frédéric Deloffre nous a habitués. Ne soyons pas dupe, pourtant, des déclarations liminaires de Challe: «j'écris ces mémoires en premier lieu pour ma propre satisfaction» (p. 34-3)[10] et plus loin: «je les écris aussi pour instruire les jeunes gens» (p. 35). Les *Mémoires* ne sont pas une autobiographie, genre dont le *Journal de voyage* est sans doute bien plus proche, par moments. Très vite, en fait, le propos tourne ici au réquisitoire et dresse un tableau vivant mais souvent impitoyable de la réalité sociale complexe et des nombreux scandales des dernières années du règne de Louis XIV. Challe n'écrit pas pour être publié, du moins de son vivant. Aussi son ton est-il bien souvent d'une brutale franchise. Non content de dénoncer l'incommensurable fatuité du monarque, qui lui fit commettre tant d'erreurs, Challe ne rate pas une occasion de se déchaîner contre ses deux bêtes noires, les Jésuites et les «traitants» qu'il nomme aussi «maltôtiers», c'est-à-dire les fermiers généraux. C'est au cours d'une série de portraits des plus fameux traitants de l'époque que le manuscrit s'interrompt brutalement. Celui-ci fourmille d'anecdotes et de faits attribués à des grands de l'heure; aussi sait-on gré aux auteurs d'avoir inclus dans leur introduction un sommaire du contenu de ce texte foisonnant, souvent composé par association d'idées (voir p. 25 à 30). Les épisodes de la vie personnelle de Challe y côtoient des événements historiques (prise de Chedabouctou ou bataille de La Hougue). Le texte regorge d'allusions presque impossibles à élucider toutes, malgré les lumières et la ténacité critique des commentateurs. Cette richesse documentaire exceptionnelle justifie, à elle seule, le temps mis à réaliser cette édition.

La lecture laisse pourtant insatisfaits ceux qui s'intéressent à la vie de Challe. Non seulement le texte des *Mémoires* est-il inachevé (il s'interrompt brutalement en 1716, alors que Challe ne mourra qu'en 1721), mais surtout, Challe ne comptait parler de lui-même qu'ultérieurement; en conséquence, nombre des «pierres d'attente» du texte n'ont jamais servi. La principale difficulté des *Mémoires* réside pourtant dans la personnalité complexe de l'auteur, épris de vérité mais redoutable manipulateur des faits, qui se veut chroniqueur mais demeure incapable de résister à l'attrait romanesque de «conter». Comme le soulignent les éditeurs eux-mêmes, et comme ont pu le prouver déjà des études ponctuelles antérieures[11], Challe excelle à brouiller les pistes. Comment, alors, en l'absence de documents, faire le tri? L'important apparat critique et le volume imposant des textes de référence soulignent cette difficulté. Mais Challe est si habile fabulateur qu'on peut comprendre les éditeurs qui, tout en soulignant les erreurs ou les contre-vérités, s'attardent plus à vanter l'exactitude souvent impressionnante du mémorialiste que la masse de ses demi-vérités. Fournissant tout ce qui peut aider le lecteur à prendre position, eux-mêmes ne tranchent pas cette épineuse question de la véracité du témoignage challien. Est-il d'ailleurs réellement possible de le faire?

On ne s'étonnera donc pas que toutes les énigmes de l'œuvre et de la vie de Challe ne soient pas dissipées, loin de là. Si une impression ressort au contraire de cet ouvrage, accentuée, pourrait-on dire, par la qualité de la recherche et de l'érudition qui le caractérisent, c'est à quel point ce « diable d'homme » réussit encore à se dérober à la prise, et demeure, envers et contre tout, l'énigmatique « auteur des *Illustres Françaises* ».

Challe mentionne cursivement nombre d'événements de sa vie qu'il est encore impossible aujourd'hui de situer, même chronologiquement dans son existence, bien moins encore de prouver. Rien de certain n'atteste encore la réalité de la prise de Challe à La Hève et de sa captivité à Boston, en 1688, puiqu'il a été impossible jusqu'à présent d'en trouver des preuves. Quand fut-il prisonnier des Turcs (si jamais il le fut)? Quand se rendit-il à Jérusalem? Ou à Rome? Quand et avec qui faillit-il être marié? Qu'a-t-il fait au juste entre sa sortie du service, en 1694, et ses premières tentatives d'auteur, en 1712? Autant de questions qui restent sans réponse. Leur élucidation changerait sans doute encore un peu plus notre façon d'évaluer son œuvre et de le situer lui-même en son temps.

L'édition comporte, évidemment, une chronologie de la vie de Challe, un index et des planches, relatives à l'Acadie. Deloffre n'oublie pas qu'il est aussi philologue et grammairien : un des appendices est consacré à Challe grammairien (p. 651-657) ; les pages précédentes, à Challe poète (p. 647-651). La bibliographie, par contre, est volontairement limitée aux ouvrages concernant les *Mémoires* et doit donc absolument être complétée en ce qui concerne le corpus critique actuel sur Challe par celle figurant dans la dernière édition des *Illustres Françaises*.

Il n'est pas exagéré de dire que, telle quelle, cette édition réunit en un seul volume, autour du texte fort complexe des *Mémoires*, tous les documents officiels ou d'ordre privé dont nous disposions sur Challe. Une deuxième partie regroupe deux correspondances de Challe, celle de l'auteur avec les Journalistes de La Haye (p. 449-537) ; l'autre, intitulée « Lettres de Québec », renvoie aux premières années de la Compagnie sédentaire de pêche d'Acadie. Toutes deux avaient déjà été publiées: les trois lettres de Challe, envoyées de Québec, figuraient dans le numéro spécial de la RHLF consacré à Challe en 1976[12] et la correspondance avec les Journalistes de La Haye, parue en 1954, fut la toute première publication de Deloffre concernant Challe[13].

La troisième partie réunit divers documents officiels, dont certains avaient déjà été publiés. Répartis en douze « appendices », ceux-ci portent sur les épisodes les plus dramatiques de la vie de Challe. Le douzième reproduit, par exemple, le début de l'inventaire après décès du père de Challe, qui donne des informations exactes sur sa famille[14]. Les appendices 8 et 9, intitulés respectivement «Prison et exil» et «Robert Challe à Chartres», éclairent les conditions dans lesquelles l'auteur finit sa vie, et l'appendice 7, «Challe à Lyon», reproduit des lettres où Challe se trouve mentionné. L'appendice 5 fait état de documents officiels sur deux traitants que Challe dit bien connaître, Thevenin et Deschiens, et permet de mesurer la sûreté de son information mais aussi le malin plaisir qu'il prend à déformer les faits. L'appendice 6 complète la correspondance avec les Journalistes de La Haye par le témoignage de Prosper Marchand, le premier auteur à avoir publié sur Challe une note biographique fort bien documentée. Notons qu'un extrait de celle-ci figurait déjà dans l'édition de 1967 des *Illustres Françaises* (p. 587-588). L'appendice 4 relatif à la bataille de La Hougue confronte la version de Challe à d'autres récits; y figurent en outre d'autres documents relatifs à sa vie, du retour des Indes à la publication des *Illustres Françaises*, dont certains établissant l'identité d'un des forbans qui prirent Chedabouctou en 1688.

L'ensemble le plus important concerne l'entreprise acadienne : les appendices 1, 2 et 3 lui sont consacrés. Le premier reproduit les rapports officiels, rédigés par Challe au nom de Bergier, le responsable de la compagnie, de 1682 à 1684 (ils figuraient déjà en grande partie dans la première réédition des *Illustres Françaises* en 1967, p. 570-573). Dans les appendices 2 et 3, outre les lettres de Québec, on trouve tout un ensemble de documents provenant des papiers Inglis Morse déposés à l'Université Harvard, à Boston (collections de la Houghton Library). Il s'agit de copies de lettres portant sur les activités de la Compagnie de pêche sédentaire d'Acadie pendant ses deux premières années d'existence (1683-1684); celles-ci fixent les conditions du commerce avec les compagnies françaises, à Marseille, en particulier. Ces copies de la main de Bergier Deshormeaux, le fils de Bergier, ont peut-être été faites pour défendre son père au moment du remplacement de ce dernier. Quant au manuscrit du *Journal de bord* de Lalanne, relatant le voyage de cabotage de l'été 1684 le long des côtes de l'Acadie, F. Deloffre en avait déjà publié des extraits dans la plaquette *Robert Challe. Un destin, une œuvre* (Paris, SEDES, 1992, p. 131-132).

Ce dernier document est du plus haut intérêt, comme le sont les lettres : il s'agit là de témoignages officiels qui corroborent les dires de Challe lui-même en montrant les importantes fonctions qu'il occupait à ce moment, malgré son jeune âge (il n'avait alors que 24 ans), en raison de la situation délicate du huguenot Bergier, ce dont témoigne la brutalité de la lettre de La Barre. On y voit aussi la grande estime où le tenaient les personnages officiels. Ceci légitime, jusqu'à un certain point, son espoir chimérique de voir son zèle récompensé par l'octroi du poste de Bergier, une fois celui-ci remercié.

Texte plein de découvertes pour qui s'intéresse à l'histoire de la période complexe du début de la Régence et de la fin du règne de Louis XIV, les *Mémoires* restent un document irremplaçable sur ces événements historiques, tels que pouvait les appréhender à l'époque un esprit intelligent et libre, nourri des expériences d'une vie aventureuse et infortunée. Si, malgré leurs lacunes, les *Mémoires* nous font mieux connaître l'homme et sa vie, ils fournissent aussi des vues nouvelles sur la réalité politique, vécue et jugée par les contemporains. Challe fait en effet une large place à l'opinion publique, aux réactions du peuple, de la foule des innocentes victimes des injustices criantes du régime. En ce sens, on peut le voir comme un «Saint-Simon bourgeois» pour ne pas dire populaire. Jamais l'adage *Vox populi, vox Dei*, n'a trouvé plus constante illustration. S'érigeant en juge de la corruption d'une époque qui sert de cadre à sa propre déchéance, Challe appuie toujours son propre verdict de témoignages collectifs.

Malgré les failles et les partis pris, il est impossible de ne pas être impressionné par la lumineuse intelligence politique de Challe, entre autres en ce qui concerne la situation du Canada et surtout de l'Acadie. Bien avant la Conquête, Challe a prévu l'issue désastreuse de la politique coloniale française et a discerné clairement certains des facteurs de cet échec. Or, un des intérêts de la correspondance acadienne de Challe est de révéler l'ampleur de l'expérience où se sont développées sa lucidité et sa justesse de vues. Cette dimension du texte ne peut manquer d'intéresser les lecteurs canadiens. Ils découvriront avec plaisir sans doute la pensée de quelqu'un qui a aimé ces pays neufs où tout restait à faire. Aussi, espérant rendre utile son expérience malheureuse, s'emploie-t-il à donner des conseils à Crozat pour la réussite du tout récent établissement de Louisiane.

Dans ce texte apparaissent à l'évidence deux clés de l'écriture challienne : le besoin de se sentir associé personnellement à une histoire pour avoir envie de l'employer à d'autres fins et, surtout, l'écriture comme activité compensatoire de l'échec de sa vie. Peut-on en trouver meilleur exemple que l'anecdote dans laquelle Challe s'efforce sérieusement de persuader son lecteur du rôle obscur mais essentiel d'intermédiaire joué par son père dans la naissance problématique du futur Louis XIV !

Venant de l'auteur des *Illustres Françaises*, le ton des *Mémoires*, et surtout du *Journal de voyage*, peut surprendre quand il est question des femmes. Force est de constater pourtant que, dans les *Mémoires* comme dans les *Illustres Françaises*, les femmes poussent les hommes à l'action. Des figures féminines jouent en effet un rôle déclencheur, même dans les histoires où on s'y attendrait le moins. Quand Challe justifie sa ruine et sa privation du poste de lieutenant du roi en Acadie par l'envoi de La Boulaye, neveu du président de Chevry, c'est à une amourette de son rival qu'il attribue le changement de carrière de ce dernier et sa propre ruine. Plus surprenant encore, dans une autre histoire d'oncle spoliateur — celle du président de Mesmes —, c'est l'amour bafoué qui pousse M. de Beuvron à se faire l'instrument de la justice rétributive, au dire de Challe. Et les *Illustres* ont leur modèle dans les autres œuvres, tant les audacieuses, comme Babet dans la belle effrontée Fanchon des Îles du *Journal*, que les prédestinées, Marie-Madeleine ou Silvie, dans l'infortunée fille de la levrette des *Mémoires*.

La dernière édition des *Illustres Françaises*, établie en collaboration par F. Deloffre et J. Cormier, renouvelle amplement la lecture de ce roman en prenant en compte toutes les découvertes faites sur Challe. Comme pouvaient s'y attendre les familiers des travaux de Deloffre, cette édition « nouvelle » se signale par sa minutie et son ampleur. L'introduction de 80 pages fait, pour l'histoire-cadre et chacune des sept histoires, le bilan des acquis des quinze dernières années (p. XIX à LXXX) ; elle offre aussi une brève biographie de l'auteur, que vient compléter une chronologie détaillée, en appendice (p. 611-624). L'édition du texte s'accompagne d'une étude des différentes éditions et des variantes [appendice III, Texte et variantes (p. 625-650)], d'un examen de la réception de l'œuvre [appendice I, Accueil et échos (1713-1731)], d'une « note grammaticale » méticuleuse (p. 651-666) et d'un index des noms propres et des thèmes (p. 699-708). Une bibliographie complète le tout (p. 667-698).

Dans ce roman contemporain des premières œuvres de la jeunesse de Marivaux (1713), ce qui frappe d'abord, c'est la remarquable sûreté de la technique romanesque qui enferme, dans une rigoureuse structure à deux niveaux, sept histoires d'amour imbriquées les unes dans les autres. Le retour des personnages, cher à Balzac, la juxtaposition de deux versions quasi antithétiques de la même histoire, nec-plus-ultra du roman moderne, n'ont pas de secret pour Challe. Le sort de Manon et de Des Ronais, les amants de la première histoire, est suspendu à la narration de la troisième, celle de Clémence et Terny. De même, à la fin, c'est dans le cours de sa propre histoire, la septième, que Dupuis apportera son véritable dénouement à la sixième, celle de Silvie et de Des Frans, que ce dernier croyait pourtant connaître. Par cette structure diaboliquement cohérente qui demeure néanmoins ouverte, Challe nous rend sensible le dynamisme des diverses narrations qui provoquent la progression de l'action mais aussi l'évolution des personnages, tour à tour narrateurs-héros et auditeurs. Chacun qui se croyait unique découvre, en écoutant les autres, des ressemblances qui lui permettent de mieux se comprendre et de mieux comprendre son histoire.

L'œuvre frappe aussi par l'image complexe et fine qu'elle donne des femmes. Véritables héroïnes bourgeoises, les *Illustres* respectent le tabou de la chasteté, mais c'est pour mieux construire leur propre destin, d'abord en choisissant leur homme puis en faisant du bonheur final le fruit de la collaboration des deux membres du couple. Challe, gaulois mais nostalgique, avocat et fin psychologue, a su créer un monde qui emprunte au vrai sa magie. À partir d'un tableau d'une justesse et d'une précision inégalées, il a esquissé l'idéal d'un groupe jeune et homogène dans lequel le désir de bonheur et d'intégration sociale doit composer avec les faiblesses humaines, la sauvagerie du désir et l'impossibilité foncière de l'être humain de vraiment se connaître ou de comprendre l'autre. Ses personnages ne sont pas parfaits. Pourtant, à quelques exceptions près, traces du destin implacable, il leur a donné la chance de se tailler à deux un bonheur à leur mesure, qui ne les aliène pas de leur milieu. Il leur a offert ce qu'il savait lui-même ne jamais pouvoir posséder.

Il est désormais impossible de s'intéresser au roman du XVIIIe siècle et même à celui du XIXe sans faire la place qui lui convient à cette œuvre dont se sont inspirés au XVIIIe siècle Marivaux, Prévost et Diderot (pour ne citer que les plus grands) et qui préfigure, comme le remarquait déjà Frédéric Deloffre en 1967, Stendhal et Balzac. Du fait de son exceptionnelle maîtrise de l'art romanesque, de la vaste expérience accumulée au cours de sa vie aventureuse, de son inquiétude métaphysique et de son intérêt pour les grandes questions philosophiques et religieuses, et enfin de la justesse de ses vues politiques, surtout en matière coloniale, Robert Challe est désormais un auteur «incontournable». Ces deux éditions en témoignent avec sérieux et brio tout à la fois.

NOTES

1. A. Augustin-Thierry en a donné une édition extrêmement infidèle, sous le titre *Un colonial au temps de Colbert: Mémoires de Robert Challes* [sic], *écrivain du roi*, Paris, Plon, 1931. Frédéric Deloffre en parle dans sa préface, p. 7.

2. Comme le souligne aussi F. Deloffre, qui est venu le consulter ici, les Canadiens sont privilégiés, car le photostat du manuscrit de la B.N. appartenant à G. Hanoteaux se trouve aux Archives nationales du Canada, sous la cote MG 18 J 3,145 f.

3. Robert Chasles [sic], *Les Illustres Françoises*, édition critique publiée avec des documents inédits par Frédéric Deloffre, Paris, Les Belles Lettres, 1959.

4. *Journal d'un voyage fait aux Indes Orientales (1690-1691) par Robert Challe, écrivain du Roi*, par F. Deloffre et M. Menemencioglu, Paris, Mercure de France, 1979.

5. Robert Challe, *Difficultés sur la religion proposées au père Malebranche*, édition critique de F. Deloffre et M. Menemencioglu, Paris/Oxford, Jean Touzot/The Voltaire Foundation, 1983.

6. Robert Challe, *Continuation de l'Histoire de l'admirable Don Quichotte de la Manche*, édition critique de J. Cormier et M. Weil, Genève, Droz, 1994.

7. Robert Challe, *Difficultés sur la religion proposées au père Malebranche*, édition nouvelle d'après un manuscrit complet et conforme à l'original, par F. Deloffre et F. Moureau (à paraître).

8. *Journal du Voyage des Indes orientales. A Monsieur Raymond Conseiller Secrétaire du Roy, Receveur général des finances du Bourbonnais*, édition par J. Popin, en collaboration avec F. Deloffre (à paraître).

9. Voir à ce sujet la correspondance avec les Journalistes de La Haye, dans les *Mémoires*, 2e partie, p. 449-537.

10. La présente édition reproduit la numérotation originale des folios sur le manuscrit; c'est pourquoi toute référence au texte présenté ici comporte le numéro du folio suivi de celui de la page de l'édition.

11. Voir Jean Mesnard, «Robert Challe et son double, François Martin», dans Roger Lathuillère (dir.), *Langue, littérature du XVIIe*

et du XVIIIe siècles : mélanges offerts à M. le professeur Frédéric Deloffre, Paris, SEDES, 1990, p. 321-330; du même, «Entre *Mémoires* et fiction, le thème acadien chez Robert Challe», *Travaux de littérature*, III, Paris, Les Belles Lettres, 1990, p. 297-323. Voir aussi Marie-Laure Girou Swiderski, «La véritable Angélique, un double de Robert Challe?», RHLF, 83, 1983, p. 531-569; et «Challe le justicier», dans F. Deloffre (dir.), *Autour de Robert Challe: actes du colloque de Chartres (20-22 juin 1991)*, Paris, Champion, 1993, p. 93-108.

12. Lois Ann Russell, «Robert Challe à Québec», RHLF, numéro spécial Robert Challe, 6, 1979, p. 1003-1012.

13. Frédéric Deloffre, «Une correspondance littéraire au début du XVIIIe siècle: Robert Chasles [sic] et le *Journal littéraire* de La Haye (1713-1718)», *Annales Universitatis Saraviensis*, 1954, p. 144-182.

14. Jean Mesnard, «L'identité de Robert Challe», RHLF, numéro spécial Robert Challe, 6, 1979, p. 7-38.

L'ACADIE À L'HEURE DES CHOIX : L'AVENIR POLITIQUE ET ÉCONOMIQUE DE L'ACADIE DU NOUVEAU-BRUNSWICK

d'HUBERT CYR, DENIS DUVAL et ANDRÉ LECLERC
Préface de Lise Ouellette
(Moncton, Éditions d'Acadie, 1996, 374 p.)

Gaétan Gervais
Université Laurentienne (Sudbury)

Au Canada, depuis une génération, se succèdent sans répit les « heures des choix ». On ne compte plus les études et les rapports qui jalonnent la réflexion sur l'avenir politique du pays. Pour ne parler que de sa composante canadienne-française, on pourrait rappeler les deux documents commandités par la Fédération des communautés francophones et acadienne, en 1977 (*Les Héritiers de Lord Durham*) et en 1992 (*Dessein 2000 : pour un espace francophone*). En outre, il existe, en Acadie du Nouveau-Brunswick, une belle tradition de travaux universitaires portant sur la communauté française de cette province, comme l'attestait encore récemment *L'Acadie des Maritimes* (1993), ouvrage publié sous la direction de Jean Daigle. Dans cette même veine, la riche documentation présentée dans *L'Acadie à l'heure des choix* fonde non seulement une analyse détaillée de la situation politico-économique des Acadiens du Nouveau-Brunswick, mais justifie, en fin de course, les options de développement politique et économique proposées à la communauté.

En dehors du Québec, la communauté française la mieux protégée du pays vit au Nouveau-Brunswick. Pourtant, malgré les garanties constitutionnelles, malgré les progrès réels de la scolarisation, malgré aussi les succès certains de l'entreprenariat acadien, cette communauté ne croit pas recevoir, de la part de la majorité anglaise de la province, un traitement d'égalité. Confirmant cette perception, les auteurs de *L'Acadie à l'heure des choix* démontrent la persistance des problèmes liés à l'assimilation, à la disparité économique entre les régions acadiennes et anglaises, enfin, au chômage. Il faut encore ajouter à ces problèmes internes l'incertitude née de l'annonce d'une imminente réorganisation de la fonction publique provinciale et l'inquiétude qu'engendrent forcément les projets d'« union des provinces maritimes » et d'« indépendance du Québec ». L'adaptation devra tenir compte, à l'échelle du pays, du désengagement du gouvernement fédéral et, à l'échelle mondiale, du phénomène de la « mondialisation ». Quelle stratégie de développement adopter dans ces conditions ? Cette question a amené la Société des

Acadiens et Acadiennes du Nouveau-Brunswick (SAANB), en 1992, à commander la présente étude.

Pour étudier « la faisabilité économique et politique de l'Acadie du Nouveau-Brunswick », les auteurs de ce rapport ont privilégié quatre points de vue : la situation démolinguistique, la participation acadienne à la fonction publique provinciale, les institutions politiques et, enfin, le développement économique. Les seize chapitres de cet ouvrage se répartissent en trois sections. La première partie, intitulée « héritage », vise non seulement à dresser le bilan des transformations survenues depuis trois décennies mais aussi à indiquer les défis. À la progressive modernisation de la société acadienne et à l'affirmation croissante des valeurs individuelles correspondent des mutations qui ont favorisé, en Acadie, l'avancement de la démocratie et l'entreprenariat. Renouvelée, la société acadienne se trouve néanmoins confrontée à un État provincial qui, désormais, tient le rôle que jouaient naguère la famille, la paroisse, l'Église et les élites traditionnelles.

En Acadie néo-brunswickoise, l'urbanisation a contribué à hâter l'assimilation, et ce, par le biais de deux facteurs : la langue du travail et la langue d'instruction des enfants. Ayant analysé, au moyen de techniques fort sophistiquées, toutes les élections depuis 1967, les auteurs concluent que la polarisation linguistique (le pôle acadien-libéral, le pôle anglais-conservateur) ne se vérifie qu'aux deux élections de 1970 et de 1991. Dans cette section surtout, on trouvera peut-être que l'analyse devient trop technique ; ce raffinement méthodologique plaira davantage aux pensionnaires du sérail universitaire qu'aux intervenants communautaires. Quant au chapitre sur l'administration provinciale, il décrit l'évolution des structures administratives, où la présence acadienne s'est grandement accrue depuis les années 60, même si la participation varie selon les ministères.

Au plan socio-économique, les analyses s'appliquent à décrire l'évolution des disparités régionales, d'abord par l'analyse des niveaux de revenu, ensuite par l'examen des structures de production, enfin par l'étude des tendances cycliques. Plusieurs facteurs expliquent en effet les disparités régionales, comme la taille de la population active, le chômage, la répartition des professions, la scolarisation. Se souciant en particulier de l'entreprenariat, les chercheurs soutiennent que le secteur manufacturier démontre à la fois une bonne capacité d'adaptation et une grande sensibilité à la conjoncture économique. Au fait, dans les régions acadiennes, les PME jouent un rôle plus important qu'ailleurs en province. Dans le secteur économique, les auteurs voient deux signes encourageants, l'investissement dans la formation post-secondaire et la montée de l'entreprenariat.

La deuxième partie de l'ouvrage est consacrée aux « options » qui s'ouvrent à la communauté. Il y est question, successivement, de certaines propositions de changement, de l'union des Maritimes, des structures des organismes publics au Nouveau-Brunswick et des options économiques. Cette partie propose différentes options de développement (politique, administratif, économique) que pourrait envisager la communauté, compte tenu des facteurs qui conditionnent ses choix.

Grâce à la majorité qu'ils détiennent dans certaines régions, les Acadiens ont pu accroître leur participation à la fonction publique, notamment au ministère de l'Éducation, où l'application, depuis 1974, du principe de la dualité linguistique a fait qu'aujourd'hui, 47 pour 100 des fonctionnaires sont acadiens. Ce régime dualiste a produit d'heureux résultats, notamment le rattrapage scolaire réalisé depuis une génération. Par contre, le rattrapage économique, lui, se fait attendre, malgré certains progrès dans les revenus, dans la participation au marché du travail et dans le niveau moyen de scolarité. Que faire? À cause des réformes administratives annoncées par le gouvernement McKenna, le statu quo n'est déjà plus une véritable option. Or, la rationalisation, en cette fin de siècle, est un autre mot pour dire restriction budgétaire. Les compressions budgétaires, dans les domaines de la santé et de l'éducation, sont dangereuses parce qu'elles menacent de démanteler les politiques linguistiques mises en place sous le gouvernement Hatfield, en réduisant les acquis de la communauté acadienne dans la fonction publique.

Entre les deux extrêmes de la sécession et de l'assimilation forcée, il existe, pour une minorité ethnique, différentes formes d'accommodement. Dans le choix des arrangements institutionnels, les auteurs partent du principe que, sur un territoire comprenant plusieurs ethnies, la nécessité d'un régime d'autonomie s'impose. Dans une analyse politique soutenue, les auteurs discutent divers types d'autonomie, notamment l'option communautaire, avec un long examen où surgit, fouillé plus à fond, le cas de la Belgique. Puis suit une analyse du projet d'«union des provinces maritimes», relancé en novembre 1995. Les auteurs en examinent les incidences, notamment les dangers pour la communauté acadienne qui, devenue proportionnellement moins importante, perdrait une partie de son influence sur les décisions des organismes communs. Puis les auteurs examinent la structure des organismes publics au Nouveau-Brunswick, ainsi que les modes de prestation des services à la population de la province. Ils privilégient une politique de régionalisation qui mettrait entre les mains des Acadiens une plus grande responsabilité. En examinant une typologie des institutions administratives (centralisées ou décentralisées), les chercheurs notent que la décentralisation territoriale est fort rare. En revanche, l'unanimité se refait autour de la nécessité d'une décentralisation des services administratifs et du besoin de nouvelles cartes administratives.

La troisième partie de cet ouvrage, intitulée « Le projet », analyse les résultats d'une enquête réalisée auprès de la population acadienne pour connaître ses opinions sur la situation linguistique et économique, sur les services du gouvernement offerts en français, sur les institutions politiques et administratives, sur sa perception de l'avenir.

Prenant pour prémisses le régime politique actuel (fédéralisme canadien, maintien des frontières présentes, éventualité d'une union des Maritimes), les auteurs examinent différentes options, y compris un mode de représentation linguistique qui permettrait, en partant d'une double carte électorale, d'élire deux contingents de députés selon la langue. On se penche aussi sur le régime belge, sur le fédéralisme linguistique et sur le modèle communautaire, où deux assemblées nouvelles s'ajouteraient à l'Assemblée législative actuelle. Selon les travaux des spécialistes, il existe une nette préférence pour un régime comportant la décentralisation et pour la dualité dans la fonction publique. Les options, au plan économique, s'articulent autour des questions suivantes : quel rôle joueront les principaux acteurs (les gouvernements supérieurs, la communauté d'affaires ou l'économie sociale) et quelle orientation générale donnera-t-on à la stratégie de développement ?

Pour répondre à ces questions, quelque 777 personnes, hommes et femmes, ont répondu aux 80 questions d'un sondage scientifiquement mené. Les nombreux tableaux compilés à partir des réponses au questionnaire permettent d'examiner dans le détail les comportements linguistiques. Ainsi, on confirme les travaux antérieurs (de Roger Bernard et autres) que 83,4 pour 100 des enfants issus de mariages mixtes fréquentent les écoles anglaises. La moitié des répondants croient que le gouvernement devrait faire davantage pour la promotion du français. Dans l'éventualité d'une régionalisation, les Acadiens favoriseraient plutôt l'élection des dirigeants d'organismes décentralisés. Même là, toutefois, on ne souhaite pas leur confier le droit de lever des impôts. D'ailleurs, la plupart ne veulent pas augmenter les impôts, même pas pour accroître les services en français.

Quel avenir politique les femmes et les hommes de l'Acadie du Nouveau-Brunswick souhaitent-ils ? Minoritaires, ils n'ont pas le sentiment de jouir d'une véritable égalité dans leur province. Ils possèdent pourtant une grande assurance. Non seulement la majorité (52 pour 100) ne pense pas qu'une éventuelle séparation du Québec menacerait leur survie culturelle, mais la très grande majorité (82,5 pour 100) ne croit même pas que le Québec se séparera un jour. En général, on n'est pas inquiet de l'avenir du français au Nouveau-Brunswick. Les deux tiers ne pensent pas qu'il y ait un problème à ne pas pouvoir choisir un député de sa langue. Ainsi, une forte majorité s'oppose à un système de doubles ministres. Sur la décentralisation des pouvoirs, beaucoup de citoyens n'ont pas d'opinion et seulement 13 pour 100 des répondants sont favorables à la création d'assemblées communautaires pour les deux groupes linguistiques, ce qui constitue un rejet de l'option communautaire discutée plus tôt. Quant à la minorité qui a entendu parler de l'union des Maritimes, elle se déclare contre le projet, même si, dans une telle éventualité, une forte majorité voudrait continuer à faire partie des Maritimes. Les deux tiers des Acadiens croient qu'ils ont besoin, pour défendre leurs intérêts, d'un groupe de pression, certains souhaitant même la création d'un parti politique acadien.

Dans le domaine économique, beaucoup de répondants ont désigné le chômage et l'emploi comme premier problème. On se soucie aussi du manque d'entreprises, du problème des transports, de l'éducation et des services de santé. À propos du rôle du gouvernement dans le secteur économique, les opinions favorables et défavorables se partagent à peu près également, la contestation étant surtout forte dans le Nord-Est. En guise de remèdes, les répondants ont privilégié la diversification (73,2 pour 100), ce qui va à l'encontre de la politique gouvernementale qui consiste à créer des noyaux de développement autour de quelques grandes entreprises. Dans toute stratégie, les principaux acteurs seront les gouvernements, la communauté d'affaires et les représentants de l'économie sociale. Or, l'action « entrepreneuriale » est encore jeune et la population se tourne toujours, spontanément, vers son gouvernement pour obtenir des réponses aux problèmes économiques.

Les chercheurs concluent, au terme de cette longue étude, que les deux sources d'assimilation sont la langue de travail et la langue d'enseignement. Sereins devant les diverses options politiques, les Acadiennes et les Acadiens s'opposent à l'union des Maritimes, mais ne craignent pas l'indépendance du Québec. Ils ne croient pas qu'ils traitent d'égal à égal avec la majorité anglaise et souhaitent des changements sur le plan administratif et dans le secteur de l'économie. En outre, on favorise une certaine régionalisation, tant politique qu'économique. Au point de vue stratégique, on appuie moins la spécialisation, favorisée par le gouvernement, que la diversification des assises économiques. Les réformes devraient donc aller dans le sens d'une plus grande autonomie régionale. Car, justement, les deux domaines où se mesurent les meilleurs progrès, au cours des décennies récentes, sont l'éducation et l'entreprenariat, précisément les secteurs où le gouvernement a consenti à faire des aménagements particuliers en faveur de la minorité.

Ce grand travail constitue une introduction à l'histoire récente de l'Acadie du Nouveau-Brunswick. Parfois le ton est trop universitaire et l'analyse trop disciplinaire pour que le document reste accessible aux non-spécialistes. Peut-être la SAANB a-t-elle pensé à résumer les grandes lignes de ce travail pour en répandre le contenu plus largement? On pourra aussi s'étonner de la faible place faite au gouvernement fédéral dans l'analyse des paramètres. On se rappellera aussi que le Nouveau-Brunswick ne représente qu'une partie de l'Acadie. Enfin, la dimension culturelle des questions ne reçoit que la portion congrue de l'attention des chercheurs, qui ont braqué leurs feux sur l'économie et la politique. Les chercheurs universitaires, autant que les acteurs politiques, y trouveront non seulement des informations fort pertinentes, mais aussi ample matière à réflexion et à discussion.

L'IDENTITÉ À L'ÉPREUVE DE LA MODERNITÉ : ÉCRITS POLITIQUES SUR L'ACADIE ET LES FRANCOPHONIES CANADIENNES MINORITAIRES

de JOSEPH YVON THÉRIAULT
(Moncton, Éditions d'Acadie, 1995, 324 p.)

Michel Doucet
Université de Moncton

Dans son livre, *L'Identité à l'épreuve de la modernité*, l'auteur, Joseph Yvon Thériault, a rassemblé « le fruit d'un parcours de recherche réalisé au cours des dix dernières années ». Cet ouvrage, tout en cherchant à comprendre le rapport entre l'identité et la modernité, est également un essai d'analyse sociopolitique des communautés minoritaires francophones et, notamment, de la communauté acadienne du Nouveau-Brunswick. L'auteur y réunit une série d'articles écrits pendant les années 80 et 90. Ces essais sont rassemblés autour de cinq grands thèmes : l'identité et la politique ; l'identité et l'individualisme ; l'identité et le droit ; l'identité et la démocratie économique ; l'identité ethnique et l'identité nationale.

Dès le début, l'auteur nous met en garde : son ouvrage n'a pas d'orientation militante. Le lecteur doit plutôt y voir « un effort intellectuel qui s'appuie sur l'outillage conceptuel des sciences humaines pour saisir la dynamique identitaire » à l'œuvre au sein des communautés minoritaires. J. Yvon Thériault tient à nous rappeler que son analyse est celle d'un observateur extérieur qui cherche à jeter un regard nouveau sur le vécu de ces communautés. Malheureusement, cette tentative de distanciation du sujet étudié est peu convaincante et laisse songeur celui ou celle qui ne croit pas à l'objectivité dans l'analyse sociopolitique. Chacune des pages de ce texte est une confirmation que l'analyse de l'auteur est profondément marquée par sa propre situation de minoritaire.

Sur le plan théorique et intellectuel, il s'agit d'un ouvrage remarquable. Par son approche, l'auteur permet à l'étude sociologique des communautés minoritaires de faire un grand pas en avant. Plus précisément, nous reconnaissons l'intérêt de la section portant sur l'identité et l'individualisme ainsi que celle sur l'identité ethnique et l'identité nationale. Nous notons, en particulier, l'article intitulé « Le triangle de l'acadianité », présenté lors du colloque *La Coexistence linguistique au Nouveau-Brunswick : confrontation ou accommodation*.

En revanche, la section portant sur l'identité et la démocratie économique nous paraît plus faible. Malgré l'intérêt évident du mouvement coopératif en Acadie et son influence indéniable sur notre identité, d'autres facteurs économiques agissent de manière tout aussi forte et mériteraient une attention particulière. Nous pensons notamment à l'émergence de la petite et moyenne entreprise, qui prend de plus en plus d'importance et qui influence, sans contredit, notre culture économique. Pour sa part, la section sur l'identité et le droit laisse pour le moins perplexe. Si le chapitre 6, « Le droit d'avoir des droits », et le chapitre 7, « Pays réel pays légal », ont un intérêt certain pour le sujet traité dans l'ensemble de l'ouvrage, nous comprenons difficilement la présence, dans cette section, d'un petit article que l'auteur qualifie d'« intermède ». Dans cet « intermède », intitulé « Les faiseurs d'identités », l'auteur s'en prend avec une férocité qu'on ne lui connaissait pas dans les écrits précédents, aux juristes et, spécialement, aux juristes de l'École de droit de l'Université de Moncton. L'analyse scientifique vient de sortir par la porte, côté jardin! L'observateur, qui se voulait neutre, devient un gladiateur! Pourtant, dans les autres sections du livre, personne, même pas la classe politique — que l'auteur traite même avec une certaine déférence — n'a eu à subir ses foudres.

L'ensemble de l'ouvrage est, sur le plan factuel, de qualité inégale et mériterait d'être mis à jour. Si le cadre théorique est bien présenté, son application au sujet étudié demeure insatisfaisante. Trop souvent nous avons l'impression que l'auteur nous abandonne au moment où son analyse exigerait un engagement plus personnel et le mènerait à porter certains jugements. Cette constatation est particulièrement évidente dans l'analyse qu'il fait de la politique et notamment du contexte politique plus récent du Nouveau-Brunswick.

Malgré ces quelques lacunes, ce livre mérite d'être lu. Même la lectrice ou le lecteur non initié aux théories sociologiques ou philosophiques modernes ou aux concepts de la modernité ou de l'hypermodernité trouvera intérêt dans la lecture de cet ouvrage. Le chapitre 10 intitulé « Naissance, déploiement et crise de l'idéologie nationale acadienne », de loin le plus intéressant, permettra de retracer l'évolution du discours nationaliste acadien et de découvrir certaines raisons qui expliquent son état de crise actuel. De même, la discussion sur l'autonomie, au chapitre 4, favorisera une meilleure compréhension de ce concept trop souvent utilisé à tort et à travers.

La question fondamentale de l'ouvrage est bien résumée par l'auteur au chapitre 11, lorsqu'il se demande s'il existe une sociologie spécifique aux communautés francophones minoritaires canadiennes et acadiennes. C'est en gardant à l'esprit cet objectif que le lecteur devrait lire ce livre. Il ne devrait pas y chercher des réponses, mais plutôt y voir un processus intellectuel qui pourra l'accompagner dans une meilleure compréhension de ces communautés. Thériault mérite toutes nos félicitations puisqu'il est l'un des premiers à avoir osé penser la sociologie en fonction des communautés francophones minoritaires du Canada.

En conclusion, nous regrettons qu'un écrit récent de l'auteur ne soit pas inclus dans cet ouvrage. Nous faisons ici référence à sa communication lors de l'assemblée provinciale annuelle de 1996 de la Société des Acadiens et des Acadiennes du Nouveau-Brunswick, dans laquelle l'auteur a analysé le concept de société civile comme réponse à la crise identitaire des communautés francophones. Peut-être retrouverons-nous ce texte dans un prochain livre.

COMMENTAIRE SUR LA RECENSION DE L'OUVRAGE *DE NANTES À LA LOUISIANE*, PARUE DANS *FRANCOPHONIES D'AMÉRIQUE*, NUMÉRO 6 (1996)

Gérard-Marc Braud
Nantes

Dans un court pamphlet paru dans le numéro 6 de *Francophonies d'Amérique* (p. 179-180), Damien Rouet porte une critique acerbe sur l'ouvrage paru en France en 1994, sous le titre *De Nantes à la Louisiane : l'histoire de l'Acadie, l'odyssée d'un peuple exilé* (Nantes, Ouest Éditions, 1994, 159 p.).

Je suis l'auteur de ce livre réalisé après bien des recherches dans les archives françaises sur l'histoire pathétique du peuple acadien, histoire qui est aussi celle d'une partie de ma famille.

L'examen du contenu de cet article m'amène à certaines observations que je vous livre ci-après. Mais tout d'abord j'invite les lecteurs de *Francophonies d'Amérique* à se reporter audit article.

* * *

De Nantes à la Louisiane a été conçu comme un ouvrage de vulgarisation de l'histoire du peuple acadien, à destination d'un large public français et non pas comme un ouvrage à finalité universitaire pour historiens chevronnés !

Cela dit, l'histoire des colonies françaises d'Amérique du Nord, aux XVIIe et XVIIIe siècles, est pratiquement ignorée de la grande majorité de nos compatriotes. Même les manuels d'histoire de France, de l'enseignement primaire et secondaire, passent totalement sous silence cette longue période qui fut au final peu glorieuse pour la France (je n'oublie pas les îles Saint-Pierre et Miquelon qui demeurent françaises).

Pourquoi cette histoire malheureuse dans laquelle des hommes courageux se sont illustrés resterait-elle, au niveau de la connaissance, l'apanage de quelques centaines d'initiés ? Je connais trop d'ouvrages parfaitement documentés qui font l'objet d'une diffusion restreinte et demeurent par conséquent parfaitement inconnus du grand public.

Cette façon de faire n'est pas ma vision de la diffusion de notre culture commune. C'est pourquoi j'ai voulu brosser un large tableau de synthèse de l'histoire du peuple acadien, sans prétention aucune à l'exhaustivité.

Sur le plan de la méthode choisie pour cette vulgarisation, chacun a le droit d'avoir son appréciation. Si je me fie aux retombées de ce livre, pour ma part, j'estime avoir atteint mon but, n'en déplaise à certains «Cassandre».

Quant aux données historiques qui figurent dans l'ouvrage, fruits de longues recherches et d'abondantes lectures (à temps perdu!) contrairement à d'aucuns, pour sa partie exil en France, soit les quatre cinquièmes de l'ensemble, M. Rouet estime que «l'auteur s'y sent plus à l'aise»... et «apporte quelques éléments nouveaux sur la connaissance de ces réfugiés». Que voilà une appréciation positive, vite tempérée par une allusion à un «emprunt» qui aurait été fait à un autre ouvrage paru précédemment en France, sur un sujet très ciblé.

Cette assertion parfaitement odieuse témoigne, à l'évidence, de la méconnaissance par l'auteur de cet article, de la manière d'accéder aux archives publiques en France (ce qui est bien normal puisqu'il vit au Canada). Dans notre pays, tout citoyen a le libre accès aux mêmes sources. Il faut être bien prétentieux pour imaginer être le seul individu en capacité d'utiliser ces fonds d'archives! C'est pourquoi je comprends mal les allusions perfides faites sur ce point, sauf à conclure qu'il y ait collusion. Mais je n'ose pas croire à une telle faiblesse de la part d'un universitaire.

L'article incriminé pose aussi une question d'une tout autre nature et interroge tout lecteur sensé. Comment peut-on accepter de se laisser dicter son opinion sur une œuvre quelle qu'elle soit?

Pour sa part, M. Rouet fait le maximum pour décourager le lecteur potentiel de l'ouvrage *De Nantes à la Louisiane*, reconnaissant cependant que «l'iconographie est intéressante». Quelle censure intellectuelle!

Et si, comme semble l'imaginer l'intéressé, les 3 000 Acadiens dispersés et ballottés pendant plus de 25 ans dans tous les ports français de la Manche et de l'Atlantique avaient été si heureux de leur sort en comparaison de celui des paysans français de l'époque, *pourquoi* se seraient-ils regroupés si nombreux à Nantes avec l'espoir d'un nouvel exil en Louisiane?

Non, l'histoire de ce groupe d'exilés mérite mieux que ces quelques lignes et il appartient à chacun, en toute objectivité, de se faire sa propre opinion afin de découvrir des réalités encore méconnues de beaucoup.

En conclusion, je considère que cette polémique soigneusement entretenue est parfaitement stérile et ne grandit pas ceux qui, à tort, se prennent pour les «gardiens du Temple». Je ne suis pas le premier auteur dans cette situation, en effet il y a malheureusement eu des précédents!

Aux lecteurs avertis de se faire une opinion par eux-mêmes, sans tutelle intempestive. Je suis confiant en leur jugement.

RÉPLIQUE À GÉRARD-MARC BRAUD,
AUTEUR DE L'OUVRAGE
DE NANTES À LA LOUISIANE : L'HISTOIRE DE L'ACADIE,
L'ODYSSÉE D'UN PEUPLE EXILÉ
(Nantes, Ouest Éditions, 1994, 159 p.)

Damien Rouet
Université de Moncton
Université de Poitiers

C'est toujours avec intérêt que l'on doit lire le droit de réponse accordé à tout auteur d'un ouvrage dont on a fait la recension. Ce droit de réponse dont Gérard-Marc Braud a usé ci-dessus nécessite une réplique d'usage. Il y aurait sans doute beaucoup à dire sur ce texte de M. Braud, mais nous allons limiter notre analyse à quelques réflexions.

Nous avons été surpris que l'auteur ne réponde pas, ou indirectement, à nos accusations de plagiat. Là était le cœur même de notre recension et explique notre critique acerbe de cet ouvrage. D'ailleurs, nous ne reviendrons pas sur nos dires. Cet ouvrage est à éviter, car on ne peut passer son temps à deviner ce qui est la propre prose de l'auteur et émane de ses propres recherches et lectures, et ce qui doit être porté au crédit d'autres[1]. Si nous pensons comme M. Braud qu'il y a nécessité de faire connaître l'histoire acadienne en France, nous devons parallèlement noter que l'on ne peut faire tout et n'importe quoi au nom de la vulgarisation historique.

Citoyen français demeurant sur le sol canadien (nul n'est parfait!), membre d'honneur de l'Association des cousins acadiens du Poitou, nous avons été quelque peu choqué par un certain nombre des réflexions de Gérard-Marc Braud qui nous ont semblé tout à fait gratuites. Ainsi, une remarque telle « Dans notre pays, tout citoyen... » dénote le ridicule de l'argumentaire de l'auteur. Quant à la thèse du complot que l'auteur semble envisager dans sa conclusion (après avoir mentionné celles d'une censure intellectuelle et d'une « collusion »), c'est une manière bien trop connue d'évacuer la critique, dont je laisse le soin aux lecteurs d'évaluer la portée.

Nous tenons enfin à conclure sur une note plus positive, tout en reprenant ce qui nous semble essentiel. Nous connaissons parfaitement le travail qui est fait au sein des associations acadiennes en France et, à ce titre, l'énergie déployée par M. Braud est louable. Cet investissement « à temps perdu » [*sic*] ne doit en aucune façon permettre de faire fi du minimum de respect pour les règles qui dictent toute production écrite. Il s'agit tout simplement d'une question d'éthique, à laquelle la nécessaire vulgarisation historique ne saurait échapper.

NOTE

1. Quoique ancien et à ce titre parfois dépassé, nous ne pouvons référer les lecteurs intéressés par l'histoire de l'exil des Acadiens en France qu'à l'ouvrage d'Ernest Martin, *Les Exilés acadiens en Fran-* ce au XVIIIe siècle et leur établissement en Poitou, Poitiers, Brissaud, 1979, [1936], 333 p.

CANUCK, NOMADE FRANCO-AMÉRICAINE : PERSISTANCE ET TRANSFORMATION DE L'IMAGINAIRE CANADIEN-FRANÇAIS

Mary Elizabeth Aubé
Université de Toronto

Le sujet des rapports entre la littérature franco-américaine[1] et celle du Canada français offre de nombreuses pistes intéressantes aux chercheurs. Dans le domaine strictement littéraire, il faut d'abord souligner que le roman de la terre est en partie une réaction contre l'émigration canadienne-française aux États-Unis. En outre, Maurice Lemire voit dans le personnage romanesque qui émigre aux États-Unis le descendant de la figure du nomade qui peuple les premières manifestations de l'imaginaire canadien-français[2]. Un autre aspect de l'émigration qui mérite d'être étudié en profondeur est le journalisme. Dans ce domaine, le cas d'Honoré Beaugrand est exemplaire. Nomade s'il en fut un, Beaugrand passa une grande période de sa vie dans la communauté franco-américaine, y fondant un journal, y publiant un roman qui fit l'apologie des émigrés, avant de revenir au pays fonder l'influent journal *La Patrie*. Il faudrait aussi étudier l'institution littéraire sous la lumière des rapports entre l'aire canadienne-française et l'aire franco-américaine, surtout à cause du fait qu'un bon nombre d'auteurs franco-américains ont publié leurs œuvres au Québec[3]. En ce qui concerne la critique littéraire canadienne-française, on reconnaît, par exemple, en Louis Dantin (pseudonyme d'Eugène Seers) le premier critique moderne, bien qu'il écrivît la majeure partie de son travail aux États-Unis, dont une importante série d'articles sur des écrivains américains. Ces quelques exemples, qu'on pourrait multiplier, suggèrent d'importants échanges littéraires entre le Québec et la Nouvelle-Angleterre.

Pour mieux apprécier ces exemples, il faut les considérer dans un contexte plutôt sociologique : en 1911, la population canadienne-française de la Nouvelle-Angleterre est de 700 000 habitants, soit presque la moitié de la population francophone du Québec (1,6 million)[4]. L'immigration est souvent une migration, un va-et-vient de familles entre leur paroisse québécoise et plusieurs centres franco-américains. Pendant plus de cinquante ans, surtout entre les années 1880 et 1940, la culture canadienne-française circule entre le Canada et les États-Unis grâce à des tournées de conférenciers québécois, tels Henri Bourassa, Jovette Bernier et Jean-Charles Harvey[5]. On constate donc la présence continue du Canada français «dans la vie intellectuelle des Francos[6]». Une bonne part de l'élite franco-américaine envoie ses enfants s'instruire au Québec. Les prêtres et les religieux qui desservent les paroisses franco-américaines sont souvent d'origine québécoise. Les Franco-Américains participent en grand nombre aux manifestations nationalistes au Québec[7]. Il y a beaucoup de lecteurs de journaux canadiens-français du côté sud de la frontière états-unienne. Dans les années 30, les journaux québécois, surtout *La Presse* et *La Patrie*, envoient près de 25 000 exemplaires par jour en Nouvelle-Angleterre[8].

Ces exemples démontrent l'existence d'une grande aire canadienne-française qui englobait non seulement tout le Canada, mais aussi la Nouvelle-Angleterre et le nord-est de l'État de New York. Ils renversent donc la notion de rupture entre la vie au Québec et la vie aux États-Unis en faveur d'une notion de continuité d'expérience et de culture. Cependant, il reste énormément de travail à faire pour étoffer et nuancer nos connaissances sur les Franco-Américains et le jeu d'influences culturelles à l'œuvre dans l'ensemble de la Franco-Américanie prise dans son sens large.

C'est en tenant compte de ce réseau d'influences que je propose d'étudier le roman franco-américain *Canuck*[9]. Il s'agira principalement d'y tracer le sort que subissent deux figures de l'imaginaire littéraire canadien-français, celle du nomade et celle de la femme. Par l'intermédiaire d'une étude contextuelle et textuelle, et en suggérant des liens intertextuels, je proposerai une analyse de ces figures qui fera ressortir non pas l'expression d'une rupture avec l'univers symbolique canadien-français, mais plutôt les continuités entre l'œuvre de Camille Lessard et l'imaginaire canadien-français.

Sous le pseudonyme de Liane, Camille Lessard publie d'abord *Canuck* comme feuilleton, en 1936, dans *Le Messager*; ce quotidien de langue française de Lewiston (Maine) est l'un des plus importants journaux franco-américains. La chronique de Liane est très populaire et son feuilleton connaît un grand succès. Selon l'entente conclue avec la direction du *Messager*, le feuilleton commence à paraître dans le journal au mois de février 1936, et les Éditions Le Messager publient le roman sous forme de livre en mars et le distribuent partout en Nouvelle-Angleterre. *Canuck* paraît aussi en feuilleton dans *Le Journal* de Haverhill (Massachusetts) et dans *L'Étoile* de Lowell (Massachusetts)[10].

Le livre n'étant pas très connu aujourd'hui, résumons-le. *Canuck* raconte l'histoire d'une famille d'immigrés canadiens-français à Lowell (Massachusetts), au tournant du siècle. Le père, Vital Labranche, était déjà venu aux États-Unis dans sa jeunesse et y avait appris le métier de tisserand. Il y revient en 1900 avec sa femme et ses trois enfants : Vic (diminutif de Victoria), âgée de 15 ans, et des jumeaux de dix ans, Maurice et Besson. Ce dernier, frêle et bossu, s'occupe de légères tâches ménagères, pendant que les autres membres de la famille travaillent dans les filatures de coton afin d'amasser l'argent nécessaire pour payer l'hypothèque de la ferme au Québec. Or la fille se révolte contre son père qu'elle trouve avaricieux, aveuglé par son seul désir de payer l'hypothèque, aux dépens des besoins et des rêves du reste de la famille. Vic juge que la famille devrait acheter des médicaments pour Besson et des vêtements convenables, se payer un logis salubre et épargner en vue des études futures de Maurice, qui rêve de devenir prêtre. Vic quitte donc le foyer paternel et gagne l'argent nécessaire pour subvenir elle-même aux besoins de la famille. Grâce au salaire qu'elle gagne comme passeuse en lames dans une usine textile, elle atteindra son but. La mort de Besson provoque des changements importants : pour la première fois, le père démontre de la tendresse envers sa famille et, afin de respecter les vœux de son enfant défunt, décide de retourner à la ferme au Québec où il l'enterrera. Vic reste à Lowell et continue à économiser pour les études de Maurice. Elle fait la connaissance d'une dame bourgeoise qui lui ouvre sa bibliothèque et grâce à qui elle connaît un premier amour. Lorsque le père Labranche meurt, Vic se décide à quitter Lowell pour prendre en charge le fonctionnement de la ferme, afin que Maurice poursuive ses études. Une nuit, un météore tombe sur la ferme, ce qui permet de découvrir un gisement de molybdène. Cette chance (un peu trop littéralement) tombée du ciel mène à l'enrichissement de la famille et au mariage de Vic. Le roman se termine sur le départ de l'heureux couple qui part à l'aventure dans les pays d'Amérique centrale.

La critique récente a vu *Canuck* tantôt comme un roman contre l'émigration[11], tantôt comme le reflet d'un délaissement de la culture canadienne-française au profit de l'adoption des valeurs américaines tirées du contexte urbain[12]. Bien qu'elles puissent paraître divergentes au premier abord, ces vues se ressemblent. D'une part, elles perpétuent l'idéologie de l'élite canadienne-française qui insistait sur les divergences culturelles des Canadiens français et des Américains, et qui percevait l'émigration comme une rupture. D'autre part, ces deux approches perpétuent la notion d'un Québec monolithique sur le plan des discours, tant idéologique que littéraire. Or un nombre grandissant d'études concourent à démontrer qu'il existait au Québec toute une gamme de positions idéologiques[13], positions qui trouvaient leur expression romanesque[14], et que l'émigration ne représentait pas nécessairement une rupture[15].

La biographie de Camille Lessard-Bissonnette illustre de façon exemplaire le maintien des liens des émigrés avec la mère patrie grâce au va-et-vient entre les États-Unis et le Canada. Née en 1883 à Sainte-Julie-de-Mégantic (Québec), Camille Lessard émigre en 1904 avec sa famille à Lewiston, où elle travaillera dans l'usine de la compagnie de textile Continental comme passeuse en lames. En 1906, elle commence à publier de façon intermittente des articles dans *Le Messager*. De 1908 à 1912, elle travaille pour ce journal à temps plein. Lorsque *Le Messager*, à l'instar des journaux québécois, instaure la première page féminine dans un journal franco-américain, Camille Lessard en est nommée rédactrice. Sa renommée s'étend jusqu'au Québec[16]. En 1912, elle quitte Lewiston avec sa famille dans la vague des rapatriés qui coloniseront l'Ouest canadien. Là, elle participe à la vie culturelle canadienne-française d'Edmonton et, grâce à l'appui de Canadiens français influents, devient directrice du département de français de la bibliothèque publique de cette ville[17]. Entre 1916 et 1938, Camille Lessard occupe divers emplois qui l'amènent à Winnipeg et à Montréal, puis à Los Angeles, ensuite à Saint Louis et de nouveau en Californie. Pendant la première moitié des années 30, elle publie une série de chroniques de voyage dans *Le Messager*[18]. En 1938, elle prend la direction des pages féminines du journal montréalais *La Patrie*, poste qu'elle devra quitter après seulement quelques mois, attribuant sa démission à des raisons de santé[19]. Ces quelques détails biographiques suffisent pour nous convaincre que Camille Lessard garda toute sa vie des contacts avec la culture du Québec, contacts qui permirent à l'univers symbolique de son pays natal de rester une source d'expression artistique pour cette écrivaine. De plus, cette courte biographie souligne le caractère nomade de Camille Lessard, caractère qui, sans qu'on lui impute une causalité, s'avérera un des éléments essentiels de la structure macrosémantique de *Canuck*.

Bien qu'une grande partie de l'action de *Canuck* ait lieu dans une ville de textile américaine, Camille Lessard trouve sa matière en retournant à ses origines culturelles. Elle puise dans l'imaginaire littéraire canadien-français pour ensuite faire subir une évolution à cette matière. Le personnage de Vic est un exemple de ce processus. Comme nous le verrons en détail plus loin, quoique le personnage de Vic innove dans la représentation de la femme, il reste en elle des traces importantes de la tradition littéraire canadienne-française. La mère de Vic, et Vic elle-même, appartiennent à ce groupe de femmes vaillantes qui peuplent encore le roman des années 30 et 40. Depuis Donalda dans *Un homme et son péché* (Claude-Henri Grignon, 1933) à Alphonsine dans *Trente arpents* (Ringuet, 1938) et jusqu'à Mathilde Beauchemin d'*En pleine terre* et du *Survenant* (Germaine Guèvremont, 1943 et 1945), les femmes démontrent leur très grande capacité sur le plan du travail de la terre. Dans son emportement lors de sa révolte contre son père, Vic révèle l'histoire familiale en accusant son père :

> Si tu avais travaillé la moitié autant sur ta terre que tu le fais ici, dans les fabriques, tu n'aurais jamais été forcé de quitter ta ferme !... Le travail dans les champs et aux écuries, c'était maman qui le faisait et moi, quand je fus devenue grande, et je n'étais pas bien vieille !... Toi, pendant ce temps, tu te promenais en boghey ou en carriole, tu jouais aux cartes, tu bambochais !... Quand tu revenais à la maison, si on n'avait pas réussi à tout faire les gros travaux c'étaient des scènes d'enfer !... Tu as même osé, dans un de ces

moments, frapper maman parce qu'une clôture n'avait pu être réparée et que les animaux avaient passé chez le voisin! (p. 32)

Cette séquence analeptique explique les raisons de la passivité et de l'apparence prématurément vieillie de Mme Labranche. En cela, celle-ci ressemble à Donalda d'*Un homme et son péché*. Cette dernière, d'abord forte et vaillante à la tâche, finit sa vie amaigrie et brisée, victime elle aussi du dur traitement de son mari.

La figure du nomade est un autre rappel de la tradition littéraire canadienne-française. Créé aux origines de l'imaginaire canadien-français, le nomade eut la vie longue au Québec, réincarné au cours de ce siècle en Survenant et en Tarzan dans *Zone* (de Marcel Dubé) et aux États-Unis en Sal Paradis dans *On the Road*, du Franco-Américain Jack Kerouac. Dans *Canuck*, un important récit enchâssé mettant en scène le nomade appelé le Père l'Alumette agit comme mise en abyme du thème du nomadisme.

Pendant la période que Vic passe dans la ferme familiale après la mort de son père, trois scènes évoquent la vie traditionnelle rurale canadienne-française : les sucres (p. 78-79), les foins (p. 85) et la boucherie (p. 82). Ce genre de tableau apparaît dans les œuvres littéraires au Québec depuis les *Anciens Canadiens*, dans l'intention de susciter la constitution d'une identité nationale. Dans *Canuck*, ces scènes traditionnelles précèdent immédiatement les deux chapitres consacrés au personnage du Père l'Alumette. Comme leurs modèles au Québec, elles servent de rappel de cet univers symbolique dans lequel l'histoire du Père l'Alumette s'insère.

En voyant arriver le Père l'Alumette à la porte, Vic dit à sa mère qu'elle a d'abord cru voir arriver un « quêteux ». Le narrateur précise que le personnage en question n'est pas un mendiant, mais « un vendeur d'allumettes (de là son sobriquet) ». Le narrateur précise également que ce personnage est aussi un homme à tout faire qui, tout en ayant la réputation d'être sorcier, n'est qu'un « pince-sans-rire aimant à mystifier sans causer de mal à personne ». Il arrive chaque été chez les Labranche « venant on ne savait d'où » (p. 86). La séquence du Père l'Alumette contient aussi des recettes de médecine traditionnelle que le vieil homme conseille aux voisins des Labranche (p. 88-90). Dans une scène, le Père l'Alumette paraît même avoir des pouvoirs surnaturels, ce qui le rend semblable à un « jeteux de sorts ». Cette description du personnage incorpore bon nombre des aspects du personnage légendaire décrit par Adjutor Rivard sous la rubrique des « quêteux » : « mendiants honnêtes, *bohémiens*, vagabonds, voleurs, *jeteux de sorts*, charlatans et filous, nos chiens confondent dans une même aversion instinctive tous les *quêteux* portant besace[20]. » Notons le mélange des champs sémantiques de nomade, marginal, criminel, menteux et mendiant. Le Père l'Alumette correspond à beaucoup d'égards à cette description qui comprend des caractéristiques diverses et parfois contradictoires, et qui ne fait que reposer continuellement la question de son identité.

La deuxième partie de la séquence sur le Père l'Alumette est le récit analeptique de la vie de ce personnage. Sans se nommer explicitement, il dévoile son identité qui ne correspond pas à l'image humble et bonasse qu'il a cultivée chez la famille Labranche. À sa mort, les gens trouvent son journal, écrit à la première personne, où il a consigné la vérité avant de mourir. Ce récit révèle pourquoi il est devenu un « errant des routes » : à la suite d'un double meurtre, dû à sa colère, il n'a jamais osé reprendre possession de la plantation familiale en Louisiane. Il a parcouru toutes les aires francophones du monde. Dans son récit, la Louisiane devient le paradis terrestre, grâce à la grande variété d'espèces de plantes et d'oiseaux que sa mère a transplantées sur sa propriété. Ainsi, la plantation louisianaise devient un petit jardin d'Éden, ce qui correspond à une certaine construction imaginaire que les Européens se faisaient de la Louisiane en particulier et de toute l'Amérique en général. Le Père l'Alumette est donc la réincarnation des premiers Européens venus chercher en Amérique un pays utopique, et de ces premiers nomades qui peuplent l'imaginaire canadien-français.

L'une des fonctions de ces séquences est, comme l'a signalé Janet Shideler, de rappeler les éléments de l'univers symbolique canadien-français, afin de susciter un sentiment d'identification chez les lecteurs franco-américains qui reconnaissent ces références[21]. Mais le récit des périples du Père l'Alumette a aussi une autre fonction, ayant trait à la structure du sens : c'est une mise en abyme de la macro-structure sémantique qui reprend la notion de nomadisme liée à l'identité canadienne-française[22]. En s'enracinant dans une tradition qui remonte aux origines de la littérature canadienne-française, cette séquence est une contestation de la définition de l'identité canadienne-française propagée à partir du milieu du XIXe siècle, celle de l'habitant enraciné sur une terre.

Ces remarques suffisent pour montrer que *Canuck* se situe dans la tradition littéraire canadienne-française par ses personnages féminins, par son univers symbolique traditionnel et par le thème du nomadisme. Poursuivons maintenant la comparaison du personnage éponyme et de ses homologues canadiens-français, dans le but de démontrer que les aspects novateurs de ce personnage sont tout aussi ancrés dans la littérature canadienne-française que ses aspects traditionnels. Pour ce faire, il convient de présenter d'abord quelques faits d'ordre contextuel, pour ensuite offrir une analyse de certains aspects de la sémiotique du personnage, en particulier son nom, son descriptif, sa quête et son avoir[23].

Le rapport entre Camille Lessard et l'écriture ressemble à beaucoup d'égards à celui de bon nombre de ses contemporains québécois. L'emploi d'un nom de plume suit la pratique courante au Québec du début du siècle : journalistes et écrivains, tant féminins que masculins — « Madeleine » (Anne-Marie Gleason), « Colette » (Édouardine Lesage), « Françoise » (Robertine Barry), « Valdombre » (Claude-Henri Grignon) et « Ringuet » (Philippe Panneton) —, signent leurs œuvres d'un nom d'emprunt[24]. Au début du siècle, le nombre d'écrivaines au Québec s'accroît rapidement et le tiers de celles-ci sont journalistes. Ce phénomène résulte en grande partie du désir des journaux de capter un plus grand public par la création de pages féminines. La majorité des journalistes féminines publient dans des domaines jugés « féminins », mais un petit nombre d'entre elles, comme « Françoise » et Joséphine Dandurand, abordent aussi des sujets politiques, sortant ainsi de l'univers de la vie privée réservé à la femme par le discours traditionnel[25]. Camille Lessard ressemble à ce petit groupe en ce qu'elle publie des articles non seulement sur le suffrage féminin mais aussi sur la division des classes dans le système économique capitaliste, sur le pacifisme, sur l'environnement et sur le racisme[26].

La décennie qui voit naître *Canuck* est une période très fertile pour les écrivaines canadiennes-françaises. Parmi les poètes, Jovette Bernier, Éva Sénécal, Alice Lemieux et Simone Routier se distinguent par leur voix poétique nouvelle. Lucie Robert résume leur apport :

> L'œuvre des femmes de cette nouvelle génération s'inscrit dans le prolongement du sentimental et du romantique, mais elle pousse l'expression du féminin vers la douleur de vivre, la sensualité et l'inconscient dans une écriture qui emprunte au post-romantisme et au symbolisme des figures soyeuses et brillantes caractéristiques de l'univers féminin[27]...

Jovette Bernier et Éva Sénécal signent aussi des romans, tout comme Marie Le Franc, Marie-Claire Daveluy, Marie-Rose Turcot, Laetitia Filion et Annette Cantin[28]. Au théâtre, *Cocktail* (1935) d'Yvette Mercier-Gouin est acclamé comme le premier succès théâtral national. Les thèmes traités par Mercier-Gouin, la langue et la famille, annoncent certaines préoccupations futures du théâtre québécois plus de dix ans avant *Tit-Coq*, l'œuvre que l'institution a consacrée comme point de départ d'un théâtre national au Québec[29]. L'institution littéraire a marginalisé ces œuvres pour ensuite les oublier. La critique féministe qui œuvre présentement à leur redonner leur place légitime dans le canon, reconnaît dans cette production les débuts d'une écriture féministe[30].

Bien que l'état de la recherche ne permette pas de dire de façon assurée si Camille Lessard a connu ces œuvres, il y a de fortes raisons de croire que oui. D'abord, comme nous l'avons déjà vu, elle garda des contacts avec le milieu littéraire et journalistique canadien-français. Aussi, même si elles ont été oubliées dans les décennies suivant leur parution, la plupart de ces œuvres suscitèrent beaucoup de commentaires, parfois scandalisés, au moment même de leur parution. Chose certaine, il existe une forte ressemblance entre certains aspects du roman de Camille Lessard et des romans publiés à la même époque au Québec. Regardons-en deux.

Jovette Bernier publie cinq recueils de poésie entre 1929 et 1945. La critique de l'époque a surtout noté le thème de l'amour, qui occupe une grande place dans cette poésie. Mais, présentant l'auteure comme une « jeune fille », elle n'a jamais considéré le côté contestataire de cette poésie qui, selon Raija

Koski, constitue une « dénonciation de l'homme » et du pouvoir patriarcal[31]. En 1931, Jovette Bernier publie un roman dont Mgr Bruchési critique le titre en disant qu'il est « fait pour épater les bourgeois, niche de petite fille qui se moque de toute discipline[32] ». Dans cette critique importante, la confluence des sèmes de licence et d'enfantin a tout pour reléguer *La Chair décevante* à la marge du canon. Ce roman conteste la structure sociale, notamment la position défavorisée qu'occupe la femme dans les systèmes financier et judiciaire. Il s'agit de l'histoire, racontée à la première personne et à l'aide de lettres, de Didi Lantagne. Devenue enceinte lors d'une liaison avec un homme marié, un avocat important et respecté, elle décide de vivre à l'encontre des normes sociales et à l'encontre des désirs des deux hommes avec qui elle a un rapport amoureux. La honte que Didi doit subir lors d'un procès découlant de l'aveu de la paternité de son fils la fait sombrer dans la folie. La critique a caractérisé comme « télégraphique » le style employé par Jovette Bernier[33], ce qui lui permet de bien exprimer les pensées et les sentiments intimes du personnage principal. Ainsi, à la fin du livre, la folie se manifeste-t-elle au niveau sémantique et syntaxique, dans les paroles de la narratrice. *La Chair décevante* constitue une nouvelle représentation romanesque de la femme, grâce à la place que l'œuvre accorde à la subjectivité et à la parole féminines et grâce à la contestation de l'infériorité sociale de la femme.

Une autre poète féministe de cette époque, Éva Sénécal, publie deux romans dont le personnage principal est une femme qui, elle non plus, ne correspond pas au modèle proposé par le discours officiel. Il s'agit de *Dans les ombres*, publié en 1931, la même année que *La Chair décevante*, et de *Mon Jacques*, paru en 1933. Le personnage principal de ce dernier est Lina Lord, une femme résolument moderne, qui habite la ville et se grise de vitesse en accompagnant sa meilleure amie qui se plaît à conduire vite. Elle tombe amoureuse d'un homme qui, tout en partageant sa passion, cache un premier mariage qui revient hanter le couple. Comme dans *La Chair décevante*, l'analyse des émotions occupe une grande place dans ce roman et, tout comme dans l'œuvre de Jovette Bernier, constitue une innovation. *Mon Jacques* est une œuvre forte par sa mise en scène d'un personnage féminin qui, comme Didi Lantagne et Vic Labranche, part en quête de son propre bonheur. La phrase de défi de Vic, « Et c'est ici que je vais vivre », fait écho à celle que Lina, au début de *Mon Jacques*, « fredonnai[t] à mi-voix, moitié riant, moitié chantant: "C'est là que je voudrais vivre, aimer et mourir"[34] ». Écrit à la première personne, le roman insiste sur la subjectivité de la narratrice-protagoniste en mettant en scène un conflit entre le système juridique et les rapports affectifs des personnages. Comme Didi Lantagne dans *La Chair décevante*, Lina Lord tombe victime d'un système qu'elle ne peut pas vaincre. En cela, ces deux protagonistes sont le contraire de Victoria Labranche qui, comme son nom l'indique, réussira à triompher de l'adversité.

Dans *Canuck*, la sémiotique du protagoniste reflète une contestation du système social similaire à celle des œuvres de Jovette Bernier et d'Éva

Sénécal. Victoria Labranche est capable d'agir dans des domaines tradition-nellement réservés aux personnages masculins. Elle prend sur elle la respon-sabilité d'assurer l'avenir de sa famille et réussit pleinement à maîtriser le maniement des domaines symboliques, en particulier celui de l'argent. Elle renverse donc la représentation traditionnelle de la femme.

Comme son prénom l'indique, Victoria triomphe de tous les obstacles. Le texte le dit clairement dans le chapitre intitulé « Roman de Vic ». Après un alitement dû à la mort de Besson et le départ du reste de sa famille pour le Québec, « sa jeunesse triompha » et elle reprit ses activités de plus belle (p. 42). Son caractère fort est mis en évidence dès la scène liminaire où Vic, une « fillette de 15 ans » (p. 9), vient de descendre à la gare de Lowell parmi les « bien pauvres émigrants canadiens-français » (p. 8). Lorsque son père part à la recherche d'un logement et d'autres nécessités, Vic monte la côte près de la gare et

> rendue sur le sommet, elle contemple quelques instants les bâtisses à « tene-ments » qui semblent toutes pareilles, les « shops » poussiéreuses, les usines enfumées et, entre ses lèvres, passent ces mots : « C'est ça les États ! Et c'est ici que je vais vivre ! » (p. 10-11)

Dans cette scène qui rappelle celle où Rastignac lance son célèbre « À nous deux maintenant », Vic se trouve devant un défi (« C'est ça les États ! ») qu'elle relève aussitôt (« Et c'est ici que je vais vivre ! »). L'importance de cet acte est indiquée par le fait qu'il est répété quelques minutes plus tard, lorsque Vic arrive dans son nouveau logement :

> En arrivant dans leur logis Vic était allée curieusement d'une chambre à l'autre, ce qui lui avait pris une minute tout au plus et, pour la deuxième fois ce jour-là, elle avait murmuré : « C'est ça les États ! Et c'est ici que je vais vivre ! » (p. 12)

Vic démontrera la force de son caractère tout au long du livre, en s'obstinant devant les obstacles à la réalisation de ses rêves. Ces derniers sont définis en termes généraux lors de cette scène liminaire où elle formule le projet de « vivre » aux États-Unis. Plus tard, Vic résume elle-même les détails de ce rêve, lorsqu'elle explique à sa mère sa décision de se révolter contre l'autorité paternelle en quittant le foyer familial :

> Ayant la libre disposition de mon argent, je pourrais acheter des remèdes à Besson et des livres à Maurice. Peu à peu, je pourrais trouver moyen de t'habiller, toi, maman, ainsi que les petits garçons. Le reste, j'en prendrais un peu pour m'habiller, moi aussi, puis je mettrais la balance à la banque pour le collège de Maurice. IL FAUT que cet enfant se fasse instruire et il n'y a que moi qui pourrais l'aider. (p. 33)

On remarque que la réalisation de ses rêves nécessite la libre disposition de son propre argent. Voilà une réponse à la charge selon laquelle les immigrants seront corrompus par le matérialisme des États-Unis : Camille Lessard présente l'argent comme une force positive, c'est-à-dire au service de valeurs idéales.

La forme plutôt masculine de son surnom, « Vic », souligne le fait que Vic emprunte souvent des rôles qui, dans les représentations, sont traditionnellement réservés aux hommes. D'abord, lorsqu'elle se révolte contre son père, Victoria prend sur elle la responsabilité de rendre les membres de la famille heureux :

> Si seulement son père voulait, ce serait si facile de rendre tout le monde heureux... mais inutile d'y penser : c'était sur ses épaules à elle seule que retombait la tâche. [...] elle était triste de la peine des siens, de tout le bonheur de leur vie gâchée par le despotisme de son père. (p. 36)

Plus tard, elle emploie un adjectif qui se réfère à un modèle masculin pour décrire son effort d'oublier l'amour qu'elle ressent pour Jean : « ma tâche herculéenne » (p. 59). Son père mort, c'est Vic qui va « prendre la place du père pour continuer à faire payer la terre », afin que Maurice puisse continuer ses études de prêtrise. Celui-ci vient s'agenouiller devant elle en pleurant « avec le même geste qu'il avait lorsqu'il était tout petit et que son cœur crevait ». Le texte indique donc que Vic joue le rôle de parent depuis longtemps. Or, dans cette scène, au lieu de poser un geste plutôt maternel de consolation, Vic joue pleinement son nouveau rôle de père, en faisant le geste de la bénédiction paternelle, de façon « inconsciente » (p. 77). Dans une scène, vers la fin du roman, elle résume les obstacles qu'elle a dû affronter pour permettre à Maurice de devenir prêtre. Presque arrivé à la fin de ses études, celui-ci se blesse gravement en labourant le champ familial pendant les grandes vacances. Grâce aux « nerfs d'acier » de Vic, qui nettoie ses horribles blessures devant leur mère paralysée par la vue de son fils en sang, Maurice pourra devenir prêtre. La jeune femme remercie le Bon Dieu d'avoir « brisé les obstacles » à la vocation de Maurice : « La première fois c'était mon père qui refusait de le faire instruire ; la deuxième fois, il était décidé de briser sa carrière afin de rester sur la ferme ; et cette fois, Tu le sauves encore d'une manière miraculeuse ! » (p. 81-82). Malgré la reconnaissance de l'aide divine, la sémiotique du personnage indique que Vic est tout à fait capable de surmonter ces obstacles sans cette intervention de l'au-delà.

Le récit enchâssé, constitué par le journal intime de Vic, a aussi pour fonction de contester l'idéologie officielle sur la femme, dans ce cas, en mettant en scène un personnage féminin possédant une subjectivité. Vic tient ce journal pendant sa liaison avec Jean, son premier amour. Le journal est une séquence analeptique insérée au moment où Vic prépare son départ de Lowell pour se rendre au chevet de son père agonisant. Elle relit son texte juste avant de le brûler. Rédigé principalement à la deuxième personne, adressé à Jean, le bien-aimé qui la manipulait et la trompait, ce texte est un miroir où, à la relecture, Vic « regardait en elle-même épouvantée » (p. 71). C'est ce premier amour qui la constitue pleinement comme subjectivité (la révolte contre l'autorité paternelle étant évidemment une autre étape), en lui offrant le premier contact avec l'expression de la tendresse : « Elle, dont l'enfance et l'adolescence s'étaient passées sans démonstrations d'amour ou de caresses d'aucune sorte » (p. 45). Le journal, texte de cet amour, est aussi le symbole de la constitution de cette subjectivité. Dans un des rares passages de son journal où elle écrit à la première personne, Vic fait référence à sa lecture d'un auteur qui la marqua : Pierre Loti, ce « grand rêveur qui passa sa vie à la poursuite d'une ombre qu'il ne peut jamais saisir » (p. 60). Comme Pierre Loti, Vic aussi est à la recherche d'un but insaisissable. Dans son cas à elle, il s'agit du défi du début : elle veut vivre. Le journal de Vic fonctionne à la fois comme mise en abyme de l'histoire de Vic et du roman lui-même en ce qu'il met en relief le travail d'écriture et de lecture.

Il faut aussi regarder la fonction du surnom éponyme dans la constitution de la macrostructure sémantique du roman. Cet appellatif est attribué à Vic par un groupe de filles des manufactures, canadiennes-françaises elles aussi, mais établies à Lowell depuis quelque temps. Elles la taxent du nom péjoratif de « Canuck », parce qu'elle porte de vieux vêtements démodés. Comme l'a très bien remarqué Richard Santerre, l'emploi de ce signifiant anglais reflète une bonne compréhension psychologique des immigrés de la part de l'auteure[35]. D'une part, l'emploi du mot reflète une réalité linguistique, c'est-à-dire l'anglicisation des immigrés. D'autre part, le mot indique une nouvelle identité en émergence, une identité qui n'est plus canadienne-française, et qui est en marge de cette identité. Or, bien que le mot « Canuck » reflète le milieu d'accueil, il renvoie aussi au milieu d'origine grâce à la chaîne prosodique [kan] que le mot anglais partage avec le mot français « canaille ». Ce dernier terme était bien connu des Canadiens français depuis l'invective célèbre attribuée, à tort ou à raison, à George Étienne Cartier : « Laissez-les partir, c'est la canaille qui s'en va. » Cette phrase, lancée à un moment fort de la saignée démographique vers le sud, encapsulait l'attitude de l'élite canadienne-française envers les émigrés ; celle-ci les dépeignaient en effet comme étant eux-mêmes responsables de la misère qui les incitait à émigrer. L'élite se représentait l'émigration moins comme le résultat de problèmes économiques et politiques que comme la preuve d'un manque de fibre morale qui rendait les émigrés presque indignes du nom de Canadien français : s'ils étaient attirés par les États-Unis, c'est qu'ils étaient déjà corrompus. Cela est clair dans le roman *Jeanne la fileuse*, où Honoré Beaugrand défend les émigrés contre ce genre d'attaque[36]. « Canuck » partage non seulement une chaîne prosodique avec « canaille » mais aussi donc le champ lexical de l'émigration-immigration. C'est un champ qui contient les sèmes de marginalité et de dépréciation.

Le mot « Canuck » pose donc la question de l'identité du personnage éponyme. L'emploi du mot par les filles des manufactures évoque un nomadisme associé aux intérêts matériels : le désir de s'enrichir. Mais la scène où le mot est employé mettra en marche une chaîne d'événements qui aboutiront à la dernière scène du livre dans laquelle Vic deviendra une nomade idéalisée. Donc, à la question identitaire posée par l'emploi du mot, la réponse sera : « Canuck » égale à « nomade », mais un nomade d'une autre sorte que celle de la symbolique canadienne-française traditionnelle. Le mot anglais, sans suffixe désignant le genre, facilitera l'inclusion du féminin dans le nouveau concept de nomade.

Dans la scène où Vic reçoit cette épithète, elle est sauvée de la cruauté des filles des manufactures par un jeune homme qui passe dans la rue, Raymond Fénelon. Malgré les vêtements pauvres de Vic, il est capable de reconnaître tout de suite la noblesse d'âme de la jeune femme, grâce surtout à son langage soigné. À la suite de cette rencontre fortuite, Vic connaîtra son premier amour, Jean, qui, malgré la douleur qu'il causera à la jeune femme, lui permettra de se constituer en sujet. Bien des années plus tard, c'est Raymond Fénelon qui analysera la roche trouvée sur la terre des Labranche au Québec qui rendra la famille riche, ce qui permettra à Vic de quitter la ferme et de voyager. Et c'est avec Raymond que Vic se mariera et partira en voyage de noces vers l'Amérique centrale, à la découverte des anciennes cultures.

Canuck récupère donc les figures du nomade et de la femme de l'imaginaire canadien-français et les transforme. S'ouvrant sur une scène de nomade qui arrive, pour un temps, à destination, le roman se termine sur un nouveau départ. Or, alors que le nomadisme du début est occasionné par un besoin matériel — ce qui est souligné par la description détaillée du milieu physique entourant la protagoniste —, le nomadisme de la fin est éclaté et idéalisé. Le nouveau nomade peut être homme ou femme, celle-ci possédant une subjectivité. De plus, il paraît moins marginal que l'ancien voyageur, étant donné son intégration à cette structure sociale de base qu'est le couple amoureux. L'épanouissement sur le plan affectif fait écho aux préoccupations du roman féminin canadien-français et constitue une innovation par rapport à la protagoniste de ces romans qui ne réalise pas ses rêves. L'aire de parcours de ce nouveau nomade représente aussi une innovation, car elle comprend non plus seulement le continent nord-américain, mais aussi celui de l'Amérique centrale. Finalement, le but du nouveau nomade n'est plus la recherche d'un meilleur salaire mais quelque chose de vague et d'insaisissable, évoqué par Vic dans la référence à Pierre Loti dans son journal. Ce but insaisissable est situé dans un temps indéfini, comme le portent à croire les références aux «restes d'une civilisation enfouie sous la terre depuis des mille ans», aux «momies ratatinées» et aux «idoles grimaçantes» (p. 131). Donc, à travers l'expérience de l'émigration aux États-Unis, Victoria Labranche rejoint finalement ses ancêtres de l'imaginaire canadien-français qui, eux aussi, cherchaient un ailleurs. Cependant, son parcours à elle ira au-delà des leurs.

NOTES

1. Cette littérature a fait l'objet d'un certain nombre d'études, notamment celle de Mary-Carmel Therriault, *La Littérature française de Nouvelle-Angleterre*, Fides, 1946, et la collection d'essais sous la di-

174

rection de Claire Quintal, *La Littérature franco-américaine: écrivains et écritures*, Worcester (Mass.), Institut français, Collège de l'Assomption, 1992.

2. Maurice Lemire, *Formation de l'imaginaire littéraire québécois 1764-1867*, Montréal, L'Hexagone, 1993, p. 16.

3. Armand Chartier, *Histoire des Franco-Américains de la Nouvelle-Angleterre 1775-1990*, Sillery, Septentrion, 1991, p. 304.

4. Yves Roby, *Les Franco-Américains de la Nouvelle-Angleterre 1776-1930*, Sillery, Septentrion, 1990, p. 222.

5. Des troupes de théâtre, comme le Théâtre national de Montréal, venaient faire des tournées en Nouvelle-Angleterre (Y. Roby, *op. cit.*, p. 242).

6. Armand Chartier, *op. cit.*, p. 189. Chartier fait aussi ce commentaire à propos de ce qu'il appelle l'élite «patriotique» franco-américaine qui, vers 1935, «s'évertue à persuader les gens de rester ce que les ancêtres ont été. Or le peuple évolue, tandis que l'élite tient mordicus à une vision statique et partielle de la réalité. La ténacité de ce point de vue, qui d'ailleurs ne rallie pas tous les suffrages, même parmi l'élite, s'explique en partie par les liens qu'entretiennent certains chefs franco-américains avec le Québec où Henri Bourassa et ses partisans [1935?] conçoivent la Franco-Américanie et les provinces de l'Ouest canadien comme les avant-postes du Québec, forteresse assiégée par les forces anglo-américaines. Cela explique l'accueil chaleureux réservé aux Francos qui participent aux grands ralliements de la francophonie nord-américaine, dont les congrès de la langue française de 1912 et de 1937» (p. 186).

7. En 1910, il y a 3 500 jeunes Franco-Américains dans les collèges classiques du Québec. En Nouvelle-Angleterre, on compte alors 432 prêtres ainsi que 2 000 frères et sœurs en provenance du Québec; ceux-ci desservaient 202 paroisses et 101 missions pour une population de 575 000 Franco-Américains (Nicole Gagnon et Jean Hamelin, *Histoire du catholicisme québécois*, tome 3, *Le XXᵉ siècle*, vol. 1, *1898-1940*, sous la direction de Nive Voisine, Montréal, Boréal Express, 1984, p. 361-

362; voir aussi Yves Roby, *op. cit.*, p. 246.)

8. Jean de Bonville, *La Presse québécoise de 1884 à 1914. Genèse d'un média de masse*, Québec, Les Presses de l'Université Laval, 1988, p. 293.

9. Camille Lessard, *Canuck*, feuilleton dans *Le Messager*, Lewiston (Maine) en 1936, ensuite publié sous forme de livre par l'imprimerie Le Messager, Lewiston, 1936. Les références au roman seront désormais indiquées par le numéro de page entre parenthèses. *Canuck* fut réédité en 1980 par le National Materials Development Center for French and Creole, Durham (New Hampshire).

10. Richard Santerre, «Le roman franco-américain en Nouvelle-Angleterre 1878-1943», thèse de doctorat, Boston College (Mass.), 1974, p. 181 et 197.

11. Aurélien Boivin, «*Canuck*», *Dictionnaire des œuvres littéraires du Québec*, t. 2, Montréal, Fides, 1978, p. 181-182.

12. Janet Shideler, «The Quiet Evolution: Regionalism, Feminism and Traditionalism in the Work of Camille Lessard-Bissonnette», thèse de doctorat, University of Massachusetts, 1991.

13. Pour une bonne synthèse, voir Fernande Roy, *Histoire des idéologies au Québec aux XIXᵉ et XXᵉ siècles*, Montréal, Boréal, 1993, et, de la même auteure, *Progrès, harmonie, liberté. Le libéralisme des milieux d'affaires francophones à Montréal au tournant du siècle*, Montréal, Boréal, 1988, 301 p.

14. Un exemple brillant est le livre de Robert Major, *Jean Rivard ou l'Art de réussir: idéologies et utopies dans l'œuvre d'Antoine Gérin-Lajoie*, Sainte-Foy, Presses de l'Université Laval, 1991, 338 p.

15. Gérard J. Brault, *The French-Canadian Heritage in New England*, Hanover (New Hampshire), University Press of New England, 1986, 282 p.; Yves Frenette, «Macroscopie et microscopie d'un mouvement migratoire: les Canadiens français à Lewiston au XIXᵉ siècle», dans Yves Landry *et al.* (dir.), *Les Chemins de la migration en Belgique et au Québec XVIIᵉ-XXᵉ siècles*, Louvain-la-Neuve, Éditions Académia/Publications MNH, 1995, p. 221-232; «La genèse d'une communauté canadienne-française en Nouvelle-

Angleterre: Lewiston, Maine, 1800-1880», *Historical Papers/Communications historiques*, 1989, p. 75-99; «Understanding the French Canadians of Lewiston, 1860-1900»: An Alternate Framework», *Maine Historical Society Quarterly*, vol. 25, nᵒ 4, 1986, p. 198-229; Yves Roby, *op. cit.*; François Weil, *Les Franco-Américains*, Paris, Belin, 1989.

16. R. Santerre, *op. cit.*, p. 178; J. Shideler, *op. cit.*, p. 37.

17. J. Shideler, *op. cit.*, p. 39.

18. *Ibid.*, p. 41.

19. *Ibid.*, p. 41.

20. Adjutor Rivard, *Chez nous*, Québec, Éditions Garneau, 1975, p. 142. Les italiques sont dans le texte.

21. J. Shideler, *op. cit.*, p. 358.

22. Jack Warwick, «Les Pays d'en haut dans l'imagination canadienne-française», *Études françaises*, vol. 2, nᵒ 3, 1966, p. 265-293; Michelle Lavoie, «Du coureur de bois au Survenant (filiation ou aliénation?)», *Voix et images du pays III*, Québec, Presses de l'Université du Québec, 1970, p. 11-25.

23. Ces catégories sont inspirées par celles de René Le Huenen et Paul Perron dans *Balzac: sémiotique du personnage romanesque, l'exemple d'Eugénie Grandet*, Montréal, Presses de l'Université de Montréal, 1980, 283 p.

24. Marie-Josée Des Rivières, *Châtelaine et la littérature (1960-1975)*, Montréal, L'Hexagone, 1992, p. 19-21.

25. Lucie Robert, «D'*Angéline de Montbrun* à *La Chair décevante*: la naissance d'une parole féminine autonome dans la littérature québécoise», dans Lori Saint-Martin (dir.), *L'Autre Lecture. La critique au féminin et les textes québécois*, t. 1, Montréal, XYZ éditeur, 1992, p. 43-44.

26. Janet Shideler, *op cit.*: sur le suffrage, p. 155-170; sur la lutte prolétaire, p. 170-172; sur le pacifisme, p. 173; sur le racisme, p. 175 et sur l'environnement, p. 176.

27. L. Robert, *loc. cit.*, p. 41-50.

28. Christl Verduyn fait un inventaire très utile de ces voix féminines dans «La prose féminine québécoise des années trente», dans Lori Saint-Martin, *op. cit.*, p. 57-71.

29. Christl Verduyn, « Une voix féminine précoce au théâtre québécois : *Cocktail* (1935) d'Yvette Ollivier Mercier-Gouin », dans Lori Saint-Martin, *op cit.*, p. 73-83.

30. Voir Lori Saint-Martin, *op. cit.*, en particulier Lucie Robert, *loc. cit.*, Raija H. Koski, « La poésie "féminine" des années vingt : Jovette Bernier », p. 51-56, et les deux articles de Christl Verduyn.

31. Raija H. Koski, *loc. cit.*

32. Jean Bruchési, dans Jovette Bernier, *La Chair décevante*, Montréal, Fides, 1982, p. 9.

33. Présentation de *La Chair décevante* de Jovette Bernier, Montréal, Fides, 1982, par Roger Chamberland, p. 8.

34. Éva Sénécal, *Mon Jacques*, p. 13.

35. R. Santerre, *op. cit.*, p. 191.

36. Honoré Beaugrand, *Jeanne la fileuse. Épisode de l'émigration franco-canadienne aux États-Unis*, en feuilleton dans *La République* de Boston et de Fall River (Mass.), 1875-1876, dans *Le Fédéral* d'Ottawa et dans *Le Progrès de Sherbrooke* et *Le Pionnier de Sherbrooke* en 1878, dans *La Patrie* de Montréal en 1880 et dans *Le Réveil* en 1917. Le roman est publié en volume à Fall River en 1878 et à Montréal en 1888 et republié en 1980 par Fides, à Montréal, dans une édition critique préparée par Roger Le Moine.

LA FÉDÉRATION FÉMININE FRANCO-AMÉRICAINE OU COMMENT LES FRANCO-AMÉRICAINES SONT ENTRÉES DE PLAIN-PIED DANS LE MOUVEMENT DE LA SURVIVANCE

Claire Quintal*
Institut français
Collège de l'Assomption (Worcester, Mass.)

Née du long cheminement des esprits engagés dans la survivance en Franco-Américanie, la Fédération féminine franco-américaine (FFFA) vit le jour en 1951. Pour comprendre le pourquoi et le comment de la fondation de la FFFA à une date relativement tardive dans l'histoire des Franco-Américains, il faut se replacer dans le contexte historique, social et culturel de l'époque. Il faut examiner l'influence de la « grande » histoire sur les Franco-Américains, tout en tenant compte des étapes franchies par le mouvement de la survivance depuis la période la plus intense de l'immigration canadienne-française en Nouvelle-Angleterre entre 1880 et 1910.

La survivance, en Nouvelle-Angleterre, se fait tout d'abord pour et par le biais de la religion. Pour s'en convaincre, on n'a qu'à se rappeler l'appel pressant de Mgr Louis de Goësbriand, du Vermont, auprès de la hiérarchie du Québec. Après ce cri d'alarme, les prêtres du Québec viennent en grand nombre pour «encadrer» ceux qu'on appellera plus tard les Franco-Américains. Grâce au travail acharné de ces curés «bâtisseurs», les clochers de plus de 300 paroisses franco-américaines vont marquer à jamais le paysage de la Nouvelle-Angleterre. Les écoles paroissiales, dont 200 seront établies, suivent de près la construction des églises. L'ouverture d'une école devient indispensable pour éviter l'assimilation totale ou même le dévergondage d'une jeunesse rurale nouvellement transplantée dans les villes d'un autre pays, plongée dans une culture et un mode de vie bien différents de ceux du Québec ou de l'Acadie. Pendant deux et même trois générations, l'église et l'école paroissiale, ces bastions de la survivance, sont assez fortes pour contenir les percées de l'assimilation. Elles sont épaulées par les grandes mutuelles qui assurent, par leurs groupes locaux d'hommes et de femmes, non seulement une sécurité financière en cas de maladie ou de mort mais aussi une vie sociale se déroulant en français.

Puis vient la Seconde Guerre mondiale, et des brèches s'ouvrent dans ces forteresses érigées à grand-peine pour isoler les Franco-Américains des courants d'air culturels américains. La génération née pendant et après la

Première Guerre mondiale, celle qui va devoir participer à la Seconde, est transformée par cette guerre. La jeunesse de 1945 veut participer pleinement à la période d'après-guerre, veut vivre au diapason de la société américaine prospère. Elle veut s'affranchir d'une ethnicité qu'elle considère comme étant astreignante et restrictive, se libérer de la mentalité d'immigrants indigents. Les Petits Canadas de la Nouvelle-Angleterre, avec leurs souvenirs de misère et d'isolement, n'ont rien de très attrayant à offrir. Dans ces circonstances, même la langue française, cette langue pourtant si privilégiée par les milieux huppés, devient aussi un symbole de pauvreté et de vie ouvrière pour les jeunes parce que liée à des souvenirs de pénurie et de vie gagnée à la sueur du front.

Les femmes, bien qu'ayant travaillé en assez grand nombre dans les usines de guerre, ne subissent pas le malaxage psychologique de l'éloignement du foyer et du brassage de la population qui se faisait dans les camps d'entraînement et au champ d'action. La nouvelle compagne du guerrier constituera donc le dernier rempart contre l'assimilation. C'est elle qui s'assurera que les enfants du vétéran grandiront catholiques et bilingues comme les générations précédentes. C'était placer sur des épaules mal préparées pour la tâche une responsabilité trop lourde. La Fédération féminine franco-américaine est donc née d'un désarroi, de la nécessité de parer à la dislocation causée par la guerrre, à l'étiolement de la langue, à la désaffection de la génération d'après-guerre — celle de Jack Kerouac — pour la vie emmurée des Petits Canadas.

En 1947, le Comité d'orientation franco-américaine voit le jour. Ce comité, qui cherche à englober tout le Nord-Est, c'est-à-dire la Nouvelle-Angleterre ainsi que l'État de New York, se donne pour mission de veiller à la sauvegarde du patrimoine. Profondément marqués par le Deuxième Congrès de la langue française, tenu à Québec en 1937, les membres du comité, avec les moyens du bord et en tenant compte de l'évolution sociale des Franco-Américains, veulent assurer le maintien de l'héritage culturel et de la religion catholique. Ce comité d'orientation était, en quelque sorte, une filiale du comité permanent, fondé à Québec, à la suite du succès remporté par le Deuxième Congrès[1].

Le comité franco-américain se donne les mêmes buts que le comité permanent, c'est-à-dire de veiller à l'héritage, en surveillant de près la scène franco-américaine, et de mettre sur pied tout ce qui pouvait empêcher l'effondrement total de ce patrimoine en faveur duquel tant de sacrifices avaient été consentis. Le texte officiel se lit comme suit :

> [Le Comité d'orientation franco-américaine] se propose, après avoir repensé tout le problème de la survivance, de fixer l'idéal historique, concret et commun que les Franco-Américains doivent poursuivre : de faire le dénombrement exact des forces dont ils disposent pour le réaliser ; enfin, d'unir tous les Franco-Américains dans la poursuite méthodique et cohérente de cet idéal de survivance[2].

Ce petit frère franco-américain du comité permanent se met à l'œuvre dès 1948 avec sa campagne de refrancisation qui, selon Antoine Clément, rédacteur en chef de *L'Étoile* de Lowell (Mass.), a « suscité un réveil bienfaisant » et va conduire les maîtres d'œuvre à « penser sérieusement à la célébration de notre centenaire[3] ».

Réunir les Franco-Américains dans un congrès est une entreprise considérable. C'est la première tentative depuis la dix-neuvième et dernière convention nationale, tenue à Springfield (Mass.), en 1901. Les Franco-Américains réussissent néanmoins à convoquer ce qu'on a bien voulu qualifier de « XXe convention nationale des Franco-Américains[4] ». Ce centenaire de 1949 va à la fois rassurer les esprits et révéler l'étendue des trouées dans la citadelle de la survivance franco-américaine. La convention comporte trois volets ou objectifs : l'approbation d'une « doctrine de vie », la décision « de maintenir en fonction le Comité d'orientation et ce dans sa forme présente » et l'exposé des « projets qu'il serait désirable de réaliser pour le bénéfice de notre jeunesse ou de nos populations en général[5] ».

La volonté de « fédérer » va se révéler comme le point saillant de ce rassemblement. Les délégués, au nombre de plusieurs centaines, venus de tous les coins du Nord-Est, votent pour associer en groupes régionaux tous ceux et celles qu'on percevait comme aptes à jouer un rôle clé dans le mouvement de la survivance, capables d'atteindre la « masse » et de mettre en branle de nouveaux bataillons pour ce combat d'arrière-garde. Deux groupes surtout sont visés : les femmes et les jeunes. Les femmes, plus mûres et ayant plus d'expérience, sont les premières à se grouper en fédération, laquelle s'est maintenue jusqu'à nos jours. Les jeunes, pour leur part, après des efforts vaillants, vont fonder, en 1955, une Association de la jeunesse franco-américaine qui ne durera que jusqu'en 1959.

Parmi les résolutions adoptées au congrès, il en est une qui nous concerne ici de façon particulière. En voici le texte :

> Conscients du rôle de plus en plus important que la femme moderne joue au sein de la société dans tous les domaines et convaincus, à l'instar des groupes qui nous entourent, qu'une force sociale formidable jaillirait du groupement de nos femmes franco-américaines, les délégués demandent au Comité d'orientation de favoriser un projet qui réunirait dans une fédération tous les groupes féminins qui existent, afin de travailler sur un front uni pour la défense, le maintien et le progrès de toutes les valeurs spirituelles et religieuses qui constituent notre héritage franco-américain[6].

Le comité d'orientation a donc du pain sur la planche. Il importe de faire vite et bien, de donner suite sans tarder au plus grand nombre des résolutions adoptées par le congrès du centenaire. Déjà s'amorcent les préparatifs du Troisième Congrès de la langue française, prévu pour 1952, soit quinze ans après le Deuxième Congrès, celui de 1937.

Quatorze femmes invitées par le comité d'orientation vont, dès le mois de juin 1951, se réunir de façon régulière pour jeter les bases d'une fédération des femmes franco-américaines. Ces femmes du comité provisoire qui, de toute évidence, sont déjà gagnées à l'idée de fédérer les femmes franco-américaines, vont réussir à se doter de statuts et de règlements et à lancer des appels pressants et enthousiastes à toutes leurs consœurs de la Nouvelle-Angleterre, tant et si bien que, le 11 novembre 1951, elles peuvent annoncer que 140 déléguées, représentant 110 sociétés comportant un total de 47 403 adhérentes, sont présentes aux assises de leur premier congrès, tenu conjointement avec celui du comité d'orientation dont ce n'est d'ailleurs que le deuxième congrès[7].

La mission confiée aux fondatrices de la FFFA est de taille. Selon Thomas-M. Landry, o.p., le porte-parole du Comité d'orientation franco-américaine lors de ce congrès de fondation de la Fédération, il s'agit ni plus ni moins « de confier à la Fédération ainsi créée la mission de sauver, par une action féminine concertée, notre vie catholique et française aux États-Unis, surtout en Nouvelle-Angleterre ». Le digne père conclut ainsi son exhortation aux déléguées à l'écoute ce jour-là : « Cette Fédération deviendra peut-être l'instrument le plus sûr et le plus efficace du salut franco-américain qu'il faut à tout prix assurer et dans le temps et pour l'éternité[8]. »

En relisant ce texte, mi-homélie, mi-cri de ralliement, on a le sentiment que les hommes de la survivance franco-américaine, qui voient venir la fin d'un monde traditionnel, se tournent enfin vers les femmes pour assurer le salut par la fidélité ethnique de tous les Franco-Américains. Il faut tout de même tenir compte du doute sous-jacent : « deviendra *peut-être* l'instrument » du salut franco-américain. Comment interpréter ce « peut-être » ? Celui-ci peut être compris de deux manières : le doute de celui-là même qui le prononce ou bien un défi aux femmes de montrer au monde officiel d'alors, totalement masculin, ce dont elles sont capables. Ayant vécu ces heures-là, trop jeune pour en soupeser tous les sous-entendus, ne connaissant point les personnalités qui se succédaient sur le devant de la scène franco-américaine, je me souviens néanmoins de la réaction des femmes : prouvons à ces hommes qu'on peut accomplir de belles choses et faisons-le nous-mêmes, non point contre eux, mais sans eux, si nécessaire. Ces femmes, chacune à sa manière, étaient des féministes avant l'heure.

Portée ainsi sur les fonts baptismaux par l'élite masculine du Comité d'orientation franco-américaine — lui même fils du comité permanent, sur le point d'être rebaptisé Conseil de la vie française en Amérique —, la Fédération féminine voit donc le jour à un moment critique pour la survivance en Nouvelle-Angleterre. L'enthousiasme et l'espoir règnent tout de même à l'occasion de cette naissance :

> Les fées ne furent jamais plus généreuses qu'à ce baptême d'une croisade religieuse, culturelle et sociale féminine de la Survivance. [...] Dira-t-on que d'après tous les indices, la Fédération féminine, qui vit le jour l'autre jour à Lewiston, sera bientôt formidable, si elle ne l'est déjà ? Les journaux franco-américains lui firent une apothéose[9].

Les femmes franco-américaines n'avaient tout de même pas attendu de recevoir l'approbation officielle des hommes pour travailler à la cause du sauvetage du patrimoine. Mais elles avaient joué jusque-là un rôle en retrait et avaient besogné dans l'ombre : dans l'ombre du foyer comme épouses et comme mères de famille, dans l'ombre du clocher comme religieuses enseignantes. Dans chaque cas, les femmes avaient tout de même œuvré avec un certain succès pour la cause de la survivance. Les mères de famille pratiquaient la survivance sans le savoir, tout simplement en insistant sur l'usage du français au foyer. Les religieuses, pour leur part, mettaient tout en œuvre pour assurer le maintien de la langue française, perçue comme soutien de la foi. Restaient les sociétés présentes dans chaque localité où les Franco-Américains se retrouvaient en bon nombre : Dames de Sainte-Anne et Enfants de Marie, conseils et cours de l'Union Saint-Jean-Baptiste, de l'Association canado-américaine, des Artisans, de l'Assomption. Les unes œuvraient pour sauvegarder la religion, les autres offraient des programmes qui visaient à maintenir une certaine cohésion culturelle et sociale. Puis, il y avait les grands centres franco-américains, comme Woonsocket, Lowell, Worcester, Manchester, Lewiston, où les femmes avaient réussi, dans certains cas dès avant la guerre de 1914-1918, à fonder des cercles qui jouaient un rôle véritablement culturel : les Cercles Jeanne-Mance de Worcester et de Lowell, le Cercle des Dames françaises de Springfield-Holyoke, le Cercle Marie-Louise de Woonsocket, la Survivance française de Lewiston, et j'en passe.

Une fois fondée, que va faire la Fédération féminine franco-américaine ? Comment va-t-elle s'y prendre pour s'intégrer aux autres mouvements franco-américains et pour œuvrer de façon distincte au maintien de l'héritage ? Qui dit « fédération » dit aussi regroupement d'organismes déjà dûment constitués avec leurs propres raisons d'être. La formule fédérative, quoique pratique et rapide, puisqu'elle élimine la nécessité de créer de toutes pièces, comporte ses propres faiblesses. Une fédération qui veut chapeauter des groupes ayant leurs propres objectifs, déjà ancrés dans une routine qui leur est familière, voit son activité limitée au seul objectif commun à tous ces organismes, c'est-à-dire le maintien de la langue avec tout ce que celle-ci véhicule. Dès sa fondation donc, la FFFA se trouve placée devant la nécessité de convaincre des groupes très divers d'aller au-delà de leurs buts particuliers, de se dépenser en faveur de la survivance. Comment « inspirer » aux dirigeantes de ces sociétés, avec leurs objectifs limités, l'habitude de voir plus haut et surtout plus loin que leur paroisse ou leur quartier ? Comment aussi créer des liens entre des personnes qui ne se connaissaient pas auparavant et qui pouvaient entretenir un peu de méfiance vis-à-vis de l'Autre ? La FFFA apportait tout de même un souffle nouveau, un point de vue régional plutôt que local et pouvait aborder des questions à portée plus large. Comment donc les femmes s'y prirent-elles pour faire connaître la FFFA à des Franco-Américaines dispersées dans une région comptant sept États ? Quelles furent les consignes des premières années ? C'est ce que nous allons voir de plus près.

La participation des grandes mutuelles étant acquise, les filiales féminines de ces sociétés sont faciles à rejoindre. Restent les groupes épars. Tout dépend alors du bon vouloir de chacun de ces groupes, de l'intérêt du curé local pour la survivance et, enfin, de la distance entre les localités, à une époque où peu de femmes possèdent leur propre voiture. C'est ainsi que les femmes du Maine, après s'être engagées à fond durant les premières années, ne joueront plus, par la suite, un rôle décisif dans la FFFA. C'est aux femmes du Connecticut, du Massachusetts et du sud du New Hampshire que revient la palme de la ténacité.

Les femmes de la FFFA sont pleinement conscientes des difficultés que constituent la distance et l'éparpillement, d'où la multiplication des visites auprès des divers groupes locaux, d'où la fondation rapide du *Bulletin* — tentant d'atteindre par l'écrit celles qu'on ne rejoint pas par la parole. Il s'agit d'apprendre à toutes ces femmes l'existence de la FFFA, puis de créer un sentiment de solidarité entre elles et, enfin, de lancer des mots d'ordre pouvant être acceptés et concrétisés dans la région.

Conscientes aussi de l'importance d'assurer l'avenir, les fondatrices se pencheront sur la jeunesse franco-américaine, d'abord en nommant à leur tout premier conseil d'administration deux finissantes de collèges classiques franco-américains : le collège Anna Maria des sœurs de Sainte-Anne et le collège Rivier des sœurs de la Présentation de Marie. Les dirigeantes de la première heure comptent sur ces représentantes pour sonder l'opinion des jeunes et les intégrer dans des comités d'études sur la formation culturelle de la jeunesse franco-américaine. La FFFA cherche aussi à sensibiliser la jeunesse à son patrimoine culturel par le biais de ses concours oraux qui connaîtront un succès réel pendant vingt ans, avant d'être remplacés par les « Festivals de la jeunesse ». Les concours oraux étaient aussi un moyen de faire participer les communautés religieuses enseignantes, malheureusement désavantagées, en ce qui concerne les déplacements et les possibilités de participation, par les règlements sévères de l'Église d'avant Vatican II.

Sensibilisation des jeunes donc, mais formation culturelle des adultes aussi, par des conférences, par des voyages de solidarité, vers la Louisiane surtout, doublés de voyages en Europe, ainsi que par le soutien vigilant aux autres associations régionales franco-américaines, surtout la presse et la radio. Selon Charlotte LeBlanc :

> Dès le début, les dirigeantes de la Fédération furent à la hauteur de leur mission, une mission qui serait difficile car il s'agissait d'aller à contre-courant des forces assimilatrices qui tenaient le haut du pavé dans cette période de l'après-guerre. L'union des diverses sociétés serait une arme essentielle dans la lutte. Il fallait donc, non seulement créer des liens entre les organisations, mais aussi exciter leur intérêt et leur rappeler régulièrement le rôle qu'elles devaient jouer dans la défense de la vie franco-américaine. Le congrès biennal et le *Bulletin* furent des instruments indispensables à l'accomplissement de cette tâche quasi surhumaine[10].

Avec *Le Bulletin*, les congrès biennaux s'avéreront l'autre moyen le plus efficace pour faire passer les mots d'ordre, pour faire connaître les prises de position. La FFFA en organisera dix-neuf entre 1953 et 1991. Les thèmes de ces congrès sont des appels à l'action en faveur du français et pour la valorisation de la femme au sein de la société[11]. C'est ainsi que Marthe Biron-Péloquin, la huitième présidente, pouvait écrire en 1984 :

> Les œuvres de la FFFA visant toujours à la revalorisation du patrimoine français sont variées et à flot des temps. À sa devise « Protégera nos foyers » de la première heure, les Congressistes de 1975, au diapason de leurs contemporaines, ont ajouté « et nos droits »[12].

Les années 50 et 60 marquent une période de consolidation et de réflexion pour la Fédé. Celle-ci publie régulièrement, depuis 1953, son *Bulletin*, que la rédaction du *Travailleur* qualifiera de « bijou » en février de cette année-là. Le congrès de 1956, tenu à Springfield (Mass.), sous l'égide d'Irène Lévesque, qui deviendra la quatrième présidente de l'organisme (1962-1965), s'était avéré un succès inespéré. Le texte de Claire Quintal intitulé « L'Avenir[13] », qu'on distribuera largement par la suite dans les écoles paroissiales de la région, affirmait par son titre même que la Franco-Américanie n'avait point uniquement un Passé, mais que l'œuvre entreprise en valait la peine pour assurer un Avenir. L'enthousiasme et l'entrain avaient régné à ce congrès. La FFFA faisait preuve de solidarité.

Non seulement avait-elle survécu aux vicissitudes qui accompagnent la fondation du nouvel organisme mais elle pouvait se déclarer « autonome », à la journée d'études qu'elle organisait au printemps de 1957. Une « Lettre ouverte aux femmes franco-américaines de la Nouvelle-Angleterre » (voir celle-ci en annexe) avait été distribuée avant la réunion. Avait été invitée à la rencontre une déléguée de chaque société affiliée, afin que chacune devienne familière avec l'histoire et la raison d'être de la Fédération, et connaisse ses progrès et ses projets d'avenir. Soixante-dix femmes répondent à l'appel nominal ce jour-là à Woonsocket, au siège social de l'Union Saint-Jean-Baptiste. Selon Oda Beaulieu, écrivant dans *Le Travailleur*, « l'impression générale en fut une de réussite, d'esprit de bonne entente, de vivacité et de sincérité. La FFFA va de l'avant et elle rêve d'adhésion totale de la part de toutes les entités féminines — religieuses, sociales et éducatives — de langue française de Nouvelle-Angleterre[14]. »

La personnalité des femmes qui lancèrent la barque de la FFFA et qui la conduisirent à bon port, avec les moyens du bord, durant les premières décennies de son existence, joua un rôle prépondérant dans le succès de celle-ci. Charlotte Michaud de Lewiston (Maine), rédactrice du *Bulletin* de 1964 à 1967, abonde dans ce sens lorsqu'elle y écrit au printemps de 1965 : « La Fédé a le droit de se donner ce qu'il y a de mieux en personnes dirigeantes[15]. » Ainsi, Pauline Moll Tougas, présidente du comité provisoire, mère de famille, intelligente, cultivée, qui était douée pour les langues et pour l'art, pour l'art tout court aussi bien que pour l'art de la solidarité. C'est elle qui sut maintenir en laisse, de façon douce et digne, les fougueuses du groupe. Aussi Gertrude St-Denis, jeune mère de famille, ayant son émission à la radio, dynamique secrétaire de la première heure qui se désista trop tôt, hélas !

Alice Lemieux-Lévesque (1951-1956), poète et journaliste, ayant la parole aussi bien que la plume facile, voilà celle que les femmes choisissent comme première présidente. Québécoise habitant aux États-Unis depuis presque vingt ans, ayant épousé le poète franco-américain Rosaire Dion-Lévesque dans les années 30, elle sera la porte-parole de ces femmes ; c'est elle qui saura inciter les autres à viser haut et à ne rien craindre, qui saura impressionner et soulever l'enthousiasme. Journaliste, c'est encore elle qui, avec Pauline Tougas, fondera *Le Bulletin* de la Fédération, perçu avec raison comme le lien vital, entre les rencontres périodiques, unissant toutes ces femmes de milieux très divers et dispersées dans la région. C'était un moyen peu onéreux pour transmettre les prises de position, pour encourager les femmes à appuyer les bonnes causes que la Fédé voulait soutenir : aide aux journaux de langue française en s'y abonnant, écoute des émissions radiophoniques en langue française, croisade de prières, etc.

Élise Rocheleau, femme forte, enseignante attitrée et renseignée, sera l'âme agissante d'une des œuvres les plus méritoires de la FFFA : les Concours oraux. Ces concours, qui nécessitent un travail énorme de la part des organisatrices locales et des religieuses enseignantes, réussissent à mobiliser des centaines de jeunes et à en sensibiliser un certain nombre à leur histoire ainsi qu'aux riches possibilités de la langue française. La disparition, lente mais sûre, des écoles paroissiales allait conduire à l'abolition, en 1974, de ces concours, remplacés aussitôt — de 1974 à 1979 — par les Festivals de la jeunesse, week-ends de sensibilisation ethnique, tenus d'abord au Collège de l'Assomption comme l'avaient été les Concours oraux, ainsi qu'à Québec et à Lowell.

Une étude de la liste des présidentes de la FFFA nous en apprend long sur les espoirs que les femmes plaçaient dans leur Fédération. La deuxième présidente, Marcelle Mainente (1956-1960) était française. Les Franco-Américaines fédérées avaient misé d'abord sur une Québécoise de grand talent, puis sur une Française compétente et désireuse de faire tout en son pouvoir pour l'avancement de sa langue et de sa culture maternelles. Vivant à Lewiston, celle-ci côtoyait les Franco-Américains depuis des années. La troisième présidente, Cécile Plaud (1960-1962) enseignait le français au niveau secondaire. Les femmes de la FFFA voulaient de toute évidence être « dirigées » par des femmes capables, ayant de l'entrain et des convictions. Suivent, comme présidentes, trois femmes qui avaient fait leurs preuves dans les sociétés locales et régionales : Irène Lévesque (1962-1965), de Springfield (Mass.), qui avait fait ses classes comme organisatrice dans l'Union Saint-Jean-Baptiste ; Flore Pelletier (1965-1968), de Waterbury (Conn.), qui croyait ferme à l'importance d'instituer des comités régionaux pour la Fédération, comme celui qu'elle mit sur pied avec succès dans le Connecticut; et Marie LeBlanc (1968-1973), de Manchester (N.H.), qui œuvra pour le resserrement des liens culturels entre la FFFA et son Québec natal et l'établissement de contacts avec les consœurs de la Fédération des femmes canadiennes-françaises. C'est aussi pendant son mandat que la FFFA, en la personne de sa présidente, fut enfin admise dans les conseils régionaux où ne siégeaient auparavant que des hommes: le Comité de vie franco-américaine — l'ancien Comité d'orientation — et la Société historique franco-américaine.

Puis vint Claire Quintal, présidente de 1973 à 1981. Cette longue présidence montre que les femmes se tournaient à nouveau vers le monde universitaire, vers une enseignante pour leur frayer le chemin, mais aussi que cela leur souriait de placer à leur tête la jeune d'autrefois, membre de leur premier conseil d'administration, qu'elles pouvaient se targuer d'avoir « formée »[16]. Claire Quintal institua les Festivals de la jeunesse et voulut ouvrir des horizons nouveaux aux femmes en s'alliant de près avec les professeurs impliqués dans les programmes bilingues au niveau élémentaire. Elle entreprit, avec un succès mitigé, un projet d'histoire orale. En outre, se rendant compte que les jeunes femmes ne s'affiliaient plus aux groupes traditionnels, elle fit changer les statuts et règlements de la Fédération pour rendre possible l'adhésion de membres « à titre individuel ». Ce changement apporta à la FFFA des femmes exceptionnelles qui contribuèrent beaucoup à la « Fédé » pendant quelques années.

Journaliste, épouse et mère de famille, Marthe Biron-Péloquin, la huitième présidente (1981-1986), connaissait la vie franco-américaine dans tous ses coins et recoins. Enthousiaste, en dépit de sa connaissance des difficultés de la presse de langue française aux États-Unis, Marthe Biron-Péloquin — digne fille de Louis Biron, propriétaire du quotidien de langue française *L'Étoile* de Lowell — assurait depuis 1973 la rédaction du *Bulletin* de la FFFA. C'est sous sa direction que pendant quinze ans (1973-1988) ce *Bulletin* fit des merveilles pour vivifier les esprits et pour assurer une présence de taille à la FFFA parmi les organismes de survivance.

La dernière présidente officielle de la FFFA, celle qui lui permit d'atteindre ses quarante ans en bonne tenue, fut à nouveau une Française, Marthe Welté-Whalon (1986-1991). « Pendant le mandat de Mme Whalon, la Fédération chercha à renouveler ses effectifs et à souligner les liens entre le passé et le présent[17]. » Sur dix présidentes donc, la FFFA fut dirigée par deux Françaises, trois Québécoises (qui, bien qu'ayant vécu leur vie d'épouse aux États-Unis, avaient été formées au Québec) et cinq Franco-Américaines, c'est-à-dire nées et élevées en Franco-Américanie.

En 1996, la FFFA compte 45 ans d'existence. Le congrès du 40e anniversaire, tenu en 1991, avait révélé le vieillissement de la FFFA et l'incertitude face à son avenir. Dans la dernière livraison du *Bulletin* (1991), la rédactrice écrit que les femmes « d'une génération ou deux plus jeunes se trouvent trop peu nombreuses pour [assumer] la relève et vont jusqu'à mettre en question la raison d'être de la Fédération en cette décennie[18] ». Depuis ce temps, la Fédération semble se survivre à elle-même. Lorsqu'on regarde de près la composition actuelle de la FFFA, on doit admettre que c'est toujours la génération des années 50 qui continue, sinon à mener la barque, tout au moins à en constituer les effectifs de base, en dépit d'efforts multiples pour inclure les jeunes. Sa portée est donc limitée à la conservation des acquis. Selon une septuagénaire, la Fédération « est mourante. J'ai soixante-dix-sept ans. Elle s'en ira avec ma génération. »

Pourtant, la Fédé n'est pas morte. Elle organise une rencontre par année dans les différentes villes de la Nouvelle-Angleterre où se trouvent des Franco-Américaines en assez grand nombre et assez bien structurées pour inviter les femmes d'ailleurs à venir partager dans l'amitié leur loyauté à la langue et au patrimoine. Ces réunions annuelles permettent à la FFFA de continuer à remettre de petites bourses d'études à des jeunes Franco-Américaines qui fréquentent les collèges dits franco-américains : L'Assomption de Worcester (Mass.), Rivier de Nashua (N.H.) et Notre-Dame de Manchester (N.H.). Les femmes se réunissent aujourd'hui pour se cultiver ensemble en écoutant des discours divers prononcés par d'autres femmes, jeunes aussi bien que moins jeunes, et en visitant la ou les églises franco-américaines et le musée de la localité. À ces assemblées, on trouve des jeunes au podium, mais peu ou pas du tout dans la salle. En 1992, les femmes se rencontrèrent à Manchester (N.H.), en 1993, à New Bedford (Mass.), en 1994, à Woonsocket (R.I.), en 1995, à Lowell (Mass.), en 1996, à Bristol (Conn.). En 1997, la réunion aura lieu à Worcester (Mass.).

Sont-elles quelques milliers ?[19] Par l'esprit, oui, par la présence à ces rencontres, non. À peine une centaine donc qui restent des ferventes de la cause. Petite fille devenue adulte en un rien de temps, cette fédération, mère d'une famille nombreuse, continua sur sa lancée pendant une quarantaine d'années. À l'heure actuelle, la Fédé agit comme une grand-mère maladive plutôt que comme une matriarche sûre d'elle-même. Elle continue à s'occuper de sa descendance devenue moins nombreuse, plus éloignée des idées de la première heure, mais elle n'a plus de prise sur sa manière de vivre, sur sa mentalité trop américanisée pour l'écouter, sauf de façon distraite de temps en temps. Les jeunes femmes, qui travaillent hors du foyer pour la plupart, préfèrent s'engager dans le bénévolat communautaire puisque les besoins sont grands de ce côté-là. Dans les circonstances actuelles, la langue et l'héritage culturel peuvent sembler d'importance secondaire. Qui pourrait le leur reprocher ?

De nos jours, en dehors d'une poignée de leaders et de chercheurs, l'intérêt pour le patrimoine familial se trouve chez les généalogistes et dans leurs associations. La bataille pour la langue française est perdue. Mais, quand on s'appelle Cormier ou Messier, on affiche au grand jour et malgré soi que, pendant près de 150 ans, le fait français déborda la frontière canadienne pour s'établir « de l'autre côté » et que, de 1870 à environ 1970, il y eut une véritable « vie française » dans le nord-est des États-Unis ; qu'on pouvait, en 1949, marquer le « centenaire » de l'arrivée des Franco-Américains ; qu'en 1951, la FFFA fut fondée ; qu'en 1952, les Franco-Américains firent belle figure au Troisième Congrès de la langue française à Québec et qu'un des leurs, Mgr Adrien Verrette, du New Hampshire, en était même le président ; qu'en 1955, l'Assemblée de la jeunesse franco-américaine vit le jour ; que l'Alliance des journaux et l'Alliance radiophonique furent fondées dans cette même décennie. Mais aussi qu'en 1957 *L'Étoile* de Lowell cessait de paraître, qu'en 1963 *L'Indépendant* de Fall River fermait ses portes, que les écoles paroissiales bilingues cessèrent petit à petit leur enseignement du français avant de fermer à jamais leurs portes au-dessus desquelles on peut encore lire FILLES et GARÇONS. La Nouvelle-Angleterre franco-américaine avait érigé des forteresses contre l'assimilation des siens : l'église paroissiale, l'école, les mutuelles. Elle avait aussi ses fortifications moins solides parce que plus pauvres : les journaux, les émissions radiophoniques, mais jamais de télévision en français. Elle eut aussi quelque deux mille sociétés ou groupements dispersés à travers la région, soutenus par la charpente du bénévolat, structure faible en soi dont l'activité est forcément limitée à des visées très circonscrites.

En fin de compte, on peut affirmer que, par sa fondation et par son activité solide et de bon aloi, par son bénévolat généreux, la Fédération féminine franco-américaine réussit pendant plusieurs années à endiguer l'assimilation complète, donna à plusieurs femmes l'occasion de monter sur la scène régionale, permit au talent particulier de chacune d'être canalisé dans la poursuite d'un but louable et valable. En dépit des faiblesses inhérentes à une fédération — liens difficiles à créer puis à resserrer, problèmes créés par les distances autant psychologiques que géographiques, manque de ressources financières, limites réelles du bénévolat dont l'action dépend de la disponibilité de personnes occupées ailleurs —, la FFFA se distingua parmi toutes les sociétés semblables en Nouvelle-Angleterre par son bon vouloir et par son énergie enthousiaste. Les membres de la Fédération méritent donc bien le qualificatif que leur donna une sociologue : « *the women of* survivance[20] ». Citons aussi Charlotte LeBlanc qui écrit, en 1991 :

> [...] de quelles sources les femmes avaient-elles puisé leur ténacité et leur dévouement ? Que s'était-il passé à l'origine, et depuis, qui avait si profondément marqué les femmes de la Fédé ? Très tôt, ma curiosité fit place à l'admiration devant une œuvre qui manifeste l'intelligence et la sagesse de celles qui l'ont entreprise, respect pour celles qui ont été fidèles à leur spécificité franco-américaine et reconnaissance envers celles qui ont conservé et transmis le patrimoine[21].

Peut-on distinguer entre l'approche des hommes du comité d'orientation et celle des femmes dans la FFFA ? Je crois que oui. Les hommes cherchèrent à organiser les autres ; les femmes à s'associer entre elles pour que leur action soit plus efficace et ait plus d'impact partout dans la région. Les hommes s'appuyèrent sur un, parfois deux ou trois, chefs de file dans les villes franco-américaines importantes pour arriver à leur but : le sauvetage du patrimoine. Les femmes, en revanche, firent plus que parler, plus que lancer des idées, elles retroussèrent leurs manches pour agir. La Fédération vit le jour à une époque charnière dans l'histoire des Franco-Américains. C'était un temps où des têtes plus froides auraient tout simplement sonné le glas du fait franco-américain. La Fédé vint au monde dans une situation de détresse — on serait tenté de dire que les hommes daignent se tourner vers les femmes surtout à des moments pareils. Les femmes de la première heure auraient pu se laver les mains de ce qui pouvait sembler n'être qu'une dernière bataille en faveur du français. Mais l'attitude de l'à-quoi-bon n'eut jamais de prise dans la FFFA.

Est-ce parce qu'elles étaient incapables de voir plus loin — c'est-à-dire à une génération de distance — que les femmes se mirent à l'œuvre au moment même où débutait, de façon dramatique, la dégringolade vers l'assimilation, presque totale de nos jours ? Peut-être. En tout cas, plusieurs actions valables sont vouées, tôt ou tard, à l'échec. Cela n'empêcha jamais les âmes nobles de s'y consacrer.

Il faut dire aussi qu'il en reste toujours de ces femmes, fidèles à la FFFA et fières de leur appartenance à la francophonie. Celles-ci s'agrippent au patrimoine, elles veulent colmater les brèches, tout en voyant leurs enfants s'en aller par la grande porte du donjon, vers le monde de l'appartenance à une société qui, quoique imparfaite, leur offre confort et sécurité matérielle sans qu'ils soient obligés de se compliquer la vie avec une fidélité qui semble être sans issue, avec une langue difficile à maîtriser, et qui peut se révéler être un couteau à deux tranchants : en effet, la langue peut blesser si on ne la parle pas bien. Pourquoi donc risquer d'avoir un complexe supplémentaire quand la vie, à elle seule, en cette fin de siècle, en fournit déjà assez ?

Peut-on aller jusqu'à affirmer que les hommes du comité d'orientation se contentèrent d'organiser les autres, de prêcher la bonne parole, de faire la chronique de la vie franco-américaine, de laisser aux autres les difficultés de la mise en action ? On peut même aller jusqu'à déclarer que ce sont vraiment les femmes qui assurèrent la survivance : en parlant français au foyer, en l'enseignant à l'école, en veillant au maintien des coutumes traditionnelles, dans la mesure du possible, dans un milieu urbain, en cuisinant les plats d'autrefois tout en chantonnant les mélodies du terroir. Le travail des hommes en faveur de la survivance se faisait à un autre niveau. D'ailleurs, ceux-ci avaient déjà accédé à un niveau plus élevé de l'échelle sociale : ils étaient donc plus exposés aux forces assimilatrices ambiantes.

Si on était tenté de dire que les femmes se sont laissé avoir par les idées des hommes, on ne peut pas leur reprocher un manque de bonne volonté pour la cause. Ces femmes surent travailler inlassablement et ensemble, avec dévouement, posant petite pierre sur petite pierre. Femmes de cœur, elles étaient attachées à la mise en valeur des qualités qui constituent la vigueur de leur peuple : endurance à toute épreuve, patience séculaire, courage tranquille et gaieté de bon aloi. C'est grâce à toutes ces femmes que la FFFA vit le jour, grandit vite et bien pour atteindre une vieillesse, peut-être prématurée, mais ayant laissé derrière elle des preuves valables de son existence.

En somme, ces femmes surent continuer à faire ce qu'elles faisaient depuis des générations, à la maison et pour la paroisse. Quand, un jour, un groupe d'hommes leur demanda de viser plus haut et plus loin, elles acceptèrent le défi, tout en sachant que pour avoir du pain le lendemain — c'est-à-dire des résultats concrets comme preuve de leur activité — il fallait garder leurs mains dans la pâte. Elles y ajoutèrent de la substance pour que le pain soit bon à manger et pour assurer que les adultes d'aujourd'hui grandissent en conservant au moins le souvenir nostalgique du pain de leurs mères franco-américaines, de ces Maria Chapdelaine qui ne sont pas restées au Québec, qui l'ont quitté au bras de Lorenzo Surprenant, pour aller s'établir « dans les villes des États ». Ce sont ces Maria-là qui firent tout ce qu'elles purent, et aussi longtemps que possible, pour s'assurer que leurs enfants puissent encore chantonner « À la claire fontaine ». Peut-on affirmer des femmes de la FFFA ce que cet autre Breton, Louis Hémon, dit dans son roman du peuple canadien-français : « De nous-mêmes et de nos destinées, nous n'avons compris clairement que ce devoir-là : persister... nous maintenir... » ? Persister, se maintenir « afin que dans plusieurs [décennies], le monde se tourne vers [elles] et dise : Ces [femmes] sont d'une race qui ne sait pas mourir... [Elles] sont un témoignage. » Les femmes elles-mêmes se récuseraient devant une telle comparaison. Elles préféreraient pouvoir tout simplement, et de façon plus humble, se dire en se couchant chaque soir : « J'ai fait ce que j'ai pu. Je n'ai pas compté mes heures en faveur d'une cause qui, même perdue à l'avance, valait la peine qu'on se batte pour elle, méritait qu'on lui administre tous les soins possibles pour qu'elle vive encore quelques années de plus. » C'est ainsi que les dernières années de la Fédération peuvent être marquées du sceau de l'amour du patrimoine et de la noblesse d'âme de celles qui firent, et qui font encore aujourd'hui, même avec des cadres très réduits, tout ce qu'elles peuvent pour que le « témoignage » en ait valu la peine.

ANNEXE

Lettre ouverte aux femmes franco-américaines de la Nouvelle-Angleterre (1957)

Il nous faut AGIR si nous voulons que la langue et la culture françaises jouissent d'un bel avenir ici en Franco-Américanie. Mais que faire au juste ? La Fédération féminine offre quelques suggestions pratiques. Les voici.

Organisons des groupes de jeunes ; donnons-leur l'occasion de se rencontrer entre eux. Ils pourront ensuite se joindre à l'Association de la jeunesse franco-américaine.

Encourageons l'enseignement du français dans nos écoles en dotant les bibliothèques de livres français qui intéresseront les jeunes. Si vous n'êtes pas au courant des dernières publications canadiennes et françaises, adressez-vous à la Fédération.

[...]

Voyons s'il est possible que nos écoles soient munies des matériaux les plus modernes en fait d'enseignement des langues : rubans sonores, aides audio-visuelles. Aidons nos professeurs de français à se tenir au courant des dernières méthodes dans l'enseignement des langues et facilitons leur tâche en payant leurs frais de cotisation.

Il faudrait aussi encourager le maintien de la langue et des traditions auprès des adultes. Encourageons les sociétés paroissiales à tenir leurs réunions en français. L'éducation est à la mode. Suivons des cours de conversation française. La télévision [...] offre un cours de conversation française. Regardons-le. Si vous jouissez d'un programme semblable dans votre région, soit à la radio ou à la télévision, profitez-en. S'il n'existe pas de facilités culturelles dans votre localité, organisez-en. Donnons l'occasion aux gens instruits de partager leur culture avec leurs concitoyens. Invitons des conférenciers à nous adresser la parole. Discutons des articles français. Racontons nos lectures françaises. Familiarisons-nous avec notre histoire et notre civilisation. Voyons à la vente de livres et de journaux de langue française. Que chaque membre de nos sociétés s'abonne au *Bulletin* de la Fédération féminine franco-américaine.

Nous espérons que nos suggestions vous aideront à établir un programme d'action pratique pour le maintien de notre héritage franco-américain. Nous ne pouvons que suggérer. Le succès de telles entreprises dépend de vous, les femmes franco-américaines de la Nouvelle-Angleterre. Bonne chance.

Le conseil d'administration
de la Fédération féminine franco-américaine

NOTES

* L'auteure de cet article, professeure émérite du Collège de l'Assomption et directrice-fondatrice de l'Institut français de cette institution, participa au congrès de fondation de la Fédération féminine franco-américaine en 1951 comme déléguée du collège Anna Maria. Elle fit partie du premier conseil d'administration de cet organisme pour y représenter la jeunesse. Elle y siégea de 1951 à 1958, date de son départ pour la France afin d'y poursuivre ses études. Elle reprit contact avec la

FFFA en 1972, fut élue présidente en 1973, poste qu'elle occupa jusqu'en 1981. Depuis cette date, elle fait partie du conseil d'administration de la FFFA et fut l'hôte, en 1991, du congrès marquant le 40ᵉ anniversaire de cette fédération. Ce congrès eut lieu conjointement avec le colloque de l'Institut français sur « La femme franco-américaine » dont les actes, publiés sous sa direction, parurent en 1994. C'est donc en connaissance de cause que Claire Quintal nous livre ses réflexions sur la Fédération féminine franco-américaine.

1. L'abbé Adrien Verrette, du New Hampshire, allait représenter les Franco-Américains à ce congrès et faire en sorte que la représentation franco-américaine y soit portée à cinq membres — trois pour la Nouvelle-Angleterre, un pour le Centre et l'Ouest et le cinquième pour les Acadiens de la Louisiane.

2. [Abbé Adrien Verrette], *Le Centenaire franco-américain (1849-1949)*, Manchester (N.H.), Comité d'orientation franco-américaine, 1951, p. 18 et 264. Ce volume est dédié « À la jeunesse franco-américaine qui veut continuer avec amour sa mission spirituelle ».

3. Antoine Clément, *L'Étoile* (Lowell, Mass.), 24 août 1948.

4. Adolphe Robert, « Discours d'ouverture du centenaire », *Le Centenaire...*, *op. cit.*, p. 45.

5. [A. Verrette], *Le Centenaire...*, *op. cit.*, p. 45. L'année 1949 est une date quelque peu arbitraire. La première paroisse franco-américaine, celle de Saint-Joseph de Burlington, au Vermont, date de 1850. « Dans la pensée du Comité d'orientation, l'année 1949 a été choisie pour la célébration du Centenaire franco-américain non pas tant à cause d'un anniversaire particulier que pour marquer un siècle de participation des nôtres à la vie américaine » (p. 265). Ajoutons que l'année 1949 marquait aussi le cinquantenaire de la Société historique franco-américaine.

6. *Ibid.*, p. 53.

7. Une lettre de convocation avait été expédiée à 1 142 associations de femmes que le comité avait répertoriées.

8. Thomas-M. Landry, o.p., « La mission de la femme franco-américaine d'aujourd'hui » (projet de Manifeste présenté au troisième congrès du Comité d'orientation franco-américaine à Lewiston, Maine, lors de la fondation de la Fédération féminine franco-américaine), *Mission catholique et française en Nouvelle-Angleterre*, Québec, Les Éditions Ferland, 1962, p. 137.

9. Yvonne Lemaître, « Place aux dames », *Le Travailleur*, 20 novembre 1951.

10. Charlotte LeBlanc, « Histoire et mission de la Fédération féminine franco-américaine », dans Claire Quintal (dir.), *La Femme franco-américaine*, Worcester (Mass.), Institut français, 1994, p. 75. Au conseil d'administration, qui se réunit quatre fois l'an, la FFFA s'adjoint un bureau de direction, composé d'une cinquantaine de femmes dont les réunions ont lieu deux fois l'an. Le conseil d'administration, pour sa part, compte de douze à vingt personnes pendant cette période.

11. Pour la liste des thèmes de chacun de ces congrès, voir C. LeBlanc, *loc. cit.*, Document III, p. 85.

12. Marthe Biron-Péloquin, *Le Bulletin*, vol. 32, nᵒˢ 1-2, hiver-printemps 1984.

13. Voir *Le Travailleur*, 15 novembre 1956. C'est grâce au Conseil de la vie française que ce texte, sous forme de plaquette, put être diffusé ainsi.

14. Oda Beaulieu, *Le Travailleur*, 9 mai 1957.

15. *Le Bulletin*, vol. 14, nᵒ 1, printemps 1965.

16. Celle-ci sut profiter des leçons apprises comme dirigeante de la FFFA pour lancer avec succès, en 1979, l'Institut français du collège de l'Assomption (Worcester, Mass.). Cet institut organise des colloques et en publie les actes. Onze volumes sont sortis de ses presses.

17. C. LeBlanc, *loc. cit.*, p. 79.

18. Marcelle Guérette-Fréchette, *Le Bulletin*, vol. 39, nᵒˢ 3-4, été-automne 1991, p. 2. Depuis le numéro d'été-automne 1991, *Le Bulletin* est remplacé par le *Petit Courrier*, publié de façon irrégulière sous la direction de Marthe Whalon, de Fall River (Mass.), la dixième présidente, et de Lillian Lamoureux de New Bedford (Mass.).

19. Un dénombrement, fait pour le Congrès de 1988, donne le chiffre de 7 061 membres (*Le Bulletin*, vol. 37, nᵒˢ 1-2).

20. Vaneeta-Marie d'Andrea, « The Women of *Survivance*: A Case Study of Ethnic Persistence among the Members of Franco-American Women's Group in New England », thèse de doctorat, Université du Connecticut, 1986. Dans un discours aux femmes réunies pour leur 17ᵉ congrès biennal en 1986, l'auteure déclarait : « *The results of my study support my initial viewpoint that the work of the Fédé is a vital part of the ethnic persistence activities of Franco-Americans in New England. Most significant is the Fédé's contribution to language maintenance. It appears that the extensive network of organizations affiliated with the Fédé is an important component in this activity. In addition it also seems apparent that the Fédé members see the role of Franco-American women as a primary force and resource in the preservation of the Franco-American ethnic community.* » Claire Quintal, dans sa présentation de la conférencière, résumait ainsi la thèse en question : « Dans sa conclusion, Vaneeta d'Andrea souligne l'importance que revêt l'action de la Fédé pour tout le groupe franco-américain. Elle démontre, preuves à l'appui, que depuis sa fondation en 1951, la Fédé [...] n'a jamais dévié de son but primordial qui est la protection culturelle des Franco-Américains par l'usage et la promotion de la langue française. Toutes les grandes manifestations de la Fédé, ainsi que chacune de ses activités à travers les années, sont axées sur cette idée centrale. »

21. C. LeBlanc, *loc. cit.*, p. 73.

PORTRAIT D'AUTEUR :
HOMMAGE À JEANNE CASTILLE

Janis L. Pallister
Université Bowling Green State (Ohio)

Si j'avais à expliquer pourquoi j'admirais tant Jeanne Castille, je dirais que c'était pour son grand courage et son indépendance féroce face à une maladie de longue durée, comme aussi pour sa fierté et sa dignité de Cadjine. Car Jeanne n'était pas une Cadjine comme un Justin Wilson, le Cadjin chef-chanteur si connu aux États-Unis. Loin de là ! Elle était plutôt une dame cultivée, avec une grande connaissance de l'histoire et de la culture de sa région et de son peuple — rejetons acadiens dont le sort était de devenir Louisianais, après avoir été exilés du Canada par le Grand Dérangement[1].

Née à Pont-Breaux sur le bayou Tèche, Jeanne Castille a mené la lutte pour la défense de la langue française pendant toute sa vie. Elle était, comme on dit, «*a charter board member of the Council for the Development of French (CODOFIL) in Louisiana*», et «membre du comité directeur et présidente [pour la paroisse Saint-Mar(t)in]» (p. 199). De fait, selon sa sœur Liliane, c'est non pas James Domengeaux mais bien Jeanne et sa collègue Louise Olivier qui ont conçu l'idée de lutter officiellement pour le rétablissement du français en Louisiane (p. 187-190). Pourtant Jeanne fait l'éloge de Domengeaux qu'elle dit avoir été «à l'origine de cet organisme, un avocat qui est presque aujourd'hui une figure de légende» (p. 200). Le mythe de Jimmy Domengeaux qui «s'est battu pour restaurer le français en Louisiane» est perpétué par Michel Tauriac[2], auteur du roman *Évangéline*[3], tandis que personne ne semble se rappeler le rôle capital et revendicateur de Jeanne Castille.

La formation que reçoit Jeanne Castille est d'autant plus solide qu'elle est variée : diplôme de l'Institut du Sud-Ouest de la Louisiane, aujourd'hui Southwestern Louisiana University, maîtrise en français de Columbia University, certificat en linguistique de l'Université de Besançon, diplôme en sciences économiques de Tulane University, et en enseignement des analphabètes adultes de la Southern University. Que Jeanne se soit beaucoup intéressée à la linguistique, nous en avons les preuves dans son livre où elle cite des exemples savoureux et pittoresques de la langue acadienne d'en bas : l'expression «canard sauvage» devient «canard farouche», «lâche pas la patate» se dit pour exhorter au courage tandis que, comme au Québec, «capot» signifie manteau et «char», voiture ; et, il n'y a pas si longtemps, «la boîte à portraits» désignait le téléviseur et «les portraits grouillants», le cinéma (p. 127 *sqq.*).

Jeanne Castille a reçu maints honneurs en France comme aux États-Unis pour son dévouement à la cause du français en terre américaine. En 1955 et en 1976, le gouvernement français lui décerne les Palmes académiques, puis le titre de chevalier de la Légion d'honneur après la publication de *Moi, Jeanne Castille de Louisiane*, un livre dans lequel elle raconte à la fois l'histoire de son milieu et de sa propre vie et pour lequel elle gagne le prix Saint-Simon. Son livre est présenté en France à l'émission *Apostrophes* de Bernard Pivot. Bien avant la parution de son autobiographie, elle était connue comme éducatrice et comme ardent défenseur du mouvement pour «le développement du français et de la culture française partout dans l'État» (p. 194); parmi ses fonctions, citons celle de membre du comité directeur de France-Amérique, groupe dont elle devient présidente pour la section Louisiane acadienne.

Les francophones et les Louisianais ont beaucoup gagné de son intarissable énergie et de sa volonté intrépide. Enseignante dans les écoles louisianaises pendant 44 ans, elle était membre de plusieurs organisations locales, régionales, nationales et internationales. Elle a participé aussi à de nombreux comités organisés par l'État de Louisiane pour la sélection de livres destinés aux programmes de français et d'histoire, et pour le développement de matériel pédagogique dans le domaine de l'histoire et des institutions, tant sur le plan de l'administration locale qu'au niveau de l'État. Elle a organisé avec son amie Louise Olivier la «Semaine française» et l'Association des professeurs de langues étrangères en Louisiane (p. 192). Ces efforts constituent les «débuts de la renaissance» du français en Louisiane. Membre du Comité pour les enseignants retraités de la Louisiane pendant 21 ans, Jeanne Castille reste engagée longtemps après avoir pris sa retraite.

De Jeanne, j'ai de nombreux souvenirs personnels. J'ai fait sa connaissance il y a longtemps, peut-être 25 ans. C'est elle qui m'a initiée à la cadjinitude[4] en me montrant les affiches («panneaux») du CODOFIL destinées à encourager les gens à parler français (p. 203-204) et en me parlant longuement de la culture et de la langue cadjines. Elle était si fière de son accent acadien qu'elle disait ne vouloir jamais perdre l'intonation régionale tout en voulant, bien sûr, parler et écrire un français conforme aux règles. Je crois qu'en la lisant on voit qu'elle y a réussi.

Comme la plupart des Cadjins, Jeanne était très hospitalière et elle voulait toujours me montrer les sites historiques en Acadie. Nous avons visité ensemble Saint-Martinville où elle a longtemps enseigné[5]. Et, moment inoubliable, dans un café tout à fait ordinaire, nous avons mangé ensemble la meilleure barbue[6] du monde, attrapée une heure ou deux avant d'être servie (p. 142-143, 160-161). Les variantes culturelles et linguistiques ont toujours passionné notre Jeanne.

Jeanne Castille et ses sœurs : en haut, Lilian ; en bas, de gauche à droite, Evelyn, Jeanne et Mabel [ca 1970].

La chambre de Jeanne Castille est dominée par une belle photo, l'œuvre du Canadien René Babineau. C'est là, chez elle, que Jeanne est morte à l'âge de 83 ans, le dimanche 30 janvier 1994, à huit heures moins le quart du matin. On a célébré ses obsèques dans l'église Saint-Bernard (de Clairvaux) que Jeanne fréquentait fidèlement depuis sa construction en 1937 (p. 97).

Parmi toutes les belles actions et les beaux souvenirs de Jeanne Castille, on devrait retenir avant tout son livre *Moi, Jeanne Castille de Louisiane* (malheureusement épuisé) : autobiographie, mémoires d'une vie et d'une famille. Mais ce livre est surtout et avant tout le témoignage, la défense, l'histoire de toute une race de maltraités, une race dont elle connaissait à fond le caractère à la fois douloureux et joyeux. C'est le récit de leurs stigmates et de leur longue migration tragique ; «leur calvaire» comme elle dit (p. 40-41). C'est un livre à lire, à mettre à la portée d'un plus grand public, comme une chose précieuse, à être savourée et partagée avec nos étudiants.

En guise de conclusion, permettez-moi de vous rappeler une belle petite histoire qu'une institutrice de Lafayette m'a racontée il n'y a pas longtemps. Elle était en train de causer de la vieillesse avec ses petits élèves.

«Quelles en sont les marques ?» leur a-t-elle demandé.
«On a des rides», a avancé un des élèves. «La vue baisse», lui a répondu un autre. Puis un élève plus câlin a dit : «They speak French [Ils parlent français] ».

Mais oui, c'est bien cela la vieillesse dans les milieux cadjins. Car aujourd'hui, ce sont les vieilles gens qui parlent français. Et voilà ce que Jeanne voulait changer en fondant le CODOFIL[7] et en appuyant beaucoup d'autres initiatives. Le programme est lancé. Après deux générations de silence, on parle aujourd'hui de cadjinitude, on recommence à être fier de sa culture, et on cherche à rétablir le français comme langue parlée en Louisiane. Ceux qui ne parlent pas ou ne parlent plus français souhaitent passionnément que leurs enfants l'apprennent. Qu'ils ne lâchent pas la patate !

BIBLIOGRAPHIE

Brasseaux, Carl A., *Acadian to Cajun: Transformation of a People 1803-1877*, Jackson (Miss.), University Press of Mississippi, 1992, 252 p.

_____, *The Founding of New Acadia: The Beginnings of Acadian Life in Louisiana, 1765-1803*, Baton Rouge, Louisiana State University Press, 1987, 229 p.

Castille, Jeanne, *Moi, Jeanne Castille de Louisiane*, Paris, Luneau-Ascot éditeurs, 1983, 222 p. Compte rendu : Janis L. Pallister, *Revue francophone de Louisiane*, printemps 1986, p. 95-96.

Daigle, Rév. Jules O., *A Dictionary of the Cajun Language*, Ann Arbor (Mich.), Edwards Brothers Inc., 1982.

Domengeaux, Jacques, « Plaidoyer pour le bilinguisme », *Revue de Louisiane / Louisiana Review*, vol. 1, n° 2, 1972, p. 1-7.

Louder, Dean R. et Eric Waddell, *Du continent perdu à l'archipel retrouvé. Le Québec et l'Amérique française*, Québec, Les Presses de l'Université Laval, 1983, 292 p.

Pallister, Janis L., « Antonine Maillet's *Évangéline Deusse* », *American Review of Canadian Studies*, vol. 18, n°s 2-3, été-automne 1988, p. 239-248.

_____, « La poésie cadjine. Nostalgie et engagement », dans les *Actes du Congrès mondial des littératures de langue française*, Padoue, Université de Padoue, 1985, p. 299-304.

Read, William A., *Louisiana-French*, Baton Rouge, Louisiana University Press, 1963, 263 p.

Rushton, William Faulkner, *The Cajuns: From Acadia to Louisiana*, New York, Farrar Straus Giroux, 1979, 342 p.

Saxon, Lyle *et al.* (eds.), *Gumbo Ya-Ya: Folk Tales of Louisiana*, Gretna, Pelican Publishing Co., 1988, 581 p.

Tauriac, Michel, « Souvenir, souvenir », *France-Amérique*, 20-26 mai 1995, p. 9.

Wells, Ken, « Who Says Cajun Is Just Bad French ? », *The Wall Street Journal*, 5 décembre 1986, p. 1, 15.

Whatley, Randy, *Du Chicot*, Baton Rouge, The Chicot Press, 1983, 265 p.

NOTES

1. Jeanne Castille, *Moi, Jeanne Castille de Louisiane*, Paris, Luneau-Ascot éditeurs, 1983, p. 141, 143, 153. Désormais la pagination sera incluse dans mon texte.

2. « Souvenir, souvenir », *France-Amérique*, 20-26 mai 1995, p. 9.

3. Michel Tauriac, *Évangéline*, Paris, Julliard, 1995.

4. Sur la cadjinitude, voir Janis L. Pallister, « La poésie cadjine : nostalgie et engagement », dans les *Actes du Congrès mondial des littératures de langue française*,

Padoue, Université de Padoue, 1985, p. 299-304.

5. Saint-Martinville tire son nom de l'église de la paroisse, sous le vocable de Saint-Martin de Tours. À Saint-Martinville se trouve le chêne sous lequel Évangé-

line, la belle Acadienne légendaire, attendait son Gabriel (p. 23-24). Sur le mythe et la littérature d'Évangéline, voir Janis L. Pallister, « Antonine Maillet's *Évangéline Deusse* », *American Review of Canadian Studies*, vol. 18, nᵒˢ 2-3, été-automne 1988, p. 239-248.

6. « *Catfish : designated by the term "barbue", bearded, because of the barbels resembling whiskers that grow about its head. If the French wish, however, to distinguish the mud cat [...] from the blue [...], they call the former a "goujon"...* » (William A. Read, *Louisiana-French*, Baton Rouge, Louisiana State University Press, 1963, p. 4-5). Selon un Cadjin bien renseigné, « goujon » se dit pour *catfish, mudfish* ; on n'entendra pas ce mot dans un restaurant, mais plutôt « barbue ».

7. Ce conseil a été établi par la législature en 1968 (p. 199-208). Voir le livre de Dean R. Louder et Eric Waddell, *Du continent perdu à l'archipel retrouvé. Le Québec et l'Amérique française*, Québec, Les Presses de l'Université Laval, 1983, p. 201 *ssq.*

PORTRAIT D'AUTEUR : JEANNE CASTILLE
IN MEMORIAM 1910-1994

Jean Fouchereaux
Université Southern Maine (Portland)

Quand j'ai appris, au printemps 1994, la disparition de Jeanne Castille, j'ai immédiatement pensé qu'il fallait rendre un vibrant hommage à celle qui, par son labeur incessant, son dévouement corps et âme, contre vents et marées, a tant œuvré pour la Cause, à savoir la préservation et la survie du français en Louisiane. Je remercie ma collègue Janis Pallister, professeure émérite à la Bowling Green State University, qui d'emblée et avec enthousiasme s'est associée à ce projet[1] et qui n'a pas hésité à se rendre en Louisiane pour glaner des documents-souvenirs sur Jeanne. Amie de longue date de Jeanne Castille, elle évoque sa mémoire par des souvenirs personnels et nous rappelle son parcours exemplaire au service de la francophonie.

Institutrice pendant près d'un demi-siècle, Jeanne Castille a sillonné l'Amérique du Nord et la France, et prononcé maintes allocutions attestant de sa ferveur, de son obstination à la défense de son patrimoine cadien. Durant mes années d'enseignement dans le nord de la Louisiane, c'est-à-dire en pays « cous rouges », j'ai été amené à collaborer avec le CODOFIL (Council for the Development of French in Louisiana) et par la force des choses, je me suis intéressé à l'Acadie d'en bas et à sa renaissance culturelle, artistique et littéraire. Je tiens ici à remercier tout particulièrement Mathé Allain, professeure à la Southwestern Louisiana University, qui avait servi d'intermédiaire et avait facilité ma rencontre avec Jeanne Castille. Je garde un souvenir très présent de cet entretien qui eut lieu le 27 octobre 1985, ponctué par les rafales de vent de l'ouragan Juan qui sévissait ce jour-là sur le sud-ouest de la Louisiane et par les nombreuses tasses de café servies. Je me suis efforcé dans la transcription de cette entrevue de préserver autant que possible la couleur des paroles de Jeanne.

JF – Je suis vraiment ravi de parler avec vous aujourd'hui, malgré le mauvais temps. D'abord, j'aimerais que vous expliquiez comment vous êtes arrivée à écrire votre livre[2].

JC – Vraiment, je ne suis pas écrivain. D'ailleurs, je n'avais jamais pensé écrire un livre. Ce sont simplement des discours, des conférences qui selon Yves [Berger][3] pouvaient être un livre. Yves et sa femme venaient presque tous les ans me voir et ils ont vu toutes les choses que j'avais déjà écrites. C'est comme ça qu'on a décidé de mettre ensemble mes réminiscences, mes discours, etc. Il aime la Louisiane. Il a écrit beaucoup de choses sur la Louisiane. Et chaque fois qu'il venait, il venait m'interviewer. On commence à être fasciné par la Louisiane. En fait, tous les Français qui viennent aux États-Unis, la plupart passent maintenant par la Louisiane. Autrefois, ils allaient plutôt en Californie ou en Floride, parce qu'on n'avait pas pris conscience du fait qu'il y avait une francophonie dans cette région de la Louisiane.

JF – Est-ce que c'est Yves Berger qui vous a mise en contact avec Bernard Pivot ?

JC – Écoutez, je ne sais pas comment c'est arrivé. On m'a dit que M. Bernard Pivot lit des livres et décide qui il veut inviter à son émission. Enfin, on m'a téléphoné pour me dire que M. Bernard Pivot m'avait invitée à faire partie d'*Apostrophes* en février [1983]. Mais, j'ai dit, vous êtes complètement fou ! Je ne peux pas aller en France au fond de l'hiver, comme on dit ici. Vous voyez, je souffre de l'arthrose et je ne suis pas très bien maintenant. Mais on me téléphonait de Paris presque tous les jours en me disant qu'il fallait venir ! J'ai dit que je ne pouvais pas y aller seule parce que j'avais des difficultés à prendre soin de mes bagages. Alors ils m'ont dit d'inviter une de mes sœurs. Mes sœurs ! Il y a aucune de mes sœurs qui veut venir avec moi ! La femme d'Yves Berger a alors dit qu'elle allait venir en Louisiane me chercher. J'ai dit que cela faisait vraiment ridicule ! J'ai invité une amie d'enfance qui habite la Nouvelle-Orléans. Et nous nous sommes rendues en France. Ça ne me disait rien au début. Quand je suis arrivée à Paris et j'ai su l'énormité du programme, je me suis dit que j'étais complètement folle d'avoir accepté !

JF – Vous avez été reçue avec le tapis rouge ?

JC – Ç'a été très bien. Bernard Pivot a été très bien, il m'a bien reçue. Je n'ai pas été trop nerveuse.

JF – On a parlé de vous partout en France à la suite de votre passage à *Apostrophes*. Le succès du livre a été fantastique.

JC – Oui, fantastique.

JF – Dans votre livre, vous parlez de l'importance de la généalogie et de l'histoire, et je crois qu'Antonine Maillet fait la même chose. Il y a une phrase d'Antonine Maillet qui m'a frappé : « Être cadien c'est être descendant de quelqu'un, ce n'est pas occuper un territoire. » La généalogie est vraiment ancrée dans tous les Cadiens, n'est-ce pas ?

JC – Oui, c'est ça. Il y a peut-être deux semaines, je suis allée parler à un groupe d'élèves d'une classe à [l'école paroissiale] St. Bernard's, et quand j'ai parlé de la généalogie, tous ces enfants étaient presque intrigués, ils voulaient savoir si leurs noms étaient cadiens, parce que j'avais dit qu'aujourd'hui un Cadien peut avoir un nom allemand ou espagnol. Et ce sont tous des Cadiens aujourd'hui. Je leur ai expliqué comment on pouvait faire la généalogie sur les Acadiens.

JF – Vous parlez aussi des écoles, des écoles religieuses en particulier, et vous dites que c'est grâce aux écoles religieuses et aux sœurs si vous avez pu améliorer et préserver votre français. Est-ce qu'elles existent encore, ces écoles ?

JC – Maintenant, il n'y a plus de sœurs, personne ne veut devenir sœur. Mais même avant les années 1900, nous avons eu ces religieuses. C'était un ordre qui s'appelait l'Adoration perpétuelle, un ordre très strict. Ces sœurs sont venues ici de la Nouvelle-Orléans. Elles étaient venues de l'Alsace après l'occupation de l'Alsace-Lorraine par les Allemands. On a fermé le couvent vers 1922 ou 23. Et alors mon père nous a mis à l'école publique.

JF – L'église demeure un centre social et culturel ?

JC – Justement, ç'a toujours été comme ça.

JF – C'est une espèce de défense contre l'anglais.

JC – Un peu comme je dis à tout le monde : nous sommes catholiques, oui, mais il faut faire attention, car nous sommes quelquefois comme en France, catholiques à « gros grains », c'est-à-dire on ne va pas trop souvent à l'église...

JF – J'aimerais maintenant aborder avec vous le rôle du CODOFIL et de l'aide des pays francophones comme la France, la Communauté française de Belgique, le Québec. Est-ce que vous pensez qu'elle est nécessaire ? Comment envisagez-vous l'avenir ?

JC – Le CODOFIL même n'a pas assez d'argent pour les programmes qu'on devrait avoir. Mais le CODOFIL a fait beaucoup et c'est grâce à la personnalité de Jimmy [Domengeaux][4]. Même avant le CODOFIL, nous avons essayé à plusieurs reprises, ici en Louisiane, nous les professeurs surtout, de faire prévaloir le français vers les années 30 quand nous nous sommes aperçus que le français allait disparaître. Nous avons commencé l'idée d'enseigner le français dans les écoles primaires et élémentaires. Et alors, à cette époque, il y avait même des professeurs de USL [University of Southwestern Louisiana] qui avaient préparé des petits livrets pour l'enseignement du français dans les écoles primaires. On a toujours enseigné le français dans les écoles secondaires. Et après la Seconde Guerre mondiale, même le gouvernement fédéral nous est venu en aide et alors nous avons commencé des programmes. Nous avons encouragé le français. Nous avons fait toutes sortes de choses ici en Louisiane. Jimmy a pu avoir de l'argent et a organisé le CODOFIL.

JF – Oui, il était un peu la force galvanisatrice.

JC – Ici nous avons un petit hebdomadaire, *The Times of Acadiana*. Quelqu'un l'autre jour a écrit un article qui disait comment les Cadiens sont entêtés : quand ils décident de faire quelque chose, ils le font. Alors il a expliqué comment nous avons pris une musique qui était ridiculisée depuis longtemps. Même nous les Cadiens on disait que c'était « chank et chank ». On ne pensait pas grand-chose de cette musique. Et on a fait de cette musique une musique qui est bien connue nationalement et internationalement. Et même Beausoleil est invité en France, au Québec, à New York, partout. Nous avons fait la même chose de notre cuisine. Même les écrevisses. Quand j'ai commencé à enseigner, j'étais au nord de la Louisiane. On se moquait de moi : « Vous mangez des écrevisses ? Oh ! » J'ai dit que c'était très bon. On ne voulait pas dire qu'on mangeait des écrevisses.

JF – On en voit maintenant en France.

JC – Mais oui ! Et maintenant c'est non seulement ça, mais la cuisine acadienne est mieux connue maintenant que la cuisine créole. Nous avons fait la même chose de certains aspects de nos arts comme les peintres : [George] Rodrigue[5] est bien connu partout, n'est-ce pas ? Nous avons décidé qu'il fallait que le monde accepte cela. Mais nous ne sommes pas assez entêtés pour la langue. Notre cuisine est acceptée, notre musique est acceptée, nous sommes même en train de faire des films.

JF – Vous pensez à Glen Pitre ?[6]

JC – Mais oui, Glen Pitre !

JF – J'ai eu l'occasion de discuter avec Zachary Richard[7] il y a quinze jours et il m'a dit qu'il était très optimiste pour l'avenir : « Quand je vais chanter et jouer à Abbeville ou à Saint-Martinville, il y a des jeunes de 10 à 15 ans qui commencent, qui s'intéressent à ce que je fais. » Il pense que la renaissance du français passera par la musique.

JC – Mais moi, j'ai peur qu'on croie que ça va aller ; mais il faut avoir conscience du fait que c'est la langue qui est la base de notre héritage et alors si on perd cette langue, je crois qu'on perd tout notre héritage. Après tout, la langue c'est comme l'eau qui arrose la culture. Et alors sans ça, qu'est-ce qui arrive ? La plante meurt.

JF – Comme vous savez, il y a une minorité intellectuelle acadienne avec, par exemple, Barry Ancelet, Richard Guidry, Émile Desmarais, Antoine Bourque, pour ne citer qu'eux, qui affirment et revendiquent leur cadienitude[8]. Donc il y a lieu d'être optimiste, n'est-ce pas ?

JC – Oui, surtout David Marcantel[9] semble l'être, parce qu'il écrit des articles qui me disent qu'il est optimiste, il croit à ce qu'ils font. Enfin c'est à souhaiter qu'ils vont réussir. Barry [Ancelet] est la personnalité la plus grande que nous avons pour le moment.

JF – Vous restez très active dans les clubs, les sociétés ?

JC – Pas aussi active que j'étais parce que depuis l'an dernier j'ai été très malade. Il m'a fallu aller à l'hôpital à deux reprises, mais je continue à faire ce que je peux. Je vais peut-être aller donner un petit discours comme je l'ai fait la semaine passée pour un groupe des Knights of

Jeanne Castille à Pont-Breaux (Louisiane), le 27 octobre 1985. Photo Jean Fouchereaux.

Columbus. Et je leur ai parlé des coutumes et des traits des Acadiens, et puis je finis toujours en parlant du fait que nous avons besoin de la langue et alors je finis tous mes discours avec la même chose.

ARTICLES ET OUVRAGES CITÉS

Allain, Mathé et Barry Ancelet, *Littérature française de la Louisiane: anthologie*, Bedford (N.H.), National Materials Development Center for French, 1981.

_____, *Acadie tropicale*, Lafayette (La.), Éditions de la Nouvelle Acadie, 1983.

Arsenault, Bona, *Histoire et généalogie des Acadiens*, 6 vol., Québec, Conseil de la vie française en Amérique, 1978.

Berger, Yves, *Le Sud*, Paris, Grasset, 1962.

_____, *Le Fou d'Amérique*, Paris, Grasset, 1976.

_____, *Les Matins du Nouveau-Monde*, Paris, Grasset, 1987.

Castille, Jeanne, *Moi, Jeanne Castille de Louisiane*, Paris, Luneau-Ascot, 1983.

Feux follets, Lafayette (La.), *Études francophones*, nº 5, (1995).

Marcantel, David et Patrick Gelhay, *Notre langue louisianaise*, Jennings (La.), Éditions louisianaises, 1986.

Murray, Alison J., «L'Acadie du Nord et du Sud: des lieux-

mémoires», *Revue francophone*, vol. IX, nº 2 (automne 1994), p. 109-118.

Pallister, Janis, «*Moi, Jeanne Castille de Louisiane*» (compte rendu), *Revue de Louisiane*, vol. 1, nº 1 (printemps 1986), p. 95-96.

Pitre, Glen, *Belizaire, the Cajun*, Production Côte Blanche, 1986.

Richard, Zachary, *Voyage de nuit*, Lafayette (La.), Éditions de la Nouvelle Acadie, 1987.

Thévenon, Patrick, «Jeanne Hachette en Acadie», *L'Express* (11 février 1983), p. 56.

NOTES

1.   Une session spéciale, « Hommage à Jeanne Castille », fut organisée dans le cadre du congrès du Conseil international d'études francophones (CIEF), en juin 1995, à Charleston (Caroline du Sud).

2.   *Moi, Jeanne Castille de Louisiane*, Paris, Luneau-Ascot, 1983. Pour une vue d'ensemble sur son combat pour la survie du français en Louisiane, voir mon « Jeanne Castille, reine de Louisiane », *Québec français*, n° 64, décembre 1986, p. 78-80. Signalons également le compte rendu de Janis Pallister, paru dans *Revue de Louisiane*, vol. 1, 1986, p. 95-96 et, plus récemment, l'étude d'Allison J. Murray, « L'Acadie du Nord et du Sud : des lieux-mémoires », *Revue francophone*, vol. IX, n° 2, 1994, p. 109-118.

3.   Yves Berger, directeur de collection aux Éditions Grasset et auteur de nombreux romans consacrés à l'Amérique : *Le Sud*, Paris, Grasset, 1962 ; *Le Fou d'Amérique*, Paris, Grasset, 1976 ; et *Les Matins du Nouveau-Monde*, Paris, Grasset, 1987.

4.   James Domengeaux, avocat, ancien membre de la Chambre des représentants et président fondateur du Conseil pour le développement du français en Louisiane (CODOFIL).

5.   Il est à signaler que la jaquette du livre de Jeanne Castille reproduit un de ses tableaux, « Jolie Blonde », dont le titre évoque une des chansons cadiennes les plus célèbres.

6.   Glen Pitre, cinéaste cadien ayant réalisé plusieurs documentaires, ainsi que le long métrage *Belizaire, the Cajun*, en 1986.

7.   Zachary Richard, surnommé le Cajun rocker, auteur compositeur qui a su préserver la musique cadienne traditionnelle en l'accommodant aux goûts et aux tendances en vogue, mais aussi poète à ses heures et auteur, entre autres, du recueil *Voyage de nuit* (Lafayette, Éditions de la Nouvelle Acadie, 1987).

8.   Voir en particulier les recueils *Cris sur le bayou. Naissance d'une poésie acadienne en Louisiane* (1980), *Littérature française en Louisiane : anthologie* (1981), *Acadie tropicale* (1983) ainsi que la revue *Louisiane*, n° 78 (1985), consacrée aux écrivains louisianais de langue française, et plus récemment *Feux follets*, n°s 1-5.

9.   David Marcantel, avocat louisianais dévoué à la cause de la survie du français en Louisiane et auteur avec Patrick Gelhay d'un manuel scolaire *Notre langue louisianaise*, paru en 1986, qui met l'accent sur le patrimoine cadien.

UN JACQUES CARTIER ERRANT / JACQUES CARTIER DISCOVERS AMERICA : TROIS PIÈCES / THREE PLAYS

de GRÉGOIRE CHABOT
(Orono, The University of Maine Press /
Le Centre franco-américain, 1996, xvii - 291 p.)

Jules Tessier
Université d'Ottawa

Les publications originales en langue française aux États-Unis constituent un phénomène rare, à l'exception peut-être de la poésie qui résiste mieux aux conditions adverses, tant en Louisiane qu'en Nouvelle-Angleterre. En effet, la renaissance littéraire cadienne s'est matérialisée par la parution de deux recueils de poésie : *Cris sur le bayou* (Intermède, 1980) et *Acadie tropicale* (Université Southwestern Louisiana, 1983) ; d'ailleurs, la veine poétique continue d'alimenter une valeureuse petite revue annuelle lancée il y a cinq ans, *Feux follets*. On peut observer le même phénomène chez les Francos de la Nouvelle-Angleterre où la poésie ne s'est pas éteinte avec la disparition de Rosaire Dion-Lévesque. Pour s'en convaincre, on n'aura qu'à consulter la très belle *Anthologie de la poésie franco-américaine de la Nouvelle-Angleterre* préparée par Paul P. Chassé (The Rhode Island Bicentennial Commission, 1976), avec une section contemporaine où figurent notamment des textes de Paul Chassé, Claire Quintal, Normand Dubé. Ce dernier, pendant la période faste des années 70 et 80, alors que l'édition bénéficiait d'un appui gouvernemental dans le cadre du programme «National Materials Development Center» (NMDC), a publié plusieurs plaquettes de poésie : *Un mot de chez-nous* (1976), *Au cœur du vent* 1978), *La Broderie inachevée* (1979), *Le Nuage de ma pensée* (1981).

Pour ce qui est du genre roman, quand Robert B. Perreault, profitant lui aussi du programme NMDC, a fait paraître *L'Héritage*, en 1983, un long silence s'était écoulé depuis la publication du dernier titre attribué à un romancier franco-américain. En 1988, Henri Chapdelaine a publié, à Manchester (New Hampshire), une suite au célèbre roman de Louis Hémon intitulée *Au nouveau pays de Maria Chapdelaine* et on nous dit qu'il se prépare à faire paraître un deuxième roman en langue française. La récolte est plutôt maigre et entrecoupée d'années de disette inquiétantes, un phénomène qui s'explique pour une bonne part par les obstacles à surmonter pour éditer des ouvrages en français aux États-Unis.

Le théâtre «publié» faisait lui aussi figure de parent pauvre jusqu'à ce que l'Université du Maine à Orono, bien inspirée, crée la collection «Éditions réveil » destinée aux auteurs et l'inaugure par un premier livre impressionnant où on a rassemblé trois pièces du dramaturge franco-américain Grégoire Chabot : *Un Jacques Cartier errant / Jacques Cartier Discovers America*. Outre la pièce éponyme, écrite en 1976, on y trouve encore *Chère Maman*, composée en 1978, et *Sans atout*, une pièce écrite en 1980. L'édition est bilingue et l'auteur a lui-même traduit ses pièces du français à l'anglais, et non l'inverse, il convient de le souligner.

Dans sa présentation, Grégoire Chabot évoque le cheminement qui l'a amené à écrire des pièces en français aux États-Unis, et inspirées par la société franco-américaine. C'est donc à la suite d'une longue période de gestation que le dramaturge a décidé de projeter sur scène les multiples questions et réflexions résultant de cette quête d'identité. Son théâtre se trouve marqué par un tel itinéraire, et la fonction identitaire est omniprésente dans la première pièce et sous-tend l'intrigue dans les deux autres.

Il y a dans *Un Jacques Cartier errant* une forme d'humour, qui donne à réfléchir, il est vrai, mais dont sont dépourvues les deux autres pièces. Pour y arriver, Grégoire Chabot a imaginé une situation cocasse, propre à susciter malentendus et quiproquos, en faisant littéralement atterrir le « revenant » Jacques Cartier dans un bar d'un quartier ouvrier de Manchester, au New Hampshire, style « Broue ». Il y a un hic : l'illustre découvreur est demeuré à l'époque de l'Empire français d'Amérique et ce sont les braves Francos présents dans le bar qui vont se charger de lui donner la réplique et de mettre les pendules à l'heure juste. Le contraste entre le discours triomphaliste, cocardier de Cartier et les constats lucides, implacables de ses interlocuteurs sur la situation du français en Franco-Américanie constitue une source de comique à répétitions, qui laisse cependant un arrière-goût amer de plus en plus prononcé à mesure que l'action progresse. À la fin, on est confronté à la situation inextricable, sans issue, d'une langue complètement déterritorialisée qui enferme ses propres locuteurs dans la quadrature du cercle. Le dramaturge donne à cette problématique une dimension sociale incontournable lorsque vient le moment d'aborder la survie d'un idiome dans un milieu donné, en nous servant, par exemple, une satire décapante de ces mouvements et associations qui ont joué un rôle important dans la défense des droits des Francos.

Dans les deux autres pièces, l'optique se referme sur la famille, et l'humour s'estompe au profit d'une peinture en camaïeu, dans les tons de gris. Dans *Chère Maman*, le service anniversaire de la maman en question, décédée dix ans plus tôt, sert de prétexte à un rassemblement familial où chacun évoque la figure mythique de la disparue, particulièrement ses trois filles demeurées célibataires, par les soins de leur mère justement, une personne dominatrice qui n'a pas craint de faire échouer les projets de mariage de trois de ses quatre filles parce que les prétendants ne répondaient jamais aux critères d'excellence de la future belle-mère. Le célibat ne leur a pas réussi et elles ont développé un penchant pour la névrose, quand ce n'est pas pour l'alcoolisme ou pour la consommation massive de médicaments.

Une seule a réussi à contourner les interdits matrimoniaux de la mère : Eva, dont la fille, Constance, sera soumise aux mêmes pressions, cette fois grâce aux bons offices de son oncle qui incarne les valeurs d'extrême droite de la matriarche décédée. Connie cédera-t-elle aux instances de l'oncle Joseph qui tente de la persuader de rompre avec son petit ami à qui il reproche d'être un anglophone protestant plus ou moins croyant ? Si elle assiste à la fête qu'on lui a organisée à l'occasion de son anniversaire, une réception qui entre en conflit avec une sortie coûteuse préparée de longue date par le petit ami, ce sera la rupture. L'auteur a donc donné une dimension proprement dramatique à cet événement banal et il s'ensuit une attente qui devient de plus en plus angoissante à mesure qu'on approche du dénouement.

La troisième pièce, *Sans atout*, se termine elle aussi par une longue période d'attente, celle d'un couple vieillissant qui se demande si ses enfants devenus autonomes participeront au repas de l'Action de grâces préparé par la mère. Auparavant, on aura eu droit à des échanges languissants ou acrimonieux entre les époux, entrecoupés par des extraits d'émissions de télévision américaine, une télévision omniprésente, à la trame sonore fréquemment débile, qu'on n'éteint même pas quand la sœur et le beau-frère viennent jouer aux cartes, une occasion pour l'hôte de picoler allégrement. Contrairement à la pièce précédente où le père était absent, ici les problèmes du couple sont abordés sous forme de longs monologues, un procédé repris pour évoquer les difficultés matérielles et autres auxquelles ils ont eu à faire face au cours de leur vie active. Mais tout comme dans *Chère Maman*, on aboutit à un constat d'échec sur le plan des relations parents-enfants, dans ce cas-ci parce que le rôle de pourvoyeur a tout accaparé, et qu'on ne s'est pas préoccupé de la dimension affective au cours du processus de l'éducation familiale. À la fin, les enfants téléphonent les uns après les autres pour se décommander, et les agapes seront réduites à un repas pris par le père et la mère devant le téléviseur : la petite vie, une bien petite vie !

Grégoire Chabot est manifestement doué pour l'écriture dramatique et il sait comment orienter l'intrigue pour maintenir l'intérêt en créant une tension, un suspense, à partir de matériaux simples, inspirés par le monde ordinaire. Les particularités franco-américaines, moins soulignées dans les deux dernières pièces, s'y trouvent quand même. Dans *Chère Maman*, l'auteur, en plus d'aborder le délicat problème des mariages exogamiques, a pris soin d'ajouter des notes de mise en scène pour « donner l'impression d'une soirée franco-américaine avec toute la parenté [...] » (p. 151), lors de la fête préparée en l'honneur de Constance. Dans *Sans atout*, l'épouse, à l'occasion de deux longs monologues, compare les différentes étapes de son existence plutôt modeste au style de vie des Livingston qui représentent l'Amérique yankee opulente. À ce chapitre, les pièces de Grégoire Chabot constituent des œuvres non seulement réussies sur le plan dramatique, mais encore des documents précieux aptes à fournir des données supplémentaires susceptibles de mieux faire comprendre certains aspects de la société franco-américaine.

LA DIALECTIQUE NATURE/CULTURE ET LE DISCOURS FÉMININ DE LA TRANSGRESSION DANS *AURÉLIEN, CLARA, MADEMOISELLE ET LE LIEUTENANT ANGLAIS* D'ANNE HÉBERT

Lucie Guillemette
Université du Québec à Trois-Rivières

Nombreux sont les personnages dans l'œuvre romanesque d'Anne Hébert qui se caractérisent comme des solitaires et des originaux et, par là, qui transgressent la frontière spatio-temporelle établie par la fiction d'où ils s'énoncent, pour créer leur propre temps et espace imaginaires[1]. Rappelons-nous la retraite morbide de Michel et de Léa dans *Les Chambres de bois* (1958) ; la respectable Elizabeth d'Aulnières obsédée par un passé meurtrier, au chevet d'un mari mourant, dans *Kamouraska* (1970) ; Julie, alias Sainte-Julie de la Trinité qui, dans *Les Enfants du sabbat* (1975), hante un couvent en vertu de ses dons sataniques ; *Héloïse* (1980), la femme-vampire qui, d'un Paris souterrain, émerge à la surface pour tuer un homme dont elle tombe amoureuse ; le Stevens Brown des *Fous de Bassan* (1982) qui, fort de ses pérégrinations à l'étranger, revient dans son village natal endogame et y tue ses deux cousines ; Flora, qui flotte sur la scène théâtrale entre un ici et un ailleurs identitaire, dans *Le Premier Jardin* (1988) de même que Julien, « l'enfant délesté de la réalité » et habité de l'espace du songe, dans *L'Enfant chargé de songes* (1992). Si ces protagonistes peuvent évoquer des figures de la transgression à un niveau discursif, c'est dans la mesure où ils se manifestent d'abord comme des êtres qui tentent de relativiser le binarisme spatial d'un monde où s'opposent le rationnel et l'irrationnel, Dieu et diable, l'ordre et le désordre, le bien et le mal, les morts et les vivants, etc.

Or, comme l'indique Jean Baudrillard, « [la] transgression n'est pas immorale, bien au contraire. Elle réconcilie la loi avec ce que celle-ci interdit, c'est le jeu dialectique du bien et du mal[2]. » Alors que dans le monde contemporain tout est devenu jeu, dans la mesure où les choses elles-mêmes ont transgressé leurs propres limites, l'ordre symbolique fondé sur une logique binaire ne peut générer que des significations figées qui ne s'accordent ni avec la réalité ni avec l'expérience. En revanche, c'est le rapport dialectique établi à partir de la mise en présence d'antinomies qui tend à produire des éléments signifiants dans des textes poststructuralistes, ceux-là mêmes sortis de l'étau des discours fondateurs. Dans ce contexte, la transgression se pose comme « une profanation dans un monde qui ne reconnaît plus de sens positif au sacré, [...] un monde qui se dénoue dans l'expérience de la limite, se fait et se défait dans l'excès qui la transgresse[3] ». Quelles sont les limites, dirions-nous, qu'il faut franchir pour être en marge d'une pensée dichotomique, ou à tout le moins en déplacer les schèmes structurants, en « différer » le sens ? Comment s'actualise alors pareille marginalisation dans l'écriture hébertienne et, plus précisément, dans l'ouvrage en prose *Aurélien, Clara, Mademoiselle et le Lieutenant anglais*[4] ? Qu'en est-il de la transgression de l'ordre patriarcal, si l'on envisage le texte sous l'angle d'une lecture féministe ?

Dans son ouvrage *Les Marginaux*[5], Hans Meyer distingue deux types fondamentaux de personnages représentés dans la littérature : les marginaux intentionnels et les marginaux existentiels. L'auteur soutient que les premiers ont pris forme dans la comédie, tels les héros d'Aristophane qui ont décidé de jouer les raisonnables dans un univers dominé par la folie ; les seconds, par ailleurs, se sont exprimés dans un contexte de tragédie, car « — le plus souvent objets de la malédiction divine — ils n'ont pas véritablement souhaité être confrontés à une suite d'événements tragiques et inéluctables[6] ». Pareille catégorisation s'avère pertinente pour l'étude de textes de l'Antiquité, alors que les types du marginal se répartissent dans des discours littéraires distincts et hiérarchisés. Quant au drame, il comporte des formes hybrides qui rendent compte à la fois de l'isolement volontaire et d'une mise à l'écart imposée par l'existence. Cette figuration hétérogène de la marginalité, pensons-nous, s'illustre avec brio dans le récit contemporain, celui-là même qui interroge les fondements du rationalisme des Lumières et tente de dissoudre les dualismes issus d'une pensée kantienne. Une fois les régimes d'oppositions remis en question, dont celle du sacré et du profane particulièrement, la problématique de la transgression prend manifestement un tout nouvel aspect. Comment peuvent s'articuler alors les structures de l'histoire et du discours au sein d'*Aurélien, Clara, Mademoiselle et le Lieutenant anglais*, posé ici comme un récit « impur et contaminé[7] », un récit dont la forme se rapproche davantage du conte et où se côtoient plusieurs types de marginaux et de marginales ? Ce sont précisément les marques de la transgression représentatives d'une dialectique de la nature et de la culture actualisée par les personnages féminins que j'aimerais examiner dans la présente étude.

Dans cette perspective, les travaux des féministes qui proposent une lecture de la femme mise en rapport avec la nature demeurent très révélateurs. À l'instar des Grecs qui tentaient de définir l'essence de la femme en l'associant à la nature, les féministes fondamentalistes cherchent à décrire la catégorie universelle du féminin — la Vérité féminine ; ces théoriciennes ont galvanisé de la sorte le lien établi depuis Platon entre la femme reproductrice et la nature, couple bipolaire en relation d'opposition avec celui de l'homme dispensateur de savoir et de culture. Considéré par certaines comme une source d'oppression, par d'autres comme une source de libération, le déterminisme biologique (et le *maternal thinking* pur et pacifique qu'il sous-tend) constitue sans contredit l'un des fondements de l'établissement d'un Féminin différent du Masculin. À l'encontre du courant essentialiste, la position féministe dite constructiviste qui se situe elle-même dans le prolongement de la pensée beauvoirienne pose le Féminin comme un produit social : « On ne naît pas femme, on le devient. » Dans cette optique, il s'agit de concevoir la femme et l'homme comme des individus biologiquement différents, ce qui les conduit à adopter des comportements distincts dans les sphères de la société, bref à mener une existence différente au sein d'une culture où le Sujet est le plus souvent reconnu comme masculin. Suivant ce raisonnement, l'Autre est féminin, donc, la femme, une marginale existentielle.

Or, les féministes davantage orientées vers le déplacement de la dichotomie nature/culture font écho à une pensée poststructuraliste qui, à l'instar de Lacan et de Foucault, soutiennent qu'il n'y a pas d'essence féminine mais des identités acquises et construites dans les discours : « C'est toujours sur un fond de déjà commencé que l'homme [la femme] peut penser ce qui vaut pour lui [elle] comme origine [...]. L'origine, c'est beaucoup plus tôt la manière dont l'homme [...] s'articule sur le déjà commencé du travail, de la vie et du langage[8]. » À partir des pratiques symboliques et de leur fonctionnement, les Cixous, Irigaray, Kristeva interrogent les présupposés épistémologiques du dualisme nature/culture bien que la théorie du féminin qu'elles tentent de constituer comporte des relents essentialistes. Pensons au concept de la différence sexuelle élaborée par Irigaray, puis à l'opposition sémiotique/symbolique qui se pose dans l'œuvre de Kristeva comme une tentative de formalisation du sujet comme être de langage. Il n'en demeure pas moins que les auteures tentent, dans bon nombre de leurs travaux, de créer un langage susceptible de déstabiliser le discours masculin à partir d'une conception des différences sexuelles qui ne sont ni oppositionnelles, ni hiérarchiques. Bref, il s'agit de récuser les systèmes de représentations où se cristallise, par exemple, l'association d'un état pathologique à un sexe donné — telle l'hystérie considérée dans les discours psychanalytiques traditionnels comme une maladie féminine —, et ce, afin d'introduire les signes d'un sujet féminin dans les registres symboliques.

Toujours est-il qu'un féminisme alimenté par les perspectives dialogiques et plurielles du poststructuralisme peut générer une écriture sur la sexualité et les femmes, écriture qui pourrait instituer une pluralité contaminante dans le discours symbolique alors que le sexe ne prescrirait plus le genre ou vice versa. C'est sous cet angle, celui de la construction dans un discours lui-même historiquement variable, que j'aimerais aborder dans la présente étude la question de la représentation d'un féminin transgressif. De fait, il s'agit de démontrer que la transgression du patriarcat par des protagonistes féminines s'accomplit dans le texte hébertien suivant un « savoir charnel » qui pose la limite entre la nature et la culture comme un vecteur de l'expérience.

Divisé en trois parties qui regroupent au total moins de cent pages, *Aurélien, Clara, Mademoiselle et le Lieutenant anglais* est un bref récit aux accents oniriques qui relate les années d'apprentissage de Clara. Dans le contexte des années 30 et 40, l'enfant grandit dans la campagne québécoise auprès de son père Aurélien, la mère étant morte à la naissance de Clara. Aussi le décès de l'épouse, vécu comme un coup tragique du destin, génère-t-il brusquement l'isolement de l'homme du reste de la petite communauté, dans la mesure où « [l]es gens du village [sont désormais] tenus à distance au même titre que la révolte et les larmes » (p. 12). Dès les premières pages, la narration hétérodiégétique met en place une structure spatiale significative, alors que la fiction présente un individu qui vient de répudier le domaine du sacré, celui des croyances :

> Une sorte d'illumination sauvage a saisi Aurélien Laroche [...]. Soudain tout a été dévasté en lui, comme un champ d'herbe livré au feu. [...] Ni Christ, ni Église, ni rédemption, ni résurrection de la chair, Aurélien avait perdu la foi ainsi qu'on perd la clé de sa maison et on ne pourra plus rentrer chez soi. (p. 9)

Posée comme irréversible, la transformation qui s'opère chez le personnage éprouvé s'inscrit dans un processus de marginalisation volontaire qui, projeté sur l'enfant, produit un effet de marginalisation existentielle, pour reprendre la typologie de Hans Meyer. En effet, le mode de vie que s'impose Aurélien écarte sa fille de l'itinéraire prescrit implicitement par la morale sociale : « À dix ans, Clara ne savait ni lire ni écrire, et son vocabulaire demeurait aussi restreint que celui d'un enfant de trois ans » (p. 14). Privé de connaissance livresque, l'esprit de l'enfant se façonne à l'image de la nature, laquelle constitue le seul référent déterminant de sa conscience du monde : « Bien avant toute parole humaine, la petite fille sut gazouiller, caqueter, ronronner, roucouler, meugler, aboyer et glapir » (p. 13). Autrement dit, le langage de Clara se construit en première instance sur le modèle de communication propre aux animaux, transcription d'un signifiant sonore qui s'effectue sur un mode mimétique particulier. On peut observer d'ailleurs comment le personnage féminin, dont le langage inarticulé en fait quasi un animal, incarne l'univers du sémiotique kristévien.

Parallèlement, le rapport établi entre le parent et l'enfant institue une structure silence/parole génératrice de marginalisation dans la logique signifiante, alors que la petite fille vit aux côtés d'un incroyant qui privilégie « la vie profonde et noire où les choses ne sont jamais dites et nommées » et qui ignore le « monde bavard et prétentieux » (p. 17). En effet, rares sont les dialogues qui jalonnent le récit, au moment où le père et la fille sont mis en scène. Cependant, l'absence de communication verbale ne signifie pas pour autant dans le cas d'Aurélien une absence d'intérêt, puisque Clara demeure le sel de sa vie (p. 36). Si le cultivateur ne lègue point d'héritage d'ordre culturel à sa fille et l'inclut dans l'espace du Même, il reproduit une figure protectrice et réconfortante, symboliquement associée à la mère, à savoir un Même différent : « De temps en temps, Aurélien reprenait Clara contre sa poitrine, pour la consoler d'être seule et minuscule, égarée au bord d'un champ, au pied d'un sapin » (p. 11-12). Au même titre qu'il a bafoué la religion et sa morale, le père proscrit un ordre patriarcal symboliquement institué dans la mesure où il reproduit sans ambages des gestes reconnus comme maternels : le personnage masculin constitue dans le récit une figure parentale qui a elle-même transgressé le royaume du père céleste. Nul doute que l'attachement de l'homme à son enfant pourrait s'inscrire dans la filiation du *maternal thinking* ; cependant, cette attitude oblique d'un parcours discursif généré par les apriorismes de type essentialiste. Conformément au rôle de la mère qu'il assume tout en n'étant pas une femme, le père dévie des normes d'une culture sexuée où le sexe prescrit le genre, sans pour autant nier l'identitaire de sa fille : le fait qu'Aurélien finisse par accepter de voir l'enfant sauvage fréquenter un lieu autre, soit l'école du village, illustre dans le récit comment une première frontière spatiale est franchie.

Si taciturne et secret soit-il, le père demeure manifestement touché par les propos de Blandine Carmail, la nouvelle institutrice du village, qui métaphorisent les attributs physiques de l'enfant élevés à une dimension sidérale : « Aurélien éprouvait une grande fierté parce que l'institutrice avait reconnu la beauté de Clara et l'avait comparée au soleil et à la lune » (p. 17). Ainsi, le discours intérieur du personnage masculin pris en charge par l'instance narrative exprime non seulement les sentiments bienveillants de l'homme à l'endroit de sa *splendide* fille mais rend compte également de figures spatiales modélisantes : le paysan qui a choisi de « s'emmurer dans sa peine », de vivre en retrait des lieux plus civilisés, de partager avec sa fille unique la paix muette du quotidien, s'avère néanmoins perméable au discours de l'Autre.

Pendant les dix premières années de son existence, Clara n'a reçu d'enseignement que celui de la survie dans un contexte tempéré des dogmes religieux. En vertu de cette dynamique relationnelle, la fillette s'identifie à un milieu ambiant spatialement représenté comme étant sans artifices, certes, mais exempt surtout des marques de la domination et de la peur. Partant, la petite Clara évolue dans un espace qui ne juge ni ne condamne, au bord de la rivière, dans la maison paternelle ; bref, des lieux d'origine en marge des discours où doivent rivaliser la loi et ses interdits. En ce sens, là où le récit hébertien amorce une dialectique spatiale qui interroge les fondements du paradigme oppositionnel nature/culture, c'est au moment où survient dans l'existence de Clara le personnage de Blandine, en poste à l'école du village.

C'est en fait une jeune femme de dix-neuf ans qui devient l'instigatrice du développement du langage et de la pensée de Clara. Enthousiaste et exaltée,

Blandine Carmail exerce sa profession à la manière d'une missionnaire. Il n'est guère étonnant qu'elle incite le solitaire Aurélien à envoyer sa fille à l'école, en lui expliquant que l'« esprit dans [la] tête frisée [de Clara] demeure en friche » (p. 16). Comparée à une forêt sauvage, l'intelligence de l'enfant ne peut que se métamorphoser sous l'influence de Mademoiselle. Incidemment, la métaphore retenue pour signifier le passage de l'inculte au cultivé dans la perspective de l'apprentissage supporte la thématique d'une nature transformée par l'éveil à la culture, au symbolique. Or la présence de l'enseignante, qui éblouit littéralement la petite fille lors de la première rencontre, n'est pas uniquement imputable au fait que la nouvelle venue incarne un inconnu grisant. Curieusement, pourrait-on dire lors d'une première lecture, c'est par le truchement d'un vocabulaire évocateur de passion et de vie que l'instance narrative textualise les pensées de l'enfant subjuguée par sa future enseignante : « À mesure que l'institutrice parlait, chacun de ses mots inconnus et mystérieux se chargeait du même éclat rouge doré, superbe à mourir. Bientôt Clara n'eut plus qu'une idée en tête, apprendre à lire, écrire et compter, rien que pour se trouver toute la journée sous l'influence de cette rousseur rayonnante » (p. 17). Illuminée par une femme dont les sens transpercent le discours, la connaissance communiquée à Clara s'énonce littéralement comme un « corps qui se fait verbe » « alors qu'en classe [Blandine] lance des éclairs fauves » (p. 18). C'est ce qu'exprime Hélène Cixous lorsqu'elle décrit la voix de la féminité, voix qui résonne étrangement comme celle de l'enseignante :

> Écoute parler une femme dans une assemblée [...] : elle ne « parle » pas, elle lance dans l'air son corps tremblant, elle se lâche, elle vole, c'est tout entière qu'elle passe dans sa voix, c'est avec son corps qu'elle soutient vitalement la « logique » de son discours : sa chair dit vrai. Elle s'expose. En vérité, elle matérialise charnellement ce qu'elle pense [...]. Elle *inscrit* ce qu'elle dit, parce qu'elle ne refuse pas à la pulsion sa part indisciplinable et passionnée à la parole[9].

De fait, l'institutrice durant sa courte vie ne se contente point de léguer un savoir scolaire et traditionnel à son élève ; jusqu'à sa mort prématurée, à dix-neuf ans, elle aura révélé un monde imaginaire à Clara, un monde inscrit dans le langage de la poésie et dans la fiction des contes et des fables qui, comme le précise l'instance d'énonciation, étaient la « substance même de cette flamme singulière qui brûlait Mademoiselle » (p. 25). Tout se passe comme si la réalité et la fiction se confondaient dans l'amalgame de connaissances dont la jeune femme est détentrice : c'est d'ailleurs dans un dernier mouvement où Mademoiselle enseigne la flûte à Clara que l'harmonisation d'une voix passionnée à une autre, angélique, traduit le mieux la mise au diapason de l'indisciplinable et du disciplinable : « Peu à peu, ses doigts glacés se sont dégourdis, son souffle rauque s'est adouci, est devenu pur et limpide, pareil à une voix d'ange s'échappant de la flûte enchantée » (p. 26). Le discours qui renvoie alors à des signifiés articulant un savoir éthéré, quasi immatériel, communiqué par un être de passion, thématise l'apprentissage de Clara comme une connaissance qui n'est jamais lourde à porter. Force est de reconnaître que Mademoiselle ne fait point figure d'autorité aux yeux de l'enfant ; tout au contraire, l'institutrice use de sa compétence et de son savoir afin de permettre à la jeune paysanne de devenir un jour son égale. Par conséquent, le rapport établi entre les protagonistes féminines engage le récit dans une dynamique décrite par Luce Irigaray comme une « généalogie féminine », dans la mesure où se développe « un ordre culturel féminin qui se transmet de mères à filles[10] ». De façon exemplaire, l'institutrice en tant qu'être de culture se pose comme une figure maternelle dans le devenir féminin de Clara Laroche.

S'il est question de séparation dans la diégèse lorsqu'est relaté le décès de la jeune femme, la mélodie funèbre improvisée par Clara, elle-même en retrait de l'espace du rituel où se déroulent les obsèques, réalise une union fondée non pas sur le pouvoir des mots aux signifiés figés mais sur des objets transmis de la jeune femme à la fillette : « Il n'y eut plus alors qu'un seul deuil, célébré par un son de flûte, celui du père et de la fille » (p. 29). À la perte d'une épouse se juxtapose alors dans la syntagmatique interne la perte d'une amie : sur un plan narratif, les segments discursifs correspondent à la mort d'un même actant dans le récit, la mère. Quelle avenue empruntera Clara, elle-même à la croisée du sémiotique et du symbolique ? Paradoxalement, c'est sous le signe de la vie que s'accomplit l'apprentissage de la mort de Mademoiselle : après la disparition de l'être cher, « [Clara improvise] des musiques étranges et stridentes qui déchir[ent] l'air autour d'elle » (p. 36). Pareille dissolution de l'histoire dans le discours est corroborée dans le déroulement du récit, alors que la soif de vie et d'amour déjà en germe chez une enfant aux mœurs rustiques cherche à être assouvie.

Or, du désir à la transgression, il n'y a qu'un pas dans le royaume du symbolique. Territorialisée par un ici domestique monocorde et homogénéisant, Clara demeure fortement influencée par l'enseignement de son aînée, cinq ans après sa mort. Il n'est guère étonnant que l'adolescente se laisse séduire par l'ailleurs lorsqu'elle s'aventure dans la forêt, un ailleurs où elle fera la rencontre inopinée du Lieutenant anglais. Aussi l'héroïne viole-t-elle d'emblée la frontière spatiale qui sépare le connu cultivé du non connu inculte ; puis, sur le plan moral, la transgression consiste, bien sûr, en une trahison du père, alors que Clara s'éloigne de la maison familiale et se désintéresse des bêtes et des champs qui l'entourent. Bien entendu, la conscience à l'« inquiétante étrangeté » s'accompagne d'une transformation irréversible dans le rapport père-fille. Dans les registres de l'énonciation, il importe de noter que la parole vient rompre le silence des lieux depuis longtemps instauré et se constitue comme un instrument pour percer le mystère de l'altérité et en réprimer l'actualisation. Aurélien fait ainsi usage d'un langage inquisiteur lorsqu'il interpelle exceptionnellement sa fille : « À quoi penses-tu ? » (p. 66). Dépourvu, il va jusqu'à la réprimander à son retour à la maison, tandis qu'elle vient de quitter son prince déchu. Mais le « Comme tu rentres tard ! » réprobateur du discours mimétique restera sans réponse (p. 85). « C'est alors qu'il a vu surgir [...] sur le visage muet de sa fille, quelque chose d'ardent et de consumé à la fois qui lui a été intolérable » (p. 85). Dans le contexte d'une étude de la transgression qui ne peut souscrire entièrement aux principes établis par la loi du père, le mutisme de l'adolescente demeure évocateur d'une dialectique du désir et des interdits moraux qui lui sont sous-jacents : consciente de sa trahison mais abrogeant la culpabilité, Clara fait en quelque sorte abstraction de la sanction présente dans les remarques paternelles. Ainsi, la transgression générée par la transmission d'un ordre culturel féminin réside dans le vocabulaire retenu pour décrire les personnages féminins : la Clara « ardente et consumée » qui a soi-disant trahi le père fait écho à une Blandine elle-même « brûlée par une flamme singulière ». Images de passion, images convergeant à l'unisson vers un désir féminin.

À l'aube de ses quinze ans, Clara est, en effet, habitée de désir et ne peut résister à l'appel de l'ailleurs incarné par un homme d'une langue et d'une culture différentes. En fait, les deuxième et troisième parties du récit pourraient revêtir l'aspect d'une déconstruction de la *Belle au bois dormant*, dont les premiers fragments s'intertextualisent de la sorte dans le récit hébertien : « [E]lle le voit, lui, l'homme endormi sur une chaise de toile. Elle prend tout son temps pour le regarder, alors qu'il est encore sans regard sur elle, abruti de chaleur, un livre ouvert sur les genoux, la face aveugle, offert au soleil » (p. 44). C'est d'emblée sous la figure d'un enfant abandonné au fond des bois que se livre l'autre sexué à l'adolescente. À l'instar du conte de Perrault, le sommeil a été provoqué par l'action d'individus en courroux. Il ne s'agit pas, dans le cas du militaire, d'un sort jeté par une méchante fée mais du spectre des parents « qui s'avancent débordant d'énergie féroce et d'odeur chevaline » (p. 55). Passé et présent se chevauchent au sein de la trame temporelle dans la mesure où l'homme de trente ans est obsédé par une enfance culpabilisante et les figures autoritaires qui la dominent : « [...] à jamais lâché dans ses veines, malgré l'espace et le temps, un enfant d'origine britannique tente de cacher son visage effrayé, sous les regards réprobateurs des autorités » (p. 55).

C'est la mémoire de l'homme désigné vraisemblablement comme lecteur qui modélise la structure temporelle où la réalité et la fiction se fondent au cœur de réminiscences évoquant un enfant « [n]é sous la peur, grandi sous la honte de la peur, comme sous une louve nourricière, énorme et meurtrière » (p. 56). En ce sens, un fragment puisé dans l'œuvre d'un poète obsédé lui aussi par la thématique de l'enfance ponctue la réflexion du soldat en quête d'une identité dont on l'a privé ; le passage retenu demeure en effet révélateur de la prégnance d'une structure symbolique ancrée dans le culte de la virilité et de la terreur : « John-Christopher Simmons pourrait se croire sans enfance du tout, ni aucune malédiction originelle, alors qu'une phrase de Rilke l'obsède et revient sans cesse, l'assure que "lorsqu'il était encore enfant ils le frappèrent au visage et lui dirent qu'il était lâche" [*sic*] » (p. 88). Depuis une Angleterre où se multiplient les bombardements, se réverbère une enfance marquée par la honte et la culpabilité, enfance qui se distingue radicalement de celle de la jeune Canadienne française pour qui s'est substitué à la morale familiale et religieuse un enseignement fondé sur la filiation du féminin dans une campagne sans histoire.

Tandis que la princesse de la *Belle au bois dormant* est heureuse de s'éveiller, John-Christopher Simmons, surpris par Clara, reprend difficilement contact avec le monde extérieur. Pourtant, il ne s'agit pas ici d'une simple inversion des rôles, puisque les pôles du sujet et de l'objet homologués à l'axiologie de l'innocence et de la culpabilité sont en continuelle tension dans le récit. Dans cette optique, signalons les passages où l'héroïne, qui rêve d'épouser un parfait étranger, reconnaît elle-même la tournure farfelue de ses pensées : « Elle aimerait bien rester avec lui dans sa cabane [...]. Et elle rit parce que son idée est extravagante et l'emplit de joie. Le Lieutenant ne connaîtra pas le rêve de Clara, pas plus qu'elle ne connaîtra le sien » (p. 83). Tout se passe comme si « rien [n'était] négatif dans la transgression », aux yeux de la protagoniste. En vertu de l'énoncé proleptique où est formulé l'illimité[11], la narration à la troisième personne préfigure la fin de l'histoire qui ne se termine pas avec l'épilogue : « Ils se marièrent et eurent beaucoup d'enfants. » Bien que le prince regarde amoureusement sa douce dans l'hypotexte, l'innocente Clara se fait une instance voyante critique alors qu'« elle porte sur [le soldat] un jugement sévère » (p. 45). Exilé au Canada parce qu'il est incapable de s'adapter à la guerre, pour ne pas dire qu'il est hystérique, l'homme a déserté à nouveau son camp militaire pour s'isoler dans la forêt. En fuite donc, l'étranger se dérobe constamment au regard de l'autre qui le juge, pense-t-il, à la manière des parents jadis : « Il ne supporte pas les yeux de Clara trop grand ouverts [...]. Il lui dit de fermer les yeux » (p. 79).

L'activité intense de focalisation dont rend compte la narration dans les scènes qui réunissent le personnage et son futur amant va de pair avec la conscience du monde et, par là, de l'altérité dont témoigne le passage suivant : « Clara en était venue à confondre le propre battement de sa vie avec la pulsation de la rivière. Et voici qu'elle s'étonne de sa confusion et de son tumulte intérieurs, reflétés en tourbillons dans la rivière en crue » (p. 65). D'une adéquation limpide au registre de la nature, voilà que la jeune fille passe au domaine des eaux troubles symptomatiques d'une mise en rapport avec l'autre sexué. Avec l'entrée en scène du soldat britannique succède à l'ordre de la nature, mis en relief durant l'enfance de la petite, le désordre associé à l'Europe où sévit la guerre, d'une part, et la déroute de l'adolescente aux prises avec des émotions nouvelles, d'autre part. Néanmoins, Clara Laroche assume pleinement le désir qui l'envahit, alors qu'elle vit son projet d'union sans succomber à la honte et au remords : « Elle est venue pour se marier avec le Lieutenant et rien ni personne ne pourra empêcher que cela se fasse » (p. 79).

À l'encontre de l'héroïne de Perreault, la jeune paysanne bien éveillée, elle, qui n'a pas évolué dans un monde de princes charmants et de châteaux, s'actualise comme un sujet désirant et réfléchissant au fil des récits de paroles et de pensées : « Je le ferai. Je le ferai. Je serai la femme du Lieutenant anglais » (p. 68), et surtout, au sein d'un discours intérieur autoreprésentatif où est reproduit un désir autonome comme une espèce de coup de cœur raisonné : « Elle pense très fort, comme si elle écrivait soigneusement dans un cahier d'écolière. Je m'appelle Clara Laroche. [...] Je pèse environ cent livres. [...] Je grandis à vue d'œil, je suis noire comme une corneille [...]. Je crois que je suis tombée en amour avec le Lieutenant anglais » (p. 65-66). Ainsi, l'adolescente imagine une pratique scripturale qui révèle une dynamique de l'identité et de l'altérité : ses pensées prennent la forme de mots matérialisés dans un cahier scolaire par lequel Clara s'énonce dans et par l'autre selon les jeux de la surformalisation du signifiant. Au lieu de se représenter à partir d'images et de symboles détachés de son expérience, la « future mariée » s'autoreprésente à partir de souvenirs lui rappelant la seule femme qu'elle ait connue et aimée, ce qui, par le fait même, inscrit l'héroïne dans une filiation féminine.

C'est donc instruite d'une subjectivité féminine que Clara s'introduit dans l'univers symbolique de la représentation où domine une culture sexuée. Toutefois, le sujet féminin déjà marginalisé ne se construit pas exclusivement à partir du modèle patriarcal, modèle, rappelons-le, dont on l'a tenu à l'écart, mais s'actualise comme un *Je* susceptible de s'autoreprésenter suivant les signes d'un féminin déjà transmis. Ayant revêtu les habits que lui avait légués la jeune institutrice pour aller rejoindre son « amoureux » dans les bois, la petite instaure une démarche transgressive au sein de laquelle le désir est compatible avec les interdits moraux. De fait, c'est la notion de pureté qui trouve un sens autre dans le parcours identitaire de Clara, dans la mesure où la « pureté ne signifie pas une virginité défensive ni pudibonde [...] elle ne signifie pas non plus une allégeance à la culture patriarcale et à sa définition de la virginité comme valeur d'échange entre hommes, elle a comme sens la fidélité de la femme à son identité et à sa généalogie féminines[12] ». Si l'adolescente chaste et pure, vêtue des oripeaux d'une jeune femme belle et intelligente, entreprend de séduire un homme ayant deux fois son âge, son insertion dans le rituel de la séduction dérive d'une logique fondée sur la possession et la domination : « [E]lle est restée un long moment indécise devant les robes de Mademoiselle pendues au mur [...]. Clara a fini par se décider pour la plus belle, jupe et corsage d'un rouge un peu fané, avec des sursauts de couleur au creux des plis. Elle a étendu cette robe sur une chaise, posé par terre, à côté de la chaise, les souliers vernis à talons hauts » (p. 68).

Évidemment, la séduction suppose l'apprentissage de signes particuliers, comme l'indique Baudrillard : « La séduction est toujours celle du mal. Ou celle du monde. C'est l'*artifice* du monde [...]. Or la séduction n'est jamais de l'ordre de la nature, mais de celui de l'artifice — jamais de l'ordre de l'énergie, mais de celui du signe et du rituel[13]. » Ainsi, le Lieutenant, s'il consent à jouer le rôle du séduit (il est pédophile), n'a que faire du déguisement de Clara qu'il perçoit d'ailleurs comme l'avènement du mal : « Il ne sait par où commencer pour la débarrasser de tout cela et que vienne devant lui l'enfance nue » (p. 79). Dépourvue d'une rhétorique de la séduction qui consisterait à modifier la distance entre le même et l'autre[14], l'adolescente ne peut exhiber que les atours hérités de l'institutrice pour faire face à l'homme qui, lui, s'apprête à la posséder : « Elle n'a pas dit une parole. [...] [Elle] l'appelle à bouche fermée » (p. 81-82). Toujours à l'image de la nature qui constitue son unique référent, Clara, en route vers la cabane du militaire, « implore un dieu qu'elle ne connaît pas, [...] prie tout bas pour que le Lieutenant ne la prenne pas comme un chat prend une chatte en lui enfonçant ses crocs dans la nuque, pour la maintenir sous lui, tandis qu'il la déchire » (p. 78). Tout compte fait, c'est un discours intérieur s'accordant davantage avec un désir féminin qu'avec des interdits masculins qui se pose comme le prélude à la séduction dans le récit hébertien. C'est parce qu'elle n'obéit ni au bien ni au mal que la sauvage et naturelle Clara peut s'immiscer dans la culture patriarcale et en transgresser le sacro-saint interdit.

À la lumière de cette analyse, nous pensons que les figures de la transgression, mises en place dans *Aurélien, Clara, Mademoiselle et le Lieutenant anglais* par le biais des personnages féminins, participent d'une déconstruction d'un système de représentations fondées sur un modèle à proprement parler masculin. Il s'agit, plus précisément, de représentations dont une variété de schèmes sont déplacés vers un univers féminin au sein duquel la structure bipolaire nature/culture est déstabilisée par un discours du corps autoreprésentatif. Ainsi, le texte hébertien articule la transgression comme un phénomène qui « n'oppose rien à rien » et « ne cherche pas à ébranler la solidité des fondements[15] ». Tout au contraire, le récit reconstitue dans un espace pluriel et dialogique la démarche d'un sujet féminin conscient de ses pulsions et des limites désacralisées de l'existence.

Or, cette subjectivité féminine passe par le développement d'une généalogie au féminin, grâce à laquelle une adolescente assume son être à partir de sa propre expérience ; autrement dit, une expérience de la transgression qui trouve son sens dans l'apprentissage du savoir charnel, celui qui se rapporte au corps comme l'énonce bien Foucault. Considérons la fin ouverte du texte, qui présente la paysanne endormie à la suite de son incartade dans la forêt. Le lectorat peut aisément supposer que le sommeil de Clara Laroche ne sera point interrompu par l'arrivée d'un prince charmant, à l'exemple de l'intrigue notoire. Faut-il le rappeler, la jeune fille *sait* dorénavant que celui pour qui son cœur a vibré dans son propre conte de fées demeure un être qui ne supporte pas le regard de l'autre, ce qui signifie tant la proximité que l'éloignement dans le cas d'une union charnelle éphémère. En ce sens, les histoires que Mademoiselle a pu lui raconter deviennent pour l'héroïne un levier mnésique susceptible de rendre compte de la transgression comme l'*illimité* dans la *limite* de l'expérience, dans le contexte de la sexualité.

Comme j'ai tenté de le démontrer, la transgression et la profanation s'actualisent désormais dans la production hébertienne suivant le postulat nietzschéen de la modernité, à savoir la mort de Dieu. Avec *Aurélien, Clara, Mademoiselle et le Lieutenant anglais*, Anne Hébert introduit vraisemblablement au sein de son imaginaire des composantes nouvelles, dans la mesure où la notion du sacré y est réinterprétée avec brio.

BIBLIOGRAPHIE

Baudrillard, Jean, *De la séduction*, Paris, Galilée, 1979, 248 p.

_____, *L'Autre par lui-même. Habilitation*, Paris, Galilée, 1987, 90 p.

Chawaf, Chantal, *Le Corps et le verbe: la langue en sens inverse*, Paris, Presses de la Renaissance, 1992, 294 p.

Cixous, Hélène et Catherine Clément, *La Jeune Née*, Paris, Union générale d'éditions, 1975, 296 p.

Foucault, Michel, *Les Mots et les Choses. Une archéologie des sciences humaines*, Paris, Gallimard, 1966, 400 p.

_____, « Préface à la transgression », *Critique*, n°ˢ 195-196, 1963, p. 751-769.

Hébert, Anne, *Aurélien, Clara, Mademoiselle et le Lieutenant anglais*, Paris, Seuil, 1995, 90 p.

_____, *L'Enfant chargé de songes*, Paris, Seuil, 1992, 159 p.

_____, *Le Premier Jardin*, Paris, Seuil, 1988, 189 p.

_____, *Les Fous de Bassan*, Paris, Seuil, 1982, 249 p.

_____, *Héloïse*, Paris, Seuil, 1980, 124 p.

_____, *Les Enfants du sabbat*, Paris, Seuil, 1975, 186 p.

_____, *Kamouraska*, Paris, Seuil, 1971, 250 p.

_____, *Les Chambres de bois*, Paris, Seuil, 1958, 190 p.

Hekman, Susan J., *Gender and Knowledge. Elements of a Postmodern Feminism*, Boston, Northeastern Press, 1992, 212 p.

Irigaray, Luce, *Je, tu, nous. Pour une culture de la différence*, Paris, Grasset, 1990, 162 p.

Meyer, Hans, *Les Marginaux. Femmes, Juifs et homosexuels dans la littérature européenne*, traduit de l'allemand par Laurent Muhleisen *et al.*, Paris, Albin Michel, 1995, [1974], 535 p.

Meyer, Michel, *Questions de rhétorique. Langage, raison et séduction*, Paris, Librairie générale française, 1993, 153 p.

Paterson, Janet M., *Anne Hébert. Architexture romanesque*, Ottawa, Éditions de l'Université d'Ottawa, 1985, 192 p.

Scarpetta, Guy, *L'Impureté*, Paris, Grasset, 1986.

NOTES

1. Janet Paterson établit pour sa part une typologie du réel, de l'onirisme et de l'irréel pour décrire l'œuvre hébertienne. Voir *Anne Hébert. Architexture romanesque*, Ottawa, Presses de l'Université d'Ottawa, 1985.
2. Jean Baudrillard, *L'Autre par lui-même. Habilitation*, Paris, Galilée, 1987, p. 70.
3. Michel Foucault, « Préface à la transgression », *Critique*, n°ˢ 195-196, 1963, p. 752 et 754.

4. Anne Hébert, *Aurélien, Clara, Mademoiselle et le Lieutenant anglais*, Paris, Seuil, 1995. La pagination entre parenthèses dans le texte renvoie à la présente édition.
5. Hans Meyer, *Les Marginaux. Femmes, Juifs et homosexuels dans la littérature européenne*, traduit de l'allemand par Laurent Muhleisen *et al.*, Paris, Albin Michel, 1995 [1974], 535 p.
6. *Ibid.*, p. 15.

7. Nous nous référons au concept d'impureté développé par Guy Scarpetta. Il s'agit pour l'auteur d'« une sorte de confrontation, de décloisonnement, de contamination des arts les uns par les autres ». Voir *L'Impureté*, Paris, Grasset, 1986, p. 380.

8. Michel Foucault, *Les Mots et les Choses. Une archéologie des sciences humaines*, Paris, Gallimard, 1966, p. 341.

9. Hélène Cixous et Catherine Clément, *La Jeune Née*, Paris, Union générale d'éditions, 1975, p. 170-171.

10. Luce Irigaray, *Je, tu, nous. Pour une culture de la différence*, Paris, Grasset, 1990, p. 19.

11. C'est effectivement dans ce sens qu'abonde Foucault lorsqu'il prétend que la transgression «affirme l'être limité, elle affirme cet illimité dans lequel elle bondit en l'ouvrant pour la première fois à l'existence» (Michel Foucault, «Préface à la transgression», *loc. cit.*, p. 756).

12. L. Irigaray, *Je, tu, nous, op. cit.*, p. 21.

13. Jean Baudrillard, *De la séduction*, Paris, Galilée, 1979, p. 9-10.

14. Selon Michel Meyer, «la rhétorique est cet espace où l'identité devient différence et la différence identité dans un jeu subtil de proximités et d'éloignements» (*Questions de rhétorique. Langage, raison et séduction*, Paris, Librairie générale française, 1993, p. 125).

15. M. Foucault, «Préface...», *loc. cit.*, p. 756.

UNE ÉCRITURE FÉMININE AU TEMPS DES LUMIÈRES : LA CORRESPONDANCE DE JEANNE-CHARLOTTE ALLAMAND-BERCZY[1]

Julie Roy
Université du Québec à Montréal

Au Québec, l'histoire littéraire traditionnelle commence officiellement avec la parution, en 1837, du roman *L'Influence d'un livre* de Philippe-Ignace-François Aubert de Gaspé. Pour l'époque précédente, seuls quelques textes publiés dans les journaux ou certains ouvrages épars, nommés au tournant d'une anecdote historique, constituent l'essentiel des traces d'une vie littéraire bas-canadienne retenues par les historiens de la littérature[2]. Du côté de la production féminine, ce n'est qu'en 1881 que Laure Conan ouvre la voie aux écrivaines avec son roman *Angéline de Montbrun*. Avant cette date, il faut remonter à l'époque de la Nouvelle-France pour voir s'inscrire quelques noms de religieuses ou une épistolière de la trempe d'Élisabeth Bégon. Entre les *Lettres au cher fils*, écrites de 1748 à 1752, et le premier roman féminin paru à la fin du XIXe siècle, aucune femme n'a mérité la consécration des historiens de la littérature québécoise. Selon certaines analyses, les femmes de l'après-Conquête se seraient consacrées à la lecture, une activité littéraire passive qui convenait mieux à la nature féminine[3]. On convoque pour principal argument les nombreuses polémiques qui sont apparues dans les journaux de l'époque concernant les effets néfastes des romans sur les mœurs des jeunes filles.

Bien que cette donnée nous apparaisse intéressante, les femmes de l'après-Conquête, contrairement aux idées reçues, ont bel et bien manié la plume. Nos recherches dans les archives nous ont permis de découvrir de nombreuses correspondances privées, des lettres d'affaires, des pétitions, des lettres aux journaux (de circonstance ou carrément polémiques), des poèmes, des chansons et même quelques récits. Si la plupart de ces scriptrices se contentèrent de faire circuler leurs textes dans leur entourage immédiat et si seulement quelques-unes s'inscrivirent dans la sphère publique en émergence que proposaient le périodique et l'imprimerie, les femmes du tournant du XIXe siècle ne semblent pas moins familières avec la chose écrite, et il s'avère qu'elles connaissaient bien les discours qui circulaient à l'époque.

Pour les historiens, ces écrits constituent des documents auxiliaires ; comme suppléments biographiques ou comme documents propres à reconstituer l'histoire du tournant du XIXe siècle. Pour nous, bien que ces éléments fassent intrinsèquement partie de la lecture de ces correspondances, il s'agit plutôt de voir comment l'écriture féminine s'inscrit dans des formations discursives propres à la période de l'après-Conquête, dans la texture idéologique de l'époque, et comment ces femmes s'insèrent, en tant que sujet féminin, dans ces discours. La correspondance de Jeanne-Charlotte Allamand-Berczy que nous présentons ici apparaît comme une voix, une écriture, dans le champ hétérogène des écrits féminins de l'après-Conquête au Québec[4]. Elle n'en est pas moins représentative des stratégies qu'ont utilisées les femmes pour faire entendre leurs voix et leur(s) féminité(s) à une époque où la littérature est encore celle de l'autre : celle importée d'Europe et celle des hommes.

Le parcours de l'épistolière[5]

Jeanne-Charlotte Allamand est née le 16 avril 1760 à Lausanne en Suisse. En 1780, alors qu'elle était pensionnaire à Berne chez Mlle Marguerite Grüner, propriétaire d'une boutique de mode, elle fit la connaissance de William von Moll Berczy qui allait devenir son mari cinq ans plus tard. Peintre et miniaturiste de profession, il était venu tenter de faire fortune dans cette ville. Il enseigna le dessin et la peinture à Charlotte Allamand, enseignement qu'il poursuivit par correspondance lors d'un séjour en Italie. Après leur mariage, le couple habita Berne et Genève où William Berczy exerça ses talents de peintre et s'occupa de commerce d'œuvres d'art. Les affaires étant moins prospères dans cette région de l'Europe, ils s'installèrent à Florence en 1787 où Berczy avait de nombreux clients et amis, notamment à la cour du duc de Toscane. Ils eurent également l'honneur d'accueillir dans leur maison le célèbre Johann Wolfgang von Goethe, auteur des *Souffrances du jeune Werther*, qui avait entrepris à cette époque un voyage en Italie[6]. Au début de 1790, le couple poursuivit son périple vers la capitale anglaise où William Berczy allait exercer le métier de peintre et de marchand d'art. Les deux époux présentèrent leurs œuvres à l'exposition annuelle de la Royal Academy of Arts de Londres. On pouvait y voir exposés, selon le dictionnaire de l'Académie, un portrait d'artiste non identifié, réalisé par William Berczy, et deux intérieurs de cuisine de la campagne toscane, peints par Charlotte Allamand-Berczy[7].

Sentant une occasion unique de faire fortune, William Berczy et sa femme s'improvisèrent agents de colonisation pour le compte du gouvernement anglais. Ils regroupèrent une centaine de colons allemands qu'ils guidèrent jusqu'en Amérique. La famille Berczy (leur fils William Bent était né à Londres en janvier 1791) s'embarqua à bord du *Frau Catharina* le 2 mai 1792 et débarqua à Philadelphie le 25 juillet suivant. Charlotte Berczy, avec l'aide du ministre luthérien qui les accompagnait, fut chargée de la responsabilité des immigrants. Elle organisa le départ des colons à l'insu du représentant de la Genesee Association. Le groupe traversa à Newark (Niagara-on-the-Lake) en juin 1794 et échoua finalement, en octobre, à York que nous connaissons aujourd'hui sous le nom de Toronto. Les affaires ne furent pas aussi brillantes qu'escomptées au départ et après quatre ans de vie rude et précaire, William Berczy installa sa femme et leurs deux enfants (un second fils, Charles Albert, était né à Niagara en août 1794) à Montréal à la fin de 1798.

Sur les quinze années qui suivirent l'installation de Charlotte Allamand-Berczy à Montréal, les deux époux ne vécurent que sept ans ensemble, d'où l'importante correspondance qu'ils ont échangée. William Berczy était alors occupé à parcourir le Haut et le Bas-Canada, effectuant même un détour par l'Angleterre, afin de régler les problèmes financiers occasionnés par l'entreprise de colonisation et reconquérir le domaine artistique qu'il avait délaissé en s'installant en Amérique[8]. Pendant l'absence de son mari, Charlotte Berczy était chargée, à distance, de la responsabilité des colons par l'intermédiaire de représentants. Malheureusement, seulement seize des lettres écrites par Charlotte Berczy semblent avoir été conservées. Une seule date de 1793, époque pendant laquelle elle s'occupait activement des colons. Le reste de sa correspondance s'échelonne de 1798 à 1812. On y dénombre neuf lettres envoyées à son mari et six à son fils William qui avait entrepris de suivre son père dans certaines de ses expéditions. Il s'agit donc d'une correspondance familière au sens strict du terme.

Écrire une lettre

Depuis le XVIIe siècle, la lettre s'est développée, transformée, passant d'une pratique rhétorique associée aux belles-lettres à une pratique mondaine fortement codifiée et très socialisée. Cette nécessité du jeu social apparaît dans les nombreux manuels et traités épistolaires parus au cours de la période faste du genre. On le voit particulièrement par la codification des différents types de lettres et les précisions données quant aux formules de politesse à employer selon le statut social de celui ou de celle à qui est destinée la missive. À cet égard, la dialectique que pose la relation des deux interlocuteurs demeure l'enjeu fondamental de l'écriture de la lettre. Comme l'a remarqué Georges Gusdorf :

> Le sujet s'énonce et s'annonce sur le mode du pour autrui, en relation avec un Tu ou un Vous. La présence de l'autre auquel les écritures sont dédiées, introduit une disposition existentielle différente ; il s'agit de solliciter l'attention, de capter la bienveillance d'une autre personne, dont la présence absente irradie tout le champ de la parole. [...] La correspondance s'inscrit dans une relation de réciprocité, elle anticipe sur le choc en retour exercé par la personnalité du destinataire[9].

Paradoxalement, on sait que celui à qui l'épistolier se confie est toujours absent. Cette absence nécessite, de sa part, une mise en scène de sa propre image et de celle de son destinataire pour faire émerger le simulacre de la conversation. Celui ou celle qui prend la plume choisit les événements à raconter ou à ne pas raconter, le ton, les aspects de sa personnalité à dévoiler. Les deux acteurs de la lettre mis en scène par l'écriture sont des constructions qui se situent à mi-chemin entre le réel et l'imaginaire. L'épistolier construit un masque au fil des mots et des fragments que constitue chaque lettre. La connaissance de l'autre et de ses attentes est l'un des principaux points d'appui de cette reconstruction, tandis que l'idéologie entourant l'art de rédiger une lettre détermine les critères stylistiques de l'écriture. Une correspondance est, à ce titre, le reflet troué de la réalité extratextuelle. Contrairement à l'idée que nous nous faisons de la lettre en tant qu'écriture transparente, seul le contrat de lecture né de la relation préalable des deux interlocuteurs atteste de l'effet de réel du propos et rassure le destinataire du reflet fidèle de l'existence mise en scène.

Cette reconstruction a été théorisée par Janet Gurkin Altman dans son ouvrage *Epistolarity. Approaches to a Form*[10]. En s'inspirant des concepts de Roman Jakobson, Altman a défini deux types de reconstructions qui fonctionnent en interaction. Il s'agit de l'aspect métaphorique qui fait de la relation épistolaire le substitut de la communication directe en la recréant sur le papier et de l'aspect métonymique qui prend l'objet matériel qu'est la lettre comme représentant symbolique de l'épistolier ou de son destinataire.

William Berczy souligne ce premier élément à sa femme dans une lettre qu'il lui adresse le 25 avril 1798, lorsqu'il fait un arrêt dans la ville de Gananoque : « Quelle heureuse invention que c'est que l'art de communiquer si parfaitement Ses Idées par l'écriture. Le plaisir de savoir que ceux que nous cherisons peuvent lire nos pensées est si consolante qu'elle nous dédomage en grande partie pour le Chagrin de devoir en être Séparé[11]. » Mais pour Charlotte Berczy, en plus de soutenir cette fonction de communication, la lettre, dans sa matérialité, devient elle-même une sorte de double du scripteur, la seule marque tangible de sa « présence absente ». L'attente des réponses devient un des principaux thèmes du discours, et la lettre en tant qu'objet matériel acquiert à cet égard une fonction métonymique de double du mari ou du fils et sert souvent de prétexte à son épanchement. Une missive en date du 28 mai 1800, lorsque William Berczy est emprisonné à Londres, décrit cet aspect de la correspondance. Charlotte lui écrit : « Tu n'ygnore pas que tes précieuses Lettres sont l'unique baume à mes peines en m'instruisant sur la particularité de ton existance de la quelle je n'apprends rien de Satisfaisant, et tout ce qu'on peut me dire ne sauroit compenser un seul mot traçés par ta chere main[12]. » Puis quelques semaines plus tard, elle insiste à nouveau : «... j'attendrai toutes les occasions qui peuvent m'apporter Ses caracteres précieux lesquels étant traces par ta chere main me seront les plus Sur garant de ton existance à la quelle Seule est attachée tout le bonheur de ma vie[13]. » Charlotte Berczy avoue même garder précieusement les lettres de son mari qu'elle relit amoureusement.

La lettre féminine

Si la principale forme d'écriture adoptée par les scriptrices de l'après-Conquête est la lettre, privée ou publique, il faut bien voir que ce médium est l'une des seules formes d'écriture permise aux femmes au tournant du XIXe siècle. On sait que la *doxa* voulait qu'elles ne s'expriment pas sur la place publique. Les femmes débattaient généralement de leurs idées en privé puisque s'immiscer sciemment dans la sphère publique aurait été contraire au code culturel de l'époque. La mauvaise réputation des « femmes savantes » et des « bas-bleus » en rend bien compte[14]. Par ailleurs, alors qu'aujourd'hui le commerce épistolaire apparaît comme un « arrière-lieu[15] » de la littérature, les XVIIe et XVIIIe siècles, avec la multiplication des manuels, traités et plus particulièrement des romans épistolaires, ont fourni aux épistolières des modèles propres à faire de la lettre une pratique codifiée, une œuvre d'écriture, voire un genre à part entière.

Parce que les femmes, de par leur position sociale, sont invitées à écrire à condition qu'elles respectent les frontières de la sphère privée, la lettre apparaît pour elles, par son caractère intime et son authenticité, comme un genre fait sur mesure. Marie-Claire Grassi remarquait que si la femme s'est vu offrir le genre épistolaire comme lieu de consécration unique de son écriture au XVIIIe siècle, c'est parce que « tant qu'elle parle d'elle, de ses sentiments, de ses attentes, de son mal d'être, la femme n'est pas dangereuse. Elle n'empiète sur aucun territoire réservé, elle n'usurpe aucun pouvoir, creusant consciencieusement le sillon qu'on a tracé devant elle[16]. » Le stéréotype de l'épistolière créé dans les romans épistolaires du XVIIIe siècle répond de ce phénomène. Katharine A. Jensen dans son étude « Male Models of Feminine Epistolarity ; Or How to Write like a Woman in Seventeenth Century[17] » explique qu'en donnant des modèles féminins aux femmes, modèles essentiellement composés par des hommes, les auteurs de traités, de manuels et de romans épistolaires consolidaient leur pouvoir sur l'expression féminine. Ces ouvrages, tout en suggérant des modèles, réglementaient la pratique de la lettre. Claudine Herrmann, dans *Les Voleuses de langue*, exprime le jeu de masques qui a longtemps dominé l'expression et l'écriture féminines :

> La femme, toujours qualifiée de « bavarde », a été longtemps muette. Non seulement parce qu'elle n'a jamais eu voix au grand chapitre de la société, mais parce qu'il a toujours été indécent [...] qu'elle s'exprime sur ce qui fait sa particularité. Elle a été ainsi réduite à jouer le rôle d'une actrice qui répète des phrases dont aucune n'a été inventée par elle[18].

Le stéréotype de l'épistolière mis en place créait ainsi les attentes du public lecteur et définissait le discours devant être tenu par les femmes. Fritz Nies, dans un article où il questionne la féminité attribuée au genre épistolaire, décrit assez bien cette figure :

> Le type de la femme correspondante coïncide assez bien avec un concept traditionnel du rôle féminin [...] selon lequel c'est le propre de l'homme de partir à l'aventure, de quitter sa compagne tandis que celle-ci « casanière » et sédentaire, aurait la vocation d'attendre le retour du partenaire, du vague à l'âme, et de s'appliquer à maintenir le contact affectif[19].

Le cas de «Marie-Louise», pseudonyme utilisé par le journaliste Joseph-Guillaume Barthe dans *Le Populaire* en 1837, rend compte de la traversée de cette conception du style féminin jusqu'en terre canadienne. Comme les auteurs de *La Vie littéraire au Québec* l'ont souligné, le portrait de «Marie-Louise» est celui d'«une jeune orpheline esseulée et durement éprouvée par la mort. [...] Dans sa prose, encore plus que dans ses vers, Marie-Louise ne cesse de gémir sur son sort et de se répandre en lamentations[20].» Construction de Joseph-Guillaume Barthe, ce portrait est le même que celui dressé par les romans épistolaires de l'époque. Si le but de Barthe était d'inciter les femmes à écrire dans les périodiques, il le faisait en leur présentant un code spécifique d'intervention calqué sur le stéréotype mis en place dans les romans européens.

Charlotte Allamand-Berczy

Charlotte Berczy joue bel et bien de ce masque convoqué par le discours social. Elle se décrit comme esseulée, supportant la souffrance de l'éloignement que seules les lettres de son «tendre ami» viennent adoucir. Pour prouver son amour à son «cher Berczy» et le convaincre de rentrer au bercail, l'épistolière use de toutes les possibilités stylistiques offertes. Voici un exemple du discours tenu par Charlotte Berczy à son mari resté silencieux depuis un certain temps :

> J'apprens par un paragraphe d'une lettre de Monsieur Gals, que tu me prives de cheres nouvelles par la crainte de trop m'affliger par leur présente nature. Eh, mon Berczy, le plus tendre de tous les hommes, fallut-il pour eviter une blessure à mon cœur, risquer son déchirement total ? Non je n'entreprendrai point à te peindre mes peines, mes angoisses, elles furent telle que la triste découverte que je fis de la cause de ton silence fut un soulagement à ce cœur ulcérés. Je me dit, il existe encore cet Ami si précieux : il vit, il respire pour Sa charlotte. Oui mon bien Aimé, ce fut ma consolation & le baume de ma profonde blessure. L'espoir de te revoir et de te preser contre mon Sein ranima mon esprit défaillant & me soutiens encore dans cette rude epreuve[21].

L'utilisation abondante de phrases exclamatives et interrogatives, technique largement employée par les philosophes et les romanciers du XVIIIe siècle, marque l'implication affective de l'épistolière[22]. Ailleurs, les points de suspension jouent du même désir d'inscrire une certaine émotivité, une sensibilité consacrée par le courant préromantique. La rhétorique du sensible se calque sur celle des romans de l'époque. Le pathos s'inscrit également dans le discours grâce à l'emploi d'un lexique amoureux propre au contexte des Lumières et au préromantisme. La sensibilité, le cœur, les larmes, le désespoir, le plaisir et le bonheur chapeautés par l'idée de Nature caractérisent le discours de Charlotte Berczy. Elle termine sa lettre du 28 mai 1800 :

> Dans ce moment et plus que jamais mon impatience Sur la reception de tes cheres Lettres ne peut Se décrire. Ton Sensible Cœur peut mieux la Sentir et etre encore l'organe des plus tendres Sentiments qui Siegeront jusqu'à la

mort pour toi mon unique Ami dans celui de ta pauvre & bien affligée Charlotte[23].

Par ce ton, elle entretient le côté romanesque de sa relation avec son cher Berczy. Certaines lettres se concentrent uniquement dans cette tournure de l'épouse éplorée par l'absence de son amoureux et l'attente de ses réponses qui tardent à venir.

Bien que ce discours pathétique encadre toute la correspondance, Charlotte Berczy n'emprunte pas toujours ce ton ; elle n'écrit pas toujours avec cette émotivité exacerbée. Si elle est mère et épouse avant tout, son univers ne saurait relever uniquement de ces deux sphères. Dans la majorité de ses lettres, même si tout finit par se rapporter à sa solitude et à l'éloignement de son mari, elle donne également des nouvelles de sa famille, explique ses démarches pour survivre à Montréal (la location d'une maison, l'achat de vivres, etc.), rapporte les nouvelles concernant les activités du gouvernement et de ses dirigeants et donne son avis sur les déboires de son époux ou sur les grands événements politiques de la scène nationale et internationale. Elle écrit par exemple à son mari :

> Monsieur Smith notre Arpenteur géneral est arrivé à Quebec ou il est très malade, et même dans un état à en désesperer. J'en suis fachée pour le public puisqu'il perdra un galant Homme et pour moi singulièrement, m'étant flattée qu'à Son passage ici il m'auroit donné d'emples nouvelles de mon pauvre Berczy[24].

C'est ici que le naturel si prisé à cette époque prend tout son sens. En effet, Charlotte Berczy adopte un ton différent pour chacun de ses types d'interventions. Ce jeu reflète probablement les différents états d'âme de l'épistolière, ses différents centres d'intérêts, mais il semble également qu'il participe d'une stratégie d'écriture bien mûrie. Dans une même lettre, on peut observer, par exemple, un paragraphe où le pathétique de sa situation est vibrant de sincérité, un second paragraphe où la critique se fait acerbe à l'endroit de certaines personnes influentes de son milieu et confine même à la polémique. C'est ainsi qu'elle lui expose ses vues sur la situation des colons :

> La conduite de Liebrich me chagrine & ne m'étonne point ; car par ce qu'il a fait du passé nous pouvions nous attendre a tout de sa part, aussi je t'assure mon bon Ami, que je redoute son voisinage, & n'espère ni douceur, ni repos parmis des gens aussi turbulents & si peu raisonnable que la plus part de tes colons, qui pour tant de bienfais te payent d'ingratitude. [...] Je trouve de plus que York est une gouffre ou il faut perir Si on a pas d'autres revenus que celui des terres qu'on ne peut cultiver soi-même, puisque les prix excessif de la main d'Œuvre, & la difficulté même de se la procurer absorbe de beaucoup le produit : or, en cette place, il n'y a que les gens soudoyer du Gouvernement, les marchands & les méchaniques qui peuvent y Subsister[25].

À d'autres moments, c'est l'humour qui occupe l'intervention. Elle dira avec amusement à son mari : «Son eveque apassé aujourd'huit sous mes fenetres et j'ai pensé que s'il est aussi bon qu'il est beau il pensera à toi pour l'amour de la justice [...]²⁶. »

D'un point de vue strictement formel, l'utilisation à des fins spécifiques des différentes langues connues des deux époux contribue à amplifier l'effet de la pluralité des discours. Sur un fond presque essentiellement français (seulement deux lettres sont entièrement rédigées en anglais) viennent se greffer quelques paragraphes en anglais et en italien. Le langage, dans son aspect formel, devient un moyen de représentation, et même d'autoreprésentation pour l'épistolière. On observe en effet que la langue française, outre le fait qu'il s'agit de la langue véhiculaire de la culture au XVIIIᵉ siècle, est la langue maternelle de Charlotte Berczy et celle de l'intimité familiale. L'anglais, par ailleurs, semble être une langue à fonction purement utilitaire. La première lettre de la correspondance qu'elle envoie à un marchand en 1793 et dans laquelle elle réclame des vivres et des objets de nécessité pour les colons allemands est rédigée en anglais. Dans le même sens, les paragraphes écrits en langue anglaise par William Berczy, à l'intention de Charlotte, sous-entendent toujours la relecture ultérieure par un lecteur anglophone.

L'anglais revêt aussi une fonction didactique chez nos deux interlocuteurs. L'éducation de leurs enfants, qui est l'un des thèmes qui reviennent dans la correspondance, est probablement l'une des causes de ce bilinguisme. Les lettres que Charlotte Berczy envoie à son fils William sont parfois en français, parfois en anglais. William Berczy, lorsqu'il écrit à Charlotte et laisse un petit mot pour son fils, ne manque pas lui aussi de valser entre les deux langues, un paragraphe en français, un paragraphe en anglais, par exemple. William Berczy écrivait à sa femme au sujet de l'apprentissage des langues par ses enfants :

> Je suis bien charmé tapprendre que nos petits garçons font tant de progrès dans la langue françoise, c'est un avantage de plus pour eux de scavoir ancore cette langue. J'espère qu'ils avancent également bien dans l'école. — L'éducation et l'instruction de ces chers enfants est une des choses qui me tiennent le plus au cœur²⁷.

Mis à part le français et l'anglais, l'italien occupe aussi une place significative dans la correspondance. Cette langue semble avoir une fonction tout à fait émotive. Elle est la langue de l'espoir de jours meilleurs et d'un retour prochain de son mari pour l'épouse éplorée. Elle écrit à son mari :

> *Mà tù ben sai e mi disi pin volte « chi vivo speranto vivo cacanto » e'non ostante che io meduino trova ogni giorno molto verilà in questo proverbio, io morelle per soverchio d'affaro se non horeste la speranza di vedere un tempo pin salice per l'amico del mio core²⁸.*

Tout en étant la langue mythique de l'amour, cette technique tend à susciter l'attention, à mettre l'accent sur une partie de la lettre en particulier. L'italien contient également la mémoire d'une période heureuse dans la vie de William et Charlotte Berczy. C'est la langue dans laquelle les deux époux ont vécu les plus longs moments l'un près de l'autre. Greimas définit ce genre de création d'intimité comme la mise en place d'un espace scripturaire clos où « sous le couvert de l'enveloppe qui les protège, en les excluant du monde social : à l'intérieur d'une intersubjectivité ainsi constituée, des subjectivités peuvent s'ouvrir et se reconnaître[29] ». La lettre devient un espace privilégié d'échange, et l'enveloppe cachetée et les jeux d'écriture, au plan symbolique, renferment l'idée du secret, de l'impénétrable univers intime créé par l'épistolier. C'est la connaissance préalable du destinataire, la culture commune qui est mise en scène, qui permet de créer ce genre de complicité.

Cette variété linguistique pose également la question de l'hybridité culturelle. La période de l'après-Conquête est une époque de changements, de bouleversements sociaux, politiques et culturels. En effet, avec l'arrivée massive d'immigrants, particulièrement anglais, mais aussi de toutes nationalités, de nouveaux espaces urbains se construisent. Les habitants sont confrontés aux chocs des langues et des religions et cette reconfiguration de la carte culturelle a contribué à produire une nouvelle conception de l'homme en société pour les Canadiens, une sorte de multiculturalisme avant la lettre[30]. Que l'on pense aux gazettes bilingues qui apparaissent à la fin du XVIIIe siècle et à leur diffusion des textes des philosophes des Lumières ou à l'anglomanie brocardée en 1803 dans la pièce en vers *L'Anglomanie ou le Dîner à l'anglaise* de Joseph Quesnel, les écrits de l'époque sont les meilleurs diffuseurs des mutations sociales qui ont animé cette période. La correspondance de Jeanne-Charlotte Allamand-Berczy est l'une des plus marquées par l'hybridité culturelle qui traverse l'après-Conquête, d'autant plus que cette femme fait elle-même partie des nouveaux arrivants du pays.

L'importation de la culture européenne apparaît grâce aux marques intertextuelles qui parsèment la correspondance entre les deux époux. C'est pourtant au niveau interdiscursif que l'influence européenne agit le plus fortement. Les concepts philosophiques des Lumières s'inscrivent déjà dans les discours qui circulaient à l'époque, même intimes, des Canadiens. Le concept de Nature avec toute la philosophie qui en découla, celle qui fut popularisée par le baron de La Hontan après un séjour au Canada à la fin du XVIIe siècle et qui fit du Sauvage de l'Amérique le mythe de toute une génération de philosophes (de Montesquieu à Voltaire) apparaît de façon récurrente dans la correspondance des Berczy. Cette idée que l'homme est un être naturel, que sa vie est réglée selon les lois qu'a ordonnées la nature et qu'ainsi chaque individu a droit à la liberté et au bonheur, n'est pas étrangère à la nouvelle conception de l'homme et à la philosophie qui fleurissaient alors en Europe. On peut remarquer cette influence européenne dans l'extrait d'une lettre du 5 décembre 1799 de Charlotte Berczy à son mari retenu en Angleterre. Elle lui lance ce cri du cœur :

> Si Sa vive ardeur pouvoit enflamer la tienne & l'animer du même désir bien vite O mon Berczy bien vite tu trouverois des armes contre le mal qui nous Sépare tu ne considéroit pas qu'il y a des obligations qui surpassent *les droits*

de la nature. Non, mon bon Ami, il n'y a pas de justice à le penser ainsi ; et c'est une trop grande délicatesse de ta part, qui sert la cupidité, et nous prive d'un bien réel, qui avec le tems s'enfuit, et emporte les beaux jours de Notre Vie. Or écoute cher Berczy, cette *phylosophie bienfaisante*, dépouillée de Ses dogmes importuns des usages et puérilité du luxe : que nos *gout Simples* et notre *moderation* soyent la base de notre conduite, n'ayons d'embition que pour nous aimer jouyssons d'un *bonheur* qui n'est reservé qu'a un très petit nombre et aprenons à nos Enfans par notre exemple à être vraiment heureux[31].

La raison, rattachée au concept de connaissance propre à ce siècle, marque aussi la façon dont les discours des deux épistoliers décrivent leur univers, particulièrement celui de William Berczy. Il raconte à sa « bonne amie » chaque moment de son expédition, ses traversées, ses rencontres avec les créanciers, ses appréhensions, ses espoirs. Quoiqu'elle semble bien remplir sa fonction de générateur d'intimité en tant que double de la relation, sa correspondance avec sa femme sert aussi à inventorier différentes informations. Lorsqu'il traverse le Haut-Canada, il lui explique :

Comme il y a bien des reflexions qui sont relatif à l'historique et au Phisique de ce païs qui entreront dans ma Correspondance avec ma bonne Charlotte, je te prie de conserver mes Lettres, puisque plusieurs pourronts peutêtre m'être de quelque'utilité en avenir pour me remêtre certain faits qui te les communiqueant je pourois avoir négligé d'inserer dans mon journal de voiage que je continue toujours for regulierement [...][32].

William Berczy, en communiquant des données presque encyclopédiques sur son voyage, souhaite instruire Charlotte de chacune de ces démarches. La distinction qu'il opère entre le « tu » auquel il s'adresse et la formule plus impersonnelle « ma correspondance avec ma bonne Charlotte » marque une certaine démarcation entre la lettre personnelle et le récit de son voyage. Pourtant la diffusion des connaissances, on le sait, fait partie des préoccupations du siècle. On peut se référer ici au peintre Louis David qui, au lendemain de la Révolution française, déclarait :

Chacun de nous est comptable à la patrie des talents qu'il a reçus de la nature ; si la forme est différente, le but doit être le même pour tous. Le vrai patriote doit saisir avec avidité tous les moyens d'éclairer ses concitoyens et de présenter sans cesse à leurs yeux les traits sublimes de l'héroïsme et de la vertu[33].

Charlotte Berczy contribuait elle aussi à cette tendance marquée de son temps. Elle partageait son savoir et ses connaissances avec les gens de sa communauté. Elle a tenu une école privée à Montréal de 1810 à 1817. Elle y enseignait le dessin, l'aquarelle, la musique et les langues. Une de ses élèves, Louise-Amélie Panet, devint plus tard peintre et professeure d'art[34]. Les élèves de Charlotte Berczy venaient tout autant de la société anglaise que française et son succès semble s'être étendu jusqu'à Québec et dans le Haut-Canada. Dans une lettre écrite de Québec, William Berczy signalait à sa femme :

Voilà la troisième demande que l'on me fait relativement à l'instruction de jeunes Dames, parmis les quelles est Madame de Bone. Si ces personnes vouloient faire une souscription pour douze Ecolières a deux guinées par mois pour une année, je ne scais pas si je ne ferois pas tous mes efforts pour te persuader d'accepter l'offre[35].

Charlotte Berczy donna aussi des cours de langues à un certain Jean Flemming, commerçant et ami de William Berczy. Il apprit avec elle l'italien et, après 1809, se consacra à l'allemand.

La quinzaine de lettres écrites par Charlotte Berczy nous permettent de dresser le portrait d'une femme cultivée et bien intégrée à son milieu. L'après-Conquête, moment du choc réel des cultures françaises et anglaises et des cultures immigrantes de toutes nationalités européennes, donne à la correspondance de Mme Berczy une couleur et une richesse qui n'auraient pas pu être possibles à une autre époque. La qualité de ses lettres suscite un intérêt documentaire et historique incontournable, puisqu'elles mettent en lumière des aspects oubliés de la vie de nos ancêtres féminines, mais leur valeur réside tout autant dans leur facture hautement littéraire pour l'époque. Charlotte Berczy fait preuve d'une sensibilité et d'une finesse qui rappellent les épistolières françaises du Siècle des lumières. Mais tout en manifestant des sentiments amoureux dignes des romans les plus pathétiques et un amour maternel des plus profonds, Jeanne-Charlotte Allamand participe à la vie sociale de son époque et en rend compte dans sa correspondance. Elle s'implique dans les affaires de son mari en lui donnant son avis, lui fait part des nouvelles politiques, sociales et quotidiennes de son milieu et ne manque pas de prendre avec un certain humour différents événements de sa communauté.

On s'aperçoit qu'au-delà du stéréotype la lettre remplissait une fonction primordiale pour les femmes du XVIIIᵉ siècle. Elle constituait, à cette époque, comme nous l'avons observé, le seul document écrit par lequel elles pouvaient faire valoir leurs idées et s'exprimer par l'écriture sans contrevenir à la norme culturelle qui régissait la position sociale des femmes. L'épistolière anglaise, Dorothy Osborne, signalait que pour la femme : « *[t]he art of the letter-writing is often the art of essay-writing in disguise. But, such as it was, it is an art a woman could practice without unsexing herself*[36]. » Bien que la lettre soit le genre par excellence du respect des conventions sociales pour la femme, puisqu'elle l'inscrit dans la sphère de l'intime, les épistolières ont su jouer de ses différentes facettes. L'hybridité même de la lettre, sa perméabilité à d'autres genres, permet à la scriptrice de mettre en scène les aspects multiples de son identité. La conformité au rôle stéréotypé de l'épistolière présentée par les romans du XVIIIᵉ siècle participe d'un jeu d'écriture. Anne Vincent-Buffault, dans son *Histoire des larmes*, nous rappelle que les correspondances, les mémoires et les journaux intimes « sans être de simples reflets du réel, sont des lieux d'appropriation d'un langage où le nom propre est engagé[37] ». Écrire, c'est en quelque sorte redisposer l'univers autour de soi, à partir de soi et en lien étroit avec les autres.

Bien que Jeanne-Charlotte Allamand-Berczy soit une femme exception-nelle, elle ne fait pas figure d'exception dans son époque. Elle est, à notre avis, bien représentative des épistolières de son siècle et de son pays. Les femmes ont produit des textes qui méritent d'être lus et relus avec d'autres yeux que ceux d'une perspective androcentrique, cette même perspective qui fit qu'on publia les lettres de William Berczy à sa femme dans le *Rapport de l'archiviste de la Province de Québec* et qu'on ne fit même pas mention de la repartie de son épouse pourtant conservée dans le même fonds d'archives.

La littérature féminine québécoise ne peut être née spontanément en 1881 avec la publication de rien de moins que le roman épistolaire *Angéline de Montbrun* de Laure Conan. Avant elle, toute une tradition d'écriture, occultée de l'histoire littéraire, a ouvert la voie à l'écriture féminine. Les discours hété-rogènes qu'ont proposés les féministes des années 70 (l'essai-fiction, la poésie en prose, etc.) sont peut-être nés de cette filiation féminine, de cette tradition littéraire discrète, mais bien vivante. Si les femmes du tournant du XIXe siècle ont utilisé les genres intimes, elles l'ont souvent fait pour accéder à l'écriture, à ses jeux et à ses possibilités, sans être censurées. Marie-Claire Grassi a bien remarqué que la lettre «traduit une forme d'émancipation psychologique de la femme qui ose non seulement parler d'elle, mais se confier dans le secret[38]». L'hybridité de la lettre lui permet de multiplier les discours, de donner voix à sa pluralité. À une époque où le champ littéraire n'a pas encore acquis son autonomie et où fluctue encore la frontière entre le personnel et le social, le réel et l'imaginaire, le commerce épistolaire apparaît comme une écriture de l'entre-deux, située à mi-chemin entre l'intime et le public, l'écri-ture et la littérature. C'est de ce contexte que se distingue la production de Charlotte Berczy, maillon perdu d'une tradition d'écriture au féminin et pro-totype de ces femmes (trop) discrètes qui ont contribué de près ou de loin à l'éclosion culturelle du Québec et du pays tout entier.

BIBLIOGRAPHIE

Corpus

Allamand-Berczy, Jeanne-Charlotte, Correspondance ma-nuscrite, Université de Montréal, Collection Louis-François-Georges Baby, cote P/58.

Berczy, William von Moll, «Lettres de William von Moll Ber-czy à sa femme (1798-1812)», *Rap-port de l'archiviste de la Province de Québec*, 1940-1941, vol. 21, p. 3-93.

Ouvrages de référence

Altman, Janet Gurkin, *Episto-larity. Approaches to a Form*, Co-lumbus, Ohio State University Press, 1982, 235 p.

Badinter, Élisabeth, *Émilie, Émilie. L'ambition féminine au XVIIIe siècle*, Paris, Flammarion, 1983, 489 p.

Barbéris, Pierre et Claude Duchet (dir.), *Manuel d'histoire lit-*

téraire de la France, tome IV, *1789-1848*, Paris, Messidor/Éditions sociales, 1972, 1 244 p.

Brunet, Manon, «Les femmes dans la production de la littéra-ture francophone du début du XIXe siècle québécois», dans Claude Galarneau et Maurice Le-mire (dir.), *Livre et lecture au Qué-bec (1800-1850)*, Institut québécois de recherche sur la culture, 1988, p. 167-179.

Collectif Clio, *Histoire des femmes au Québec depuis quatre siècles*, Montréal, Le Jour, édition entièrement revue et mise à jour, 1992, 646 p.

Goldsmith, Elizabeth C. (ed.), *Writing the Female Voice. Essays on Epistolary Literature*, Londres/Boston, Pinter Publishers Limited/Northeastern University Press, 1989, 296 p.

Grassi, Marie-Claire, « Les épistolières au XVIIIᵉ siècle », dans Georges Bérubé et Marie-France Silver (dir.), *La Lettre et ses avatars au XVIIIᵉ siècle*, Toronto, Éditions du GREF, 1996, p. 91-105.

____, *L'Art de la lettre au temps de* La Nouvelle Héloïse *et du romantisme*, Genève, Slatkine, 1994, 366 p.

Graves, Algernon, *The Royal Academy of Arts: A Complete Dictionary of Contributors and Their Works from Its Foundation in 1769 to 1904*, 8 vol., Londres, Henry Graves and Co. Ltd. et George Bell and Sons, 1905.

Greimas, Algirdas (dir.), *La Lettre: approches sémiotiques*, Actes du VIᵉ colloque interdisciplinaire 1984, Fribourg, Éditions universitaires Fribourg, « Collection interdisciplinaire », vol. 9, 1988, 147 p.

Gusdorf, Georges, *Les Écritures du moi. Lignes de vie 1*, Paris, Odile Jacob, 1991, 430 p.

Herrmann, Claudine, *Les Voleuses de langue*, Paris, Des Femmes, 1976, 179 p.

Kadar, Marlene (dir.), *Essays on Life Writing: From Genre to Critical Practice*, Toronto/Buffalo/Londres, University of Toronto Press, 1992, 234 p.

Lemire, Maurice (dir.), *La Vie littéraire au Québec*, t. 1, *La Voix française des nouveaux sujets britanniques*; t. 2, *Le Projet national des Canadiens (1806-1839)*, Sainte-Foy, Les Presses de l'Université Laval, 1991 et 1992, 498 p. et 587 p.

Nies, Fritz, « Un genre féminin? », *Revue d'histoire littéraire de France*, vol. 78, nᵒ 6, 1978, p. 995-1013.

Popovic, Pierre et Benoît Melançon (dir.), *Les Facultés des lettres. Recherches récentes sur l'épistolaire français et québécois*, Montréal, Centre universitaire de lecture sociopoétique de l'épistolaire et des correspondances (CULSEC), Département d'études françaises, Université de Montréal, 1993, 241 p.

Stagg, Ronald J., « Jeanne-Charlotte Allamand » et « William von Moll Berczy », dans *Dictionnaire biographique du Canada*, Sainte-Foy et Toronto, Presses de l'Université Laval et University of Toronto Press, 1983, tome VII, p. 14-15 ; tome V, p. 77-80.

Tovell, Rosemarie L. (dir.), *William Berczy*, Ottawa, Musée des beaux-arts du Canada, 1991, 327 p.

Vincent-Buffault, Anne, *Histoire des larmes*, Paris, Rivages/Histoire, 1986, 259 p.

NOTES

1. Je profite ici de l'occasion pour remercier M. Denis Plante, archiviste au Service des archives de l'Université de Montréal (où est conservée la Collection Louis-François-Georges Baby), pour sa grande coopération et son intérêt soutenu pour mes recherches actuelles. Son aide précieuse et sa gentillesse sont vivement appréciées.

2. Le projet de recherche « Archéologie du littéraire au Québec » de l'Université du Québec à Montréal, sous la direction de Bernard Andrès, s'intéresse depuis quelques années à ce corpus. On peut consulter les cahiers de l'ALAQ, *La Conquête des lettres au Québec (1766-1815). Florilège*, cahier nᵒ 1 ; *Principes du littéraire au Québec (1766-1815)*, cahier nᵒ 2, été 1993 ; *Fortunes et infortunes d'un Dandy canadien. Pierre-Jean de Sales Laterrière: journal de voyage (1815)*, cahier nᵒ 3, hiver 1994 ; *En quête d'origine. Pierre-Jean de Sales Laterrière. Nouveaux journaux de voyage (1824, 1826, 1827, 1829)*, cahier nᵒ 4, été 1995, ainsi que le numéro spécial de *Voix et Images* consacré à « L'archéologie du littéraire au Québec », nᵒ 59, hiver 1995. Les auteurs de *La Vie littéraire au Québec* ont également retracé les éléments marquants de cette période dans les premier et deuxième tomes de leur série consacrée à l'histoire de la littérature québécoise : Maurice Lemire (dir.) *La Vie littéraire au Québec*, tome 1 : *La Voix française des nouveaux sujets britanniques (1764-1805)* ; tome 2 : *Le Projet national des Canadiens (1806-1839)*, Sainte-Foy, Presses de l'Université Laval, 1991 et 1992.

3. Manon Brunet, « Les femmes dans la production de la littérature francophone du début du XIXᵉ siècle québécois », dans Claude Galarneau et Maurice Lemire (dir.), *Livre et lecture au Québec (1800-1850)*, Institut québécois de recherche sur la culture, 1988, p. 167-179.

4. Cet article s'inscrit dans le cadre de mon projet de thèse sur l'écriture féminine de cette époque intitulé « Stratégies épistolaires et écritures féminines: les Canadiennes à la Conquête des Lettres (1759-1839) », entrepris à l'UQAM sous la direction de Bernard Andrès.

5. Ces informations sont principalement issues de l'ouvrage de Rosemarie L. Tovell (dir.), *William Berczy*, Ottawa, Musée des beaux-arts du Canada, 1991, 327 p., et des notices concernant William von Moll Berczy et Jeanne-Charlotte Allamand, *Dictionnaire biographique du Canada*, Sainte-Foy et Toronto, Presses de l'Université Laval et University of Toronto Press, 1983, tome V, p. 77-80, et 1988, tome VII, p. 14-15.

6. Voir Beate Stock, « William Berczy. Les années européennes 1744-1791 », dans Rosemarie L. Tovell (dir.), *op. cit.*, p. 46.

7. Algernon Graves, *The Royal Academy of Arts: A Complete Dictionary of Contributors and Their Works from Its Foundation in 1769 to 1904*, 8 vol., Londres, Henry Graves and Co. Ltd. et George Bell and Sons, 1905. Certains commentateurs de l'œuvre de William Berczy expliquent la présence du nom de Charlotte Berczy, dans le dictionnaire de l'Académie, par une erreur du compilateur. On sent les lourds préjugés qui ont gouverné l'inscription des femmes dans le domaine de la création artistique.

8. William Berczy devint par ailleurs membre correspondant de la RSA (Royal Society of Arts). Bernard Andrès a repéré, pour l'année 1807, le nom de « Berczy, W., Esq. Of York » dans *Transcriptions of the Society instituted at London...*, Londres, vol. 15, 1807, R. Wilks, MDCCCVII, p. 264.

9. Georges Gusdorf, *Les Écritures du moi. Lignes de vie 1*, Paris, Odile Jacob, 1991, p. 152.

10. Janet Gurkin Altman, *Epistolarity. Approaches to a Form*, Columbus, Ohio State University Press, 1982, 235 p.

11. Lettre de William Berczy à sa femme Charlotte, le 25 avril 1798, « Lettres de William von Moll Berczy à sa femme (1798-1812) », *Rapport de l'archiviste de la province de Québec*, 1940-1941, vol. 21, p. 8. Nous gardons l'orthographe reproduite dans le RAPQ.

12. Lettre de Charlotte Berczy à William Berczy, 28 mai 1800, Collection Baby, Université de Montréal. Nous gardons autant que possible l'orthographe originale.

13. Lettre de Charlotte Berczy à William Berczy, datée du 1er juillet 1800.

14. Voir, entre autres, Élisabeth Badinter, *Émilie, Émilie. L'ambition féminine au XVIIIe siècle*, Paris, Flammarion, 1983, 489 p.

15. Voir les travaux de Benoît Melançon et Pierre Popovic (dir.), *Les Facultés des lettres. Recherches récentes sur l'épistolaire français et québécois*, Montréal, Centre universitaire de lecture sociopoétique de l'épistolaire et des correspondances (CULSEC), Université de Montréal, Dép. d'études françaises, février 1993, p. 5.

16. Marie-Claire Grassi, « Les épistolières au XVIIIe siècle », dans Georges Bérubé et Marie-France Silver (dir.), *La Lettre et ses avatars au XVIIIe siècle*, Toronto, Éditions du GREF, 1996, p. 105.

17. Katharine A. Jensen, « Male Models of Feminine Epistolarity; or How to Write like a Woman in Seventeenth Century », dans Elizabeth C. Goldsmith (éd.), *Writing the Female Voice. Essays on Epistolary Literature*, Londres/Boston, Pinter Publishers Limited/ Northeastern University Press, 1989, 306 p.

18. Claudine Herrmann, *Les Voleuses de langue*, Paris, Des Femmes, 1976, p. 18.

19. Fritz Nies, « Un genre féminin ? », *Revue d'histoire littéraire de France*, vol. 78, n° 6, 1978, p. 998.

20. Maurice Lemire (dir.), *La Vie littéraire au Québec*, tome 2 : *Le Projet national des Canadiens (1806-1839)*, *op. cit.*, p. 342.

21. Lettre de Charlotte Berczy à son mari emprisonné en Angleterre, 1er juillet 1800.

22. Voir l'ouvrage d'Anne Vincent-Buffault, *Histoire des larmes*, Paris, Rivages/Histoire, 1986, 259 p.

23. Lettre de Charlotte Berczy à William Berczy, 28 mai 1800.

24. Lettre de Charlotte Berczy à William Berczy, 1er juillet 1800.

25. Lettre de Charlotte Berczy à William Berczy, 29 novembre 1802.

26. Lettre de Charlotte Berczy à William Berczy, non datée (ca 1808-1809).

27. Lettre de William Berczy à Charlotte Berczy, 18 janvier 1799.

28. « Tu sais bien que tu m'as dis plusieurs fois "qui vit en espérant vit en chantant", mais nonobstant moi-même je trouve chaque jour beaucoup de vérité dans ce poème. Je mourrais si je n'avais pas l'espérance de voir pour l'ami de mon cœur des jours plus heureux ». Merci à Dominique Garant, professeur au Département d'études littéraires de l'UQAM, pour avoir traduit ce passage.

29. Algirdas Greimas (dir.), *La Lettre : approches sémiotiques*, Actes du VIe colloque interdisciplinaire, Fribourg, Éditions universitaires Fribourg, n° 9, 1988, p. 6.

30. J'ai développé plus particulièrement cet aspect de la correspondance de Jeanne-Charlotte Allamand-Berczy dans une communication au congrès des Sociétés savantes présentée dans le cadre du colloque de l'Association des littératures canadiennes et québécoise, « Le Québec : terre d'éclosion culturelle », tenu à l'Université du Québec à Montréal, en juin 1995.

31. Lettre de Charlotte Berczy à son mari William Berczy, 5 décembre 1799.

32. Lettre de William Berczy à sa femme Charlotte, 27 avril 1798.

33. Louis David, cité dans Pierre Barbéris et Claude Duchet (dir.), *Manuel d'histoire littéraire de la France*, t. 4, *1789-1848*, Paris, Messidor/Éditions sociales, 1972, p. 22.

34. Collectif Clio, *Histoire des femmes au Québec depuis quatre siècles*, Montréal, Le Jour, 1992, p. 88.

35. Lettre de William Berczy à Charlotte Berczy, 4 septembre 1808.

36. Dorothy Osborne (Lady Temple), *Letters*, tome III, p. 60, citée dans Marlene Kadar (ed.), *Essays on Life Writing: From Genre to Critical Practice*, Toronto, Buffalo et Londres, University of Toronto Press, 1992, p. 7.

37. Anne Vincent-Buffault, *op. cit.*, p. 7.

38. Marie-Claire Grassi, *L'art de la lettre au temps de* La Nouvelle Héloïse *et du romantisme*, Genève, Slatkine, 1994, p. 75.

LANGUAGE, CULTURE AND VALUES IN CANADA AT THE DAWN OF THE 21st CENTURY / LANGUES, CULTURES ET VALEURS AU CANADA À L'AUBE DU XXIᵉ SIÈCLE

d'ANDRÉ LAPIERRE, PATRICIA SMART et PIERRE SAVARD (dir.)
(Ottawa, ICCS / CIEC et Carleton University Press, 1996, 358 p.)

Joseph Melançon
Université Laval (Québec)

Le Conseil international d'études canadiennes (CIEC) a confié à un comité scientifique, en 1994, le mandat d'organiser un colloque international. Les trois membres de ce comité, qui sont devenus les auteurs du collectif actuel, ont choisi comme thématique « les langues, les cultures et les valeurs au Canada ». Il s'agit bien des « enjeux majeurs auxquels doit faire face la société canadienne à l'aube du nouveau millénaire », comme le précisent les responsables du colloque dans leur présentation (p. 9). Le danger était grand, toutefois, de glisser sur cette thématique générale comme sur une toile cirée : la parcourir de long en large sans percer la surface. Leslie Armour, qui présente une synthèse de cette rencontre, remarque pertinemment : « *The participants painted a complicated and uncertain future with a lot of social change and a good deal of continuing conflict for us* » (p. 15). On pouvait s'y attendre.

En effet, comment parler à la fois de la langue, de la culture et des valeurs dans nos sociétés actuelles, qui ont toutes été transformées par les émigrations, les déplacements et les communications, sans prendre en compte les changements et les conflits qu'elles ont entraînés depuis la dernière guerre mondiale ? Tout, depuis, est devenu mondial, pour ne pas dire global. C'est pourquoi, sans doute, ces termes sont devenus pluriels. Il est bien question dans cet ouvrage des langues, des cultures et des valeurs, du moins dans la version française. On ne semble pas, en anglais, prêter attention à cette multiplicité. Le singulier domine partout, comme si « *language and culture* » se déclinaient dans une seule langue et une seule culture.

La difficulté la plus grande, au demeurant, n'est point celle-là. Elle est plutôt d'ordre conceptuel. On trouve difficilement, même de nos jours, une définition satisfaisante des trois termes de la thématique. Qu'est-ce que la langue depuis Saussure, Guillaume, Benveniste, Hjelmslev, Chomsky ou Searle ? Qu'est-ce que la culture après Max Weber, Lévi-Strauss et Lotman ? Qu'est-ce que la valeur à la suite des travaux de Lavelle, de Dumézil, de

237

Greimas, de Deleuze, de Polin ou d'Ivanov ? À défaut de définitions reconnues, qui ne semblent pas prêtes d'être acquises, il reste des postulats partagés pour faire office de lieux communs. Ceux-ci peuvent suffire à un dialogue fructueux. Car on peut et on doit parler de la langue, de la culture et des valeurs si on veut « faire avancer la connaissance que nous avons de la société canadienne » (p. 12), comme le précise le président du CIEC. Ce sont des termes de référence qui produisent, à notre insu, des effets identitaires. Ils ne sont pas les seuls, mais ils sont les plus évidents, de cette évidence qui a toujours l'effet pervers d'aveugler. C'est bien pourquoi chaque chapitre est une entreprise d'élucidation remarquable, malgré quelques écarts. L'ensemble constitue un état des lieux impressionnant par la multiplicité des problématiques, dont je ne pourrai présenter que la ligne d'horizon, qui est ici celle de l'« aube du XXIe siècle ».

Le premier chapitre traite des rapports entre la langue et l'identité nationale. Stéphane Dion dira, d'entrée de jeu, que « l'insécurité linguistique des francophones du Québec » (p. 53) est la principale cause de l'appui à l'indépendance. C'était avant le référendum. Son analyse se fonde sur la logique de la survivance. L'insécurité engendre la peur et la peur engendre le repli. Dans le cas du Québec, l'insécurité linguistique engendre la peur du pays existant. Il suffit alors de développer une confiance en soi pour que la sécession devienne une option désirable. La langue y joue un rôle si déterminant, à ses yeux, qu'il ose écrire : « Les anglophones et les francophones ont beau se ressembler de plus en plus, le débat linguistique crée entre eux une opposition d'intérêts et un fort clivage identitaire » (p. 57). Ses arguments démolinguistiques prennent appui sur des études et des tableaux très opportuns. Ils méritent attention et réflexion. Stéphane Dion relève, toutefois, divers signes, dont l'avant-projet de loi sur la souveraineté du Québec, qui manifestent certaines réticences des leaders indépendantistes à exploiter l'inquiétude linguistique des Québécois. La raison la plus plausible de ces hésitations lui semble « l'antinomie entre les sentiments de peur et de confiance » (p. 65). Il annonce, à cette occasion, un ouvrage à paraître. Mais, depuis, il est devenu ministre.

Ces rapports entre la langue et l'identité nationale ne sont guère abordés par Jean A. Laponce, dans ce même chapitre. Son analyse des recensements est intéressante, mais je m'étonne encore qu'il ait pu écrire que la société québécoise se soit convertie au capitalisme dans les années 60 (p. 78). Il en est de même de l'éclairage européen que tente d'apporter Hans-Josef Niederehe. Son historique et sa mise en perspective sont trop rapides et trop superficiels pour éclairer la question linguistique nationale. Plus pertinente m'apparaît la thèse de Robert M. Gill, qui suit. Historiquement, soutient-il, les politiques canadiennes et québécoises ont postulé, depuis 1960, que « *language policy serves to shape society as well as to reflect social realities* » (p. 109). Toutefois, au Québec, un certain nationalisme linguistique, propre à une « *old elite* », se voit, de nos jours, en compétition d'influence avec une nouvelle « *business elite*». Gill voit venir une division au sein même de la société francophone québécoise. À long terme, croit-il, «*it is possible that in the future French-speaking Québec could be split on language issues*» (p. 109). Il en résulterait une nouvelle difficulté d'identification nationale.

Le deuxième chapitre est consacré aux rapports entre la citoyenneté et la culture. Cette dernière, aux yeux de l'animateur, Jean-Michel Lacroix, a tendance à se lier à l'ethnicité depuis l'émergence du concept de «communautés culturelles» (p. 17). On est alors sur le versant d'une culture folklorique. Pourtant, le discours des trois participants qui en débattent maintient le cap sur la culture nationale. Le concept qui les rallie et qui prend la forme d'un nouveau postulat est celui de l'«hétérogène». «*During the 80s*, dira Sherry Simon, à la suite de Nepveu et de L'Hérault, *the concept of* l'hétérogène *takes root and flourishes in the Québec cultural field*» (p. 128). Sur le terrain de la citoyenneté, rarement évoquée et nullement définie, l'hétérogénéité donne lieu à une «*translational identity*» (p. 127) que semble commander toute citoyenneté, dans une pluralité de cultures. Pour Pierre Anctil, toutefois, l'hétérogénéité est plutôt interculturelle. La nuance est peut-être subtile, mais elle n'est pas vaine. Une analyse pénétrante des politiques d'immigration du Québec lui permet d'affirmer que «Montréal s'est transformée [...] en une ville de forte mouvance interculturelle sinon transculturelle» (p. 152). La rencontre des cultures est sans doute une étape dans l'émergence d'une nouvelle citoyenneté qui les transcende. C'est du moins ce que j'en ai compris. On n'est peut-être pas loin de l'utopie, mais on est sûrement fort éloigné du «multiculturalisme», inventé utopiquement par Pierre Elliott Trudeau. Colin H. Williams, à la fin de ce chapitre, remarque que «*the operation of Multiculturalism Act of 1988 is persistently criticized for not following through by concrete guarantees for implementation*» (p. 180). Comme le démontre très bien Williams, nous demeurons menacés par l'atomisation et la polarisation.

Le chapitre suivant nous entraîne vers la mondialisation. L'atomisation risque d'y acquérir une dimension vertigineuse. Francis Delpérée, qui s'inspire tout autant de l'expérience belge que de celle des Canadiens, parle d'une citoyenneté pluridimensionnelle, «qui résulte de l'appartenance des individus, voire des groupes, à plusieurs sociétés politiques» (p. 221). Celles-ci ne sont plus que des communautés d'appartenance. La mondialisation n'est pas alors une insertion dans le monde, mais bien dans des communautés locales, provinciales, nationales ou internationales qui existent dans le monde. Le défi du XXIe siècle, selon Delpérée, est d'éviter la «disparition des États-Nations», au profit des «Individus-Nations» (p. 221). Dénonçant les idées fausses et proposant des idées neuves, il provoque, de façon concise et incisive, des réflexions salutaires. La mondialisation, avec la télévision, remet en question l'identité nationale. À cet égard, l'analyse de l'expérience canadienne que présente Florian Sauvageau est fort éclairante. Le retrait progressif de la télévision publique s'accompagne d'une invasion américaine contre laquelle tentent de lutter lois et règlements, tout autant en Europe qu'au Canada. Avec une pointe d'humour, Sauvageau écrit : « Le monde se "canadianise", c'est-à-dire qu'il apprend à composer avec la culture américaine » (p. 192). Surtout si notre économie, tout aussi bien que celle des autres nations, devient a « *Global Casino* » (p. 201), comme le prétend Duncan Cameron.

Les valeurs sont explicitement abordées dans le quatrième chapitre. C'est le sujet le plus redoutable, car les valeurs sont encore moins bien définies épistémologiquement que les langues et les cultures. Pour Patricia Armstrong, elles sont, à juste titre, des « *consensus on collective responsibility and shared risk* » (p. 251). Si ces consensus portent sur les droits et les responsabilités individuelles, pour des motifs économiques avérés, les valeurs connaîtront des mutations profondes. En passant en revue les divers programmes sur les droits collectifs des citoyens ou des travailleurs, Armstrong montre l'étendue des moyens déployés, au Canada, pour assurer la sécurité et la protection des droits de tous les citoyens. Pourtant, les charges sont telles que ces valeurs sont remises en cause. Pouvons-nous espérer qu'elles survivront à la crise de la dette, comme semble toujours l'affirmer le discours politique ? C'est la question la plus angoissante qui puisse se poser à la société canadienne depuis la charte des droits de la personne, insérée dans la constitution, qui porte, faut-il le rappeler, sur des droits individuels uniquement.

Dans ce cadre juridique, le multiculturalisme ne peut se vivre que sous sa forme éthique. Seuls la tolérance et le respect individuel de l'autre peuvent permettre la coexistence des valeurs identitaires les plus éloignées, comme le montre Jeremy Webber. Le chapitre se termine avec l'exposé bien documenté de Valeria Gennaro Lerda sur le régionalisme. La fin de ce siècle pose le défi redoutable de concilier la mondialisation des ressources et des intérêts avec l'émergence des valeurs régionales. Ce défi est commun à tous les pays. À l'intérieur de notre fédéralisme asymétrique, Webber nous lance un défi singulier : « *Does Canada on the threshold of the 21st century offer suggestions and solutions not experienced before and perhaps usable in other parts of the world ?* » (p. 289). On croit rêver. L'expérience canadienne, que retrace Ged Martin, comporte tout de même une certaine ambiguïté. Nous avons une foi naïve en l'efficacité de la démocratie et nous faisons peu confiance à la société libérale. C'est sans doute vrai de toutes les sociétés occidentales, mais « *it is particularly true of Canada, where national identity has always been a symphony played in a minor key* » (p. 312).

Le dernier chapitre aborde la question épineuse des « premières nations ». Ce sera le défi majeur du XXIe siècle canadien et québécois que de reconnaître et de respecter leur « *otherness* » culturelle, comme le signale Cornelius H. W. Remie, animateur de la séance. Mais l'occasion est donnée de débattre du concept même de nation, qui sous-tend toute la problématique de ce colloque. Pour Lilianne E. Krosenbrink-Gelissen, la nation est le plus souvent associée à l'État dans la tradition européenne. Il n'empêche qu'elle est également associée à la communauté, comme il est arrivé pour les « premières nations ». Ce qu'il faut retenir, c'est que la notion de nation est toujours rela-tionnelle et qu'elle est une construction : « *All nations are cultural constructions. It is a matter of inclusion and exclusion of persons...* » (p. 335). C'est bien ce qu'atteste déjà l'*Indian Act* de 1876 qui exclut les femmes autochtones des « premières nations » quand elles épousent un homme non aborigène. L'idéo-logie mâle construit le concept et la nation répond à une stratégie que décrit fort bien Tam G. Svensson : « *The strategic importance of this conceptualization derives its strength partly from "the nation", indicating a notion of equality, and in part from the word* first, *offering historical superiority at least symbolically* » (p. 355). Georges E. Sioui rappellera opportunément cette histoire qui a maintenu les Amérindiens dans les marges de la société canadienne, cultu-rellement aussi bien que politiquement. Dans une sorte d'acte de foi en l'avenir de sa nation Wendat, il soutient que les premières nations ont « *a very definite sense of duty to resist being assimilated to the nation-states which have been constituted by Europeans and other immigrants on their soil* » (p. 325). L'aube du XXIe siècle devrait réussir à les rendre visibles.

Voilà un collectif qui remue bien des lieux communs, stimule la réflexion et ouvre des voies de recherche sur les rapports entre les langues, les cultures et les valeurs. Mais, au centre et au cœur de cette thématique, il y a l'inévi-table question de l'identité nationale qui semble tout aussi problématique que le concept même de nation. Le problème est loin d'être particulier au Canada et les responsables soulignent, en avant-propos, le caractère interna-tional de ce forum dont les intervenants « provenaient pour moitié du Canada et pour moitié de l'étranger » (p. 9). On aurait aimé que leur lieu de provenance et leur spécialité soient mentionnés afin de savoir d'où ils par-lent. Ce n'est pas anodin quand il est question, comme ici, de l'identité lin-guistique, culturelle et axiologique.

LE CENTRE DE RECHERCHE EN CIVILISATION CANADIENNE-FRANÇAISE DE L'UNIVERSITÉ D'OTTAWA

145, rue Jean-Jacques-Lussier
Pavillon Lamoureux, pièce 271
C.P. 450, succ. A
Ottawa (Ontario)
K1N 6N5

Téléphone : (613) 562-5877
Télécopieur : (613) 562-5143
Courrier électronique : crccf@uottawa.ca

Le conseil d'administration

Le Conseil scientifique du Centre est composé de sept professeurs de l'Université d'Ottawa, rattachés à cinq facultés où se poursuivent des études et des travaux sur le Canada français : Yolande Grisé, directrice (Faculté des arts, Département des lettres françaises), Yves Poirier (Faculté d'éducation), François-Pierre Gingras (Faculté des sciences sociales, Département de science politique), Anne Gilbert (Faculté des arts, Département de géographie), Denis Bachand (Faculté des arts, Département de communication), Guy Claveau (Faculté d'administration), Michel Morin (Faculté de droit).

Les activités accomplies en 1995-1996

1) L'exposition « GARNEAU, GARNEAU & FILS et les autres : lettres d'historiens dans les archives Garneau du CRCCF (1845-1945) »

Pour souligner le 150ᵉ anniversaire de la parution de l'*Histoire du Canada depuis sa découverte jusqu'à nos jours* de François-Xavier Garneau, le Centre a présenté dans ses locaux l'exposition « GARNEAU, GARNEAU & FILS et les autres : lettres d'historiens dans les archives Garneau du CRCCF (1845-1945) », qui propose un regard sur l'*Histoire du Canada*, celui des érudits et historiens qui ont pu inspirer, conseiller, critiquer ou aider l'entreprise des Garneau. L'exposition a été préparée par l'archiviste Michel Lalonde.

2) Le colloque « L'Ontario français, valeur ajoutée ? »

Le colloque « L'Ontario français, valeur ajoutée ? », coordonné par André Plourde, directeur du Département de science économique, et Anne Gilbert, professeure au Département de géographie et membre du Conseil scientifique du Centre, a été organisé avec la participation de partenaires économiques de l'Ontario français : l'Alliance des caisses populaires de l'Ontario limitée, l'Association française des municipalités de l'Ontario, la Chambre économique de l'Ontario, le Conseil de la coopération de l'Ontario, l'Union des cultivateurs franco-ontariens et la Fédération des caisses populaires de l'Ontario. La rencontre a eu lieu le 26 avril 1996, au Pavillon Montpetit de l'Université d'Ottawa.

Le colloque a cherché à faire le point sur l'ensemble des réalités qui contribuent à reconnaître en l'Ontario français une valeur ajoutée à l'économie de l'Ontario, notamment par ses façons originales de faire des affaires, de créer des réseaux et de canaliser les forces vives de la communauté vers des projets générateurs de développement. Il a aussi identifié le potentiel qu'offre l'Ontario français à l'économie de la province ainsi que les stratégies propres à actualiser ce potentiel dans l'avenir.

3) Le CRCCF sur le Web

Depuis le 30 avril dernier, on peut visiter le site Internet du Centre, à l'adresse de l'Université d'Ottawa :

http://www.uottawa.ca/academic/crccf/

Il est ainsi possible, directement sur le Web, d'obtenir des renseignements généraux sur le CRCCF (mandat, historique, structures, etc.), de connaître les publications et les recherches en cours, et de découvrir les ressources documentaires conservées au Centre.

Les publications parrainées par le Centre

Les Textes poétiques du Canada français, vol. 9, *1861-1862* (sous la direction de Yolande Grisé et Jeanne d'Arc Lortie, s.c.o., avec la collaboration de Pierre Savard et Paul Wyczynski, Montréal, Fides, « Les Textes poétiques du Canada français, 1606-1867. Édition intégrale ») : l'ouvrage contient 283 poèmes de longueur variée (de 4 à 754 vers), totalisant quelque 20 600 vers.

Répertoire numérique du Fonds Association des scouts du Canada, Fédération des scouts de l'Ontario, district d'Ottawa et Scogestion (par Lucie Pagé, Ottawa, CRCCF, « Documents de travail du CRCCF », n° 38).

Répertoire numérique du Fonds Gaston-Vincent (par Colette Michaud, Ottawa, CRCCF, « Documents de travail du CRCCF », n° 39).

Au pays des lambas blancs. Documents pour servir à l'histoire du missionnariat québécois dans la première moitié du XXe siècle (présentation, choix de textes et commentaires de Michel Carle, Ottawa, CRCCF). L'auteur, professeur à l'Université Bishop's de Lennoxville, présente et commente un choix de textes parmi ceux que les Frères du Sacré-Cœur ont publiés, pendant près d'un demi-siècle, pour faire connaître leurs missions à Madagascar.

L'Avenir du livre (Conférence de Derrick de Kerckhove et table ronde présentées dans le cadre du Festival du livre des Outaouais, Ottawa, CRCCF).

À venir

En 1996-1997, le Centre prévoit faire paraître les publications suivantes : *Historique du Cercle des femmes journalistes de l'Outaouais* (par Josée Mallet, étudiante au Département de communication de l'Université d'Ottawa) ; *L'Ontario français, valeur ajoutée ?* Actes du colloque (textes réunis par Anne Gilbert et André Plourde) ; *La Nouvelle au Québec*, sous la direction de François Gallays et Robert Vigneault, Fides, « Archives des lettres canadiennes », tome 9 ; *Les Textes poétiques du Canada français*, vol. 10, *1863-1864*, Fides.

LA CHAIRE POUR LE DÉVELOPPEMENT DE LA RECHERCHE SUR LA CULTURE D'EXPRESSION FRANÇAISE EN AMÉRIQUE DU NORD (CEFAN)

Faculté des lettres, Université Laval
Cité universitaire (Québec)
G1K 7P4

Téléphone : (418) 656-5170
Télécopieur : (418) 656-2019
Courrier électr. : cefan@cefan.ulaval.ca
Serveur internet : *La francophonie en Amérique du Nord*
http ://www.ggr.ulaval.ca/cefan/franco.htm

Les membres de la CEFAN

La Chaire CEFAN de l'Université Laval est administrée par un comité directeur dirigé par le doyen de la Faculté des lettres, Jacques Desautels. Ce comité confie à un comité scientifique le mandat d'élaborer des objectifs de recherche et de programmer des travaux en conséquence. Ce comité est interdisciplinaire. Outre le titulaire, Jacques Mathieu, il est composé de chercheurs des départements de la Faculté des lettres : Yves Roby, histoire ; Cécyle Trépanier, géographie ; Jacques Ouellet, linguistique, et Florian Sauvageau, communication ; ainsi que de collègues d'une autre faculté : André Turmel, sociologie ; et d'autres universités : Francine Belle-Isle, Université du Québec à Chicoutimi ; Yolande Grisé, Université d'Ottawa ; René Hardy, Université du Québec à Trois-Rivières.

Les activités accomplies en 1995-1996

Le séminaire « Le dialogue avec les cultures minoritaires » s'est déroulé sous la responsabilité d'Eric Waddell du Département de géographie. L'objectif général du séminaire était d'« interroger » quelques autres peuples minoritaires fréquentés par les Canadiens français afin d'identifier la nature de ces contacts, les lieux de convergence et de divergence et les attentes respectives et d'en analyser les conséquences en termes de relations interculturelles et de transformations culturelles.

Un colloque international, intitulé « La littérature et le dialogue interculturel », était sous la responsabilité de Françoise Tétu de Labsade, du Département des littératures. Ce colloque a été intégré au séminaire ci-dessus, permettant ainsi d'étendre la réflexion à la francophonie mondiale puisque nous avons reçu des participants non seulement de la francophonie nord-américaine mais aussi d'ailleurs en Occident.

Une conférence publique, « Les langages de la création », a été prononcée par le romancier montréalais d'origine brésilienne, Sergio Kokis. Fort de son expérience clinique auprès des enfants et de sa formation en psychologie génétique, il a exploré, dans sa conférence, la formation de la pensée symbolique où s'enracine l'acte de création.

Les activités complémentaires

Chaque année, la CEFAN participe activement à des activités suscitées par une conjoncture particulière ou un événement fortuit. Ces activités sont généralement tenues en collaboration avec d'autres institutions. Cette année, ces activités complémentaires se sont déroulées sous forme de relations extérieures du titulaire, de mise en opération d'un serveur sur le réseau Internet, de remise d'une bourse d'études et de travail d'édition pour la publication des travaux de la Chaire.

Les publications de la Chaire

Brigitte Caulier (dir.), *Religion, culture, sécularisation ? Les expériences francophones en Amérique du Nord*, Sainte-Foy, Presses de l'Université Laval, « Culture française d'Amérique », 1996.

> Réflexion d'une trentaine de chercheurs venus de France, de Suisse et du Canada réunis dans un atelier de recherche de la CEFAN. Ce recueil offre de nouveaux outils pour appréhender les mutations religieuses actuelles et leurs origines.

Yves Roby (dir.), *Érudition, humanisme et savoir. Actes du colloque en l'honneur de Jean Hamelin*, Sainte-Foy, Presses de l'Université Laval, « Culture française d'Amérique », 1996.

> Les différentes études rassemblées dans cet hommage rappellent la contribution exceptionnelle de Jean Hamelin et de ses étudiants à la connaissance du passé du Canada français.

André Turmel (dir.), *Institution, culture et savoir*, Sainte-Foy, Presses de l'Université Laval, « Culture française d'Amérique », 1996.

> L'ouvrage porte sur les mutations de l'identité nationale en Acadie ainsi que dans les communautés ontaroise et franco-américaine. Deux des dix-sept textes sont consacrés à l'analyse de la langue et du statut politique du Québec.

Sergio Kokis, *Les Langages de la création*, Nuit blanche, « Les conférences publiques de la CEFAN », 1996.

> Le dernier-né de la récente collection de la CEFAN, l'ouvrage contient une présentation de l'auteur et le texte de son allocution.

À venir

Les activités

Le programme triennal 1995-1998 de la Chaire a comme thème « La rencontre des cultures ». Ainsi, les travaux actuels de la Chaire étudient la nature des rencontres qui posent le problème aigu de l'assimilation ou de l'isolement.

Si la première année de la programmation a porté sur « Le dialogue des cultures minoritaires », la programmation 1996-1997 porte sur la rencontre entre la culture francophone et la culture anglophone au Canada. Le séminaire, intitulé « Échanges culturels entre les *deux solitudes* », que dirige Marie-Andrée Beaudet, a comme objectif de sensibiliser aux lieux et aux formes des échanges culturels qui ont marqué, depuis le XIXe siècle jusqu'à aujourd'hui, l'évolution des communautés canadienne-française et canadienne-anglaise. Il s'agira, dans une visée comparatiste, d'identifier et d'interroger les modes de construction de l'imaginaire collectif et, en corollaire, de définir les conditions de l'échange interculturel.

La CEFAN recevra, dans le cadre de la semaine internationale de la francophonie, Joan Fraser, qui prononcera la conférence publique. Son sujet de conférence sera en étroite liaison avec notre thème annuel, les deux cultures majoritaires au Canada.

Les publications

Françoise Têtu de Labsade (dir), *La Littérature et le Dialogue interculturel*, Sainte-Foy, Presses de l'Université Laval, « Culture française d'Amérique ».
Eric Waddell (dir.), *Dialogues des cultures*, Sainte-Foy, Presses de l'Université Laval, « Culture française d'Amérique ».

L'INSTITUT FRANCO-ONTARIEN

Pavillon Alphonse-Raymond
Université Laurentienne
Sudbury (Ontario)
P3E 2C6

Téléphone : (705) 675-1151, poste 5013
Télécopieur : (705) 675-4816

Directoire scientifique

Directeur : Yvon Gauthier

Secrétaire/Trésorier : François Boudreau

Responsable des publications : Gaétan Gervais

Responsable de la recherche : Annette Ribordy

Responsable de la documentation : Lionel Bonin

L'Institut franco-ontarien, fondé en 1976 par un groupe de professeurs franco-ontariens de l'Université Laurentienne, s'est donné la mission de promouvoir la recherche, la documentation et la publication de travaux sur l'Ontario français. L'Institut organise des colloques, favorise les rencontres et publie les résultats de ces recherches soit dans la *Revue du Nouvel-Ontario*, soit sous forme de monographies ou d'actes de colloque, ou encore dans le bulletin *Le Filon*.

Les activités accomplies en 1995-1996

Cette année, les membres du Directoire s'étaient fixés comme objectif d'accroître la visibilité et la crédibilité de l'IFO. Pour ce faire, ils ont donné la priorité aux publications et ont travaillé activement non seulement à l'édition de plusieurs ouvrages mais à la recherche de collaborations pour que l'Institut soit associé à d'autres parutions. Le directeur s'était engagé personnellement à publier cinq numéros de la *Revue du Nouvel-Ontario* et cela en 16 mois :

N° 16 — 1995 numéro interdisciplinaire

N° 17 — 1995 numéro thématique : Les ouvriers mineurs de la région de Sudbury (1886-1930)

N° 18 — 1996 numéro thématique : L'éducation en Ontario français

N° 19 — 1996 numéro interdisciplinaire

N° 20 — 1996 numéro thématique : La langue en Ontario (la parution du n° 20 coïncidera avec la Fête du 20ᵉ anniversaire de l'Institut franco-ontarien).

Autres publications

Toujours dans le but d'augmenter sa visibilité et de participer à la diffusion des écrits sur l'Ontario français, l'IFO a publié dans la série Monographique, conjointement avec la Faculté des humanités, le livre de Nathalie Melanson intitulé *Choix linguistiques, alternances de langues et emprunts chez des Franco-Ontariens de Sudbury*.

L'Institut vient de publier également, à l'occasion de son 20ᵉ anniversaire, l'ouvrage de Marc Cousineau, dans sa collection « Fleur-de-Trille » : *L'Utilisation du français au sein du système judiciaire de l'Ontario : un droit à parfaire* (lancement le 13 décembre 1996).

Il faut souligner l'importante publication d'un livre de références du professeur Yves Lefier du Département de français de l'Université Laurentienne. Intitulé *L'Ontario en français 1613-1995 : réalités et fiction*, l'ouvrage est publié dans la collection universitaire de l'Institut (lancement le 13 décembre 1996).

Vingtième anniversaire

C'est la fête de l'IFO ! Les 12 et 13 décembre 1996, de nombreux chercheurs et chercheuses ainsi que des membres de la communauté franco-ontarienne se réuniront au pavillon Alphonse-Raymond de la Laurentienne à l'occasion d'un colloque d'envergure pour souligner les réalisations de l'Institut. Au programme, diverses activités : invités de marque, conférences, table ronde, lancements et spectacle.

L'honorable Stéphane Dion, ministre fédéral des Affaires intergouvernementales, participera à l'événement, de même que M. Jean-Paul Marchand, député du Bloc québécois et porte-parole de l'opposition officielle en matière de langues officielles du Canada.

Au nombre des conférenciers qui présenteront des communications, on compte le linguiste Benoît Cazabon, le sociologue Roger Bernard, l'économiste Gilles Paquet, la gestionnaire artistique Jeanne Sabourin et l'auteur Pierre-Paul Karch. Ces derniers feront une mise au point sur la situation de la recherche sur l'Ontario français dans leurs domaines respectifs.

Cinq lancements de livres figurent au programme. Trois des ouvrages sont publiés par l'IFO (voir ci-dessus) ; les deux autres volumes sont *Les Écrits de Pierre Potier*, par Robert Toupin, ancien professeur d'histoire de l'Université Laurentienne, et le *Dictionnaire des citations littéraires de l'Ontario français depuis 1960*, par Pierre Karch et Mariel O'Neill-Karch.

Il y aura aussi une soirée artistique mettant en vedette le groupe franco-ontarien EN BREF.

LE CENTRE D'ÉTUDES ACADIENNES

Université de Moncton
Moncton (Nouveau-Brunswick)
E1A 3E9

Téléphone : (506) 858-4985
Télécopieur : (506) 858-4086

Période de transition au Centre d'études acadiennes

Au terme de l'année universitaire 1995-1996, le directeur du Centre d'études acadiennes et titulaire de la Chaire d'études acadiennes, Jean Daigle, a quitté ses fonctions pour une retraite bien méritée. Au cours de l'année 1996-1997, un nouveau directeur sera nommé pour poursuivre le travail de coordination des effectifs dans le domaine des études acadiennes à l'Université de Moncton. Le Centre d'études acadiennes a aussi été affecté par le départ de son bibliothécaire, Gilles Chiasson. Un des défis à relever au cours de la prochaine année sera d'assurer le maintien de la bibliothèque du Centre, étant donné que des réductions budgétaires ne permettent pas le remplacement du poste.

Activités accomplies en 1995-1996

1) Présence sur l'Internet

Le site Web du Centre d'études acadiennes s'est beaucoup développé au cours de la dernière année. Les chercheurs peuvent maintenant y consulter toute une gamme d'instruments de recherche. En plus de renseignements généraux et du bulletin semestriel *Contact-Acadie*, le site comprend cinq divisions où l'on peut trouver l'information suivante :

– Archives de folklore : état général des collections de folklore du CEA, exemples sonores d'enregistrements déposés aux archives.

– Archives du Centre universitaire de Moncton : index du fonds du Collège Saint-Joseph (1864-1972), divers autres index de fonds.

– Archives privées : état général des archives du CEA, index de la collection de photos du journal *L'Évangéline*, liste d'émissions de la Société Radio-Canada conservées au CEA, divers répertoires et index de fonds.

– Bibliothèque : guide bibliographique 1976-1987, index du journal *Le Fermier acadien* (1927-1962), liste de journaux disponibles sur microfilm, liste de publications du CEA, liste de disques et cassettes contenues dans la collection du CEA.

– Secteur généalogie: textes sur l'histoire de 37 familles d'origine acadienne, divers registres paroissiaux.

L'adresse du site Internet du Centre d'études acadiennes est la suivante:

http://www.umoncton.ca/centre/cea.html

2) *Colloques*

Du 7 au 9 juin 1996, l'Université de Moncton était l'hôte d'un colloque organisé conjointement par le Centre d'études acadiennes et la Fédération des associations de familles acadiennes. Sous le thème « Les reconstructions familiales comme source de la recherche », ce colloque réunissait les chercheurs intéressés par la généalogie et la démographie acadiennes. Les participants et participantes ont pu échanger avec des conférenciers provenant des provinces Maritimes, du Québec, de la Louisiane et de la France. Les actes du colloque seront publiés dans les *Cahiers* de la Société historique acadienne.

Du 23 au 25 août 1996 avait lieu à Bouctouche (Nouveau-Brunswick) la réunion annuelle de l'Association canadienne d'ethnologie et de folklore. Au cours de cette rencontre, organisée avec la collaboration du Centre d'études acadiennes, le père Anselme Chiasson, ancien directeur du CEA, a reçu la médaille Marius-Barbeau. Celle-ci rend honneur aux chercheurs qui ont contribué d'une façon marquante à l'étude et à la valorisation du folklore au Canada.

Nouvelles publications du CEA

– *État général des collections de folklore du Centre d'études acadiennes*

Il s'agit d'un ouvrage qui comprend des descriptions de plus de 1 000 collections de folklore conservées au CEA. De plus, on y trouve un index de lieux d'enquête, un index de sujets et un index de collecteurs et de collectrices. Un nombre limité d'exemplaires est en vente au coût de 14,95 $ (+ TPS).

– *Chansons d'Acadie*, séries 6 à 11

Le Centre d'études acadiennes présente une nouvelle édition des six dernières séries des *Chansons d'Acadie,* par les pères Anselme Chiasson et Daniel Boudreau. Les séries 6 à 9 se vendent au prix de 6 $ l'unité (+ TPS) et les deux dernières à 7 $ l'unité (+ TPS).

– *Chansons d'Acadie — Concordance des titres et classement*, par Donald Deschênes

Cet ouvrage répertorie les 664 chansons publiées par les pères Anselme Chiasson et Daniel Boudreau selon le *Catalogue de la chanson folklorique française,* créant ainsi des possibilités d'études comparatives dans le domaine du folklore musical acadien. L'ouvrage est en vente au prix de 7 $ (+ TPS).

LE CENTRE D'ÉTUDES FRANCO-CANADIENNES DE L'OUEST (CEFCO)

Collège universitaire de Saint-Boniface
200, avenue de la Cathédrale
Saint-Boniface (Manitoba)
R2H 0H7

Téléphone : (204) 233-0210
Télécopieur : (204) 237-3240
Courrier électronique : cefco@ustboniface.mb.ca

Le conseil d'administration

Président-directeur : Raymond Théberge (CUSB)
Membres : Richard Benoit (CUSB)
        Luc Côté (CUSB)
        Lise Gaboury-Diallo (CUSB)
        André Fauchon (CUSB)
        Carol J. Harvey (Université de Winnipeg)
        Alan MacDonell (Université du Manitoba)
        Rachel Major (Université Brandon)
Comité de rédaction des *Cahiers franco-canadiens de l'Ouest* :
        André Fauchon, rédacteur en chef
        Lise Gaboury-Diallo

Activités accomplies en 1995-1996

Le 16e colloque *La Francophonie sur les marges* s'est tenu à l'Université de Winnipeg et a regroupé des participants et participantes venus de presque toutes les provinces du Canada, de la France, des Pays-Bas, du Mexique et du Sénégal.

Publications parrainées par le CEFCO

a) *Cahiers franco-canadiens de l'Ouest*
    vol. 7, n° 1, numéro spécial : Histoire
    vol. 7, n° 2
    vol. 8, n° 1, numéro spécial : Récits de voyage dans l'Ouest canadien

b) *Les Actes du Colloque international « Gabrielle Roy »*, Saint-Boniface, Centre d'études franco-canadiennes de l'Ouest, Presses universitaires de Saint-Boniface, 1996.

Le Colloque international Gabrielle Roy, regroupant des participants de l'Autriche, du Canada, de l'Espagne, des États-Unis, de la France, de l'Irlande, de l'Italie, du Japon, des Pays-Bas et de la Turquie, a été un grand succès. Le Comité d'organisation a pu publier les *Actes* sous forme de livre relié de 756 pages, avec jacquette en couleur comprenant la reproduction du portrait de Gabrielle Roy, 1947 (pastel de Pauline Boutal), et la reproduction en couleur des estampes de *La Petite Poule d'eau*, de Jean-Paul Lemieux.

Personne responsable : André Fauchon (Collège universitaire de Saint-Boniface, 200, avenue de la Cathédrale, Saint-Boniface, Manitoba R2H 0H7). Tél. : (204) 233-0210 ; téléc. : (204) 237-3240.

Projets en cours

Le 17ᵉ colloque du Centre d'études franco-canadiennes de l'Ouest aura lieu cette année à la Faculté Saint-Jean à Edmonton.

Autres activités

Un projet de création de banques de données intitulé « Le Manitoba français » est en cours.

À venir

a) *La Francophonie sur les marges*
   Actes du 16ᵉ colloque annuel du CEFCO, Winnipeg, 1997.

b) *Cahiers franco-canadiens de l'Ouest*
   Numéro spécial, Gabrielle Roy, vol. 8, nᵒ 2.

L'INSTITUT FRANÇAIS

Collège de l'Assomption
500 Salisbury Street
P.O. Box 15005
Worcester, Massachusetts 01615-0005
États-Unis

Téléphone : (508) 767-7415 et 767-7414
Télécopieur : (508) 767-7374

Direction et conseil d'administration

Directrice : Claire Quintal

Président : Gérald-L. Pelletier

Vice-présidents : Jeannette Grenier Bonneau, Leslie Choquette,
Me Wilfrid-J. Michaud, Jr.

Membres : Normand-J. Babineau, Louise-R. Champigny, R. P. Louis-F. Dion, a.a., Rév. Clarence-W. Forand, Clifford-O. Gaucher, Hon. André-A. Gélinas, Robert Graveline, Henry-W. LaJoie, Eugène-A. Lemieux, J.-Lawrence Manuell, Gloria Robidoux Marois, Jeanne Gagnon McCann, Marthe Biron Péloquin, Roger-A. Proulx, Anne Goyette Rocheleau, Constance Gosselin Schick, Jacques-E. Staelen, Rév. C. Melvin Surette, Bernard-G. Théroux

Activités accomplies en 1995-1996

Par suite du déménagement de l'Institut français — de la Maison française où il était installé depuis sa fondation en 1979 — à la Bibliothèque d'Alzon du Collège de l'Assomption, le personnel de l'Institut français, avec l'assistance de bibliothécaires qualifiées, mises à sa disposition par la direction de la bibliothèque, entreprit et mena à bonne fin la mise sur ordinateur de sa collection spécialisée de livres. Tout chercheur peut y avoir accès sur Internet à l'adresse suivante :

telnet : sun 1 @assumption.edu

Publications

Le 1er juin 1996, l'Institut lançait son onzième livre. Intitulé *Steeples and Smokestacks* (ISBN 1-880261-03-0), ce volume de 683 pages est réparti en sections qui portent les titres suivants: l'émigration, les Petits Canadas, la religion, les institutions scolaires, la littérature, le journalisme, le folklore, la femme, les Franco-Américains d'aujourd'hui. Publié en anglais à partir de textes déjà parus en français dans les actes des dix colloques tenus par l'Institut français, ce livre s'adresse à tous les Franco-Américains qui ont perdu la langue ainsi qu'au grand public voulant se renseigner sur le fait franco-américain.

Projets en cours

Parmi les projets en cours, il y a la traduction annotée de *Débuts de la colonie franco-américaine à Woonsocket, R.I.*, devant paraître au printemps de 1997.

Autres activités

Outre ses propres activités, l'Institut français collabore de près avec l'Alliance française de Worcester, la Société historique franco-américaine, la American and Canadian French Cultural Exchange Commission du Massachusetts (ACFCEC) et la Fédération féminine franco-américaine. Pour cette dernière, l'Institut met sur pied une journée d'études qui aura lieu en septembre 1997. L'Institut français, qui assure le secrétariat de l'Alliance française de la région de Worcester aussi bien que de la ACFCEC, est souvent l'hôte des conférences de la Société historique franco-américaine.

LE CENTRE D'ÉTUDES LOUISIANAISES

P.O. Box 40831
University of Southwestern Louisiana
Lafayette, Louisiane 70504-0831
États-Unis

Téléphone : (318) 482-6027
Télécopieur : (318) 482-6028

Le conseil d'administration

Le conseil d'administration est composé des membres suivants : Glenn Conrad (directeur), Carl Brasseaux (directeur adjoint), Mathé Allain, Barry Ancelet (directeur du Département des langues modernes), Vaughn Baker, David Barry (doyen de la Faculté des lettres et des sciences humaines) et Amos Simpson.

Les publications parrainées par le Centre

Timothy Hebert, *Acadian-Cajun Genealogy : Step by Step.*

Robert Florence, *City of the Dead : A Journey through St. Louis Cemetery #1*, New Orleans, Louisiana.

Glenn R. Conrad et Ray F. Lucas, *White Gold : A Brief History of the Louisiana Sugar Industry 1795-1995.*

Carl J. Richard, *The Louisiana Purchase.*

Charles Edwards O'Neill, *Séjour : Parisian Playwright from Louisiana.*

Michael James Forêt, *Louisiana Indian Studies : A Selected Bibliography.*

Elsie Martinez et Margaret LeCorgne, *Uptown/Downtown : Growing Up in New Orleans* (revised edition).

Felix Voorhies, *Acadian Reminiscences : The True Story of Evangeline.*

Fred Daspit, *Louisiana Architecture 1714-1830.*

Michael G. Wade, *Sugar Dynasty : M.A. Patout and Son, Ltd. 1791-1993.*

Gilbert C. Din, *The Spanish Presence in Louisiana, 1763-1803 : Volume Two of the Louisiana Bicentennial Series.*

À venir

Le Centre prépare la réédition de textes littéraires du XIXe siècle, en collaboration avec les Presses de l'Université Laval.

PUBLICATIONS RÉCENTES
ET THÈSES SOUTENUES

Lorraine Albert
Université d'Ottawa

La section des livres comprend les titres publiés en 1996 et ceux de 1995 qui n'avaient pas été répertoriés dans le numéro 6 de *Francophonies d'Amérique*.

Notre liste inclut des thèses de maîtrise et de doctorat soutenues depuis 1994, car il nous est difficile d'avoir accès aux thèses de l'année courante. Nous serions d'ailleurs reconnaissants aux personnes qui voudraient bien nous faire parvenir les titres des thèses récentes soutenues à leur institution ou ailleurs, dans les domaines qui intéressent cette revue.

Nous tenons à remercier d'une façon toute particulière, cette année encore, Gilles Chiasson, bibliothécaire en chef intérimaire de l'Université de Moncton, de sa précieuse collaboration à la section de l'Acadie.

L'ACADIE *(Gilles Chiasson, Université de Moncton)*

ALBERT, Anne, *Solstice*, Moncton, Éditions d'Acadie, 1996, 418 p.

BABITCH, Rose Mary, *Le Vocabulaire des pêches aux îles Lamèque et Miscou*, Moncton, Éditions d'Acadie, 1996, 154 p.

BASQUE, Maurice, *Des hommes de pouvoir : histoire d'Otho Robichaud et de sa famille, notables acadiens de Port-Royal et de Néguac*, Néguac, Société historique de Néguac inc., 1996, 235 p.

BELLEY, Julien, *Les Familles Maillet du comté de Kent et du sud-est du N.-B.*, Sainte-Anne-de-Kent (N.-B.), Julien Belley, 1996, 310 p.

BOUDREAU, Anselme, *Chéticamp : mémoires*, réécrit et annoté par père Anselme Chiasson, Moncton, Éditions des Aboiteaux, 1996, 228 p.

BOUDREAU, Berthe, *Bibliographie analytique de la littérature acadienne pour la jeunesse, 1919-1995*, Moncton, Centre universitaire de Moncton, Centre de recherche et de développement en éducation, 1996, 39 p.

BREAU, Dolores, *Portraits d'un peuple / Portraits of a People*, Moncton, Éditions d'Acadie, 1996, 136 p.

BUTLER, Gary, *Histoire et traditions orales des Franco-Acadiens de Terre-Neuve*, Sillery, Septentrion, « Nouveaux cahiers du CELAT », n° 14, 1995, 260 p.

Cent ans, c'est grand: paroisse St-Benoît de Balmoral, 1896-1996, Balmoral (N.-B.), Le Comité des fêtes du centenaire, en collaboration avec La Société historique du comté de Restigouche, 1996, 101 p.

*CHALLE[S], Robert, *Mémoires ; Correspondance complète ; Rapports sur l'Acadie et autres pièces*, publiés d'après les originaux avec de nombreux documents inédits par Frédéric Deloffre, avec la collaboration de Jacques Popin, Genève, Librairie Droz, « Textes littéraires français », n° 466, 1996, 764 p.

CHIASSON, Anselme, *The Seven-Headed Beast and Other Acadian Tales from Cape Breton Island*, collected by Anselme Chiasson, translated by Rosie Aucoin Grace, Wreck Cove, Cape Breton Island, Breton Books, 1996, 190 p.

CHIASSON, Herménégilde, *Anecdotes and Enigmas : Marion McCain Atlantic Art Exhibition / Anecdotes et énigmes : l'exposition d'art atlantique Marion McCain*, Fredericton, Beaverbrook Art Gallery, 1994, 64 p.

CHIASSON, Herménégilde, *Miniatures : essai autobiographique*, Moncton, Éditions Perce-Neige, 1995, 125 p.

CHIASSON, Herménégilde, *Climats : poésie*, Moncton, Éditions d'Acadie, 1996, 130 p.

CHIASSON, Livain, *Les Écrits de Livain Chiasson, père de la coopération acadienne*, édition préparée par Jean Daigle, Moncton, Éditions d'Acadie ; Université de Moncton, Chaire d'études coopératives, 1996, 338 p.

COMEAU, Éva, *Rêves d'enfants : contes pour enfants*, Saint-Eustache (Qué.), Éva Comeau, 1996, 70 p.

CONGRÈS MONDIAL ACADIEN (MONCTON, N.-B. ET DIEPPE, N.-B., 1994), *L'Acadie en 2004, Actes des conférences et des tables rondes*, Moncton, Éditions d'Acadie, 1996, 690 p.

CORMIER, Ronald, *Les Acadiens et la Seconde Guerre mondiale*, Moncton, Éditions d'Acadie, 1996, 146 p.

COUTURIER, Jacques Paul et Phyllis E. LEBLANC (dir.), *Économie et société en Acadie, 1850-1950*, préface de Delphin A. Muise, Moncton, Éditions d'Acadie, « Nouvelles études d'histoire acadienne », 1996, 206 p.

*CYR, Hubert, Denis DUVAL et André LECLERC, *L'Acadie à l'heure des choix : l'avenir politique et économique de l'Acadie du Nouveau-Brunswick*, Moncton, Éditions d'Acadie, 1996, 374 p.

DAIGLE, Jean, *Acadia of the Maritimes : Thematic Studies from the Beginning to the Present*, traduction, Moncton, Chaire d'études acadiennes, Université de Moncton, 1995, 859 p.

DESJARDINS, Gérard, *History and Genealogy of the Frenettes of Acadia*, Translation by Robert G. Frenette, Dieppe (N.-B.), s.n., 1996, 352 p.

DIONNE-COSTER, Suzanne, *Des nuages en couleur*, Moncton, Éditions d'Acadie, « Coup de main », 1996, 32 p.

DIONNE-COSTER, Suzanne, *L'Île aux mille étoiles*, Moncton, Éditions d'Acadie, « Coup de main », 1996, 32 p.

DIONNE-COSTER, Suzanne, *Une maison pour Manon*, Moncton, Éditions d'Acadie, « Coup de main », 1996, 32 p.

DIONNE-COSTER, Suzanne, *Le Terrain de jeu*, Moncton, Éditions d'Acadie, « Coup de main », 1996, 30 p.

DOIRON-BOURQUE, Angèle, *Si tu aimais l'enfant : poésie*, [Nouveau-Brunswick, L'Auteure, 1995 ?], 59 p.

DÔLE, Gérard, *Histoire musicale des Acadiens de la Nouvelle-France à la Louisiane*, Paris, L'Harmattan, 1995, 604 p.

DUCLUZEAU, Jeanne, *Au service du roi : roman*, Moncton, Éditions d'Acadie, 1996, 231 p.

DUGAS, Daniel, *Le Bruit des choses : poésie*, Moncton, Éditions Perce-Neige, 1995, 157 p.

ÉMOND, Ginette, *Poésie satinée*, Saint-Basile (N.-B.), Éditions Lavigne, 1995, 54 p.

ENTREMONT, Clarence-Joseph d', *Histoire de Sainte-Anne-du-Ruisseau, Belleville, Rivière-Abram (Nouvelle-Écosse)*, Pubnico-Ouest (N.-É.), L'Auteur, 1995, 134 p.

État général des collections de folklore du Centre d'études acadiennes, réalisé par Norbert Robichaud et Ginette Léger, sous la direction de Ronald Labelle, Moncton, Centre d'études acadiennes, Université de Moncton, 1996, 167 p.

FERGUSON, Jacinthe, *Jasmine*, Tracadie-Sheila, Éditions de la Grande Marée, 1996, 119 p.

FONTENEAU, Jean-Marie, *Les Acadiens : citoyens de l'Atlantique*, Rennes, Éditions Ouest-France, 1996, 348 p.

GALLANT, Léonce, *Anecdotes acadiennes amusantes*, Peterborough, Peterborough Publications, 1995, 155 p.

GAUTHIER, Jacques, *S'en vont chassant. Chroniques d'Acadie*, tome 4 : *roman*, Montréal, Pierre Tisseyre, 1996, 388 p.

GOUPIL, Laval, *Jour de grâce : théâtre*, Tracadie-Sheila, Éditions de la Grande Marée, 1995, 103 p.

GRAFF, Terry, *Yvon Gallant : d'après une histoire vraie / Yvon Gallant : Based on a True Story*, Moncton, Éditions d'Acadie, 1995, 176 p.

HACHÉ, Louis, *La Tracadienne : roman*, Moncton, Éditions d'Acadie, 1996, 321 p.

HACHÉ, Odette O. (dir.), *La Grande Famille Hébert de Bas-Caraquet, N.-B., 1898-1984...*, Caraquet, Odette O. Haché, 1995, 173 p.

Histoires de bateau fantôme, sous la direction littéraire de Réjean Roy, de l'École de rédaction Artexte, Tracadie-Sheila, Éditions de l'Étoile de mer, 1995, 115 p.

JACQUOT, Martine L., *Espaces du réel, cheminements de création : Michel Goeldlin*, Wolfville (N.-B.), Éditions du Grand Pré, 1995, 214 p.

JACQUOT, Martine L., *Les Glycines : roman*, Ottawa, Éditions du Vermillon, 1996, 200 p.

LABONTÉ, Robert, *Anna et les géants de la forêt*, Saint-Basile (N.-B.), Éditions Lavigne, 1996, 16 p.

LÉGER, Émery (dir.), *Haute-Aboujagane : cent ans de vie paroissiale (1895-1995)*, Haute-Aboujagane (N.-B.), Paroisse Sacré-Cœur de Haute-Aboujagane, 1995, 48 p.

LÉGÈRE, Martin-J., *Parmi ceux qui vivent. Un demi-siècle au service de l'Acadie : mémoires*, Moncton, Éditions d'Acadie, 1996, 296 p.

Lester Lebreton, le guerrier solitaire : portrait d'artiste, Tracadie-Sheila, Éditions de l'Étoile de mer, 1996, 91 p.

LÉTOURNEAU, Lorraine, *D'amours et d'aventures : roman*, Moncton, Éditions d'Acadie, 1996, 346 p.

LÉVESQUE, Laurier, *Victoire d'un peuple*, Saint-Basile (N.-B.), Éditions Lavigne, 1996, 152 p.

LONGFELLOW, Henry Wadsworth, *Evangeline : A Tale of Acadie*, Halifax, Nimbus Publishing Ltd., 1995 ?, 124 p.

MAHAFFIE, Charles D., *A Land of Discord Always : Acadia from Its Beginning to the Expulsion of Its People, 1604-1755*, Camden (Maine), Down East Books, 1995, 319 p.

MAILLET, Antonine, *Le Chemin Saint-Jacques : roman*, Montréal, Leméac, 1996, 370 p.

MAILLET, Antonine, *L'Île-aux-puces : commérages*, Montréal, Leméac, 1996, 224 p.

Mais amour : nouvelles, récits, poèmes et lettres d'amour, sous la direction littéraire de Réjean Roy, de l'École de rédaction Artexte, Tracadie-Sheila, Éditions de l'Étoile de mer, 1996, 110 p.

MICHAUD, Marie, *Maritaine raconte*, Saint-Basile (N.-B.), Éditions Lavigne, 1995, 69 p.

OUELLET, Jacques P., *La Promesse : roman historique*, Tracadie-Sheila, Éditions de la Grande Marée, 1996, 357 p.

PALMETER, Vina, *The Story of Evangeline / Le Récit d'Évangéline*, illustrations by Elizabeth Owen, Halifax, McCurdy Printing Limited, 1996, 28 p.

PAULIN, Louise, *Au matin de la vie : recueil de poèmes*, [s.l.], Éditions Faye, 1995, 84 p.

PELLETIER, Jovette, *Par ma main, parle mon cœur : poésie*, Saint-Basile (N.-B.), Éditions Lavigne, 1995, 88 p.

PERROT-BISHOP, Annick, *Au bord des yeux de la nuit : poésie*, Moncton, Éditions d'Acadie, 1996, 58 p.

PITRE, Martin, *L'Ennemi que je connais : roman*, Moncton, Éditions Perce-Neige, « Prose », 1995, 126 p.

PLANTIER, René, *Le Corps du déduit : neuf études sur la poésie acadienne, 1980-1990*, Moncton, Éditions d'Acadie, 1996, 168 p.

POIRIER, Pascal, *Le Glossaire acadien*, édition critique établie par Pierre M. Gérin, édition revue et remaniée, Moncton, Éditions d'Acadie ; Centre d'études acadiennes, Université de Moncton, 1995, 500 p.

POITRAS, Léo et Jean-Guy POITRAS, *Répertoire généalogique des descendants et descendantes d'André Lévesque et d'Angéline Ouellette*, Edmundston, Éditions Marévie, « Familles madawaskayennes », 1995, 1 050 p.

RIVIÈRE, Sylvain, *Mutance : poésie*, Moncton, Éditions d'Acadie, 1996, 54 p.

ROUSSEL CYR, Lise Y., *L'Alphabet de l'amour*, Saint-Basile (N.-B.), Éditions Lavigne, 1995 ?, 28 p.

ROUSSEL CYR, Lise Y., *Broken Heart : Poetry*, Saint-Basile (N.-B.), Éditions Lavigne, 1995, 50 p.

ROUSSEL CYR, Lise Y., *Prendre le temps*, Saint-Basile (N.-B.), Éditions Lavigne, 1995, 99 p.

ROUSSEL CYR, Lise Y., *L'Amour c'est comme*, Saint-Basile (N.-B.), Éditions Lavigne, 1996, 13 p.

SAVOIE, Jacques, *Toute la beauté du monde*, Montréal, La Courte Échelle, « Roman Jeunesse », RJ 55, 1995, 94 p.

SAVOIE, Jacques, *Les Fleurs du capitaine*, illustrations de Geneviève Côté, Montréal, La Courte Échelle, « Roman Jeunesse », RJ 59, 1996, 91 p.

SAVOIE, Jacques, *Une ville imaginaire*, Montréal, La Courte Échelle, 1996, 90 p.

SAVOIE, Roméo, *Dans l'ombre des images : poésie*, Moncton, Éditions d'Acadie, 1996, 62 p.

SMITH DOW, Leslie, *Adèle Hugo : la misérable*, traduction d'Hélène Filion, Moncton, Éditions d'Acadie, 1996, 191 p.

SOUCY, Camille, *Le Flair de l'inspecteur Duroc : le sourd-muet*, Saint-Basile (N.-B.), Éditions Lavigne, « Aventure policière », 5, 1995, 50 p.

SOUCY, Camille, *Trinity Woman*, Saint-Basile (N.-B.), Éditions Lavigne, 1995, 109 p.

SOUCY, Camille, *Le Flair de l'inspecteur Duroc : les callgirls*, Saint-Basile (N.-B.), Éditions Lavigne, « Aventure policière », 6, 1996, 53 p.

TAURIAC, Michel, *Évangéline : roman*, Paris, Julliard, 1995, 360 p.

*THÉRIAULT, Joseph Yvon, *L'Identité à l'épreuve de la modernité : écrits politiques sur l'Acadie et les francophonies canadiennes minoritaires*, Moncton, Éditions d'Acadie, 1995, 324 p.

THERRIEN, Kimberly-Mai, *La Plus Belle Journée du monde*, Saint-Basile (N.-B.), Éditions Lavigne, 1996, 10 p.

L'ONTARIO

ANTOINE, Yves, *Polyphonie : poésie*, précédée de *Jeu de miroirs*, Ottawa, Éditions du Vermillon, « Parole vivante », n° 28, 1996, 65 p.

BEAUCHAMP, Michel Louis, *et al.*, *Créer, c'est invectiver : manifeste en faveur de la libre liberté de se créer*, Vanier, Théâtre Action, Alliance culturelle de l'Ontario, Théâtre La Catapulte, 1996, 17 p.

BOULT, Jean-Claude, *Quadra*. Tome 1, *Le Robin des rues : roman*, 2ᵉ éd., avec postface, Ottawa, Éditions du Vermillon, « Romans », 1995, 614 p.

BOULT, Jean-Claude, *Quadra*. Tome 2, *L'Envol de l'oiseau blond*, 2ᵉ éd., avec postface, Ottawa, Éditions du Vermillon, « Romans », 1995, 578 p.

BOURAOUI, Hédi, *Nomadaime : poèmes*, Toronto, Éditions du Gref, « Écrits torontois », n° 6, 1995, 95 p.

*BRODEUR, Hélène, *L'Ermitage : roman*, Sudbury, Prise de Parole, 1996, 246 p.

BRUNET, Jacques, *Ah... sh*t ! : agaceries*, Orléans (Ont.), Éditions David, 1996, 135 p.

CARDINAL, Linda, *À partir de notre expérience : femmes de la francophonie ontarienne*, Montréal, Institut de recherches et d'études féministes, Université du

Québec à Montréal, coll. «Cahiers Réseau de recherches féministes», n° 4, 1996.

CHAMPEAU, Nicole V., *Ô sirènes, libérez-moi*, Ottawa, Éditions du Vermillon, 1996, 93 p.

CHRISTENSEN, Andrée, *Femme sauvage. Livre 1, Miroir de la sorcière : triptyque de transformation : poésie*, Ottawa / Hearst, Le Nordir, 1996, 80 p.

COOK, Margaret Michèle, *Espace entre*, suivi de *Soirée en jeu : poésie*, Ottawa / Hearst, Le Nordir, 1996, 102 p.

D'AUGEROT-AREND, Sylvie, Lise GAUTHIER et David WELCH, *Femmes francophones de la région torontoise face aux lois et aux services en matière de séparation, de divorce et du bien-être des enfants : rapport final*, Toronto, Centre de recherches en éducation franco-ontarienne, Institut d'études pédagogiques de l'Ontario de l'Université de Toronto, 1996, 156, [27] p.

DEMERS, Mylaine, *Mon père je m'accuse : roman*, Vanier, Éditions L'Interligne, 1996, 160 p.

DESCHÊNES, Donald et Michel COURCHESNE (dir.), *Légendes de chez nous : récits fantastiques de l'Ontario français*, Sudbury, Centre franco-ontarien de folklore et Centre franco-ontarien des ressources en alphabétisation, 1996, 71 p.

*DIONNE, René, *et al.*, *Études franco-ontariennes*, Sudbury, Société Charlevoix ; Prise de Parole, «Cahiers Charlevoix», n° 1, 1995, 411 p.

DUBÉ, Jean-Eudes, *Beaurivage*. Tome 1, *Les Eaux chantantes*, Ottawa, Éditions du Vermillon, 1996, 188 p.

DUHAIME, André, *Cet autre rendez-vous*, préface de Robert Melançon, Orléans (Ont.), Éditions David, 1996, 121 p.

DUMITRIU VAN SAANEN, Christine, *Sablier*, Saint-Boniface, Éditions des Plaines, 1996.

FARMER, Diane, *Artisans de la modernité : les centres culturels en Ontario français*, Ottawa, Presses de l'Université d'Ottawa, «Amérique française», 1996, 240 p.

GALLICHAND, Danièle, *La Fête de Mémé Angéline*, conte illustré par Romi Caron, Ottawa, Éditions du Vermillon, 1996, 32 p.

GARIGUE, Philippe, *De la condition humaine : poèmes*, Toronto, Éditions du Gref, «Écrits torontois», n° 5, 1995, 139 p.

GRANIER-BARKUN, Yvette, *Une génération nouvelle : les aînés d'aujourd'hui*, Ottawa, Éditions du Vermillon, 1996.

GROSMAIRE, Jean-Louis, *Lettres à deux mains : un amour de guerre*, Ottawa, Éditions du Vermillon, « Visages », n° 5, 1996, 155 p.

HENRIE, Maurice, *La Savoyane : nouvelles*, Sudbury, Prise de Parole, 1996, 202 p.

JEAUROND, Gaétan, *Pays en palabres perdus : poèmes*, précédé de *Œuvre*, en hommage posthume à Robert Choquette (1905-1991), Orléans (Ont.), Éditions David, 1996, 85 p.

LAPORTE, Jean, *La vieille dame, l'archéologue et le chanoine. La saga de Dollard des Ormeaux : essai*, Vanier, Éditions L'Interligne, 1995, 144 p.

LAVERGNE, Éliane P., *La roche pousse en hiver : roman*, Ottawa, Éditions du Vermillon, « Romans », n° 16, 1996, 180 p.

LÉON, Pierre R., *Le Mariage politiquement correct du Petit Chaperon rouge et autres histoires plus ou moins politiquement correctes avec notices explicatives pour servir à la morale de notre temps : contes pour adultes nostalgiques et libérés*, Toronto, Éditions du Gref, « Écrits torontois », n° 8, 1996, 144 p.

LEVASSEUR, J.L. Gilles, Jean Yves PELLETIER et Paul-François SYLVESTRE, *Nos entrepreneurs : premier panorama*, Vanier, Éditions L'Interligne, 1996, 126 p.

MALENFANT, Brigitte, *Les Services communautaires — Une étude des besoins des francophones d'Ottawa-Carleton*, rapport préparé par Brigitte Malenfant en collaboration avec Louise Delisle, projet financé par la Fondation Trillium, Ottawa, Assemblée francophone du Conseil de planification sociale d'Ottawa-Carleton, 1996.

MARINIER, Robert, *Insomnie : théâtre*, Sudbury, Prise de Parole, 1996, 96 p.

MICHAUD, Colette, *Répertoire numérique du Fonds Gaston-Vincent*, Ottawa, Centre de recherche en civilisation canadienne-française, Université d'Ottawa, « Documents de travail du CRCCF », n° 39, 1995, 61 p.

O'NEILL-KARCH, Mariel et Pierre KARCH, *Dictionnaire des citations littéraires de l'Ontario français depuis 1960*, Vanier, Éditions L'Interligne, 1996, 304 p.

OUELLETTE, Michel, *French Town : théâtre*, 2ᵉ éd., Hearst/Ottawa, Le Nordir, 1996, 124 p.

OUELLETTE, Michel et Laurent VAILLANCOURT, *Cent bornes*, Sudbury, Prise de Parole, 1996.

PAGÉ, Lucie, *Répertoire numérique du Fonds Association des scouts du Canada, Fédération des scouts de l'Ontario, district d'Ottawa et Scogestion*, Ottawa, Centre de recherche en civilisation canadienne-française, Université d'Ottawa, « Documents de travail du CRCCF », n° 38, 1995, 239 p.

*POISSANT, Guylaine, *Portraits de femmes du Nord ontarien : essais*, Ottawa/Hearst, Le Nordir, 1995, 171 p.

POULIN, Gabrielle, *Le Livre de déraison : roman*, 2e édition révisée, avec une préface de Rita Pinchaud, un choix de jugements critiques et une bibliographie, Sudbury, Prise de Parole, 1996, 218 p.

POULIN, Gabrielle, *Mon père aussi était horloger : poésie*, Sudbury, Prise de Parole, 1996, 144 p.

PRUD'HOMME, Paul, *Le Suicide de Michelle : roman*, Ottawa, Éditions du Vermillon, Série « Jeunesse », 1996, 130 p.

RAINVILLE, Jean-Bernard, *La Passion de nos 40 ans*, Hull, Vents d'Ouest, 1995, 92 p.

RAYMOND, Alphonse, s.j., *Mes souvenirs*, recueillis, transcrits et annotés par sœur Huguette Parent, Vanier, Centre franco-ontarien de ressources pédagogiques ; Sudbury, Société historique du Nouvel-Ontario, « Document historique », n° 93, 1996, 128 p.

RENAUD, Rachelle, *Le Roman d'Éléonore : roman*, Montréal, VLB Éditeur, 1996, 146 p.

SAMSON, Pierre, *Le Messie de Belém : roman*, Montréal, Les Herbes rouges, 1996, 200 p.

SÉGUIN, Cecilia R., *L'Héritage des jumeaux*, Sudbury, Centre FORA, 1996, 69 p.

SMITH, Elmer, *Le Franco-Ontarien : une histoire de prostitution : récit*, Ottawa/Hearst, Le Nordir, 1996, 158 p.

SOMAIN, Jean-François, *Une affaire de famille : roman*, Ottawa, Éditions du Vermillon, « Romans », n° 12, 1995, 223 p.

*TREMBLAY, Gaston, *Prendre la parole : le journal de bord du Grand CANO*, Ottawa/Hearst, Le Nordir, 1996, 330 p.

VICKERS, Nancy, *Les Sorcières de Chanterelles : conte fantastique*, illustrations de Pierre Trépanier, Ottawa, Éditions du Vermillon, « Marie-Louve », n° 3, 1996, 130 p.

L'OUEST CANADIEN

ALARIE, Richard, *Puulik cherche le vent : conte*, illustrations de Réal Bérard, Saint-Boniface, Éditions du Blé, 1996, 24 p.

BOCQUEL, Bernard, *Au pays de CKSB. 50 ans de radio française au Manitoba : grand reportage*, Saint-Boniface, Éditions du Blé, 1996, 384 p. Accompagné d'un CD, 70 minutes, des moments forts de l'histoire du poste.

CARDIN, Jean-François et Claude COUTURE, avec la collaboration de Gratien Allaire, *Histoire du Canada : espace et différences*, Québec, Les Presses de l'Université Laval, 1996, 397 p.

CENERINI, Rhéal, *Kolbe ; La Femme d'Urie : pièces de théâtre*, Saint-Boniface, Éditions du Blé, 1996, 178 p.

COUTURE, Claude, *La Loyauté d'un laïc : Pierre Elliott Trudeau et le libéralisme canadien*, Montréal/Paris, L'Harmattan, 1996, 260 p.

DEVAUX, Nadège, *Un écho des grandes prairies*, Saint-Boniface, Éditions des Plaines, 1996, 147 p.

*FAUCHON, André (dir.), *Colloque international « Gabrielle Roy » : actes du colloque soulignant le cinquantième anniversaire de* Bonheur d'occasion *(27 au 30 septembre 1995)*, Saint-Boniface, Presses universitaires de Saint-Boniface, 1996, 756 p.

FORTIER, Josée, *La Fransaskoise, architecte de son devenir : rapport-synthèse*, Regina, Fédération provinciale des Fransaskoises, 1995 ?, 50, 6, 7 p.

FRIESEN, John W., *The Riel/Real Story : An Interpretive History of the Metis People of Canada*, 2nd ed., with photos, Ottawa, Borealis/Tecumseh Presses, 1996, 168 p.

HUSTON, Nancy, *Instruments des ténèbres*, Arles, Actes Sud ; Montréal, Leméac, « Un endroit où aller », 1996, 410 p.

LAPLANTE, Lomer, o.m.i., *Grandir*, Saint-Boniface, Éditions des Plaines, 1996, 109 p.

*LEGAULT, Suzanne et Marie-France SILVER, *Vierges folles, vierges sages : kaléidoscope de femmes canadiennes dans l'univers du légendaire*, Saint-Boniface, Éditions des Plaines, 1995, 279 p.

LEVASSEUR-OUIMET, France, *L'Association canadienne-française de l'Alberta de 1955-1961 : le président-général, le juge André Déchène*, Edmonton, Association canadienne-française de l'Alberta, 1996, 317 p.

LÉVEILLÉ, J.R., *Les Fêtes de l'infini : poèmes*, Saint-Boniface, Éditions du Blé, 1996, 152 p.

MACKENZIE, Nadine, *Il était une fois dans l'Ouest*, Saint-Boniface, Éditions des Plaines, 1996, 69 p.

MACKENZIE, Nadine, *Preston Manning : réformiste de l'Ouest*, Saint-Boniface, Éditions des Plaines, 1995, 235 p.

Pratiques culturelles au Canada français, Actes du quatorzième colloque du Centre d'études franco-canadiennes de l'Ouest (CEFCO), Edmonton, Institut de recherche de la Faculté Saint-Jean, Université d'Alberta, 1996.

*PRIMEAU, Marguerite-A., *Ol' Man, Ol' Dog et l'enfant et autres nouvelles*, Saint-Boniface, Éditions du Blé, 1996, 84 p.

*RICARD, François, *Gabrielle Roy, une vie : biographie*, Montréal, Boréal, 1996, 576 p.

ROY, Gabrielle, *Fragiles lumières de la terre : écrits divers, 1942-1970*, nouv. éd., Montréal, Boréal, « Boréal compact », n° 77, 1996, 255 p.

*SAVOIE, Paul, *Mains de père : récit*, Saint-Boniface, Éditions du Blé, 1995, 142 p.

SING, Pamela V., *Villages imaginaires : Édouard Montpetit, Jacques Ferron, Jacques Poulin*, Montréal, Fides-CETUQ, « Nouvelles études québécoises », 1995, 275 p.

TARDIF, Claudette et France GAUVIN, *Répertoire de la recherche universitaire en immersion française au Canada, 1988 à 1994*, Nepean (Ontario), Association canadienne des professeurs d'immersion (ACPI), 1995, 179 p.

VANJAKA, Zoran, *Louis Riel, père du Manitoba : bande dessinée*, Saint-Boniface, Éditions des Plaines, 1996.

LES ÉTATS-UNIS

ANCELET, Barry J., *Cajun and Creole Folktales*, Jackson, UP of Mississippi, 1994, [224 p.].

BERNARD, Shane K., *Swamp Pop : Cajun and Creole Rhythm and Blues*, Jackson, UP of Mississippi, 1996.

BRASSEAUX, Carl A. (ed.), *A Refuge for All Ages : Immigration in Louisiana History*, Lafayette (La.), Center for Louisiana Studies, « The Louisiana Purchase Bicentennial Series in Louisiana History », Vol. X, 1996.

*CHABOT, Grégoire, *Un Jacques Cartier errant / Jacques Cartier Discovers America : trois pièces / Three Plays*, Orono (Maine), The University of Maine Press, 1996, 291 p.

CONRAD, Glenn R. (ed.), *The French Experience in Louisiana*, Lafayette (La.), Center for Louisiana Studies, « The Louisiana Purchase Bicentennial Series in Louisiana History », Vol. 1, 1996.

DASPIT, Fred, *Louisiana Architecture, 1714-1830*, Lafayette, Center for Louisiana Studies, 1996.

DITCHY, Jay K., *Les Acadiens louisianais et leur parler*, réédition de l'édition originale de 1932, Montréal, Comeau & Nadeau éditeurs, 1996, 172 p.

DORMON, James, *The Creoles of Louisiana*, Knoxville, University of Tennessee Press, 1996.

FORÊT, Michael J., *Louisiana Indian Studies. A Selected Bibliography*, Lafayette, Center for Louisiana Studies, 1996.

O'NEILL, Charles E., *Séjour. Parisian Playwright from Louisiana*, Lafayette, Center for Louisiana Studies, 1996.

QUINTAL, Claire (ed.), *Steeples and Smokestacks: A Collection of Essays on the Franco-American Experience in New England*, Worcester (Mass.), French Institute of Assumption College, 1996, 693 p.

SACRÉ, Robert, *Musiques cajun, créole et zydeco*, Paris, Presses Universitaires de France, « Que sais-je », n° 3010, 1995, 127 p.

GÉNÉRAL

L'année francophone internationale, 1996, Sainte-Foy (Québec), Année francophone internationale, Groupe d'études et de recherches sur la francophonie, Université Laval, 1996, 316 p.

BARRETTE, Jean-Marc, *Répertoire numérique du Fonds François-Xavier-Garneau, de la Collection Alfred-Garneau et du Fonds Hector-Garneau*, Ottawa, Centre de recherche en civilisation canadienne-française, Université d'Ottawa, « Documents de travail du CRCCF », n° 37, 1995, 115 p.

CAULIER, Brigitte (dir.), *Religion, sécularisation, modernité: les expériences francophones en Amérique du Nord*, Québec, Presses de l'Université Laval, « Culture française d'Amérique », 1996, 210 p.

CAZABON, Benoît (dir.), *Pour un espace de recherche au Canada français: discours, objets et méthodes. Actes des colloques sur la recherche au Canada français à l'ACFAS 1993 à Rimouski et à l'ACFAS 1994 à Montréal*, Ottawa, Presses de l'Université d'Ottawa, « Actexpress », n° 18, 1996, 284 p.

COLLOQUE INTERNATIONAL DE LA FRANCOPHONIE (ANGERS, 1994), *L'Ouest français et la francophonie nord-américaine. Actes du Colloque international de la francophonie tenu à Angers du 26 au 29 mai 1994*, organisé conjointement par les Universités d'Angers (France), Laval (Québec) et du Massachussetts (Lowell), textes réunis par Georges Cesbron, Angers, Presses de l'Université d'Angers, 1996, 647 p.

GRISÉ, Yolande et Jeanne d'Arc LORTIE, avec la collaboration de Pierre SAVARD et Paul WYCZYNSKI, *Les Textes poétiques du Canada français, 1606-1867. Vol. 9: 1861-1862*, édition intégrale, Montréal, Fides, 1996.

GUINDON, René et Pierre POULIN, *Les Liens dans la francophonie canadienne / Francophones in Canada: A Community of Interests*, Ottawa, Patrimoine canadien / Canadian Heritage, 1996, 53, 48 p.

*LAPIERRE, André, Patricia SMART et Pierre SAVARD (dir.), *Language, Culture and Values at the Dawn of the 21st Century, Proceedings of a Conference Held* *in Ottawa / Langues, cultures et valeurs au Canada à l'aube du XXIᵉ siècle, actes d'un colloque tenu à Ottawa*, Ottawa, International Council for Canadian Studies / Conseil international d'études canadiennes ; Carleton University Press, 1996, 358 p.

LAURETTE, Pierre et Hans-George RUPRECHT (dir.), *Poétiques et imaginaires : francopolyphonie littéraire des Amériques*, Paris, Éditions L'Harmattan, 1995, 399 p.

TOUPIN, Robert, *Les Écrits de Pierre Potier*, Ottawa, Presses de l'Université d'Ottawa, « Amérique française », 1996, 1 330 p.

THÈSES

ARSENEAULT, Micheline, « La convention d'orientation nationale acadienne de 1979 : un reflet du mouvement néo-nationaliste en Acadie du Nouveau-Brunswick », M.A., Université d'Ottawa, 1994, 195 p.

BARRIAULT, Marcel Joseph Guy, « "Reveille" : A Critical Anthology of Acadian Literary Texts in Translation, 1604-1940 », M.A., University of New Brunswick, 1995, 356 p.

BEAUDOIN, Martin, « The Syllable Structure of French as Perceived by First and Second-Language Speakers », Ph.D., University of Alberta, 1996, 159 p.

BEAULIEU, Louise, « The Social Function of Linguistic Variation : A Sociolinguistic Study in Four Rural Communities of the Northeastern Coast of New Brunswick », Ph.D., University of South Carolina, 1995, 712 p.

BOUCHARD, Daniel, « La Société historique du Nouvel-Ontario, 1942-1976 », M.A., Université Laurentienne, 1994, 225 p.

BOUCHARD, Michel, « Ethnicité et identité : le cas des francophones de la région de la Rivière-la-Paix », M.A., Université Laval, 1994, 162 p.

BOURGEOIS, David Y., « Participation politique chez les conseillers et les conseillères scolaires francophones du Nouveau-Brunswick », M.A., Université Laval, 1994, 171 p.

BREHM, Julia Caroline, « Le "paradoxe de l'observateur" : réflexion critique sur la méthode de l'enquête linguistique et essai de terrain en Louisiane francophone », M.A., University of Southwestern Louisiana, 1996.

CHATHAM, Amy E., « France's Daughters in a New World : Women and Property in French Colonial Louisiana, 1742-1763 », M.A., University of Southwestern Louisiana, 1996.

DALLAIRE, Christine, « Les revendications des organismes franco-ontariens en matière d'activités physiques et sportives face au gouvernement ontarien », M.A., Université d'Ottawa, 1994, 177 p.

DOLBEC, Louise, « Les parents francophones de Calgary : leur choix de la langue d'enseignement de leurs enfants », M.A., University of Calgary, 1994, 273 p.

GAREAU, Gertrude, « Le programme-cadre d'enseignement religieux catholique francophone de l'Ontario de 1988 : contexte historique, processus de production et analyse de contenu », M.A., Université Laval, 1995, 180 p.

HÉBERT, Monique, « Les grandes gardiennes de la langue et de la foi : une histoire des Franco-Manitobaines, 1916-1947 », Ph.D., University of Manitoba, 1994, 458 p.

KERMOAL, Nathalie, « Les temps de Cayoge : la vie quotidienne des femmes métisses au Manitoba de 1850 à 1900 », Ph.D., Université d'Ottawa, 1996, 311 p.

LUNDLIE, Lise, « Le Collège Mathieu et son mandat : 1918-1968 », M.A., University of Regina, 1993, 307 p.

MARTEL, Marcel, « Les relations entre le Québec et les francophones de l'Ontario : de la survivance aux Dead Ducks, 1937-1969 », Ph.D., York University, 1994, 336 p.

MEA, Theresa L., « Une description des adverbes d'intensité forte dans le parler acadien de la région du nord-est du Nouveau-Brunswick », M.A., Université de Moncton, 1996, 143 p.

MELANSON, Natalie, « Choix linguistiques, alternances de langues et emprunts chez des Franco-Ontariens de Sudbury », M.A., Université Laval, 1994, 145 p.

NADASDI, Terry James, « Variation morphosyntaxique et langue minoritaire : le cas du français ontarien », Ph.D., University of Toronto, 1995, 304 p.

PÉPIN, Réjean, « Évaluation de la compréhension du cercle et de son équation chez des élèves ontariens du niveau secondaire en immersion française », Ph.D., Université Laval, 1994, 622 p.

ROUET, Damien, « L'insertion des Acadiens dans le Haut-Poitou et la formation d'une entité agraire nouvelle : de l'ancien régime au début de la monarchie de juillet (1773-1830) », Ph.D., Université de Poitiers, 1994, 3 microfiches.

SCOFIELD, Linda, « Le questionnaire sur l'éducation à la carrière : pour les élèves francophones du Nouveau-Brunswick », M.A., Université de Moncton, 1994, 304 p.

TENNANT, Jeffrey Roy, « Variation morphophonologique dans le français parlé des adolescents de North Bay (Ontario) », Ph.D., University of Toronto, 1995, 365 p.

WALTON, Shana L., « Flat Speech and Cajun Ethnic Identity in Terrebonne Parish, Louisiana », Ph.D., Tulane University, 1994, 253 p.

Comment communiquer avec

FRANCOPHONIES
D'AMÉRIQUE

POUR TOUTE QUESTION TOUCHANT AU CONTENU DE LA REVUE
AINSI QUE POUR LES SUGGESTIONS D'ARTICLES :

FRANCOPHONIES D'AMÉRIQUE
UNIVERSITÉ D'OTTAWA
60, rue Université
C.P. 450, Succ. A
OTTAWA (ONTARIO) Canada
K1N 6N5
TÉLÉPHONE : (613) 562-5800 poste 1100
ou (613) 562-5797
TÉLÉCOPIEUR : (613) 562-5981

POUR LES NOUVELLES PUBLICATIONS ET LES THÈSES SOUTENUES :

LORRAINE ALBERT
DÉPARTEMENT DES COLLECTIONS
BIBLIOTHÈQUE MORRISET
UNIVERSITÉ D'OTTAWA
C.P. 450, Succ. A
OTTAWA (ONTARIO)
K1N 6N5
TÉLÉPHONE : (613) 562-5800, poste 3657
TÉLÉCOPIEUR : (613) 562-5133

POUR LES QUESTIONS DE DISTRIBUTION OU DE PROMOTION :

LES PRESSES DE L'UNIVERSITÉ D'OTTAWA
UNIVERSITÉ D'OTTAWA
542, RUE KING EDWARD
C.P. 450, Succ. A
OTTAWA (ONTARIO)
K1N 6N5
TÉLÉPHONE : (613) 562-5246
TÉLÉCOPIEUR : (613) 562-5247

FRANCOPHONIES
D'AMÉRIQUE

Revue annuelle: ISSN 1183-2487

		Canada	**Autres pays**
Abonnement		22,00 $	24,00 $
	TPS 7 %	1,54 $	0
	TOTAL	23,54 $	24,00 $
Au numéro		24,00 $	26,00 $
	TPS 7 %	1,68 $	0
	TOTAL	25,68 $	26,00 $

Numéros déjà parus

■ *Francophonies d'Amérique*, n° 1 (épuisé)
❏ *Francophonies d'Amérique*, n° 2 .... _____ $
❏ *Francophonies d'Amérique*, n° 3 .... _____ $
❏ *Francophonies d'Amérique*, n° 4 .... _____ $
❏ *Francophonies d'Amérique*, n° 5 ISBN 2-7603-0406-X ...... _____ $
❏ *Francophonies d'Amérique*, n° 6 ISBN 2-7603-0429-9 .... _____ $
❏ *Francophonies d'Amérique*, n° 7 ISBN 2-7603-0445-0 .... _____ $

Total (transport inclus) .... _____ $

Mode de paiement

❏ Veuillez m'abonner à *Francophonies d'Amérique* (facturation par retour du courrier)
❏ Veuillez m'adresser les titres cochés
❏ Ci-joint un chèque ou un mandat de ...._____ $
❏ Visa   ❏ Mastercard   N° _____
Date d'expiration _____ Signature _____

Nom _____
Institution _____
Adresse _____
_____Code postal _____

Service d'abonnement:

AGENCE INTERNATIONAL
INTERNATIONALE SUBSCRIPTION
D'ABONNEMENT AGENCY
C.P. 444, Outremont, QC
Canada H2V 4R6
Tél.: (514) 274-5468
Téléc.: (514) 274-0201
Tout le Canada:
Tél.: 1-800-361-1431

LES PRESSES
DE L'UNIVERSITÉ
D'OTTAWA

Vente au numéro:

Gaëtan Morin éditeur
Diffuseur exclusif des Presses de l'Université d'Ottawa
171, boul. de Mortagne, Boucherville, QC
Canada J4B 6G4

Tél.: (514) 449-7886
Téléc.: (514) 449-1096

Diffusion en Europe:
26, Avenue de l'Europe
78141 Vélizy, France

Tél.: 01 34 63 33 01
Téléc.: 01 34 65 39 70